2021 ANTIQUES AUCTION RECORDS

拍卖年鉴 翡翠珠宝

2020-01-01～2020-12-31

欣弘 编

U0884518

CNS PUBLISHING & MEDIA | 湖南美术出版社
全国百佳图书出版单位

图书在版编目(CIP)数据

2021古董拍卖年鉴·翡翠珠宝 / 欣弘编. — 长沙：湖南美术出版社, 2021.1

ISBN 978-7-5356-9393-8

Ⅰ. ①2… Ⅱ. ①欣… Ⅲ. ①历史文物－拍卖－价格－中国－2020－年鉴②翡翠－拍卖－价格－中国－2020－年鉴③宝石－拍卖－价格－中国－2020－年鉴 Ⅳ. ①F724.787-54

中国版本图书馆CIP数据核字(2021)第003610号

2021古董拍卖年鉴·翡翠珠宝

2021 GUDONG PAIMAI NIANJIAN · FEICUI ZHUBAO

出 版 人：黄 啸

编 者：欣 弘

策 划：易兴宏、李志文

责任编辑：李 坚

湖南美术出版社出版发行(长沙市东二环一段622号)

湖南省新华书店经销

雅昌文化(集团)有限公司制版、印刷

开本：787mm × 1092mm 1/16 印张：18

版次：2021年1月第1版 印次：2021年1月第1次印刷

书号：ISBN 978-7-5356-9393-8

定价：158.00元

目　录

凡　例

1.《2021古董拍卖年鉴》分瓷器卷、玉器卷、杂项卷、翡翠珠宝卷、书画卷，共五册，收录了纽约、伦敦、巴黎、日内瓦、香港、澳门、台北、北京、上海、广州、昆明、天津、重庆、成都、合肥、南京、西安、沈阳、济南等城市或地区的几十家拍卖公司几百个专场的2020年度拍卖成交记录与拍品图片。

2.本书内文条目原则上保留了原拍卖记录（由于作品来自不同的拍卖公司，为便于搜索，对于用词不一致的名称，如“三羊开泰”“三阳开泰”“安迪·沃荷”“安迪·沃霍尔”等等，均不作统一），按拍品号、品名、估价、成交价、尺寸、拍卖公司名称、拍卖日期等排序，部分原内容缺失或不详的不注明，书画卷内文条目还有作者姓名、作品形式、创作年代等内容。

3.因境外拍卖公司宿地不同，本书拍品估价涉及多个币种：RMB（人民币），USD（美元），EUR（欧元），GBP（英镑），HKD（港币），NTD（新台币）。但本书所有拍品成交价均按汇率转换成RMB（人民币）。

4.多人合作的作品，条目中仅列出一至两位主要作者的名字。

佩饰件

挂　件

732 “别有天地非人间”翡翠牌
估　价：RMB 350,000~450,000
成交价：RMB 471,500
高57.5mm 西泠印社 2020-08-07

729 “春彩无事”金镶翡翠牌吊坠
估　价：RMB 600,000~800,000
成交价：RMB 805,000
54mm × 33mm 西泠印社 2020-08-07

695 “一片倾城”金镶翡翠满绿吊坠
估　价：RMB 160,000~220,000
成交价：RMB 184,000
45mm × 19mm 西泠印社 2020-08-07

654 “福豆”金镶玻璃种翡翠吊坠
估　价：RMB 20,000~30,000
成交价：RMB 23,000
50.8mm × 42.8mm × 16.2mm
西泠印社 2020-08-07

728 “金融大鳄”翡翠牌
估　价：RMB 250,000~300,000
成交价：RMB 299,000
71.8mm × 31.8mm × 12.8mm
西泠印社 2020-08-07

691 “西湖的水”金镶冰种翡翠平安扣吊坠
估　价：RMB 120,000~180,000
成交价：RMB 149,500
直径约54mm 西泠印社 2020-08-07

730 “生命钥匙”金镶翡翠吊坠
估　价：RMB 350,000~480,000
成交价：RMB 402,500
51.5mm × 10mm 西泠印社 2020-08-07

59 11.00克拉蓝宝石和钻石吊坠
估　价：GBP 8,000~9,000
成交价：RMB 108,921
伦敦苏富比 2020-04-07

126 17.45克拉红宝石和钻石吊坠 大卫·韦伯
估　价：GBP 5,000~7,000
成交价：RMB 54,461
伦敦苏富比 2020-04-07

554 17mm大溪地黑珍珠吊坠
估　价：RMB 20,000~30,000
成交价：RMB 28,175
西泠印社 2020-08-07

646 18K金翡翠满绿弥勒佛挂件
估　价：RMB 640,000~1,000,000
成交价：RMB 716,800
上海联合 2020-11-29

161 24.97克拉祖母绿吊坠
估　价：CHF 10,000~15,000
成交价：RMB 139,943
日内瓦苏富比 2020-06-24

572 2.27克拉哥伦比亚微油祖母绿吊坠
估　价：RMB 72,000~85,000
成交价：RMB 82,800
19.5mm×14mm 西泠印社 2020-08-07

226 23.00克拉坦桑石钻石吊坠
估　价：GBP 4,000~6,000
成交价：RMB 57,697
长约550mm 伦敦苏富比 2020-06-04

267 9.10克拉钻石吊坠
估　价：GBP 18,000~22,000
成交价：RMB 337,307
伦敦苏富比 2020-06-04

1715 9.49克拉圆形钻石吊坠
估　价：HKD 280,000~360,000
成交价：RMB 418,100
香港苏富比 2020-07-10

383 白金、钻石和蓝宝石吊坠/耳夹一对 布切拉蒂
估　价：USD 5,000~20,000
成交价：RMB 132,384
纽约苏富比 2020-04-30

467 梵克雅宝珊瑚 玛瑙和钻石吊坠
估　价：CHF 14,000~24,000
成交价：RMB 148,872
日内瓦苏富比 2020-07-15

122 吊坠 “压缩” CéSAR
估　价：GBP 10,000~15,000
成交价：RMB 381,224
伦敦苏富比 2020-04-07

1251 翡翠玉兰吊坠
估　价：RMB 90,000~100,000
成交价：RMB 92,000
42.09mm × 19.00mm × 14.95mm；19.37g
永乐拍卖 2020-08-18

531 翡翠吊坠 格拉夫
估　价：CHF 8,000~12,000
成交价：RMB 182,615
日内瓦苏富比 2020-05-07

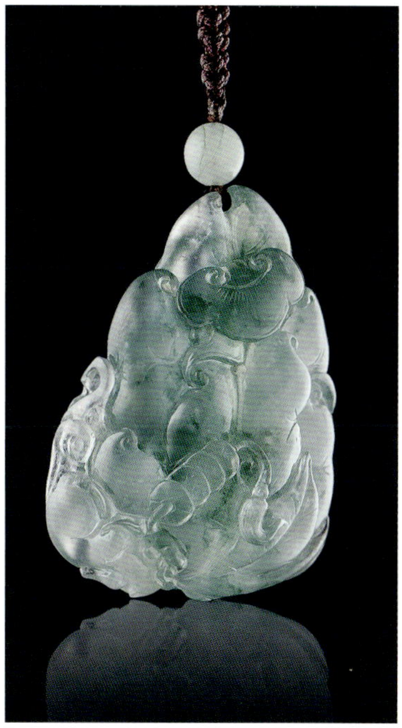

1272 翡翠吊坠“财源广进”
估　价：RMB 250,000~300,000
成交价：RMB 230,000
63.50mm × 42.38mm × 22.09mm；69.95g
永乐拍卖 2020-08-18

331 蒂芙尼“钥匙”彩色钻石和钻石吊坠
估　价：USD 3,000~5,000
成交价：RMB 51,202
长5.6cm 纽约佳士得 2020-02-05

1798 天然翡翠雕“弥勒佛”
估　价：HKD 5,000,000~7,000,000
成交价：RMB 4,497,400
香港苏富比 2020-07-10

194 102.41克拉的梨形淡棕色VVS2净度钻石吊坠
估　价：CHF 750,000~1,000,000
成交价：RMB 8,456,304
日内瓦苏富比 2020-11-11

1241 19.19克拉无烧皇家蓝色蓝宝石钻戒-吊坠两用款
估　价：RMB 1,200,000~1,450,000
成交价：RMB 1,380,000
主石13.73mm×13.54mm×11.07mm
永乐拍卖 2020-08-18

723 “佛照神龙”金镶翡翠龙石种翡翠吊坠
估　价：RMB 4,000,000~6,000,000
成交价：RMB 5,577,500
50.8mm×42.8mm×16.2mm
西泠印社 2020-08-07

1297 翡翠福豆吊坠
估　价：RMB 900,000~1,200,000
成交价：RMB 1,023,500
57.7mm×18.8mm×21.2mm；29.93g
永乐拍卖 2020-08-18

232 卡地亚“迟钝”的魅力挂件
估　价：USD 1,500~2,000
成交价：RMB 34,135
长2.0cm 纽约佳士得 2020-02-05

58 弗雷德金钻石吊坠/耳夹
估　价：USD 5,000~7,000
成交价：RMB 88,444
纽约苏富比 2020-06-16

229 火欧泊 宝石与钻石吊坠 20世纪20年代
估　价：EUR 2,000~3,000
成交价：RMB 24,713
50mm×26mm 巴黎苏富比 2020-06-11

294 红宝石和钻石吊坠 卡地亚
估　价：GBP 4,000~6,000
成交价：RMB 35,506
伦敦苏富比 2020-06-04

95 海蓝宝石和钻石吊坠
估　价：USD 2,000~3,000
成交价：RMB 81,069
重量约20.00克拉 纽约佳士得 2020-06-30

46 金和珐琅吊坠 法贝热
估　价：EUR 4,000~5,000
成交价：RMB 31,373
40mm×20mm×18mm 巴黎苏富比 2020-05-27

308 金色吊坠/耳夹一对 大卫·韦伯
估　价：USD 4,000~6,000
成交价：RMB 70,605
纽约苏富比 2020-04-30

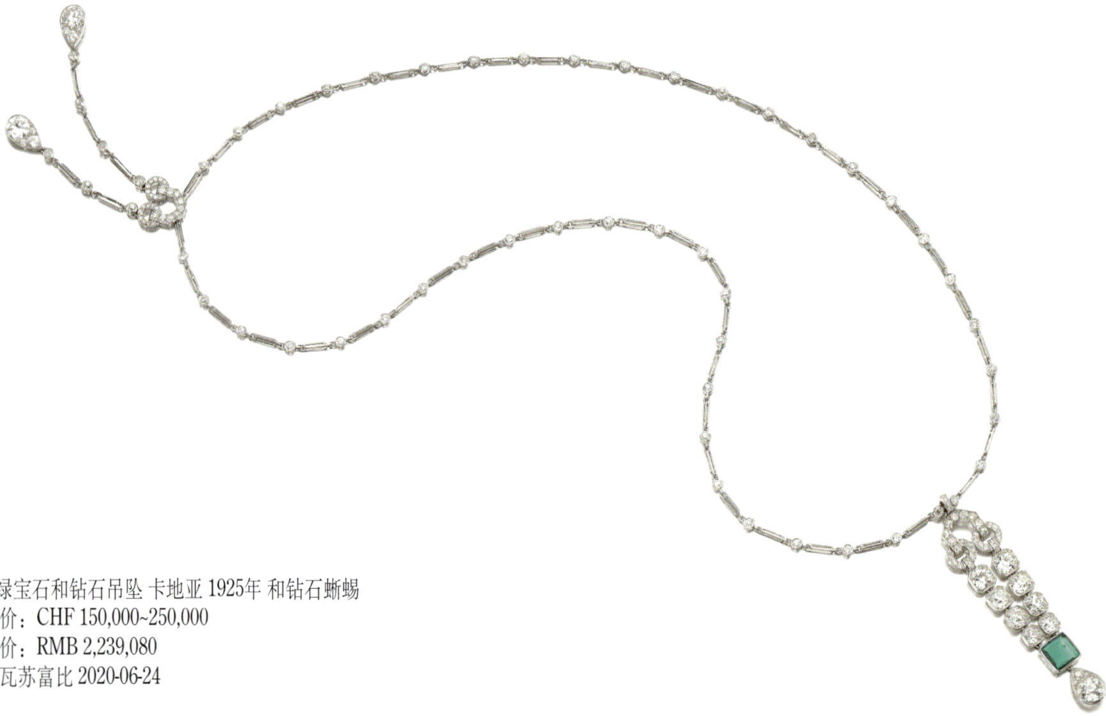

322 绿宝石和钻石吊坠 卡地亚 1925年 和钻石蜥蜴
估　价：CHF 150,000~250,000
成交价：RMB 2,239,080
日内瓦苏富比 2020-06-24

733 观音翡翠牌吊坠
估　价：RMB 1,800,000~2,000,000
成交价：RMB 2,070,000
西泠印社 2020-08-07

392 金和孔雀石吊坠 古驰
估　价：USD 6,000~8,000
成交价：RMB 48,541
纽约苏富比 2020-04-30

712 金镶冰种蛋面翡翠套组
估　价：RMB 480,000~520,000
成交价：RMB 575,000
蛋面19mm × 16mm 西泠印社 2020-08-07

648 金镶冰种翡翠鱼儿吊坠
估　价：RMB 50,000~60,000
成交价：RMB 57,500
23mm × 25mm 西泠印社 2020-08-07

708 金镶冰种平安扣吊坠
估　价：RMB 60,000~80,000
成交价：RMB 82,800
直径32mm 西泠印社 2020-08-07

690 金镶墨翠吊坠
估　价：RMB 20,000~30,000
成交价：RMB 25,300
吊坠44mm × 73mm 西泠印社 2020-08-07

688 金镶正阳绿平安无事翡翠牌
估　价：RMB 200,000~250,000
成交价：RMB 230,000
翡翠35mm × 14.75mm 西泠印社 2020-08-07

668 金镶木那翡翠福瓜挂坠
估　价：RMB 600,000~800,000
成交价：RMB 690,000
翡翠53mm × 30mm × 16.5mm
西泠印社 2020-08-07

2028 聚翠福意缅甸天然翡翠配碧玺挂坠
估　价：HKD 180,000~380,000
成交价：RMB 376,656
挂坠长5.4mm 保利香港 2020-07-08

664 金镶帝王绿玻璃种翡翠三元豆吊坠
估　价：RMB 550,000~650,000
成交价：RMB 644,000
翡翠35mm × 16.5mm 西泠印社 2020-08-07

680 金镶正阳绿翡翠葫芦两用款吊坠
估　价：RMB 100,000~200,000
成交价：RMB 149,500
翡翠18mm × 12mm 西泠印社 2020-08-07

70 卡地亚玛瑙、珐琅和钻石吊坠
估　价：USD 12,000~15,000
成交价：RMB 265,331
纽约苏富比 2020-06-16

2029 缅甸天然翡翠平安环吊坠
估　价：HKD 160,000~280,000
成交价：RMB 129,139
长42.95mm 保利香港 2020-07-08

313 罗素巴洛克文化珍珠和钻石十字架吊坠
估　价：USD 1,500~2,500
成交价：RMB 55,469
长10.5cm；宽8.0cm 纽约佳士得 2020-02-05

1852 梨形电气石配钻石镶铂金吊坠 蒂芙尼
估　价：HKD 240,000~350,000
成交价：RMB 404,700
长4.2cm 佳士得 2020-11-29

734 墨翠佛像吊坠
估　价：RMB 260,000~280,000
成交价：RMB 299,000
墨翠长64.5mm 西泠印社 2020-08-07

731 木那高冰翡翠挂坠
估　价：RMB 150,000~200,000
成交价：RMB 218,500
50mm × 39mm 西泠印社 2020-08-07

4424 清 翡翠镂雕螭龙纹韘形佩
估　价：RMB 32,000~40,000
成交价：RMB 36,800
长7.3cm；宽4.2cm 西泠印社 2020-08-09

4288 清 翡翠雕岁岁平安
估　价：RMB 80,000~100,000
成交价：RMB 207,000
54mm × 29mm × 30mm 西泠印社 2020-08-09

4421 清中期 翡翠雕丛竹珮
成交价：RMB 46,000
长4.3cm；宽3.8cm 西泠印社 2020-08-09

238 珊瑚 宝石镶嵌和钻石吊坠
估　价：EUR 1,800~2,200
成交价：RMB 21,182
84mm × 33mm 巴黎苏富比 2020-06-11

511 四个宝石吊坠 卡地亚
估　价：CHF 4,000~6,000
成交价：RMB 77,611
日内瓦苏富比 2020-05-07

1633 天然冰种翡翠 天然翡翠配宝石及钻石吊坠
估　价：HKD 120,000~180,000
成交价：RMB 135,600
香港苏富比 2020-07-10

1180 天然翡翠 红宝石配黄色刚玉及钻石吊坠
估　价：HKD 50,000~80,000
成交价：RMB 78,855
翡翠豆荚22.78 mm × 7.81 mm × 2.76mm 香港苏富比 2020-07-31

6028 天然翡翠“豆荚”配钻石吊坠
估　价：RMB 350,000~400,000
成交价：RMB 402,500
翡翠约35.5mm × 13.8mm × 5mm；
吊坠约49mm × 16.8mm × 12mm
华艺国际 2020-10-15

37 天然翡翠“福瓜”配钻石吊坠
估　价：HKD 350,000~550,000
成交价：RMB 383,040
福瓜44.70mm × 24.68mm × 8.19mm
天成国际 2020-07-07

1919 天然翡翠蛋面吊坠
估　价：HKD 120,000~180,000
成交价：RMB 248,600
翡翠蛋面27.2 mm × 17.3 mm × 6.2 mm
佳士得 2020-07-09

1756 天然翡翠雕“寿桃”配钻石吊坠
估　价：HKD 80,000~120,000
成交价：RMB 214,700
香港苏富比 2020-07-10

1664 天然翡翠雕“福瓜”吊坠及碧玺雕“福豆”吊坠
估　价：HKD 120,000~200,000
成交价：RMB 135,600
香港苏富比 2020-07-10

1761 天然翡翠雕“叶子”配钻石吊坠
估　价：HKD 550,000~800,000
成交价：RMB 621,500
香港苏富比 2020-07-10

1880 天然翡翠吊坠 镶金
估　价：HKD 150,000~250,000
成交价：RMB 319,500
翡翠40.9mm × 25.7mm × 7.5mm
佳士得 2020-11-29

1769 天然翡翠配白水晶及钻石吊坠
估　价：HKD 100,000~150,000
成交价：RMB 113,000
香港苏富比 2020-07-10

1834 天然海蓝宝吊坠 配钻石镶金
估　价：HKD 120,000~180,000
成交价：RMB 101,175
吊坠长6.2cm 佳士得 2020-11-29

1623 天然满绿翡翠豆荚配钻石及红宝石吊坠
估　价：RMB 350,000~450,000
成交价：RMB 402,500
吊坠59.8mm × 15.8mm 保利厦门 2020-09-26

580 天然美洛珍珠钻石吊坠
估　价：CHF 24,000~30,000
成交价：RMB 418,703
日内瓦苏富比 2020-07-15

551 硬石和红宝石吊坠 19世纪末期珐琅和钻石吊坠
估　价：CHF 4,000~7,000
成交价：RMB 51,175
日内瓦苏富比 2020-07-15

1151 天然紫色翡翠配天然翡翠及钻石吊坠
估　价：HKD 30,000~50,000
成交价：RMB 43,396
香港苏富比 2020-06-12

6094 王焜设计80.16克拉天然海蓝宝石配钻石吊坠 未经加热
估　价：RMB 300,000~350,000
成交价：RMB 345,000
吊坠约44.6mm × 40.7mm × 19.8mm
华艺国际 2020-10-15

35 天然墨翠“弥勒佛”配翡翠及钻石吊坠
估　价：HKD 48,000~68,000
成交价：RMB 52,531
长34.33mm 天成国际 2020-07-07

223 象牙、珐琅和钻石吊坠 马赛拉和卡雷拉 20世纪20年代
估　价：GBP 5,000~7,000
成交价：RMB 130,706
伦敦苏富比 2020-04-07

6102 天然翡翠“弥勒佛”配钻石吊坠
估　价：RMB 600,000~700,000
成交价：RMB 920,000
翡翠29.8mm × 38.5mm × 9mm；
吊坠45mm × 39mm × 17.5mm
华艺国际 2020-10-15

14 珍珠和钻石吊坠 来自弗罗门特 · 穆里斯 约1875年
估　价：EUR 6,000~8,000
成交价：RMB 52,956
72mm × 32mm 巴黎苏富比 2020-06-11

6126 天然满绿玻璃种翡翠配钻石“平安无事”牌
成交价：RMB 56,350,000
翡翠约47.8mm×30.6mm×14.3mm；
吊坠约62.8mm×30.6mm×18.7mm 华艺国际 2020-10-15

574 祖母绿和钻石吊坠 格拉夫
估　价：CHF 22,000~32,000
成交价：RMB 913,075
长度约440mm 日内瓦苏富比 2020-05-07

1733 天然满绿翡翠观音配钻石吊坠
成交价：RMB 6,670,000
吊坠66.6mm×41.3mm；主石58mm×34.9mm
保利厦门 2020-09-26

768 现代翡翠观音
估　价：RMB 5,200,000~10,400,000
成交价：RMB 5,980,000
高9cm 北京禾谷 2020-09-24

191 钻石吊坠
估　价：CHF 1,700,000~2,500,000
成交价：RMB 16,256,820
日内瓦佳士得 2020-07-22

4368 珍稀的天然帝王绿翡翠配钻石“如意”吊坠（配绳）
估　价：RMB 950,000~1,250,000
成交价：RMB 1,092,500
翡翠42mm×30mm×4mm
中国嘉德 2020-12-05

132 有色钻石吊坠
估　价：CHF 120,000~180,000
成交价：RMB 1,027,730
日内瓦佳士得 2020-07-22

98 钻石及有色钻石吊坠 Graff（格拉夫）设计
估　价：CHF 120,000~180,000
成交价：RMB 1,074,445
日内瓦佳士得 2020-07-22

187 银和银鎏金吊坠 链条 JEAN德普雷 20世纪70年代
估　价：EUR 1,500~3,000
成交价：RMB 22,948
吊坠85mm×30mm；链长770mm
巴黎苏富比 2020-06-11

戒 指

709“方舟”金镶冰种翡翠戒指
估　价：RMB 60,000~80,000
成交价：RMB 69,000
翡翠10mm×18mm 西泠印社 2020-08-07

653“蝴蝶”金镶帝王绿、红翡、玻璃种翡翠戒指
估　价：RMB 30,000~40,000
成交价：RMB 40,250
戒圈13 西泠印社 2020-08-07

685“狂舞”金镶玻璃种蛋面翡翠戒指
估　价：RMB 28,000~38,000
成交价：RMB 32,200
戒圈12 西泠印社 2020-08-07

613“梦境”18.02克拉斯里兰卡橘粉色未经加热帕帕拉恰戒指
估　价：RMB 2,000,000~3,000,000
成交价：RMB 2,932,500
戒圈13 西泠印社 2020-08-07

1627 莫桑比克帕拉伊巴碧玺配钻石戒指
估　价：HKD 90,000~120,000
成交价：RMB 117,616
香港苏富比 2020-11-27

697“玉兰花开”金镶冰种翡翠戒指
估　价：RMB 120,000~160,000
成交价：RMB 161,000
翡翠8.5mm×17mm；戒圈13.5
西泠印社 2020-08-07

719 “绿野仙踪”天然木那翡翠戒指/吊坠两用
估　价：RMB 300,000~350,000
成交价：RMB 345,000
翡翠13mm × 11mm 西泠印社 2020-08-07

705 “如意”金镶冰种翡翠戒指
估　价：RMB 320,000~380,000
成交价：RMB 368,000
翡翠18mm × 20mm；戒圈13
西泠印社 2020-08-07

1052 1.01克拉榄尖形淡彩紫粉红色SI1净度钻石配钻石戒指
估　价：HKD 120,000~180,000
成交价：RMB 274,740
香港苏富比 2020-05-20

65 0.97克拉梨形巴西帕拉伊巴碧玺配钻石戒指
估　价：HKD 150,000~250,000
成交价：RMB 164,160
戒圈6 天成国际 2020-07-07

1003 1.02克拉古垫形I色VVS1净度钻石配钻石戒指
估　价：HKD 16,000~40,000
成交价：RMB 51,197
香港苏富比 2020-04-15

1062 1.02克拉古垫形彩棕粉红色SI1净度钻石配钻石戒指
估　价：HKD 80,000~120,000
成交价：RMB 171,713
香港苏富比 2020-05-20

702 “天使之眼”金镶冰种蛋面翡翠戒指
估　价：RMB 250,000~300,000
成交价：RMB 287,500
翡翠15mm × 17mm；戒圈14.5
西泠印社 2020-08-07

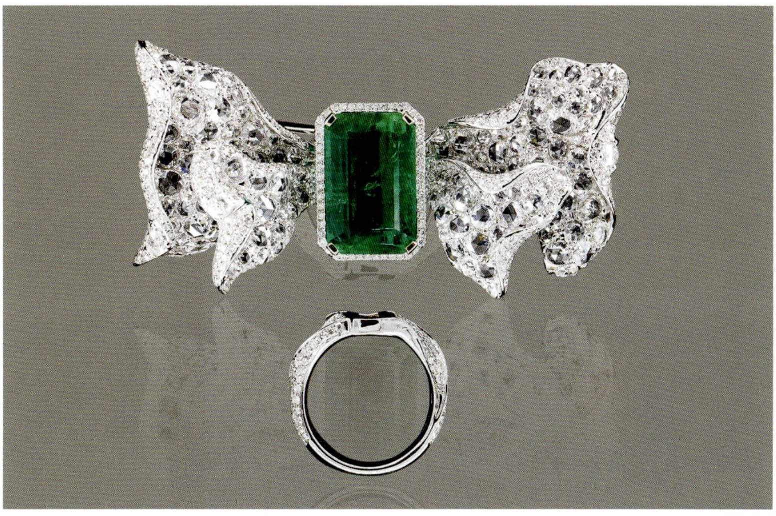

1224 “Green Tie” 11.43克拉祖母绿钻戒
估　价：RMB 540,000~580,000
成交价：RMB 575,000
祖母绿17.48mm × 11.67mm × 6.97mm
永乐拍卖 2020-08-18

1655 1.02及1.01克拉心形浓彩蓝色钻石及彩橙粉红色钻石配钻石戒指
估　价：HKD 1,200,000~2,000,000
成交价：RMB 1,864,500
香港苏富比 2020-07-10

35 1.08克拉艳彩蓝色 自然色 VVS2净度的梨形花式钻石配钻石戒指
估　价：USD 500,000~700,000
成交价：RMB 6,056,019
大小6 1/2 纽约苏富比 2020-12-09

22 1.21克拉长方形天然彩棕粉红色SI2净度钻石配粉红色钻石及钻石戒指
估　价：HKD 240,000~340,000
成交价：RMB 262,656
天成国际 2020-07-07

82 1.08克拉古垫形天然艳彩黄橙色SI2净度极优打磨钻石配粉红色钻石及钻石戒指
估　价：HKD 300,000~500,000
成交价：RMB 328,320
天成国际 2020-07-07

126 1.27克拉椭圆形天然淡粉红色VS2净度钻石配粉红色钻石及钻石戒指
估　价：HKD 320,000~520,000
成交价：RMB 429,408
天成国际 2020-11-28

641 1.05克拉心形淡彩蓝色净度为VS2钻石戒指
估　价：RMB 1,000,000~1,500,000
成交价：RMB 1,150,000
西泠印社 2020-08-07

2025 1.04克拉正方形深彩紫粉红色VS2钻石戒指
估　价：HKD 1,200,000~1,800,000
成交价：RMB 5,325,000
戒指4 佳士得 2020-11-29

124 1.75克拉椭圆形巴西帕拉伊巴碧玺配钻石戒指
估　价：HKD 68,000~98,000
成交价：RMB 78,797
戒圈6 天成国际 2020-07-07

1648 10.54克拉巴西帕拉伊巴碧玺配钻石戒指
估　价：HKD 90,000~120,000
成交价：RMB 146,900
香港苏富比 2020-07-10

1748 1.57克拉巴西帕拉伊巴碧玺配钻石戒指
估　价：HKD 200,000~280,000
成交价：RMB 474,600
香港苏富比 2020-07-10

633 1.31克拉方形浓彩粉色钻石戒指
估　价：RMB 900,000~1,200,000
成交价：RMB 1,104,000
戒圈12.5 西泠印社 2020-08-07

2040 10.02克拉哥伦比亚祖母绿配钻石戒指
未经注油
估　价：HKD 2,800,000~4,200,000
成交价：RMB 2,851,824
保利香港 2020-07-08

620 10.02克拉梨形彩棕绿黄色钻石戒指
估　价：RMB 900,000~1,200,000
成交价：RMB 1,092,500
戒圈12.5 西泠印社 2020-08-07

2022 10.07克拉D色Type IIa钻石戒指 净度无瑕
估　价：HKD 4,800,000~8,000,000
成交价：RMB 4,950,336
保利香港 2020-07-08

6051 10.79克拉矩形粉钻戒指
估　价：RMB 6,000,000~7,000,000
成交价：RMB 7,475,000
指圈12.5 华艺国际 2020-12-05

2023 1.36克拉梨形浓彩粉红色SI2钻石戒指
估　价：HKD 1,500,000~2,500,000
成交价：RMB 2,662,500
佳士得 2020-11-29

1098 10.8克拉糖塔祖母绿戒指
估　价：RMB 280,000~380,000
成交价：RMB 1,771,000
永乐拍卖 2020-12-04

1100 10.8克拉淡彩粉色VVS2钻石戒指
估　价：RMB 22,000,000~32,000,000
成交价：RMB 28,175,000
永乐拍卖 2020-12-04

101 10.07克拉圆形天然哥伦比亚未经处理祖母绿配钻石戒指
估　价：HKD 1,500,000~2,500,000
成交价：RMB 1,641,600
天成国际 2020-07-07

1159 10.03克拉罕见的莫桑比克全净玻璃体无烧鸽血红色红宝石钻戒
估　价：RMB 4,500,000~5,500,000
成交价：RMB 5,175,000
主石14.87mm × 11.12mm × 6.66mm
永乐拍卖 2020-12-04

1942 10.59克拉梨形D-IF Type IIa钻石戒指
估　价：HKD 4,000,000~6,000,000
成交价：RMB 6,079,400
佳士得 2020-07-09

1663 10.07克拉梨形足色内部无瑕（IF）钻石配钻石戒指 卡地亚镶嵌
估　价：HKD 5,100,000~6,000,000
成交价：RMB 5,365,240
香港苏富比 2020-07-10

1257 12.21克拉哥伦比亚木佐色无油祖母绿戒指
估　价：RMB 2,800,000~3,800,000
成交价：RMB 2,817,500
主石14.35mm×13.85mm×9.87mm
永乐拍卖 2020-08-18

1661 10.06克拉方形G色VS1净度钻石配钻石戒指 海瑞温斯顿戒台
估　价：HKD 1,700,000~2,200,000
成交价：RMB 1,751,500
香港苏富比 2020-07-10

1943 10.42克拉圆形D-VS1（极优切割、打磨及比例）钻石戒指
估　价：HKD 4,000,000~6,000,000
成交价：RMB 4,235,240
佳士得 2020-07-09

1094 12.21克拉哥伦比亚木佐色无油祖母绿戒指
估　价：RMB 2,800,000~3,800,000
成交价：RMB 3,450,000
主石14.35mm×13.85mm×9.87mm
永乐拍卖 2020-12-04

1947 12.11克拉榄尖形浓彩蓝色IF钻石戒指
估　价：HKD 65,000,000~95,000,000
成交价：RMB 110,636,040
佳士得 2020-07-09

634 13.12克拉枕形彩黄色钻石戒指
估　价：RMB 1,200,000~1,800,000
成交价：RMB 1,437,500
西泠印社 2020-08-07

1285 12.64克拉缅甸无烧皇家蓝色蓝宝石吊坠、戒指
估　价：RMB 900,000~1,300,000
成交价：RMB 1,127,000
永乐拍卖 2020-08-18

2010 11.48克拉克什米尔蓝宝石配钻石戒指
未经加热
成交价：RMB 16,100,000
北京保利 2020-12-05

1909 11.88克拉长方形斯里兰卡天然蓝宝石戒指
估　价：HKD 950,000~1,500,000
成交价：RMB 1,808,000
佳士得 2020-07-09

191 10.3克拉D色 无瑕疵 极好的抛光和对称
lla类型钻石戒指
估　价：CHF 1,195,000~1,375,000
成交价：RMB 12,830,877
日内瓦苏富比 2020-11-11

337 105.89克拉蓝宝石戒指
估　价：CHF 490,000~670,000
成交价：RMB 12,688,120
日内瓦苏富比 2020-06-24

1964 12.15克拉正方形深彩棕黄色VVS1钻石
戒指
估　价：HKD 1,200,000~1,800,000
成交价：RMB 1,278,000
戒指5 佳士得 2020-11-29

4294 13.15克拉天然哥伦比亚木佐矿未经处理
艳彩绿祖母绿配钻石戒指 卡地亚
估　价：RMB 3,000,000~4,000,000
成交价：RMB 4,048,000
指环 13 中国嘉德 2020-12-05

1635 12.58克拉天然石榴石配钻石戒指
估　价：HKD 50,000~90,000
成交价：RMB 85,539
香港苏富比 2020-11-27

1616 12.03克拉天然斯里兰卡金绿猫眼石配白水晶及钻石戒指
估　价：HKD 400,000~550,000
成交价：RMB 429,400
香港苏富比 2020-07-10

23 16.82克拉黄色蓝宝石和钻石戒指
估　价：GBP 12,000~18,000
成交价：RMB 239,627
伦敦苏富比 2020-04-07

1136 11.82克拉天然缅甸蓝宝石配祖母绿及钻石戒指
估　价：HKD 70,000~100,000
成交价：RMB 79,940
尺寸5 ½ 香港苏富比 2020-06-12

53 13.87克拉I颜色 VS1净度钻石戒指 20世纪30年代
估　价：GBP 75,000~90,000
成交价：RMB 1,415,976
伦敦苏富比 2020-04-07

1794 12.77克拉天然克什米尔蓝宝石配钻石戒指
估　价：HKD 5,000,000~6,500,000
成交价：RMB 5,039,800
香港苏富比 2020-07-10

154 15.11克拉艳黄色 天然色泽 VVS1净度钻石戒指
估　价：CHF 110,000~160,000
成交价：RMB 1,731,030
日内瓦苏富比 2020-11-11

193 17.22克拉D色 VVS1净度 内部无瑕疵 IIa型钻石戒指
估　价：CHF 700,000~1,000,000
成交价：RMB 8,893,761
日内瓦苏富比 2020-11-11

6639 15.97克拉淡彩棕黄色Type IIa钻石戒指净度内部无瑕
估　价：RMB 1,600,000~2,200,000
成交价：RMB 1,782,500
北京保利 2020-10-19

1795 16.04克拉天然哥伦比亚祖母绿配钻石戒指 海瑞温斯顿镶嵌
估　价：HKD 5,000,000~6,000,000
成交价：RMB 5,039,800
香港苏富比 2020-07-10

1043 16mm—17mm南洋金珠戒指
估　价：RMB 18,000~38,000
成交价：RMB 20,700
珠径16mm—17mm；戒圈13 永乐拍卖 2020-12-04

1966 18.08克拉长方形艳彩黄色VVS1钻石戒指
估　价：HKD 5,500,000~8,000,000
成交价：RMB 9,414,600
戒指5 ¼ 佳士得 2020-11-29

6523 16.24克拉斯里兰卡“皇家蓝”蓝宝石配钻石戒指 未经加热
估　价：RMB 540,000~750,000
成交价：RMB 575,000
北京保利 2020-10-19

2022 16.16克拉圆形D-IF（极优切割、打磨及比例）Type IIa钻石戒指
估　价：HKD 9,800,000~12,800,000
成交价：RMB 11,459,400
佳士得 2020-11-29

1638 16.38克拉方形D色全美无瑕（FL）Type IIa钻石戒指 梵克雅宝戒台
估　价：HKD 16,000,000~20,000,000
成交价：RMB 17,106,800
香港苏富比 2020-10-07

1938 14.70克拉枕形克什米尔天然蓝宝石戒指
估　价：HKD 4,000,000~6,000,000
成交价：RMB 9,333,800
佳士得 2020-07-09

1906 15.69克拉圆形H-VVS1（极优打磨及比例）钻石戒指
估　价：HKD 2,500,000~3,500,000
成交价：RMB 2,825,000
佳士得 2020-07-09

532 13.92克拉蓝宝石和锆石戒指
估　价：CHF 18,000~30,000
成交价：RMB 219,138
日内瓦苏富比 2020-05-07

29 17.80克拉星状蓝宝石和钻石戒指
估　价：GBP 18,000~22,000
成交价：RMB 217,843
伦敦苏富比 2020-04-07

29 2.00克拉天然颜色 VS1净度的心形鲜艳橙色钻石配钻石戒指
估　价：USD 1,000,000~1,500,000
成交价：RMB 12,376,478
纽约苏富比 2020-12-09

1935 17.95克拉长方形D-IF Type IIa（极优打磨）钻石戒指
估　价：HKD 10,000,000~15,000,000
成交价：RMB 10,961,000
戒指6 佳士得 2020-07-09

4337 18K金镶钻翡翠戒指
估　价：RMB 18,000~28,000
成交价：RMB 25,300
长1.7cm；翡翠长1.2cm 中国嘉德 2020-07-15

680 18K斯里兰卡无烧蓝宝石花式戒指
估　价：RMB 175,000~350,000
成交价：RMB 196,000
主石10.26克拉 上海联合 2020-11-29

679 18K无烧缅甸鸽血红红宝石花式戒指
估　价：RMB 550,000~1,000,000
成交价：RMB 616,000
主石3.08克拉 上海联合 2020-11-29

1930 2.08克拉榄尖形浓彩蓝色IF钻石戒指
估　价：HKD 7,000,000~9,000,000
成交价：RMB 9,876,200
佳士得 2020-07-09

269 2.01克拉深彩粉红 天然颜色 I2净度钻石戒指
估　价：EUR 100,000~150,000
成交价：RMB 794,340
巴黎苏富比 2020-06-11

1911 2.02克拉长方形缅甸天然鸽血红红宝石戒指
估　价：HKD 450,000~650,000
成交价：RMB 847,500
佳士得 2020-07-09

2026 2.25克拉心形浓彩蓝色SI1钻石戒指
估　价：HKD 5,000,000~8,000,000
成交价：RMB 6,858,600
戒指5 佳士得 2020-11-29

1117 2.05克拉天然莫桑比克鸽血红红宝石配钻石戒指
估　价：HKD 20,000~40,000
成交价：RMB 39,970
香港苏富比 2020-06-12

1934 2.04克拉椭圆形克什米尔天然蓝宝石戒指
估　价：HKD 50,000~80,000
成交价：RMB 319,500
戒指3 ½ 佳士得 2020-11-29

1627 2.69克拉方形彩黄绿色VS2净度钻石配钻石戒指
估　价：HKD 750,000~850,000
成交价：RMB 904,000
香港苏富比 2020-07-10

1880 23.53克拉长方形坦桑石戒指
估　价：HKD 100,000~150,000
成交价：RMB 135,600
佳士得 2020-07-09

1750 2.53克拉天然巴西亚历山大变色石配钻石戒指
估　价：HKD 350,000~450,000
成交价：RMB 565,000
香港苏富比 2020-07-10

182 2.78克拉钻石珐琅戒指
估　价：GBP 3,500~5,500
成交价：RMB 59,907
伦敦苏富比 2020-04-07

144 23.38克碧玺戒指
估　价：GBP 1,000~2,000
成交价：RMB 174,274
伦敦苏富比 2020-04-07

139 2.54克拉椭圆形帕拉伊巴碧玺配钻石戒指
估　价：HKD 95,000~150,000
成交价：RMB 103,968
天成国际 2020-07-07

28 2.81克拉深棕橙色钻戒
估　价：CHF 20,000~30,000
成交价：RMB 186,590
日内瓦苏富比 2020-06-24

1165 2.96克拉天然缅甸尖晶石戒指
估　价：HKD 22,000~55,000
成交价：RMB 39,970
尺寸6 ½ 香港苏富比 2020-06-12

153 28.86克拉颜色为D 净度为VVS1钻石戒指
估　价：USD 1,000,000~2,000,000
成交价：RMB 14,438,894
纽约佳士得 2020-06-30

100 21.43克拉古垫形天然淡彩棕黄色VS2净度极优打磨钻石配钻石戒指
估　价：HKD 980,000~1,580,000
成交价：RMB 1,072,512
天成国际 2020-07-07

191 2.85克拉橙粉红色刚玉配钻石戒指 蒂芙尼·斯伦贝谢
估　价：USD 180,000~220,000
成交价：RMB 1,480,868
纽约苏富比 2020-12-09

159 23.52克拉浓彩黄色 色泽自然 VVS1净度钻石戒指
估　价：CHF 260,000~350,000
成交价：RMB 2,186,564
日内瓦苏富比 2020-11-11

1097 25.2克拉彩棕黄色钻石戒指
估　价：RMB 1,300,000~2,300,000
成交价：RMB 2,231,000
永乐拍卖 2020-12-04

1787 3.18克拉梨形彩灰蓝色VS2净度钻石配2.61克拉梨形足色VVS1净度钻石戒指
估　价：HKD 3,100,000~4,000,000
成交价：RMB 3,390,000
香港苏富比 2020-07-10

6633 3.03克拉艳彩黄色钻石配钻石戒指
估　价：RMB 380,000~620,000
成交价：RMB 437,000
北京保利 2020-10-19

1073 3.37克拉方形艳彩橙黄色VS1净度钻石配钻石戒指
估　价：HKD 550,000~750,000
成交价：RMB 629,613
香港苏富比 2020-05-20

1833 3.78克拉榄尖形巴西帕拉伊巴碧玺戒指
估　价：HKD 280,000~380,000
成交价：RMB 319,500
戒指5¾ 佳士得 2020-11-29

1132 2.85克拉红碧玺配钻石戒指
估　价：HKD 30,000~50,000
成交价：RMB 21,698
香港苏富比 2020-06-12

1194 3.58克拉天然缅甸尖晶石配钻石戒指
估　价：HKD 22,000~45,000
成交价：RMB 36,048
大小 5 ½ 香港苏富比 2020-07-31

1963 3.82克拉圆形浓彩黄色SI2钻石戒指
估　价：HKD 600,000~800,000
成交价：RMB 852,000
戒指5 佳士得 2020-11-29

1164 3.87克拉天然尖晶石配蓝宝石及钻石戒指
估　价：HKD 20,000~40,000
成交价：RMB 19,414
香港苏富比 2020-06-12

80 4.35克拉自然色VS2净度黄色钻石和钻戒
估　价：USD 120,000~150,000
成交价：RMB 884,438
纽约苏富比 2020-06-16

353 33.75克拉海蓝宝石和钻石戒指 蒂芙尼
估　价：USD 15,000~20,000
成交价：RMB 141,210
纽约苏富比 2020-04-30

1697 4.05克拉榄尖形浓彩紫粉红色SI2净度钻石戒指
估　价：HKD 6,000,000~8,000,000
成交价：RMB 11,006,200
香港苏富比 2020-07-10

1871 4.28克拉长方形深彩棕橘黄色SI1钻石戒指
估　价：HKD 150,000~250,000
成交价：RMB 138,450
戒指3 ½ 佳士得 2020-11-29

330 3.77克拉浅粉色自然色SI2净度钻戒
估　价：CHF 300,000~490,000
成交价：RMB 4,627,432
日内瓦苏富比 2020-06-24

238 4.10克拉祖母绿和钻石戒指 格拉夫
估　价：GBP 26,000~28,000
成交价：RMB 266,295
伦敦苏富比 2020-06-04

143 34.19克拉蓝宝石配钻石戒指
估　价：CHF 295,000~385,000
成交价：RMB 2,733,205
日内瓦苏富比 2020-11-11

1624 4.38克拉天然缅甸尖晶石配钻石戒指
估　价：HKD 80,000~120,000
成交价：RMB 117,616
香港苏富比 2020-11-27

643 3.15克拉椭圆形淡彩紫粉色钻石戒指
估　价：RMB 2,600,000~3,200,000
成交价：RMB 2,990,000
西泠印社 2020-08-07

1699 30.07克拉古垫形浓彩黄色VS1净度钻石戒指
估　价：HKD 4,200,000~6,500,000
成交价：RMB 4,714,360
香港苏富比 2020-07-10

151 34.66克拉浓彩黄色自然色VS1净度钻石戒指
估　价：USD 650,000~850,000
成交价：RMB 4,870,932
大小6 纽约苏富比 2020-12-09

1146 5.02克拉黄色钻石戒指-吊坠两用款
估　价：RMB 350,000~480,000
成交价：RMB 402,500
主石10.19mm × 9.32mm × 6.48mm
永乐拍卖 2020-12-04

244 40克拉尖晶石和钻石戒指
估　价：EUR 5,500~6,500
成交价：RMB 42,365
巴黎苏富比 2020-06-11

1689 4.51克拉天然缅甸红宝石配钻石戒指
估　价：HKD 180,000~280,000
成交价：RMB 339,000
香港苏富比 2020-07-10

642 4.3克拉枕形淡彩绿色钻石戒指
估　价：RMB 1,800,000~2,800,000
成交价：RMB 2,185,000
西泠印社 2020-08-07

646 5.03克拉枕形浓彩黄绿色钻石戒指
估　价：RMB 4,000,000~5,000,000
成交价：RMB 4,657,500
西泠印社 2020-08-07

1984A 5.05克拉枕形缅甸天然鸽血红红宝石戒指
估　价：HKD 13,500,000~18,000,000
成交价：RMB 13,504,200
戒指5 佳士得 2020-11-29

2027 4.90克拉正方形浓彩粉红色VS1钻石戒指
估　价：HKD 25,000,000~35,000,000
成交价：RMB 24,750,600
戒指5 佳士得 2020-11-29

331 5.29克拉花式灰蓝色 自然色 净度为SI1钻戒
估　价：CHF 780,000~1,170,000
成交价：RMB 15,375,016
日内瓦苏富比 2020-06-24

1076 5.0克拉淡粉VVS1钻石戒指
估　价：RMB 1,800,000~2,400,000
成交价：RMB 2,081,500
永乐拍卖 2020-12-04

1652 5.00克拉梨形彩黄绿色VS2净度钻石配彩色钻石及钻石戒指
估　价：HKD 950,000~1,200,000
成交价：RMB 1,243,000
香港苏富比 2020-07-10

1289 5.23克拉浅粉钻石戒指
估　价：RMB 2,500,000~3,000,000
成交价：RMB 2,760,000
主石13.15mm×9.69mm×6.13mm
永乐拍卖 2020-08-18

6090 5.23克拉椭圆形淡浅粉色钻石配钻石戒指-吊坠
估　价：RMB 2,800,000~3,500,000
成交价：RMB 3,220,000
指圈14；吊坠约26.5mm×23mm×11.7mm 华艺国际 2020-10-15

1897 5.40克拉枕形哥伦比亚天然祖母绿戒指
估　价：HKD 1,000,000~2,000,000
成交价：RMB 1,171,500
戒指6 佳士得 2020-11-29

1095 50.2克拉彩棕绿黄色钻石戒指
估　价：RMB 6,800,000~8,800,000
成交价：RMB 9,430,000
永乐拍卖 2020-12-04

579 56.49克拉的紫色星形蓝宝石镶嵌粉红色电气石和紫水晶戒指
估　价：CHF 2,000~3,000
成交价：RMB 20,088
日内瓦苏富比 2020-05-07

1128 5.70克拉圆形足色VS1净度钻石戒指
估　价：HKD 800,000~1,000,000
成交价：RMB 970,700
尺寸6 ½ 香港苏富比 2020-06-12

1960 6.02克拉长方形艳彩黄色SI1钻石戒指
估　价：HKD 800,000~1,200,000
成交价：RMB 852,000
戒指5 ¾ 佳士得 2020-11-29

1287 56.41克拉斯里兰卡无烧皇家蓝色蓝宝石钻戒-吊坠两用款
估　价：RMB 8,000,000~12,000,000
成交价：RMB 7,820,000
主石19.87mm × 18.85mm × 16.57mm 永乐拍卖 2020-08-18

1639 5.84克拉帕拉伊巴碧玺配钻石戒指
估　价：HKD 30,000~50,000
成交价：RMB 23,523
香港苏富比 2020-11-27

6657 5.43克拉克什米尔蓝宝石配钻石戒指 未经加热
估　价：RMB 2,400,000~3,200,000
成交价：RMB 2,760,000
北京保利 2020-10-19

6050 56.41克拉斯里兰卡皇家蓝蓝宝石配钻石戒指-吊坠 未经加热
估　价：RMB 7,000,000~8,000,000
成交价：RMB 8,280,000
戒指14# 华艺国际 2020-12-05

138 6.37克拉古垫形天然缅甸未经加热处理粉红色尖晶石配钻石戒指
估　价：HKD 118,000~168,000
成交价：RMB 131,328
天成国际 2020-07-07

1944 6.06克拉枕形缅甸天然鸽血红红宝石戒指
估　价：HKD 6,500,000~8,500,000
成交价：RMB 9,008,360
佳士得 2020-07-09

585 5.43克拉哥伦比亚未经注油祖母绿戒指
估　价：RMB 680,000~880,000
成交价：RMB 828,000
西泠印社 2020-08-07

1629 6.39克拉梨形淡粉红色VS1净度钻石配钻石戒指
估　价：HKD 4,000,000~5,000,000
成交价：RMB 4,280,440
香港苏富比 2020-07-10

1038 6.49克拉蜜糖棕色圆形猫眼石戒指
估　价：RMB 90,000~130,000
成交价：RMB 101,200
主石长9.44mm—9.66mm，宽7.16mm，戒圈13
永乐拍卖 2020-12-04

342 7.00克拉粉红色 自然色 VVS2净度钻戒
估　价：CHF 2,440,000~3,410,000
成交价：RMB 21,196,624
日内瓦苏富比 2020-06-24

2002 7.09克拉枕形克什米尔天然皇家蓝蓝宝石戒指配2.14及2.08克拉枕形F-VS1—VS2钻石
估　价：HKD 3,000,000~5,000,000
成交价：RMB 4,047,000
戒指5 佳士得 2020-11-29

158 5.26克拉F色 VVS1净度的圆形钻石戒指
估　价：USD 130,000~180,000
成交价：RMB 1,149,769
戒圈6.5 纽约苏富比 2020-06-16

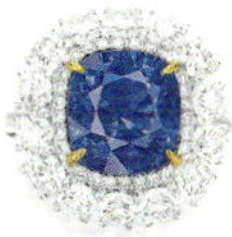

59 7.00克拉古垫形天然缅甸无经加热处理皇家蓝蓝宝石配钻石戒指
估　价：HKD 150,000~250,000
成交价：RMB 227,635
天成国际 2020-07-07

1015 7.18克拉方形艳彩黄色VS1净度钻石配钻石戒指
估　价：HKD 1,100,000~1,600,000
成交价：RMB 1,820,333
香港苏富比 2020-04-15

1897 7.28克拉长方形哥伦比亚祖母绿戒指
估　价：HKD 550,000~800,000
成交价：RMB 1,017,000
佳士得 2020-07-09

2009 7.28克拉榄尖形D-IF钻石戒指
估　价：HKD 2,000,000~3,000,000
成交价：RMB 2,343,000
戒指5 佳士得 2020-11-29

1068 7.1克拉缅甸鸽血红色无烧红宝石戒指
估　价：RMB 2,500,000~3,000,000
成交价：RMB 2,645,000
主石12.59mm × 9.97mm 永乐拍卖 2020-12-04

1807 4.49克拉心形艳彩粉红色内部无瑕(IF)钻石配钻石戒指
估　价：HKD 58,000,000~68,000,000
成交价：RMB 56,954,260
香港苏富比 2020-07-10

543 7.50克拉蓝宝石和钻石戒指
估　价：CHF 8,000~12,000
成交价：RMB 164,354
日内瓦苏富比 2020-05-07

1609 8.18克拉天然东非沙弗莱石配钻石戒指
估　价：HKD 180,000~-280,000
成交价：RMB 149,693
香港苏富比 2020-11-27

1618 7.33克拉浅粉红色 天然颜色 VS2净度钻石配钻石戒指
估　价：HKD 2,900,000~3,800,000
成交价：RMB 3,199,808
尺寸6 香港苏富比 2020-10-07

6040 8.03克拉枕垫形中彩黄色钻石配钻石戒指-吊坠
估　价：RMB 1,000,000~1,200,000
成交价：RMB 1,150,000
指圈12.5#；吊坠约23.8mm × 19mm × 11.1mm
华艺国际 2020-10-15

173 8.28克拉蓝宝石和钻石戒指
估　价：GBP 18,000~24,000
成交价：RMB 871,370
伦敦苏富比 2020-04-07

1946 8.04克拉椭圆形彩棕橘粉红色IF钻石戒指
估　价：HKD 2,000,000~3,000,000
成交价：RMB 4,235,240
佳士得 2020-07-09

1929 7.03克拉枕形艳彩黄色VS2钻石戒指
估　价：HKD 3,000,000~5,000,000
成交价：RMB 3,475,880
佳士得 2020-07-09

1752 5.22克拉浓彩蓝色内部无瑕（IF）钻石配钻石戒指 卡地亚
成交价：RMB 30,351,762
香港苏富比 2020-10-07

6656 8.03克拉缅甸鸽血红红宝石配钻石戒指
未经加热
估　价：RMB 6,200,000~8,200,000
成交价：RMB 7,130,000
北京保利 2020-10-19

1904 8.38克拉巴西猫眼亚历山大石戒指
估　价：HKD 800,000~1,200,000
成交价：RMB 798,750
戒指6 佳士得 2020-11-29

6077 8.44克拉天然哥伦比亚祖母绿配钻石戒指-吊坠
估　价：RMB 450,000~550,000
成交价：RMB 517,500
指圈13.5；吊坠约29mm × 22.1mm × 11mm
华艺国际 2020-10-15

1806 5.04克拉心形艳彩蓝色VS2净度钻石配钻石戒指
估　价：HKD 60,000,000~75,000,000
成交价：RMB 73,943,584
香港苏富比 2020-07-10

1805 8.88克拉方形艳彩黄色内部无瑕（IF）钻石配钻石戒指
估　价：HKD 1,800,000~2,400,000
成交价：RMB 2,938,000
香港苏富比 2020-07-10

1240 9.16克拉浓彩黄钻石戒指
估　价：RMB 1,300,000~1,800,000
成交价：RMB 1,380,000
主石12.41mm × 11.12mm × 7.30mm
永乐拍卖 2020-08-18

71 8.35克拉D色内部无瑕疵的六边形钻石钻戒
估　价：USD 500,000~700,000
成交价：RMB 3,537,750
纽约苏富比 2020-06-16

53 9.45克拉艳彩鲜黄 自然色 VVS2净度的方形祖母绿切割钻石戒指
估　价：USD 300,000~400,000
成交价：RMB 3,448,829
大小6¼ 纽约苏富比 2020-12-09

183 9.18克拉D色VS1净度钻石戒指 卡地亚
估　价：CHF 180,000~280,000
成交价：RMB 2,915,418
日内瓦苏富比 2020-11-11

1724 9.26克拉天然哥伦比亚木佐无油祖母绿配钻石及彩色钻石戒指
估　价：HKD 3,800,000~5,000,000
成交价：RMB 8,418,104
香港苏富比 2020-10-07

2012 Anna Hu设计 14.03克拉缅甸皇家蓝蓝宝石配钻石戒指 未经加热
估　价：RMB 4,500,000~6,800,000
成交价：RMB 5,175,000
北京保利 2020-12-05

241 9.80克拉紫罗兰蓝宝石钻石戒指 大约1910年
估　价：GBP 4,000~6,000
成交价：RMB 544,606
伦敦苏富比 2020-04-07

316 BUCCELLATI钻石戒指
估　价：USD 4,000~6,000
成交价：RMB 59,735
纽约佳士得 2020-02-05

1246 Lotus Dew碧珠荷香18K白金镶嵌翡翠及红宝石钻石及沙弗莱石戒指
估　价：RMB 500,000~550,000
成交价：RMB 552,000
永乐拍卖 2020-08-18

220 CHAUMET钻石戒指
估　价：EUR 4,000~5,000
成交价：RMB 33,539
巴黎苏富比 2020-06-11

1793 Forms4.58克拉天然缅甸红宝石配钻石戒指
估　价：HKD 800,000~1,000,000
成交价：RMB 904,000
香港苏富比 2020-07-10

461 Kern钻石戒指
估　价：CHF 3,000~5,000
成交价：RMB 24,192
日内瓦苏富比 2020-07-15

1937 9.55克拉枕形哥伦比亚天然祖母绿戒指
估　价：HKD 3,200,000~4,800,000
成交价：RMB 3,584,360
佳士得 2020-07-09

289 宝格丽多宝石和钻石“CELTICA”戒指
估　价：USD 2,000~3,000
成交价：RMB 23,894
纽约佳士得 2020-02-05

302 VERDURA绿宝石蓝宝石戒指
估　价：CHF 40,000~60,000
成交价：RMB 354,521
日内瓦苏富比 2020-06-24

372 柏斯汀石榴石和粉红蓝宝石戒指 蒂芙尼
估　价：USD 5,000~7,000
成交价：RMB 39,715
纽约苏富比 2020-04-30

20 宝石镶嵌和钻石戒指一对 纳尔迪
估　价：GBP 10,000~15,000
成交价：RMB 98,029
伦敦苏富比 2020-04-07

139 八角形黄水晶戒指
估　价：EUR 2,000~3,000
成交价：RMB 21,569
巴黎苏富比 2020-05-27

291 宝格丽多宝石、钻石和黄金的“艾蕾歌拉”戒指
估　价：USD 2,000~3,000
成交价：RMB 25,601
纽约佳士得 2020-02-05

1106 宝格丽“Monete”18K金 古钱币配钻石及红宝石戒指
估　价：HKD 20,000~30,000
成交价：RMB 45,790
香港苏富比 2020-05-20

2042 宝格丽设计 5.28克拉克什米尔蓝宝石配钻石戒指 未经加热
估　价：HKD 2,600,000~3,200,000
成交价：RMB 2,798,016
保利香港 2020-07-08

701 冰种阳绿翡翠对戒
估　价：RMB 150,000~180,000
成交价：RMB 172,500
西泠印社 2020-08-07

1645 宝格丽宝石配钻石戒指
估　价：HKD 24,000~40,000
成交价：RMB 101,577
香港苏富比 2020-11-27

531 蒂芙尼18K金镶钻石蝴蝶结戒指（附原盒及绒布袋）
估　价：RMB 15,000~25,000
成交价：RMB 23,000
西泠印社 2020-08-07

73 蒂芙尼“NOVO”钻戒
估　价：USD 6,000~8,000
成交价：RMB 110,937
纽约佳士得 2020-02-05

1048 彩色钻石配钻石戒指
估　价：HKD 38,000~50,000
成交价：RMB 74,409
香港苏富比 2020-05-20

1226 彩色刚玉配钻石戒指
估　价：HKD 35,000~55,000
成交价：RMB 39,428
大小7 香港苏富比 2020-07-31

128 宝格丽天然珍珠配钻石戒指
估　价：CHF 75,000~110,000
成交价：RMB 1,138,835
日内瓦苏富比 2020-11-11

83 大卫·韦伯金、昆石、钻戒
估　价：USD 10,000~15,000
成交价：RMB 114,977
尺寸6 ½ 纽约苏富比 2020-06-16

1707 陈世英8.11克拉天然缅甸红宝石配钻石戒指
估　价：HKD 4,000,000~5,500,000
成交价：RMB 4,497,400
香港苏富比 2020-07-10

174 蛋白石戒指 EMILIOPUCCI
估　价：EUR 4,000~5,000
成交价：RMB 30,891
巴黎苏富比 2020-06-11

1049 彩色钻石配钻石及粉红色刚玉戒指
估　价：HKD 40,000~50,000
成交价：RMB 45,790
尺寸5 ½ 香港苏富比 2020-05-20

4 大卫·韦伯珐琅、绿松石、钻戒
估　价：USD 8,000~12,000
成交价：RMB 97,288
尺寸6 纽约苏富比 2020-06-16

1115 帝王绿玻璃种蛋面戒指
估　价：RMB 380,000~480,000
成交价：RMB 414,000
主石16.5mm × 14.3mm × 6.7mm；戒圈15.5
永乐拍卖 2020-12-04

6603 顶级黄钻15.23克拉艳彩黄色钻石配钻石戒指 净度内部无瑕
成交价：RMB 8,050,000
戒指6 1/4 北京保利 2020-10-19

1601 梵克雅宝蓝宝石配钻石戒指
估　价：HKD 140,000~220,000
成交价：RMB 192,462
香港苏富比 2020-11-27

105 彩色钻石戒指
估　价：USD 7,000~10,000
成交价：RMB 81,069
纽约佳士得 2020-06-30

205 蒂芙尼坦桑石和钻石“遗产”戒指
估　价：USD 3,000~5,000
成交价：RMB 46,935
坦桑石重2.54克拉 纽约佳士得 2020-02-05

1080 梵克雅宝珊瑚配钻石戒指
估　价：HKD 16,000~32,000
成交价：RMB 27,474
香港苏富比 2020-05-20

89 蒂芙尼5.04克拉E色 VS1净度钻戒
估　价：USD 100,000~150,000
成交价：RMB 840,216
纽约苏富比 2020-06-16

146 电气石钻石戒指
估　价：USD 4,000~6,000
成交价：RMB 51,202
纽约佳士得 2020-06-30

229 翡翠和钻石戒指
估　价：GBP 6,000~8,000
成交价：RMB 57,697
伦敦苏富比 2020-06-04

1743 非常珍罕6.41克拉天然缅甸鸽血红未经加热红宝石配钻石戒指
估　价：HKD 17,000,000~22,000,000
成交价：RMB 19,225,994
大小6 香港苏富比 2020-10-07

1059 翡翠元宝造型戒指
估　价：RMB 90,000~130,000
成交价：RMB 97,750
主石14.7mm × 9.0mm × 9.6mm；戒圈13
永乐拍卖 2020-12-04

35 翡翠和钻石双宝石戒指
估　价：USD 4,000~6,000
成交价：RMB 42,668
祖母绿重1.10—1.20克拉
纽约佳士得 2020-06-30

221 红宝石和钻石戒指 20世纪40年代
估　价：EUR 10,000~15,000
成交价：RMB 88,260
巴黎苏富比 2020-06-11

10 粉蓝宝石和钻石戒指 格拉夫
估　价：USD 7,000~10,000
成交价：RMB 81,069
纽约佳士得 2020-06-30

156 翡翠 珊瑚和钻石戒指 1920年
估　价：USD 8,000~12,000
成交价：RMB 59,735
纽约佳士得 2020-02-05

252 翡翠玉马鞍戒指
估　价：USD 2,000~3,000
成交价：RMB 76,803
纽约佳士得 2020-02-05

314 橄榄石和钻石的叶子戒指 VERDURA 1972年
估　价：USD 7,000~9,000
成交价：RMB 57,367
纽约苏富比 2020-04-30

6510 梵克雅宝设计珍贵罕有23.49克拉缅甸皇家蓝蓝宝石配钻石戒指 未经加热
估　价：RMB 7,200,000~8,800,000
成交价：RMB 9,200,000
戒指6 $^{3}/_{4}$ 北京保利 2020-10-19

185 海瑞温斯顿11.75克拉D色 VVS1净度钻石戒指
估　价：CHF 367,000~550,000
成交价：RMB 4,956,645
日内瓦苏富比 2020-11-11

1651 海瑞温斯顿16.08克拉天然哥伦比亚无油祖母绿配钻石戒指
估　价：HKD 6,000,000~9,000,000
成交价：RMB 5,451,233
香港苏富比 2020-10-07

120 梵克雅宝钻戒 “指间莲花”
估　价：CHF 15,000~25,000
成交价：RMB 139,943
日内瓦苏富比 2020-06-24

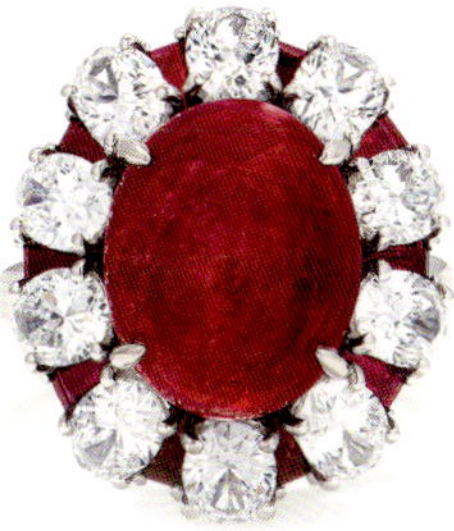

103 红宝石及钻石戒指 海瑞温斯顿设计
估　价：CHF 25,000~35,000
成交价：RMB 298,976
日内瓦佳士得 2020-07-22

1207 黑欧泊戒指
估　价：RMB 20,000~40,000
成交价：RMB 23,000
永乐拍卖 2020-08-18

201 海瑞温斯顿祖母绿配钻石戒指 约1970年
估　价：CHF 100,000~200,000
成交价：RMB 1,138,835
日内瓦苏富比 2020-11-11

202 海瑞温斯顿20.0克拉E色VVS2净度钻石戒指 约1970年
估　价：CHF 400,000~600,000
成交价：RMB 5,831,560
日内瓦苏富比 2020-11-11

324 橄榄石和钻石戒指
估　价：USD 5,000~7,000
成交价：RMB 81,069
橄榄石重40.0—50.0克拉
纽约佳士得 2020-02-05

70 缟玛瑙和钻石戒指 梵克雅宝
估　价：USD 1,500~2,000
成交价：RMB 22,187
纽约佳士得 2020-06-30

198 红宝石电气石和钻石戒指
估　价：USD 6,000~8,000
成交价：RMB 102,404
红宝石重21.26克拉 纽约佳士得 2020-02-05

156 红宝石及钻石胸针（Kutchinsky设计）、红宝石及钻石戒指
估　价：CHF 60,000~80,000
成交价：RMB 607,295
日内瓦佳士得 2020-07-22

127 缟玛瑙配钻石戒指 Tiffany（蒂芙尼）&Co.
估　价：HKD 45,000~65,000
成交价：RMB 52,531
天成国际 2020-07-07

61 哥伦比亚5.40克拉祖母绿配钻石戒指
估　价：USD 300,000~500,000
成交价：RMB 4,475,904
纽约苏富比 2020-12-09

39 海蓝宝石 红宝石和钻石戒指
估　价：USD 2,000~3,000
成交价：RMB 22,187
海蓝宝石重量10.00—11.00克拉
纽约佳士得 2020-02-05

1698 格拉夫10.45克拉椭圆形足色全美钻石配钻石戒指
估　价：HKD 6,500,000~8,500,000
成交价：RMB 7,209,400
香港苏富比 2020-07-10

78 海蓝宝石和钻石戒指
估　价：USD 1,500~2,000
成交价：RMB 64,002
纽约佳士得 2020-06-30

167 格拉夫5.55克拉绿宝石和钻石戒指“漩涡”
估　价：CHF 28,000~32,000
成交价：RMB 242,567
日内瓦苏富比 2020-06-24

1149 红宝石配蓝宝石及钻石戒指
估　价：HKD 30,000~50,000
成交价：RMB 79,940
尺寸6 香港苏富比 2020-06-12

1114 海螺珠配钻石戒指
估　价：HKD 20,000~40,000
成交价：RMB 25,124
香港苏富比 2020-06-12

137 尖晶石和钻石戒指
估　价：USD 4,000~6,000
成交价：RMB 32,428
纽约佳士得 2020-06-30

398 花式4.57克拉黄色 自然色 VVS2净度钻戒
估　价：USD 30,000~40,000
成交价：RMB 264,769
纽约苏富比 2020-04-30

14 黄色钻石和钻戒
估　价：USD 55,000~75,000
成交价：RMB 530,663
大小5 ½ 纽约苏富比 2020-06-16

60 红宝石钻石戒指
估　价：CHF 24,000~35,000
成交价：RMB 223,908
日内瓦苏富比 2020-06-24

92 华丽的粉色和蓝色钻戒一对
估　价：CHF 55,000~80,000
成交价：RMB 513,123
日内瓦苏富比 2020-06-24

167 黄水晶 宝石及钻石戒指
估　价：EUR 5,000~7,000
成交价：RMB 44,118
巴黎苏富比 2020-05-27

78 虎眼石戒指 Kutchinsky 1972年
估　价：GBP 1,000~1,500
成交价：RMB 23,963
伦敦苏富比 2020-04-07

458 黄色蓝宝石和钻石戒指
估　价：CHF 5,000~7,000
成交价：RMB 55,827
日内瓦苏富比 2020-07-15

43 集群钻石戒指
估　价：USD 5,000~7,000
成交价：RMB 85,336
纽约佳士得 2020-06-30

105 卡地亚21.86克拉哥伦比亚祖母绿配钻石戒指
估　价：USD 750,000~1,000,000
成交价：RMB 23,832,310
纽约苏富比 2020-12-09

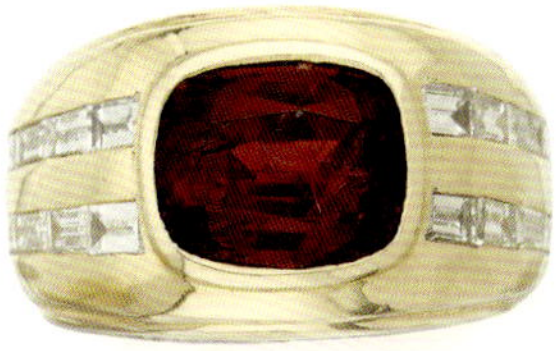

325 金 7.90克拉红宝石和钻石戒指 大卫·韦伯
估　价：USD 6,000~8,000
成交价：RMB 70,605
纽约苏富比 2020-04-30

320 金 8.95克拉紫水晶和绿松石戒指 大卫·韦伯
估　价：USD 5,000~7,000
成交价：RMB 83,843
纽约苏富比 2020-04-30

711 金镶冰种马眼翡翠戒指
估　价：RMB 40,000~60,000
成交价：RMB 59,800
西泠印社 2020-08-07

532 库钦斯基珐琅钻戒
估　价：CHF 1,500~2,500
成交价：RMB 27,914
日内瓦苏富比 2020-07-15

393 金及3.89克拉I色VS2净度钻石戒指
估　价：USD 15,000~20,000
成交价：RMB 150,036
纽约苏富比 2020-04-30

370 金和彩色钻戒 宝格丽
估　价：USD 15,000~20,000
成交价：RMB 132,384
纽约苏富比 2020-04-30

1780 卡地亚“Panthère”钻石配缟玛瑙及祖母绿戒指
估　价：HKD 160,000~320,000
成交价：RMB 395,500
香港苏富比 2020-07-10

1783 卡地亚12.89克拉天然缅甸蓝宝石配钻石戒指 20世纪初期
估　价：HKD 1,500,000~2,000,000
成交价：RMB 1,751,500
香港苏富比 2020-07-10

218 卡地亚玛瑙和黑玛瑙戒指
估　价：USD 3,000~5,000
成交价：RMB 93,870
纽约佳士得 2020-02-05

139 卡地亚尖晶石配祖母绿及钻石戒指
估　价：CHF 92,000~135,000
成交价：RMB 1,594,369
日内瓦苏富比 2020-11-11

19 卡地亚9.75克拉坦桑石钻戒
估　价：USD 8,000~12,000
成交价：RMB 79,599
尺寸6 ½ 纽约苏富比 2020-06-16

195 克什米尔6.65克拉蓝宝石戒指
估　价：CHF 100,000~120,000
成交价：RMB 2,733,205
日内瓦苏富比 2020-11-11

156 克什米尔5.34克拉垫形切割蓝宝石配钻石戒指
估　价：USD 300,000~500,000
成交价：RMB 2,303,572
纽约苏富比 2020-12-09

118 蓝宝石及钻石戒指
估　价：CHF 700,000~1,000,000
成交价：RMB 8,184,468
日内瓦佳士得 2020-07-22

68 蓝宝石及钻石戒指
估　价：CHF 70,000~100,000
成交价：RMB 1,588,310
日内瓦佳士得 2020-07-22

246 蓝宝石 祖母绿和钻石戒指
估　价：USD 3,000~5,000
成交价：RMB 72,536
蓝宝石重约6.61克拉 纽约佳士得 2020-02-05

1996 天然翡翠蛋面戒指
估　价：HKD 4,500,000~6,500,000
成交价：RMB 5,005,500
蛋面18.8mm × 16.0mm × 9.2mm 佳士得 2020-11-29

446 两个宝石钻石戒指和一个黄金钻石戒指
估　价：CHF 2,000~3,000
成交价：RMB 51,175
日内瓦苏富比 2020-07-15

181 蓝宝石及钻石戒指 Cartier（卡地亚）镶嵌
估　价：CHF 700,000~900,000
成交价：RMB 5,403,991
日内瓦佳士得 2020-07-22

1247 蓝色多瑙河铂金28.38克拉海蓝宝钻石戒指
估　价：RMB 250,000~300,000
成交价：RMB 276,000
永乐拍卖 2020-08-18

83 马库斯蓝宝石和钻石戒指 大约1930年
估　价：CHF 35,000~55,000
成交价：RMB 513,123
日内瓦苏富比 2020-06-24

185 蓝宝石戒指
估　价：CHF 400,000~500,000
成交价：RMB 5,045,220
日内瓦佳士得 2020-07-22

12 玛瑙和钻石戒指 卡地亚
估　价：USD 7,000~10,000
成交价：RMB 68,269
纽约佳士得 2020-06-30

64 蓝宝石及钻石戒指
估　价：CHF 50,000~70,000
成交价：RMB 728,754
日内瓦佳士得 2020-07-22

73 浓彩蓝色3.67克拉天然颜色 VS2净度钻石配钻石戒指
估　价：USD 2,500,000~3,500,000
成交价：RMB 17,116,822
纽约苏富比 2020-12-09

14 蓝宝石钻石戒指 梵克雅宝
估　价：USD 4,000~6,000
成交价：RMB 136,538
纽约佳士得 2020-06-30

6669 缅甸天然满绿翡翠马鞍戒指
估　价：RMB 480,000~650,000
成交价：RMB 552,000
北京保利 2020-10-19

194 玛瑙及金戒指 JEAN德普雷
估　价：EUR 1,500~2,000
成交价：RMB 75,021
巴黎苏富比 2020-06-11

304 老人牌红宝石戒指
估　价：CHF 60,000~80,000
成交价：RMB 559,770
日内瓦苏富比 2020-06-24

1114 缅甸天然木那蛋面翡翠戒指/吊坠两用款
估　价：RMB 360,000~460,000
成交价：RMB 391,000
主石12.7mm × 10.8mm × 5.5mm；戒圈12号
永乐拍卖 2020-12-04

364 美宝珠 珐琅和钻戒 大卫·韦伯
估　价：USD 5,000~7,000
成交价：RMB 42,363
22.2mm × 21.8mm 纽约苏富比 2020-04-30

309 女士的钻石腕表及黑玉和钻石戒指 宝格丽和卡蒂尔
估　价：GBP 3,500~7,000
成交价：RMB 33,731
伦敦苏富比 2020-06-04

143 米歇尔·德拉瓦莱祖母绿和粉红蓝宝石戒指
估　价：USD 2,000~4,000
成交价：RMB 46,935
纽约佳士得 2020-06-30

1208 天然缅甸红宝石配钻石戒指
估　价：HKD 60,000~90,000
成交价：RMB 146,445
大小6 ½ 香港苏富比 2020-07-31

36 三枚钻石戒指
估　价：USD 18,000~22,000
成交价：RMB 159,199
纽约苏富比 2020-06-16

244 珊瑚和钻石戒指 20世纪60年代
估　价：GBP 3,000~4,000
成交价：RMB 24,854
伦敦苏富比 2020-06-04

1635 天然翡翠配红宝石及钻石戒指
估　价：HKD 90,000~150,000
成交价：RMB 271,200
香港苏富比 2020-07-10

173 珊瑚和钻石戒指
估　价：USD 2,000~3,000
成交价：RMB 59,735
纽约佳士得 2020-02-05

103 钻石和多宝石戒指
估　价：USD 1,500~2,000
成交价：RMB 25,601
纽约佳士得 2020-02-05

151 坦桑石和钻石戒指
估　价：EUR 2,400~3,200
成交价：RMB 27,451
巴黎苏富比 2020-05-27

1670 天然翡翠“一指通天”戒指
估　价：HKD 2,500,000~3,200,000
成交价：RMB 3,955,000
香港苏富比 2020-07-10

4229 稀有的25.07克拉天然缅甸未经加热星光蓝宝石配钻石戒指、吊坠
估　价：RMB 380,000~580,000
成交价：RMB 437,000
中国嘉德 2020-12-05

1989 天然翡翠马鞍戒指
估　价：HKD 380,000~580,000
成交价：RMB 553,800
翡翠马鞍22.9mm × 9.0mm × 5.0mm
佳士得 2020-11-29

135 香奈儿“MATELASSE”珍珠和钻石戒指
估　价：USD 3,000~5,000
成交价：RMB 35,841
纽约佳士得 2020-02-05

1219 香奈儿养殖珍珠配钻石戒指
估　价：HKD 12,000~20,000
成交价：RMB 36,048
大小5 ½ 香港苏富比 2020-07-31

1918 天然翡翠蛋面戒指
估　价：HKD 380,000~580,000
成交价：RMB 452,000
佳士得 2020-07-09

40 威尔杜拉双色金蓝宝石钻戒
估　价：USD 10,000~15,000
成交价：RMB 88,444
纽约苏富比 2020-06-16

1 香奈儿一对金色人造珍珠和钻石“MATELASSE”耳夹和戒指
估　价：USD 4,000~6,000
成交价：RMB 37,146
大小5 ½ 纽约苏富比 2020-06-16

6026 萧邦设计 5.63克拉矩形钻石配钻石戒指
估　价：RMB 2,000,000~2,800,000
成交价：RMB 2,300,000
指圈14.5 华艺国际 2020-12-05

1614 天然翡翠配天然冰种翡翠及钻石戒指/挂坠
估　价：HKD 40,000~60,000
成交价：RMB 42,769
香港苏富比 2020-11-27

1122 天然翡翠配钻石戒指
估　价：HKD 60,000~80,000
成交价：RMB 148,460
香港苏富比 2020-06-12

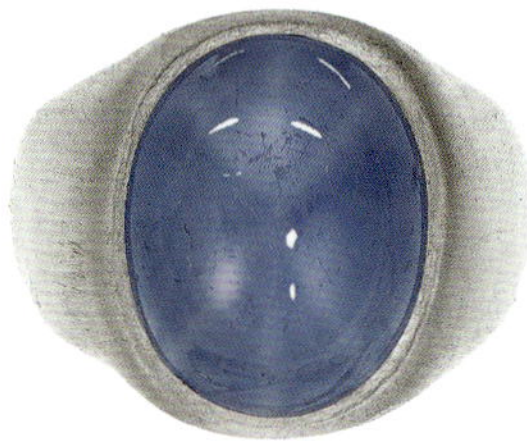

327 星光蓝宝石铂金戒指
估　价：USD 2,000~3,000
成交价：RMB 20,481
13.84mm × 11.37mm × 9.19mm
纽约佳士得 2020-02-05

228 锡兰36.30克拉的垫形蓝宝石和钻石戒指
估　价：EUR 130,000~160,000
成交价：RMB 970,860
巴黎苏富比 2020-06-11

1175 天然翡翠配尖晶石及钻石戒指
估　价：HKD 60,000~100,000
成交价：RMB 107,018
香港苏富比 2020-07-31

237 艳丽的3.17克拉黄色 VVS1净度钻石和钻石戒指 格拉夫
估　价：GBP 26,000~28,000
成交价：RMB 337,307
伦敦苏富比 2020-06-04

1619 天然翡翠配钻石戒指
估　价：HKD 50,000~80,000
成交价：RMB 96,231
香港苏富比 2020-11-27

99 有色钻石及钻石戒指 Pederzani设计
估　价：CHF 80,000~100,000
成交价：RMB 1,308,020
日内瓦佳士得 2020-07-22

94 天然翡翠配钻石戒指
估　价：HKD 168,000~268,000
成交价：RMB 171,763
天成国际 2020-11-28

186 有色钻石戒指
估　价：CHF 400,000~500,000
成交价：RMB 2,982,286
日内瓦佳士得 2020-07-22

47 天然未经处理海螺珠配黄色钻石及钻石“繁花”戒指
估　价：HKD 180,000~280,000
成交价：RMB 173,808
天成国际 2020-11-28

279 天然珍珠和钻石戒指 20世纪30年代
估　价：EUR 9,000~12,000
成交价：RMB 397,170
珍珠长14.86mm—14.92mm；宽13.72mm
巴黎苏富比 2020-06-11

32 天然珍珠、祖母绿、红宝石及钻石戒指 Bulgari（宝格丽）设计
估　价：CHF 34,000~44,000
成交价：RMB 607,295
日内瓦佳士得 2020-07-22

196 有色钻石及钻石戒指
估　价：CHF 8,000,000~12,000,000
成交价：RMB 65,257,118
日内瓦佳士得 2020-07-22

27 养殖的珍珠和钻石戒指两枚
估　价：EUR 3,500~5,000
成交价：RMB 37,255
巴黎苏富比 2020-05-27

242 养殖珍珠和钻石戒指（四枚）
估　价：USD 3,000~5,000
成交价：RMB 27,308
养殖珍珠:直径16.75mm至18.85mm
纽约佳士得 2020-02-05

247 养殖珍珠和钻石戒指
估　价：USD 5,000~7,000
成交价：RMB 110,937
纽约佳士得 2020-02-05

131 有色钻石及钻石戒指
估　价：CHF 80,000~120,000
成交价：RMB 840,870
日内瓦佳士得 2020-07-22

48 有色钻石、黑玛瑙及祖母绿戒指 Cartier设计
估　价：CHF 50,000~70,000
成交价：RMB 607,295
日内瓦佳士得 2020-07-22

309 一对金色和紫水晶“金字塔”耳夹和戒指 宝格丽
估　价：USD 6,000~8,000
成交价：RMB 44,128
纽约苏富比 2020-04-30

4281 珍稀绚丽的8.82克拉天然克什米尔未经加热蓝宝石配钻石戒指
成交价：RMB 8,740,000
指环10.5 中国嘉德 2020-12-05

1891 椭圆形巴西天然亚历山大石戒指
估　价：HKD 350,000~550,000
成交价：RMB 372,750
戒指5 佳士得 2020-11-29

1823 圆形蛋面星光蓝宝石戒指
估　价：HKD 200,000~300,000
成交价：RMB 213,000
戒指6 佳士得 2020-11-29

110 柚子色钻石“SABBIA”戒指
估　价：USD 2,000~3,000
成交价：RMB 27,308
纽约佳士得 2020-02-05

542 比利时设计师DEGREEF约1960年制蓝松石戒指（附证书）
估　价：RMB 15,000~20,000
成交价：RMB 20,700
西泠印社 2020-08-07

231 总重达4.98克拉尖晶石和钻石戒指
估　价：GBP 7,000~9,000
成交价：RMB 62,136
伦敦苏富比 2020-06-04

150 “棕榈”红宝石和钻石戒指 大卫·莫里斯
估　价：USD 40,000~60,000
成交价：RMB 341,345
纽约佳士得 2020-06-30

195 祖母绿及钻石戒指
估　价：CHF 1,200,000~1,800,000
成交价：RMB 12,669,108
日内瓦佳士得 2020-07-22

76 祖母绿及钻石戒指
估　价：CHF 165,000~185,000
成交价：RMB 1,681,740
日内瓦佳士得 2020-07-22

362 钻石“炸弹”戒指 格拉夫
估　价：USD 80,000~100,000
成交价：RMB 1,059,075
钻石重量从0.91克拉到0.70克拉；E和G色；VVS2到VS2净度 纽约苏富比 2020-04-30

239 祖母绿和钻石戒指
估　价：USD 8,000~12,000
成交价：RMB 324,278
祖母绿：13.06mm × 12.51mm × 6.98mm；重8.25—8.50克拉 纽约佳士得 2020-02-05

314 祖母绿和钻石戒指
估　价：USD 3,000~5,000
成交价：RMB 187,740
祖母绿重7.00—8.00克拉
纽约佳士得 2020-02-05

49 祖母绿、钻石及黑玛瑙“Panthère”戒指
Cartier设计
估　价：CHF 20,000~30,000
成交价：RMB 327,005
日内瓦佳士得 2020-07-22

125 祖母绿及钻石戒指
估　价：CHF 100,000~150,000
成交价：RMB 934,300
日内瓦佳士得 2020-07-22

168 钻石和人造红宝石戒指 1910年
估　价：USD 2,000~3,000
成交价：RMB 46,935
纽约佳士得 2020-02-05

1970 钻石及粉红色蓝宝石“Phoenix”戒指
估　价：HKD 800,000~1,200,000
成交价：RMB 2,023,500
戒指5 佳士得 2020-11-29

415 钻石和坦桑石戒指 蒂芙尼
估　价：USD 15,000~20,000
成交价：RMB 441,281
纽约苏富比 2020-04-30

346 钻石和1.00克拉深黄色VVS1净度钻石戒指
估　价：USD 10,000~15,000
成交价：RMB 114,733
纽约苏富比 2020-04-30

60 钻石和玛瑙戒指
估　价：USD 5,000~7,000
成交价：RMB 38,401
纽约佳士得 2020-02-05

85 祖母绿及钻石戒指 Bulgari设计
估　价：CHF 45,000~75,000
成交价：RMB 373,720
日内瓦佳士得 2020-07-22

79 钻石戒指
估　价：CHF 600,000~800,000
成交价：RMB 5,134,913
日内瓦佳士得 2020-07-22

121 深彩棕黄色钻石戒指
估　价：CHF 130,000~190,000
成交价：RMB 1,639,923
日内瓦苏富比 2020-11-11

42 钻石及蓝宝石戒指 Graff设计
估　价：CHF 10,000~15,000
成交价：RMB 102,773
日内瓦佳士得 2020-07-22

135 钻石及蛇纹木“Serpenti”戒指 Bulgari设计
估　价：CHF 10,000~15,000
成交价：RMB 112,116
日内瓦佳士得 2020-07-22

1902 长方形坦桑石戒指
估　价：HKD 200,000~300,000
成交价：RMB 340,800
戒指5 佳士得 2020-11-29

耳饰

606 “锦鲤”金镶彩宝耳坠
估　价：RMB 40,000~60,000
成交价：RMB 46,000
西泠印社 2020-08-07

1654 1.02及1.01克拉心形彩紫粉红色SI1净度钻石配钻石耳环一对
估　价：HKD 1,200,000~1,700,000
成交价：RMB 1,299,500
香港苏富比 2020-07-10

21 “狂欢威尼斯”耳环一对
估　价：USD 1,500~2,000
成交价：RMB 20,481
6.5cm × 2.0cm × 2 纽约佳士得 2020-06-30

717 “沐晨”金镶冰种翡翠耳坠
估　价：RMB 100,000~150,000
成交价：RMB 126,500
西泠印社 2020-08-07

347 1.00克拉E色 净度为VVS2钻石“雪花”耳环一对 格拉夫
估　价：USD 35,000~55,000
成交价：RMB 353,025
纽约苏富比 2020-04-30

148 “莲花”红宝石和钻石圆环耳环大卫·莫里斯
估　价：USD 40,000~60,000
成交价：RMB 358,412
4.0cm × 4.5cm × 2 纽约佳士得 2020-06-30

11 “银莲花”多宝石和钻石耳环
估　价：USD 4,000~6,000
成交价：RMB 119,471
3.5cm × 3.0cm × 2 纽约佳士得 2020-06-30

202 1.10克拉和1.11克拉钻石和漂亮的黄色钻石耳环一对 格拉夫
估　价：GBP 14,000~16,000
成交价：RMB 261,411
伦敦苏富比 2020-04-07

661 “梦蝶”金镶帝王绿玻璃种翡翠耳坠
估 价：RMB 60,000~80,000
成交价：RMB 82,800
西泠印社 2020-08-07

36 10.03克拉I颜色VS1净度和10.02克拉I颜色 VVS2净度钻石吊耳环一对
估 价：USD 380,000~420,000
成交价：RMB 2,632,654
纽约苏富比 2020-12-09

156 1.14克拉和0.80克拉红宝石和钻石耳环一对
估 价：GBP 5,000~7,000
成交价：RMB 54,461
伦敦苏富比 2020-04-07

1933 1.33至0.83克拉梨形及榄尖形D—H/VVS2—SI2钻石耳环
估 价：HKD 800,000~1,200,000
成交价：RMB 960,500
耳环3.0cm×2 佳士得 2020-07-09

1001 1克拉钻石耳环一对
估 价：HKD 30,000~50,000
成交价：RMB 34,131
香港苏富比 2020-04-15

1741 1.29及1.27克拉天然缅甸鸽血红红宝石配钻石吊耳环一对
估 价：HKD 260,000~350,000
成交价：RMB 293,800
香港苏富比 2020-07-10

608 1.66及1.63克拉缅甸抹谷鸽血红未经加热耳坠
估 价：RMB 150,000~250,000
成交价：RMB 195,500
24.5mm×11.5mm×2 西泠印社 2020-08-07

1046 2.02及2.01克拉心形彩黄色内部无瑕(IF)及VVS1净度钻石配钻石耳环一对
估 价：HKD 280,000~350,000
成交价：RMB 274,740
香港苏富比 2020-05-20

1754 12.72及12.46克拉梨形足色全美钻石配彩黑色钻石及彩白色钻石吊耳环一对
估　价：HKD 15,500,000~18,000,000
成交价：RMB 16,430,200
香港苏富比 2020-07-10

346 13.50克拉和13.52克拉D色VVS2净度钻石耳环一对
估　价：CHF 1,170,000~1,780,000
成交价：RMB 10,896,856
日内瓦苏富比 2020-06-24

1662 10.41及10.30克拉哥伦比亚祖母绿配钻石吊耳环一对
估　价：HKD 2,500,000~3,000,000
成交价：RMB 3,503,000
香港苏富比 2020-07-10

6524 15.06及12.14克拉斯里兰卡“矢车菊”蓝宝石配钻石耳环 未经加热
估　价：RMB 950,000~1,500,000
成交价：RMB 1,092,500
北京保利 2020-10-19

84 15.24和14.22克拉浓彩黄色钻石配钻石耳环一对
估　价：USD 400,000~600,000
成交价：RMB 3,448,829
纽约苏富比 2020-12-09

1099 12.2克拉浓彩黄绿色钻石耳坠
估　价：RMB 12,000,000~18,000,000
成交价：RMB 16,100,000
主石16.1克拉；主石26.1克拉
永乐拍卖 2020-12-04

155 19世纪中期及以后的黄水晶和钻石耳环
估　价：CHF 70,000~90,000
成交价：RMB 1,399,425
日内瓦苏富比 2020-06-24

101 10.17克拉D颜色VS2净度和9.55克拉F颜色SI1净度钻石耳环一对
估　价：USD 400,000~600,000
成交价：RMB 3,290,818
纽约苏富比 2020-12-09

1628 2.01及2.17克拉梨形淡粉红色钻石及轻淡粉红色钻石配钻石耳环一对
估　价：HKD 1,500,000~2,000,000
成交价：RMB 2,034,000
香港苏富比 2020-07-10

2010 2.03及1.00克拉圆形、梨形及榄尖形D—F/IF—VS2钻石耳环
估　价：HKD 1,500,000~2,500,000
成交价：RMB 2,343,000
长3.5cm×2 佳士得 2020-11-29

1693 2.12及1.92克拉浓彩黄色VS2及VS1净度钻石配钻石耳环一对
估　价：HKD 360,000~500,000
成交价：RMB 429,400
香港苏富比 2020-07-10

538 2.51克拉和3.64克拉祖母绿和钻石耳环一对
估　价：CHF 8,000~12,000
成交价：RMB 73,046
日内瓦苏富比 2020-05-07

6576 10.44及10.10克拉亚历山大变色石及钻石耳环两对
估　价：RMB 2,400,000~3,500,000
成交价：RMB 2,656,500
北京保利 2020-10-19

321 3.39克拉和3.62克拉斯帕萨特石榴石和钻石耳环一对
估　价：GBP 5,000~6,000
成交价：RMB 44,383
伦敦苏富比 2020-06-04

104 2.75克拉和2.21克拉祖母绿和钻石耳夹一对
估　价：USD 25,000~35,000
成交价：RMB 194,576
纽约苏富比 2020-06-16

1644 3.32及3.04克拉天然缅甸鸽血红未经加热红宝石配钻石耳环一对
估　价：HKD 2,200,000~2,800,000
成交价：RMB 2,427,440
香港苏富比 2020-10-07

284 3.46克拉和3.53克拉钻石耳环一对
估　价：GBP 60,000~80,000
成交价：RMB 621,355
伦敦苏富比 2020-06-04

1915 3.03及3.02克拉心形G-VS2钻石耳环
估　价：HKD 250,000~350,000
成交价：RMB 532,500
长1.5cm × 2 佳士得 2020-11-29

87 3.35及3.22克拉阶梯式切割天然哥伦比亚木佐未经处理祖母绿配钻石吊耳环一对
估　价：HKD 1,000,000~1,500,000
成交价：RMB 1,022,400
天成国际 2020-11-28

1872 3.52及3.50克拉长方形彩棕黄色VS2、SI1钻石耳环
估　价：HKD 800,000~1,200,000
成交价：RMB 852,000
长3.1cm × 2 佳士得 2020-11-29

2029 3.29及3.29克拉榄尖形浓彩蓝色IF钻石耳环 配1.86至0.51克拉梨形D-IF钻石 附GIA 镶铂金及金 4.7厘米
估　价：HKD 25,000,000~35,000,000
成交价：RMB 40,086,600
佳士得 2020-11-29

223 3.53克拉和4.47克拉蓝宝石和钻石耳环一对 20世纪初
估　价：GBP 4,000~7,000
成交价：RMB 48,821
伦敦苏富比 2020-06-04

1931 4.14及4.07克拉正方形或长方形浓彩黄色SI1、SI2钻石耳环
估　价：HKD 800,000~1,200,000
成交价：RMB 1,073,500
耳环2.6cm×2 佳士得 2020-07-09

1733 2.59及2.32克拉天然巴西帕拉伊巴碧玺配钻石耳坠一对
估　价：HKD 2,600,000~3,500,000
成交价：RMB 2,758,455
香港苏富比 2020-10-07

358 4.21克拉和4.17克拉钻石耳钉一对
估　价：USD 30,000~50,000
成交价：RMB 335,374
纽约苏富比 2020-04-30

645 18.75及18.47克拉方形彩黄色钻石耳坠
估　价：RMB 5,000,000~6,000,000
成交价：RMB 5,750,000
西泠印社 2020-08-07

1690 4.26及4.06克拉天然马达加斯加粉红色刚玉配钻石吊耳环一对
估　价：HKD 280,000~350,000
成交价：RMB 316,400
香港苏富比 2020-07-10

2020 5.03及5.02克拉钻石耳环一对
估　价：HKD 680,000~2,200,000
成交价：RMB 1,183,776
保利香港 2020-07-08

8 4.51克拉红宝石和钻石耳环一对
估　价：CHF 30,000~50,000
成交价：RMB 279,885
日内瓦苏富比 2020-06-24

1788 5.13及5.01克拉梨形足色全美钻石配钻石吊耳环一对
估　价：HKD 3,500,000~4,500,000
成交价：RMB 4,171,960
香港苏富比 2020-07-10

1899 4.96及4.43克拉枕形哥伦比亚祖母绿配1.22及1.20克拉椭圆形缅甸天然红宝石“Toscane”耳环
估　价：HKD 1,200,000~1,800,000
成交价：RMB 1,808,000
佳士得 2020-07-09

2021 5.03及5.02克拉圆形D/IF（极优切割、打磨及比例）Type IIa钻石耳环 附GIA 镶铂金 1.1厘米
估　价：HKD 4,000,000~6,000,000
成交价：RMB 6,142,920
佳士得 2020-11-29

1979 9.42及6.79克拉椭圆形缅甸天然红宝石耳环
估　价：HKD 5,000,000~8,000,000
成交价：RMB 7,778,760
长2.3cm×2 佳士得 2020-11-29

275 6.69克拉G颜色SI1净度和7.03克拉E颜色VS2净度钻石耳环一对
估　价：EUR 150,000~200,000
成交价：RMB 1,676,940
巴黎苏富比 2020-06-11

2014 9.00、8.85、2.11及2.02克拉枕形哥伦比亚天然祖母绿配2.02、2.01、1.81及1.71克拉方形D/VVS1—VVS2钻石耳环
估　价：HKD 6,800,000~9,800,000
成交价：RMB 6,858,600
长4.2cm×2 佳士得 2020-11-29

1873 6.69及6.23克拉梨形哥伦比亚天然祖母绿耳环
估　价：HKD 1,000,000~1,500,000
成交价：RMB 1,412,500
佳士得 2020-07-09

6045 8.21克拉天然莫桑比克鸽血红红宝石配钻石耳环一对 未经加热
估　价：RMB 5,000,000~6,000,000
成交价：RMB 6,325,000
耳环长约41.3mm×2 华艺国际 2020-12-05

1910 9.26及8.76克拉椭圆形斯里兰卡天然蓝宝石耳环
估　价：HKD 1,100,000~1,500,000
成交价：RMB 1,243,000
佳士得 2020-07-09

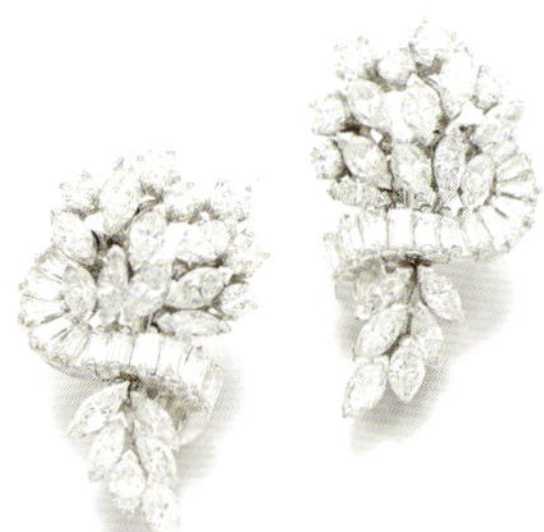

578 GÜBELIN公司一对钻石耳夹 20世纪50年代
估　价：CHF 6,000~8,000
成交价：RMB 83,741
日内瓦苏富比 2020-07-15

104 9.60克拉D色VS2净度的梨形钻石配祖母绿和9.07克拉的梨形祖母绿配钻石耳环一对
估　价：USD 350,000~550,000
成交价：RMB 7,636,133
纽约苏富比 2020-12-09

1898 8.34及7.23克拉梨形哥伦比亚祖母绿配2.77及2.38梨形缅甸、斯里兰卡天然蓝宝石和3.04和3.02克拉椭圆形D/IF钻石耳环
估　价：HKD 1,500,000~2,500,000
成交价：RMB 1,597,500
耳环5.0cm × 2 佳士得 2020-11-29

308 HEMMERLE蓝宝石和钻石耳夹一对
估　价：CHF 50,000~70,000
成交价：RMB 447,816
日内瓦苏富比 2020-06-24

305 HEMMERLE钻石耳环一对
估　价：CHF 70,000~100,000
成交价：RMB 699,713
日内瓦苏富比 2020-06-24

29 JAR“天竺葵”铝耳环
估　价：USD 2,000~3,000
成交价：RMB 298,677
3.7cm × 3.0cm × 2 纽约佳士得 2020-02-05

24 JAR镀金的天竺葵叶子铝耳环
估　价：USD 1,500~2,000
成交价：RMB 46,935
纽约佳士得 2020-06-30

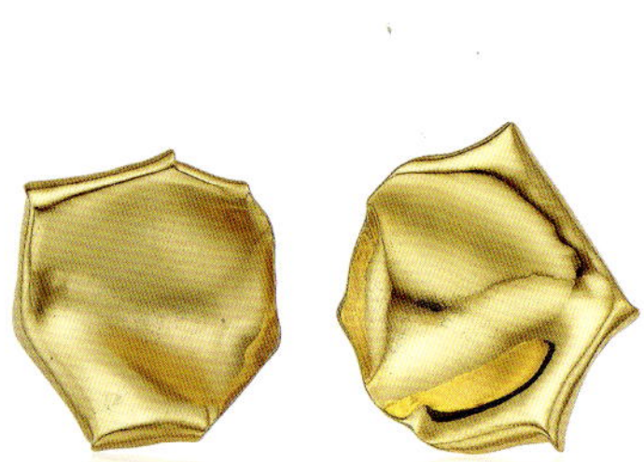

27 JAR金铝玫瑰花瓣耳环
估　价：USD 1,500~2,000
成交价：RMB 55,469
3.7cm×3.5cm×2 纽约佳士得 2020-02-05

483 JAR铝制“扇”耳夹
估　价：CHF 3,000~5,000
成交价：RMB 55,827
日内瓦苏富比 2020-07-15

492 JAR钛质耳夹 “紫罗兰色”
估　价：CHF 3,000~5,000
成交价：RMB 55,827
日内瓦苏富比 2020-07-15

1778 宝格丽7.90及6.89克拉哥伦比亚祖母绿配钻石耳环一对
估　价：HKD 650,000~850,000
成交价：RMB 655,400
香港苏富比 2020-07-10

22 宝格丽绿松石 蓝宝石和钻石戒指、耳环
估　价：CHF 12,000~18,000
成交价：RMB 177,261
日内瓦苏富比 2020-06-24

186 宝格丽天然钻石和金耳环
估　价：USD 2,000~3,000
成交价：RMB 23,894
3.9cm×2.4cm×2 纽约佳士得 2020-02-05

285 宝格丽紫水晶和金耳环
估　价：USD 3,000~5,000
成交价：RMB 76,803
长3.0cm×2 纽约佳士得 2020-02-05

1107 宝格丽“Monete”18K金 古钱币配钻石及红宝石吊耳环一对
估　价：HKD 30,000~50,000
成交价：RMB 54,948
香港苏富比 2020-05-20

408 宝诗龙祖母绿垂饰耳环一对
估　价：CHF 12,000~18,000
成交价：RMB 111,654
日内瓦苏富比 2020-07-15

1952 宝石“Tutti Frutti”配祖母绿、红宝石、蓝宝石及钻石耳环
估　价：HKD 120,000~180,000
成交价：RMB 426,000
长2.0cm×2 佳士得 2020-11-29

30 宝石套装和钻石耳夹一对 BOUCHERON（宝诗龙）1950年
估　价：EUR 1,000~2,000
成交价：RMB 41,176
30mm×25mm×2 巴黎苏富比 2020-05-27

289 宝石镶嵌和钻石耳夹一对 米歇尔·德拉瓦莱
估　价：GBP 3,000~5,000
成交价：RMB 53,259
伦敦苏富比 2020-06-04

25 玻璃珠耳环
估　价：USD 1,500~2,000
成交价：RMB 29,868
纽约佳士得 2020-02-05

1223 伯爵18K白金配钻石戒指、耳环、吊坠珠宝首饰
估　价：HKD 30,000~50,000
成交价：RMB 27,036
戒指大小6 ¾ 香港苏富比 2020-07-31

1189 布契拉提及吉安马里亚·布契拉提18K金及钻石戒指和耳环一对
估　价：HKD 16,000~20,000
成交价：RMB 33,795
香港苏富比 2020-07-31

138 彩蓝宝石及钻石耳环 Graff设计
估　价：CHF 20,000~30,000
成交价：RMB 242,918
日内瓦佳士得 2020-07-22

81 彩色钻石和钻石耳环 格拉夫
估　价：CHF 60,000~80,000
成交价：RMB 513,865
日内瓦佳士得 2020-07-22

261 彩色钻石和钻石耳夹一对 库钦斯基 20世纪70年代
估　价：GBP 3,000~4,000
成交价：RMB 26,630
伦敦苏富比 2020-06-04

302 大卫 · 韦伯的“漩涡”金耳环
估　价：USD 2,000~3,000
成交价：RMB 22,187
2.8cm × 2.4cm × 2 纽约佳士得 2020-02-05

5 大卫 · 韦伯金、钻石耳夹一对
估　价：USD 20,000~30,000
成交价：RMB 168,043
纽约苏富比 2020-06-16

1650 彩色钻石配钻石吊耳环一对
估　价：HKD 380,000~500,000
成交价：RMB 452,000
香港苏富比 2020-07-10

355 大卫·韦伯钻石和金耳环
估　价：USD 3,000~5,000
成交价：RMB 46,935
长3.3cm × 2 纽约佳士得 2020-02-05

111 大卫 · 韦伯绿松石、绿宝石、红宝石和钻石耳环一对
估　价：USD 18,000~22,000
成交价：RMB 141,510
纽约苏富比 2020-06-16

142 大卫 · 莫里斯钻石耳环
估　价：USD 15,000~20,000
成交价：RMB 221,874
长5cm × 2 纽约佳士得 2020-06-30

344 大卫 · 韦伯的珐琅和黄金耳环
估　价：USD 3,000~5,000
成交价：RMB 25,601
长2.6cm × 2 纽约佳士得 2020-02-05

27 大卫 · 韦伯祖母绿钻石吊耳环一对
估　价：USD 25,000~35,000
成交价：RMB 247,643
纽约苏富比 2020-06-16

15 大卫·韦伯钻石耳环
估　价：USD 2,000~3,000
成交价：RMB 46,935
直径2.3cm×2 纽约佳士得 2020-02-05

7 蒂芙尼·帕洛玛·毕加索橄榄石和钻石耳环
估　价：USD 2,000~3,000
成交价：RMB 23,894
长1.8cm×2 纽约佳士得 2020-02-05

206 蒂芙尼彩色钻石和钻石耳环
估　价：USD 1,200~1,800
成交价：RMB 20,481
直径0.9cm×2 纽约佳士得 2020-02-05

86 20世纪 祖母绿及钻石耳环
估　价：CHF 30,000~50,000
成交价：RMB 261,604
日内瓦佳士得 2020-07-22

1133 法贝热珐琅彩配钻石吊耳环一对
估　价：HKD 9,000~15,000
成交价：RMB 14,846
香港苏富比 2020-06-12

1150 法贝热珐琅彩配钻石戒指及耳环套装
估　价：HKD 60,000~80,000
成交价：RMB 57,100
香港苏富比 2020-06-12

87 珐琅及钻石胸针及耳环套装 Bulgari设计
估　价：CHF 10,000~15,000
成交价：RMB 79,416
日内瓦佳士得 2020-07-22

1085 梵克雅宝珐琅彩配钻石耳环一对
估　价：HKD 24,000~50,000
成交价：RMB 36,632
香港苏富比 2020-05-20

512 梵克雅宝黄金和钻石耳夹一对
估　价：CHF 2,400~3,500
成交价：RMB 20,470
日内瓦苏富比 2020-07-15

107 梵克雅宝天然珍珠配钻石耳环一对
约1960年
估　价：CHF 40,000~60,000
成交价：RMB 1,093,282
日内瓦苏富比 2020-11-11

13 梵克雅宝钻石耳坠一对
估　价：USD 15,000~20,000
成交价：RMB 247,643
纽约苏富比 2020-06-16

548 梵克雅宝绿松石和钻石耳环一对
估　价：CHF 4,000~6,000
成交价：RMB 83,741
日内瓦苏富比 2020-07-15

35 梵克雅宝珊瑚和钻石耳夹一对 大约1970年
估　价：CHF 24,000~40,000
成交价：RMB 793,008
日内瓦苏富比 2020-06-24

526 梵克雅宝养殖的珍珠和钻石耳夹一对
估　价：CHF 8,000~12,000
成交价：RMB 74,436
日内瓦苏富比 2020-07-15

298 梵克雅宝钻石和金耳环
估　价：USD 3,000~5,000
成交价：RMB 55,469
2.75cm×2.00cm×2 纽约佳士得 2020-02-05

347 梵克雅宝钻石耳环
估　价：USD 5,000~7,000
成交价：RMB 119,471
长4.6cm×2 纽约佳士得 2020-02-05

320 橄榄石和钻石耳环一对 詹姆斯·甘
估　价：GBP 2,800~3,800
成交价：RMB 24,854
伦敦苏富比 2020-06-04

40 翡翠和钻石耳环一对
估　价：USD 3,000~5,000
成交价：RMB 59,735
长5.7cm×2 纽约佳士得 2020-06-30

293 粉红碧玺海蓝宝石钻石耳环一对 詹姆斯·甘
估　价：GBP 3,500~4,500
成交价：RMB 31,068
伦敦苏富比 2020-06-04

1225 粉红刚玉配钻石耳环一对
估　价：HKD 14,000~30,000
成交价：RMB 39,428
香港苏富比 2020-07-31

376 粉色蛋白石和钻石耳夹一对
估　价：USD 6,000~8,000
成交价：RMB 83,843
纽约苏富比 2020-04-30

255 翡翠和钻石耳环
估　价：USD 2,000~3,000
成交价：RMB 110,937
长4.6cm×2 纽约佳士得 2020-02-05

34 橄榄石及红宝石耳环 De Grisogono设计
估　价：CHF 4,000~6,000
成交价：RMB 42,044
日内瓦佳士得 2020-07-22

137 橄榄石配粉红色碧玺 黄色刚玉及钻石吊耳环一对
估　价：HKD 48,000~78,000
成交价：RMB 52,531
天成国际 2020-07-07

1138 缟玛瑙配钻石吊耳环一对
估　价：HKD 14,000~30,000
成交价：RMB 21,698
香港苏富比 2020-06-12

1140 哥伦比亚祖母绿配钻石吊耳环一对
估　价：HKD 20,000~40,000
成交价：RMB 45,680
香港苏富比 2020-06-12

1094 格拉夫“Bombé Pavilion”红宝石配钻石吊耳环一对
估　价：HKD 120,000~150,000
成交价：RMB 206,055
香港苏富比 2020-05-20

1039 格拉夫“Butterfly”钻石吊耳环一对
估　价：HKD 700,000~900,000
成交价：RMB 801,325
香港苏富比 2020-05-20

1081 格拉夫“Cluster Halo”祖母绿配钻石吊耳环一对
估　价：HKD 90,000~120,000
成交价：RMB 125,923
香港苏富比 2020-05-20

1145 格拉夫“Cluster Halo”红宝石配钻石吊耳环一对
估　价：HKD 70,000~90,000
成交价：RMB 148,460
香港苏富比 2020-06-12

1160 格拉夫“Cluster Halo”祖母绿配钻石耳环一对
估　价：HKD 70,000~90,000
成交价：RMB 125,620
香港苏富比 2020-06-12

1043 格拉夫“Diamond on Diamond”钻石配祖母绿耳环一对
估　价：HKD 48,000~68,000
成交价：RMB 103,028
香港苏富比 2020-05-20

1111 格拉夫“Diamond on Diamond”钻石配红宝石耳环一对
估　价：HKD 40,000~60,000
成交价：RMB 91,360
香港苏富比 2020-06-12

1153 格拉夫“Mini Gypsy”蓝宝石配钻石吊耳环一对
估　价：HKD 120,000~150,000
成交价：RMB 205,560
香港苏富比 2020-06-12

1072 格拉夫“Rhythm”钻石配蓝宝石吊耳环一对
估　价：HKD 120,000~150,000
成交价：RMB 206,055
香港苏富比 2020-05-20

10 格拉夫6.04和6.10克拉钻石耳环一对
估　价：CHF 300,000~490,000
成交价：RMB 2,798,850
日内瓦苏富比 2020-06-24

1625 格拉夫“Butterfly”钻石耳坠一对
估　价：HKD 300,000~380,000
成交价：RMB 192,462
香港苏富比 2020-11-27

1613 格拉夫“Cluster Halo”祖母绿配钻石耳坠一对
估　价：HKD 180,000~220,000
成交价：RMB 171,078
香港苏富比 2020-11-27

139 格拉夫红宝石和钻石“钻石对钻石”耳环一对
估　价：USD 6,000~8,000
成交价：RMB 97,288
纽约苏富比 2020-06-16

1617 格拉夫“Gypsy”钻石耳坠一对
估　价：HKD 380,000~480,000
成交价：RMB 256,617
钻石共重约17.36克拉
香港苏富比 2020-11-27

114 格拉夫红宝石和钻石耳环一对
估　价：USD 30,000~50,000
成交价：RMB 309,553
纽约苏富比 2020-06-16

67 格拉夫钻石吊耳环一对
估　价：USD 30,000~50,000
成交价：RMB 397,997
纽约苏富比 2020-06-16

2 格拉夫钻石心形耳环
估　价：USD 10,000~15,000
成交价：RMB 93,870
长4.7cm×2 纽约佳士得 2020-02-05

1097 格拉夫钻石吊耳环一对
估　价：HKD 65,000~85,000
成交价：RMB 97,304
香港苏富比 2020-05-20

103 格拉夫钻石耳环一对
估　价：CHF 100,000~200,000
成交价：RMB 886,303
日内瓦苏富比 2020-06-24

13 罐子铝玫瑰花瓣耳环一对
估　价：USD 1,500~2,000
成交价：RMB 76,803
纽约佳士得 2020-06-30

21 格拉夫钻石垂耳夹一对
估　价：CHF 40,000~50,000
成交价：RMB 606,418
日内瓦苏富比 2020-06-24

261 格拉夫钻石和祖母绿耳环
估　价：USD 12,000~18,000
成交价：RMB 187,740
长2.8cm×2 纽约佳士得 2020-02-05

6 龟甲、珊瑚及钻石项链和耳环套装 Boucheron设计
估　价：CHF 25,000~35,000
成交价：RMB 280,290
日内瓦佳士得 2020-07-22

312 海蓝宝石和绿宝石"山茱萸"耳环 VERDURA
估　价：USD 10,000~15,000
成交价：RMB 176,513
纽约苏富比 2020-04-30

85 海螺珠配养殖珍珠及钻石吊耳环一对
估　价：HKD 120,000~180,000
成交价：RMB 142,272
天成国际 2020-07-07

50 亨特和罗斯克尔金色微型挂件和一对吊耳环 约1870年
估　价：USD 6,000~8,000
成交价：RMB 176,888
纽约苏富比 2020-06-16

38 海蓝宝石及钻石耳环 Margaret Jewels设计
估　价：CHF 18,000~28,000
成交价：RMB 186,860
日内瓦佳士得 2020-07-22

123 海螺珠配钻石戒指及金绿猫眼石配钻石耳环一对
估　价：HKD 38,000~68,000
成交价：RMB 43,776
天成国际 2020-07-07

68 红宝石和钻石耳环一对 蒂芙尼
估　价：GBP 4,000~6,000
成交价：RMB 130,706
伦敦苏富比 2020-04-07

258 海螺壳耳环一对 19世纪60年代
估　价：GBP 800~1,200
成交价：RMB 30,498
伦敦苏富比 2020-04-07

6532 海瑞温斯顿设计13.49及12.36克拉缅甸及斯里兰卡皇家蓝蓝宝石配钻石耳环 未经加热
估　价：RMB 2,800,000~4,200,000
成交价：RMB 3,220,000
北京保利 2020-10-19

272 红宝石耳朵夹一对 卡地亚
估　价：GBP 3,500~4,500
成交价：RMB 31,068
伦敦苏富比 2020-06-04

29 红宝石和钻石“节奏”耳环一对 格拉夫
估　价：USD 15,000~20,000
成交价：RMB 204,807
长6.5cm×2 纽约佳士得 2020-06-30

560 红宝石和钻石耳朵夹一对
估　价：CHF 3,000~5,000
成交价：RMB 38,349
日内瓦苏富比 2020-05-07

36 红宝石及钻石耳环 Graff设计
估　价：CHF 25,000~35,000
成交价：RMB 224,232
日内瓦佳士得 2020-07-22

422 红宝石和钻石“雪花”耳环一对 格拉夫
估　价：USD 15,000~20,000
成交价：RMB 370,676
纽约苏富比 2020-04-30

43 红宝石和钻石耳朵夹一对 格拉夫
估　价：GBP 20,000~22,000
成交价：RMB 239,627
伦敦苏富比 2020-04-07

110 红宝石及钻石耳环 Graff设计
估　价：CHF 25,000~35,000
成交价：RMB 261,604
日内瓦佳士得 2020-07-22

435 红宝石和钻石吊耳环一对 格拉夫
估　价：USD 20,000~30,000
成交价：RMB 661,922
纽约苏富比 2020-04-30

318 红宝石和钻石耳环一对 格拉夫
估　价：GBP 16,000~18,000
成交价：RMB 230,789
伦敦苏富比 2020-06-04

25 红宝石及钻石耳环 René Boivin设计
估　价：CHF 15,000~20,000
成交价：RMB 261,604
日内瓦佳士得 2020-07-22

360 红宝石钻石“迷你吉卜赛”耳环一对 格拉夫
估　价：USD 15,000~20,000
成交价：RMB 441,281
纽约苏富比 2020-04-30

469 黄金玉石戒指、耳环
估　价：CHF 2,000~3,000
成交价：RMB 20,470
日内瓦苏富比 2020-07-15

575 黄水晶、绿宝石和钻石耳环一对
估　价：CHF 5,000~8,000
成交价：RMB 63,915
日内瓦苏富比 2020-05-07

18 红色和金色的天竺葵叶子铝耳环一对
估　价：USD 2,000~3,000
成交价：RMB 40,961
3.8cm × 3.8cm × 2 纽约佳士得 2020-06-30

211 黄金钻石鳄鱼戒指和耳环
估　价：USD 3,000~5,000
成交价：RMB 72,536
纽约佳士得 2020-02-05

1232 黄钻耳钉
估　价：RMB 140,000~180,000
成交价：RMB 149,500
永乐拍卖 2020-08-18

365 黄金及水晶、珍珠母、玛瑙耳环两对 卡地亚
估　价：USD 8,000~10,000
成交价：RMB 83,843
纽约苏富比 2020-04-30

145 黄水晶、蓝宝石和钻石耳环
估　价：USD 4,000~6,000
成交价：RMB 128,004
直径5.0cm × 2 纽约佳士得 2020-06-30

195 吉卜赛钻石和玫瑰金耳环
估　价：USD 15,000~20,000
成交价：RMB 341,345
长5.8cm × 2 纽约佳士得 2020-02-05

1126 尖晶石配钻石吊耳环一对
估　价：HKD 30,000~50,000
成交价：RMB 43,396
香港苏富比 2020-06-12

210 格拉夫“节奏”钻石耳环
估　价：USD 18,000~22,000
成交价：RMB 238,942
长6.5cm × 2 纽约佳士得 2020-02-05

378 金和粉红色蓝宝石“G-ONE”耳环一对 GOSHWARA
估　价：USD 8,000~12,000
成交价：RMB 105,908
纽约苏富比 2020-04-30

32 金红宝石耳夹一对 1936—1938年
估　价：CHF 10,000~15,000
成交价：RMB 205,249
日内瓦苏富比 2020-06-24

304 金、绿松石和钻石耳夹一对 大卫·韦伯
估　价：USD 8,000~12,000
成交价：RMB 132,384
纽约苏富比 2020-04-30

444 金色的耳夹一对
估　价：CHF 2,000~3,000
成交价：RMB 32,566
日内瓦苏富比 2020-07-15

301 金色和多色蓝宝石“叶子”耳夹一对 威尔杜拉
估　价：USD 5,000~7,000
成交价：RMB 167,687
纽约苏富比 2020-04-30

704 金镶冰种翡翠平安扣耳坠
估　价：RMB 350,000~380,000
成交价：RMB 402,500
西泠印社 2020-08-07

700 金镶翡翠双环耳坠
估　价：RMB 80,000~120,000
成交价：RMB 92,000
西泠印社 2020-08-07

657 金镶帝王绿宫灯翡翠耳坠
估　价：RMB 80,000~120,000
成交价：RMB 103,500
西泠印社 2020-08-07

698 金镶帝王绿玻璃种翡翠套件
估　价：RMB 80,000~120,000
成交价：RMB 92,000
西泠印社 2020-08-07

566 金镶钻石白冰喜鹊耳坠
估　价：RMB 48,000~58,000
成交价：RMB 59,800
西泠印社 2020-08-07

4266 精美的3.02克拉天然D色VS1净度钻石及3.01克拉天然E色VS1净度钻石配钻石耳环
估　价：RMB 780,000~960,000
成交价：RMB 897,000
中国嘉德 2020-12-05

389 金珍珠珐琅耳环一对
估　价：USD 6,000~8,000
成交价：RMB 28,242
纽约苏富比 2020-04-30

316 金钻石耳夹一对 大卫·韦伯
估　价：USD 6,000~8,000
成交价：RMB 66,192
纽约苏富比 2020-04-30

177 金耳环 阿曼 约1985年
估　价：EUR 2,000~3,000
成交价：RMB 33,539
直径48mm×2 巴黎苏富比 2020-06-11

651 金镶顶级正阳绿蜜糖翡套件
估　价：RMB 120,000~160,000
成交价：RMB 172,500
西泠印社 2020-08-07

665 金镶顶级木那蛋面翡翠套组
估　价：RMB 600,000~800,000
成交价：RMB 897,000
西泠印社 2020-08-07

1056 格拉夫“Mini Gypsy”红宝石配钻石吊耳环一对
估　价：HKD 140,000~180,000
成交价：RMB 343,425
香港苏富比 2020-05-20

136 金和赤铁耳环
估　价：USD 2,000~3,000
成交价：RMB 29,868
纽约佳士得 2020-06-30

98 卡地亚钻石耳夹一对 约1930年
估　价：USD 8,000~12,000
成交价：RMB 132,666
纽约苏富比 2020-06-16

1647 卡地亚“Liberty”宝石配钻石耳环一对
估　价：HKD 260,000~400,000
成交价：RMB 293,800
香港苏富比 2020-07-10

140 卡地亚珐琅和钻石夹子一对 “红心之王”和“红心皇后” 大约1950年
估　价：CHF 40,000~60,000
成交价：RMB 354,521
日内瓦苏富比 2020-06-24

540 卡地亚金耳环一对
估　价：CHF 1,500~2,500
成交价：RMB 20,470
日内瓦苏富比 2020-07-15

514 卡地亚金耳夹一对 大约1940年
估　价：CHF 2,000~3,000
成交价：RMB 74,436
日内瓦苏富比 2020-07-15

1610 卡地亚养殖珍珠配钻石耳环一对
估　价：HKD 80,000~120,000
成交价：RMB 90,400
香港苏富比 2020-07-10

465 卡地亚一对金耳环
估　价：CHF 1,500~2,500
成交价：RMB 20,470
日内瓦苏富比 2020-07-15

243 卡地亚珍珠和钻石耳环
估　价：USD 6,000~8,000
成交价：RMB 51,202
长4.3cm × 2 纽约佳士得 2020-02-05

584 柯尼希设计红宝石和钻石垂耳夹
估　价：CHF 6,000~10,000
成交价：RMB 55,827
日内瓦苏富比 2020-07-15

463 卡地亚钻石 黄金耳环戒指
估　价：CHF 3,000~5,000
成交价：RMB 22,331
日内瓦苏富比 2020-07-15

144 蓝宝石和钻石"图标"耳环 格拉夫
估　价：USD 10,000~15,000
成交价：RMB 204,807
纽约佳士得 2020-06-30

92 蓝宝石和钻石耳环一对 格拉夫
估　价：EUR 4,800~5,000
成交价：RMB 411,765
25mm×18mm×2 巴黎苏富比 2020-05-27

4 蓝宝石 彩蓝宝石 水晶及钻石耳环 Boucheron设计
估　价：CHF 12,000~15,000
成交价：RMB 112,116
日内瓦佳士得 2020-07-22

515 蓝宝石和钻石耳环一对
估　价：CHF 22,000~35,000
成交价：RMB 1,004,383
日内瓦苏富比 2020-05-07

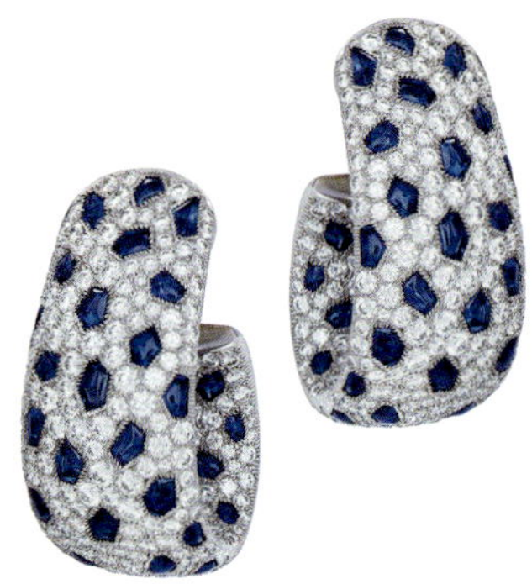

47 蓝宝石及钻石"Panthère"耳环 Cartier设计
估　价：CHF 60,000~80,000
成交价：RMB 700,725
日内瓦佳士得 2020-07-22

333 蓝宝石和钻石"淡紫色花朵"耳环一对 格拉夫
估　价：USD 30,000~50,000
成交价：RMB 661,922
纽约苏富比 2020-04-30

9 蓝宝石和钻石耳环一对 格拉夫
估　价：USD 20,000~30,000
成交价：RMB 238,942
长5.0cm×2 纽约佳士得 2020-06-30

154 蓝宝石及钻石耳环
估　价：CHF 10,000~15,000
成交价：RMB 205,546
日内瓦佳士得 2020-07-22

95 蓝宝石及钻石耳环 Graff设计
估　价：CHF 50,000~70,000
成交价：RMB 373,720
日内瓦佳士得 2020-07-22

150 蓝宝石及钻石耳环 Graff设计
估　价：CHF 20,000~30,000
成交价：RMB 168,174
日内瓦佳士得 2020-07-22

432 蓝宝石钻石耳环一对 格拉夫
估　价：USD 30,000~50,000
成交价：RMB 750,178
纽约苏富比 2020-04-30

147 勒内 · 博伊文（René Boivin）黄金镶钻石耳环一对 20世纪40年代
估　价：CHF 40,000~60,000
成交价：RMB 346,206
日内瓦苏富比 2020-11-11

420 两对银色镶金钻石吊耳环
估　价：USD 5,000~7,000
成交价：RMB 167,687
纽约苏富比 2020-04-30

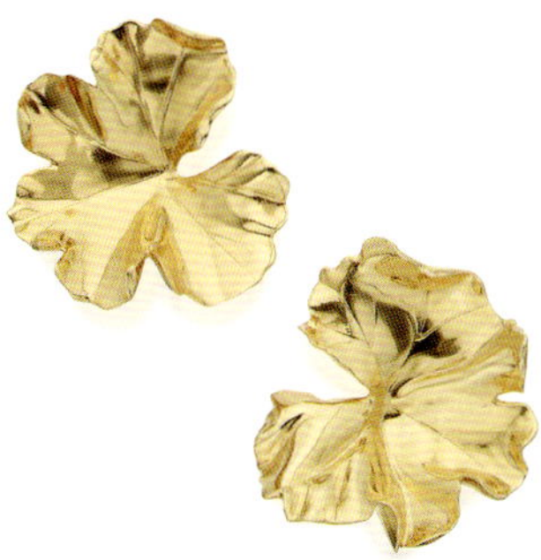

396 铝制“天竺葵”耳夹一对 JAR 巴黎
估　价：USD 3,000~5,000
成交价：RMB 79,431
纽约苏富比 2020-04-30

16 铝制三色耳钉一对
估　价：USD 2,000~3,000
成交价：RMB 68,269
3.0cm × 2.5cm × 2 纽约佳士得 2020-06-30

1924 绿松石耳环 配钻石
估　价：HKD 110,000~150,000
成交价：RMB 159,750
长3.0cm × 2 佳士得 2020-11-29

312 绿松石和石榴石耳环
估　价：USD 500~700
成交价：RMB 22,187
3.2cm × 2.5cm × 2 纽约佳士得 2020-02-05

5 绿松石和黄金珠宝手链、耳环、戒指套装 梵克雅宝
估　价：USD 8,000~12,000
成交价：RMB 72,536
手链长18.0cm 纽约佳士得 2020-06-30

306 每只1.01克拉蓝宝石钻石耳环一对 格拉夫
估　价：GBP 14,000~18,000
成交价：RMB 159,777
伦敦苏富比 2020-06-04

1124 绿松石配钻石耳环一对
估　价：HKD 40,000~60,000
成交价：RMB 45,680
香港苏富比 2020-06-12

1803 珊瑚耳环
估　价：HKD 30,000~50,000
成交价：RMB 107,350
佳士得 2020-07-09

506 青金石和钻石耳夹 梵克雅宝
估　价：CHF 12,000~18,000
成交价：RMB 127,831
日内瓦苏富比 2020-05-07

574 迈斯特养殖的珍珠和钻石吊耳环一对
估　价：CHF 4,000~6,000
成交价：RMB 41,870
日内瓦苏富比 2020-07-15

482 米歇尔·德拉瓦莱紫水晶 红宝石和钻石耳夹一对
估　价：CHF 6,000~8,000
成交价：RMB 60,479
日内瓦苏富比 2020-07-15

105 青金石和钻石耳夹一对 20世纪70年代
估　价：GBP 5,000~7,000
成交价：RMB 119,813
伦敦苏富比 2020-04-07

2057 硕大罕有缅甸天然“帝王绿”翡翠蛋面配钻石耳环
估　价：HKD 2,800,000~6,800,000
成交价：RMB 2,905,632
保利香港 2020-07-08

366 石榴石和钻石耳坠
估　价：USD 7,000~9,000
成交价：RMB 48,541
纽约苏富比 2020-04-30

317 仁爱波文钻石耳环
估　价：USD 2,000~3,000
成交价：RMB 22,187
纽约佳士得 2020-02-05

450 珊瑚和钻石耳夹
估　价：CHF 4,000~6,000
成交价：RMB 37,218
日内瓦苏富比 2020-07-15

417 树脂耳夹一对 JAR 法国
估　价：USD 5,000~7,000
成交价：RMB 105,908
纽约苏富比 2020-04-30

248 人工养殖珍珠和钻石耳环
估　价：USD 2,000~3,000
成交价：RMB 40,961
长4.5cm × 2 纽约佳士得 2020-02-05

1060 尚美18K金配钻石戒指及吊耳环套装
估　价：HKD 20,000~30,000
成交价：RMB 21,750
香港苏富比 2020-05-20

174 珊瑚、钻石和缟玛瑙耳环
估　价：USD 3,000~5,000
成交价：RMB 20,481
长5.9cm × 2 纽约佳士得 2020-02-05

18蒂芙尼·斯伦贝谢金色钻石“火焰”耳夹一对
估　价：USD 5,000~7,000
成交价：RMB 53,066
纽约苏富比 2020-06-16

26 蒂芙尼·斯伦贝谢天然珍珠钻石耳夹一对
估　价：CHF 48,000~68,000
成交价：RMB 513,123
日内瓦苏富比 2020-06-24

435 钛玻璃耳夹一对
估　价：CHF 2,000~3,000
成交价：RMB 39,079
日内瓦苏富比 2020-07-15

1643 天然“帝王绿”翡翠配钻石及黄色刚玉吊耳环一对
估　价：HKD 2,600,000~3,500,000
成交价：RMB 3,164,000
香港苏富比 2020-07-10

1728 天然哥伦比亚祖母绿配钻石吊耳环一对
估　价：HKD 400,000~550,000
成交价：RMB 542,400
香港苏富比 2020-07-10

1645 天然克什米尔未经加热蓝宝石配钻石耳坠一对
估　价：HKD 4,200,000~5,500,000
成交价：RMB 7,040,628
香港苏富比 2020-10-07

36 天然冰种翡翠配钻石戒指及耳环套装
估　价：HKD 80,000~120,000
成交价：RMB 87,552
天成国际 2020-07-07

1146 天然冰种翡翠配钻石吊耳环一对
估　价：HKD 20,000~30,000
成交价：RMB 57,100
香港苏富比 2020-06-12

211 天然翡翠 玛瑙和钻石耳环
估　价：EUR 2,000~3,000
成交价：RMB 33,539
53mm × 13mm × 2 巴黎苏富比 2020-06-11

1995 天然翡翠蛋面耳环 配钻石
估　价：HKD 6,000,000~8,000,000
成交价：RMB 6,551,880
最大蛋面15.2mm × 12.6mm × 8.1mm 佳士得 2020-11-29

1922 天然翡翠蛋面耳环
估　价：HKD 1,200,000~1,800,000
成交价：RMB 1,695,000
佳士得 2020-07-09

1130 天然翡翠配宝石及钻石吊耳环一对
估　价：HKD 38,000~60,000
成交价：RMB 51,390
香港苏富比 2020-06-12

1856 天然翡翠蛋面耳环
估　价：HKD 150,000~250,000
成交价：RMB 192,100
佳士得 2020-07-09

1155 天然翡翠环配钻石吊耳环一对
估　价：HKD 30,000~60,000
成交价：RMB 182,720
香港苏富比 2020-06-12

2054 缅甸天然“管形”翡翠配钻石耳环
估　价：HKD 120,000~240,000
成交价：RMB 129,139
保利香港 2020-07-08

1864 天然翡翠蛋面戒指及耳环套装
估　价：HKD 450,000~650,000
成交价：RMB 621,500
佳士得 2020-07-09

1156 天然翡翠配宝石及钻石吊坠及吊耳环套装
估　价：HKD 50,000~100,000
成交价：RMB 45,680
香港苏富比 2020-06-12

1112 天然翡翠配黄色刚玉及钻石耳环一对
估　价：HKD 80,000~150,000
成交价：RMB 91,360
香港苏富比 2020-06-12

116 天然翡翠“豆荚”配翡翠及钻石吊耳环一对
估　价：HKD 98,000~148,000
成交价：RMB 120,384
天成国际 2020-07-07

1179 天然翡翠配红宝石及钻石吊耳环一对
估　价：HKD 70,000~100,000
成交价：RMB 90,120
翡翠豆荚约17.51mm×6.75mm×2.40mm×2
香港苏富比 2020-07-31

494 米歇尔·德拉瓦莱碧玺、祖母绿和钻石吊耳环一对
估　价：CHF 6,000~8,000
成交价：RMB 65,132
日内瓦苏富比 2020-07-15

1641 天然翡翠配钻石及祖母绿戒指、吊耳环一对
估　价：HKD 480,000~680,000
成交价：RMB 542,400
香港苏富比 2020-07-10

1924 天然翡翠圈耳环
估　价：HKD 3,800,000~5,800,000
成交价：RMB 9,008,360
佳士得 2020-07-09

87 天然未经处理海水珍珠配钻石耳环一对
估　价：HKD 200,000~300,000
成交价：RMB 218,880
天成国际 2020-07-07

1994 天然翡翠玉圈耳环
估　价：HKD 1,800,000~2,800,000
成交价：RMB 1,917,000
最大圈直径21.0mm 佳士得 2020-11-29

56 天然珍珠 钻石和翡翠耳环一对
估　价：USD 2,000~3,000
成交价：RMB 23,894
长4.0cm×2 纽约佳士得 2020-06-30

1861 天然翡翠圈耳环
估　价：HKD 80,000~120,000
成交价：RMB 169,500
佳士得 2020-07-09

2043 天然海螺珠配钻石及黑玛瑙耳环
估　价：HKD 320,000~680,000
成交价：RMB 376,656
保利香港 2020-07-08

1821 天然珍珠耳环
估　价：HKD 400,000~600,000
成交价：RMB 452,000
佳士得 2020-07-09

1941 天然珍珠耳环
估　价：HKD 250,000~350,000
成交价：RMB 372,750
佳士得 2020-11-29

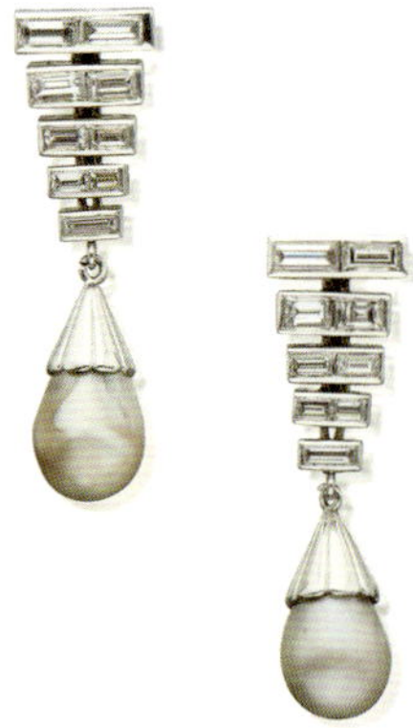

91 天然珍珠和钻石耳夹一对
估　价：USD 10,000~15,000
成交价：RMB 61,911
纽约苏富比 2020-06-16

1762 天然紫色翡翠珠配祖母绿及钻石吊耳环一对
估　价：HKD 650,000~850,000
成交价：RMB 791,000
香港苏富比 2020-07-10

137 天然珍珠和钻石吊耳环一对
估　价：CHF 20,000~30,000
成交价：RMB 205,249
日内瓦苏富比 2020-06-24

147 天然珍珠和钻石耳夹一对
估　价：USD 15,000~20,000
成交价：RMB 70,755
纽约苏富比 2020-06-16

96 天然珍珠钻石耳夹一对
估　价：CHF 4,000~6,000
成交价：RMB 205,249
日内瓦苏富比 2020-06-24

563 天然珍珠和钻石吊耳环一对
估　价：CHF 6,000~8,000
成交价：RMB 130,263
日内瓦苏富比 2020-07-15

180 天然珍珠及钻石耳环 Gübelin设计
估　价：CHF 180,000~250,000
成交价：RMB 1,962,030
日内瓦佳士得 2020-07-22

315 天然珍珠钻石耳环一对
估　价：CHF 80,000~120,000
成交价：RMB 2,239,080
日内瓦苏富比 2020-06-24

198 天然珍珠配钻石耳环一对（传为20世纪30年代卡地亚制）
估　价：CHF 75,000~110,000
成交价：RMB 1,639,923
天然珍珠10.30mm × 10.40mm × 13.50mm；10.60mm × 10.70mm × 13.50mm
日内瓦苏富比 2020-11-11

16 韦杜拉重38.60克拉、42.13克拉祖母绿和钻石耳夹一对
估　价：CHF 70,000~90,000
成交价：RMB 932,950
日内瓦苏富比 2020-06-24

22 希曼·谢普斯钻石和多宝石花耳环
估　价：USD 2,000~3,000
成交价：RMB 29,868
2.3cm × 2.4cm × 2 纽约佳士得 2020-02-05

504 养殖的珍珠和钻石耳夹一对
估　价：CHF 3,000~5,000
成交价：RMB 77,611
日内瓦苏富比 2020-05-07

16 养殖珍珠 钻石及有色钻石项链、耳环套装
De Grisgono设计
估　价：CHF 20,000~30,000
成交价：RMB 233,575
日内瓦佳士得 2020-07-22

134 香奈儿“MATELASSE”珍珠和钻石耳环
估　价：USD 6,000~8,000
成交价：RMB 110,937
长2.8cm × 2 纽约佳士得 2020-02-05

339 一对天然珍珠和钻石耳环
19世纪晚期及以后
估　价：CHF 70,000~100,000
成交价：RMB 746,360
日内瓦苏富比 2020-06-24

351 一对钻石“淡紫色花朵”耳环 格拉夫
估　价：USD 40,000~60,000
成交价：RMB 441,281
纽约苏富比 2020-04-30

2001 枕形克什米尔天然蓝宝石耳环
估　价：HKD 2,800,000~3,800,000
成交价：RMB 2,982,000
长2.9cm×2 佳士得 2020-11-29

207 珍珠母 玛瑙和钻石耳环 梵克雅宝
估　价：GBP 18,000~22,000
成交价：RMB 196,058
伦敦苏富比 2020-04-07

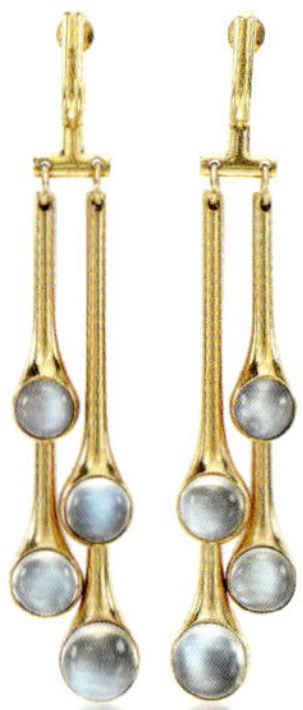

265 月光石耳环一对 乔治·詹森 20世纪60年代
估　价：GBP 7,000~9,000
成交价：RMB 195,283
伦敦苏富比 2020-06-04

406 伊曼纽尔·塔尔平沙弗莱石榴石耳环
估　价：CHF 12,000~18,000
成交价：RMB 176,786
日内瓦苏富比 2020-07-15

7 月光石和钻石耳环一对
估　价：USD 3,000~5,000
成交价：RMB 46,935
直径3.5cm×2 纽约佳士得 2020-06-30

250 珍珠和钻石耳夹一对 1940年
估　价：EUR 11,000~13,000
成交价：RMB 167,694
39mm×16mm×2 巴黎苏富比 2020-06-11

1209 紫晶项链坠、紫晶耳坠、紫晶戒指
估　价：RMB 90,000~150,000
成交价：RMB 92,000
永乐拍卖 2020-08-18

1623 养殖珍珠配蓝宝石及钻石戒指、耳坠一对
估　价：HKD 50,000~70,000
成交价：RMB 53,462
香港苏富比 2020-11-27

141 珍珠和宝石堆挂耳环
估　价：EUR 1,000~2,000
成交价：RMB 37,255
长度约89mm×2 巴黎苏富比 2020-05-27

182 珍珠和钻石耳环
估　价：USD 4,000~6,000
成交价：RMB 46,935
长2.5cm×2 纽约佳士得 2020-02-05

233 紫水晶、绿松石和钻石耳环、戒指
估　价：GBP 6,000~8,000
成交价：RMB 133,148
伦敦苏富比 2020-06-04

130 总重量14.03克拉椭圆形天然“蜜糖色”未经处理金绿猫眼石配钻石耳环一对
估　价：HKD 88,000~128,000
成交价：RMB 96,307
天成国际 2020-07-07

220 祖母绿 贝壳和珍珠耳环
估　价：USD 1,000~1,500
成交价：RMB 20,481
3.3cm×3.0cm×2 纽约佳士得 2020-02-05

120 祖母绿、红宝石、蓝宝石和钻石耳夹一对
估　价：USD 12,000~15,000
成交价：RMB 114,977
纽约苏富比 2020-06-16

220 祖母绿、钻石和种子珍珠耳环一对 19世纪70年代
估　价：GBP 2,800~3,200
成交价：RMB 59,907
伦敦苏富比 2020-04-07

31 祖母绿“钻石上的钻石”耳环一对 格拉夫
估　价：USD 6,000~8,000
成交价：RMB 153,605
2.0cm×2.0cm×2 纽约佳士得 2020-06-30

33 祖母绿和钻石耳环
估　价：USD 4,000~6,000
成交价：RMB 72,536
纽约佳士得 2020-06-30

52 祖母绿和钻石耳环一对
估　价：EUR 24,000~26,000
成交价：RMB 490,196
直径34mm×2 巴黎苏富比 2020-05-27

1840 钻石耳环
估　价：HKD 320,000~500,000
成交价：RMB 340,800
长3.6cm 佳士得 2020-11-29

380 钻石玫瑰耳环一对 格拉夫
估　价：USD 32,000~48,000
成交价：RMB 573,666
纽约苏富比 2020-04-30

1102 钻石配彩色钻石耳环一对
估　价：HKD 60,000~80,000
成交价：RMB 74,409
香港苏富比 2020-05-20

410 紫水晶 粉红蓝宝石和钻石垂耳夹一对
估　价：CHF 4,000~6,000
成交价：RMB 41,870
日内瓦苏富比 2020-07-15

51 祖母绿、黑玛瑙及钻石“Panthère”耳环
Cartier设计
估　价：CHF 40,000~60,000
成交价：RMB 513,865
日内瓦佳士得 2020-07-22

1973 祖母绿及红宝石配钻石镶金耳环
估　价：HKD 320,000~500,000
成交价：RMB 596,400
长7.2cm × 2 佳士得 2020-11-29

1147 祖母绿配钻石耳环及吊坠套装
估　价：HKD 80,000~120,000
成交价：RMB 91,360
香港苏富比 2020-06-12

402 钻石“迷你吉卜赛”耳环一对 格拉夫
估　价：USD 25,000~35,000
成交价：RMB 370,676
纽约苏富比 2020-04-30

134 祖母绿、有色钻石及钻石项链、耳环及戒指套装
估　价：CHF 100,000~150,000
成交价：RMB 1,354,735
日内瓦佳士得 2020-07-22

1154 钻石吊耳环一对
估　价：HKD 350,000~450,000
成交价：RMB 433,960
香港苏富比 2020-06-12

胸 针

678 “蝶恋”金镶翡翠胸针
估　价：RMB 50,000~80,000
成交价：RMB 57,500
西泠印社 2020-08-07

715 “玉兰高洁”正阳绿翡翠吊坠/胸针两用款
估　价：RMB 80,000~120,000
成交价：RMB 109,250
西泠印社 2020-08-07

1225 “待放木棉”彩色宝石胸针
估　价：RMB 150,000~200,000
成交价：RMB 184,000
永乐拍卖 2020-08-18

1630 1.50克拉圆形彩灰绿黄色钻石 海螺珠配钻石及石榴石别针
估　价：HKD 350,000~450,000
成交价：RMB 474,600
香港苏富比 2020-07-10

3 13.70克拉变色蓝宝石和钻石胸针 20世纪早期
估　价：GBP 12,000~18,000
成交价：RMB 174,274
伦敦苏富比 2020-04-07

13 18K黄金钉子胸针
估　价：USD 1,200~1,800
成交价：RMB 25,601
纽约佳士得 2020-02-05

211 19世纪晚期钻石胸针（吊坠）和钻戒 1959年
估　价：GBP 5,000~7,000
成交价：RMB 44,383
伦敦苏富比 2020-06-04

244 2.61克拉彩色钻石和钻石胸针
估　价：GBP 3,000~5,000
成交价：RMB 59,907
伦敦苏富比 2020-04-07

70 20世纪60年代的钻石胸针和一对钻石耳环
估　价：CHF 24,000~35,000
成交价：RMB 223,908
日内瓦苏富比 2020-06-24

1899 50.05克拉椭圆形蓝宝石胸针-吊坠
估　价：HKD 300,000~500,000
成交价：RMB 724,200
长5.8cm 佳士得 2020-11-29

240 奥斯卡·海曼兄弟的钻石和祖母绿胸针
估　价：USD 3,000~5,000
成交价：RMB 68,269
直径4.0cm 纽约佳士得 2020-02-05

1118 4.80克拉天然斯里兰卡蓝宝石配钻石别针
估　价：HKD 150,000~170,000
成交价：RMB 125,620
香港苏富比 2020-06-12

19 6.86克拉蓝宝石及宝石和钻石胸针
估　价：GBP 4,000~6,000
成交价：RMB 70,799
伦敦苏富比 2020-04-07

327 宝格丽绿宝石和钻石胸针 20世纪50年代
估　价：CHF 90,000~120,000
成交价：RMB 839,655
日内瓦苏富比 2020-06-24

255 5.70克拉粉红色托帕石和钻石胸针 19世纪早期
估　价：GBP 7,000~9,000
成交价：RMB 103,475
伦敦苏富比 2020-04-07

1753 Isa Jin祖母绿配蓝宝石及钻石别针
估　价：HKD 600,000~800,000
成交价：RMB 678,000
香港苏富比 2020-07-10

1135 宝格丽18K金配红宝石别针 宝石配18K金别针
估　价：HKD 10,000~15,000
成交价：RMB 21,698
香港苏富比 2020-06-12

1953 宝石“Carioca”配祖母绿、红宝石、蓝宝石、钻石及贝母镶铂金胸针
估　价：HKD 380,000~580,000
成交价：RMB 1,597,500
长5.6cm 佳士得 2020-11-29

1148 宝石配钻石别针 20世纪初期
估　价：HKD 32,000~58,000
成交价：RMB 36,544
香港苏富比 2020-06-12

683 “知夏”金镶翡翠吊坠/胸针两用
估　价：RMB 60,000~80,000
成交价：RMB 78,200
西泠印社 2020-08-07

1608 宝石 海螺珠配养殖珍珠及钻石别针
估　价：HKD 75,000~110,000
成交价：RMB 85,539
香港苏富比 2020-11-27

1035 宝石配钻石别针 梵克雅宝 1991年
估　价：HKD 55,000~85,000
成交价：RMB 97,304
香港苏富比 2020-05-20

1603 宝石 养殖珍珠配钻石及珐琅彩别针
估　价：HKD 32,000~48,000
成交价：RMB 58,808
香港苏富比 2020-11-27

1954 宝石“Parrot”配钻石镶铂金胸针
估　价：HKD 280,000~380,000
成交价：RMB 585,750
长4.9cm 佳士得 2020-11-29

91 宝石套装和乌木胸针 卡地亚 约1969年
估　价：GBP 16,000~20,000
成交价：RMB 174,274
伦敦苏富比 2020-04-07

564 宝石套装胸针
估　价：CHF 3,000~5,000
成交价：RMB 31,958
日内瓦苏富比 2020-05-07

134 宝石与钻石别针 梵克雅宝 约1965年
估　价：EUR 4,000~6,000
成交价：RMB 42,365
巴黎苏富比 2020-06-11

295 彩色钻石 蓝宝石和钻石胸针 格拉夫
估　价：GBP 20,000~30,000
成交价：RMB 230,789
伦敦苏富比 2020-06-04

1971 宝石胸针 镶金 5.8cm
估　价：HKD 90,000~120,000
成交价：RMB 90,525
佳士得 2020-11-29

592 碧玺、翡翠和钻石胸针
估　价：CHF 3,000~5,000
成交价：RMB 27,392
内径约160mm 日内瓦苏富比 2020-05-07

3 大卫·韦伯黄金、珐琅和宝石套装“纹章”吊坠/胸针
估　价：USD 12,000~18,000
成交价：RMB 106,133
纽约苏富比 2020-06-16

1912 宝石胸针 镶金 5.9cm
估　价：HKD 120,000~180,000
成交价：RMB 127,800
佳士得 2020-11-29

1188 布契拉提18K金别针及耳环套装
估　价：HKD 24,000~40,000
成交价：RMB 54,072
香港苏富比 2020-07-31

1054 大卫·韦伯钻石别针
估　价：HKD 200,000~260,000
成交价：RMB 217,503
香港苏富比 2020-05-20

1125 宝石配钻石别针
估　价：HKD 20,000~30,000
成交价：RMB 29,692
香港苏富比 2020-06-12

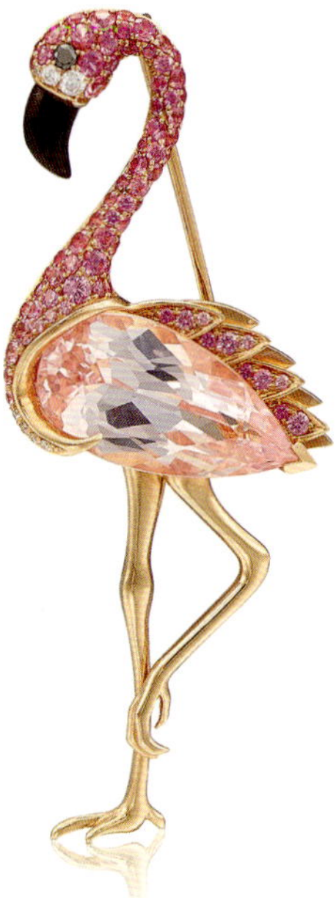

1127 宝石配钻石别针
估　价：HKD 20,000~30,000
成交价：RMB 36,544
香港苏富比 2020-06-12

502 玳瑁 绿松石和钻石胸针 卡地亚 20世纪50年代
估　价：CHF 13,000~20,000
成交价：RMB 118,700
日内瓦苏富比 2020-05-07

158 戴凡特胸花 约1905年
估　价：CHF 10,000~15,000
成交价：RMB 93,295
日内瓦苏富比 2020-06-24

172 蛋白石和钻石蝴蝶胸针
估　价：USD 4,000~6,000
成交价：RMB 27,308
6.0cm×4.2cm 纽约佳士得 2020-02-05

8 蒂芙尼·斯伦贝谢珐琅和多宝石鹦鹉胸针
估　价：USD 10,000~15,000
成交价：RMB 102,404
长10.2cm 纽约佳士得 2020-02-05

547 蒂芙尼宝石胸针 约1959年
估　价：CHF 6,000~8,000
成交价：RMB 93,045
日内瓦苏富比 2020-07-15

343 蒂芙尼珍珠母和ONYX三色堇胸针、耳环首饰
估　价：USD 2,000~3,000
成交价：RMB 46,935
胸针4.8cm×4.5cm 纽约佳士得 2020-02-05

1704 梵克雅宝“Ballerina”蓝玉髓配蓝宝石及钻石别针
估　价：HKD 600,000~900,000
成交价：RMB 1,130,000
香港苏富比 2020-07-10

61 20世纪 蓝宝石及钻石别针 Tiffany&Co.设计
估　价：CHF 12,500~18,500
成交价：RMB 280,290
日内瓦佳士得 2020-07-22

89 20世纪 欧泊、红宝石及钻石胸针 Cartier设计
估　价：CHF 10,000~15,000
成交价：RMB 242,918
日内瓦佳士得 2020-07-22

72 20世纪 天然珍珠及钻石胸针
估　价：CHF 25,000~35,000
成交价：RMB 186,860
日内瓦佳士得 2020-07-22

45 镀银金钻石吊坠/胸针 19世纪晚期
估　价：USD 7,000~9,000
成交价：RMB 61,911
纽约苏富比 2020-06-16

119 20世纪 红宝石及钻石胸针
估　价：CHF 12,000~18,000
成交价：RMB 102,773
日内瓦佳士得 2020-07-22

88 20世纪 黄水晶、橄榄石及钻石胸针 Cartier设计
估　价：CHF 25,000~30,000
成交价：RMB 224,232
日内瓦佳士得 2020-07-22

31 20世纪 钻石及黄金手链 Mauboussin设计
估　价：CHF 8,000~12,000
成交价：RMB 121,459
日内瓦佳士得 2020-07-22

186 梵克雅宝钻石别针 约1940年
估　价：CHF 30,000~50,000
成交价：RMB 1,184,389
日内瓦苏富比 2020-11-11

39 20世纪 有色钻石及钻石胸针
估　价：CHF 50,000~70,000
成交价：RMB 467,150
日内瓦佳士得 2020-07-22

433 珐琅和钻石胸针 “HEDERAHELIX” 约1900年
估　价：CHF 35,000~55,000
成交价：RMB 325,658
日内瓦苏富比 2020-07-15

1609 梵克雅宝“Rosede Noël”珍珠母配钻石别针-吊坠
估　价：HKD 60,000~80,000
成交价：RMB 146,900
香港苏富比 2020-07-10

31 珐琅 碧玉和钻石胸针 帕特乔 约1925年
估　价：GBP 12,000~18,000
成交价：RMB 141,598
伦敦苏富比 2020-04-07

505 珐琅、钻石胸针 “COCCINELLE” 卡地亚
估　价：CHF 12,000~18,000
成交价：RMB 109,569
日内瓦苏富比 2020-05-07

350 梵克雅宝红宝石和钻石花胸针
估　价：USD 6,000~8,000
成交价：RMB 93,870
长6.9cm 纽约佳士得 2020-02-05

1775 梵克雅宝“Dentelle”蓝宝石配红宝石及钻石别针
估　价：HKD 180,000~260,000
成交价：RMB 293,800
香港苏富比 2020-07-10

24 黑色蓝宝石、钻石胸针
估　价：CHF 20,000~30,000
成交价：RMB 1,026,245
日内瓦苏富比 2020-06-24

486 梵克雅宝两枚宝石镶嵌和钻石胸针 “芭蕾舞女” 1950年
估　价：CHF 10,000~15,000
成交价：RMB 465,225
日内瓦苏富比 2020-07-15

455 梵克雅宝金、钻石胸针
估　价：CHF 1,000~1,500
成交价：RMB 22,331
日内瓦苏富比 2020-07-15

352 梵克雅宝钻石花胸针套装
估　价：USD 6,000~8,000
成交价：RMB 51,202
3.0cm × 2.0cm × 3 纽约佳士得 2020-02-05

485 梵克雅宝两枚黄金、钻石和宝石镶嵌的胸针 “芭蕾舞女” 20世纪50年代
估　价：CHF 10,000~15,000
成交价：RMB 446,616
日内瓦苏富比 2020-07-15

1033 梵克雅宝钻石配祖母绿别针及耳环套装
估　价：HKD 24,000~40,000
成交价：RMB 137,370
香港苏富比 2020-05-20

121 梵克雅宝钻石胸针
估　价：CHF 10,000~15,000
成交价：RMB 177,261
日内瓦苏富比 2020-06-24

33 红宝石及钻石“Ballerina”胸针 Van-Cleef&Arpels设计
估 价：CHF 30,000~40,000
成交价：RMB 579,266
日内瓦佳士得 2020-07-22

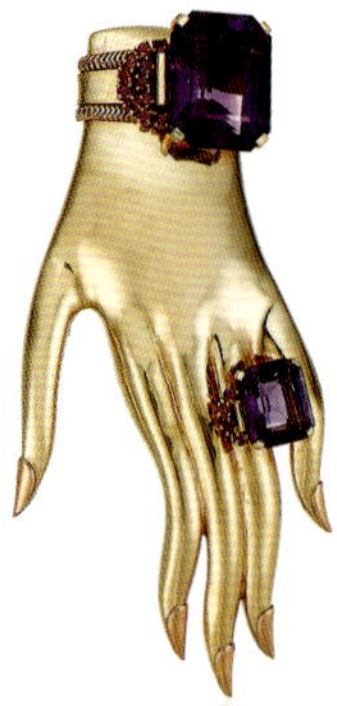

235 复古紫水晶和红宝石手胸针
估 价：USD 1,000~1,500
成交价：RMB 25,601
长10.5cm 纽约佳士得 2020-02-05

175 古埃及复兴石榴石 珐琅和钻石吊坠/胸针 1915年
估 价：USD 1,200~1,800
成交价：RMB 23,894
直径2.0cm 纽约佳士得 2020-02-05

254 翡翠和钻石胸针
估 价：USD 3,000~5,000
成交价：RMB 153,605
4.3cm×4.3cm 纽约佳士得 2020-02-05

60 格拉夫彩色钻石和钻石胸针
估 价：USD 60,000~90,000
成交价：RMB 397,997
纽约苏富比 2020-06-16

336 海蓝宝石和钻石“裹心”胸针 威尔杜拉
估 价：USD 25,000~35,000
成交价：RMB 335,374
纽约苏富比 2020-04-30

238 复古宝雪龙钻石翡翠胸针
估 价：USD 4,000~6,000
成交价：RMB 42,668
长6.7cm 纽约佳士得 2020-02-05

1037 格拉夫钻石配蓝宝石及彩色刚玉别针
估 价：HKD 240,000~300,000
成交价：RMB 228,950
香港苏富比 2020-05-20

405 海蓝宝石钻石胸针
估 价：USD 10,000~15,000
成交价：RMB 79,431
纽约苏富比 2020-04-30

1781 卡地亚“Panthère”祖母绿配缟玛瑙及钻石别针
估　价：HKD 200,000~280,000
成交价：RMB 1,017,000
香港苏富比 2020-07-10

15 红宝石心形胸针
估　价：USD 4,000~6,000
成交价：RMB 102,404
5.6cm × 5.8cm 纽约佳士得 2020-06-30

40 红宝石和钻石胸针
估　价：USD 30,000~50,000
成交价：RMB 409,614
纽约佳士得 2020-02-05

1840 红宝石胸针
估　价：HKD 250,000~350,000
成交价：RMB 271,200
佳士得 2020-07-09

80 黄金镀银镶11.30克拉的梨形及11.95克拉的方形祖母绿配钻石吊坠/别针
估　价：USD 200,000~300,000
成交价：RMB 1,480,868
纽约苏富比 2020-12-09

550 红宝石与钻石双卡胸针 20世纪40年代
估　价：CHF 7,000~10,000
成交价：RMB 63,915
日内瓦苏富比 2020-05-07

203 红宝石、钻石胸针 奥斯特塔格 20世纪30年代
估　价：GBP 8,000~12,000
成交价：RMB 84,327
伦敦苏富比 2020-06-04

315 黄金多色蓝宝石和橄榄石钻石胸针（卡地亚）、耳夹一对
估　价：USD 6,000~8,000
成交价：RMB 88,256
纽约苏富比 2020-04-30

512 黄金和钻石胸针 BOUCHERON 大约1950年
估　价：CHF 5,000~7,000
成交价：RMB 45,654
日内瓦苏富比 2020-05-07

92 黄水晶和蓝宝石胸针 20世纪40年代
估　价：GBP 10,000~12,000
成交价：RMB 130,706
伦敦苏富比 2020-04-07

395 金 珐琅和钻石胸针一对 奥斯卡·海曼兄弟
估　价：USD 6,000~8,000
成交价：RMB 52,954
纽约苏富比 2020-04-30

1782 卡地亚“Tutti Frutti”钻石配宝石别针
估　价：HKD 1,200,000~1,600,000
成交价：RMB 2,260,000
香港苏富比 2020-07-10

390 金 珊瑚 钻石和蓝宝石胸针 卡地亚 1950年
估　价：USD 8,000~12,000
成交价：RMB 39,715
纽约苏富比 2020-04-30

26 金、钻石别针 1948年
估　价：USD 10,000~15,000
成交价：RMB 114,977
纽约苏富比 2020-06-16

16 卡地亚玛瑙钻石别针
估　价：USD 15,000~20,000
成交价：RMB 114,977
纽约苏富比 2020-06-16

74 金、绿宝石、彩蓝宝石及有色钻石胸针
估　价：CHF 25,000~35,000
成交价：RMB 233,575
日内瓦佳士得 2020-07-22

1724 卡地亚“Tutti Frutti”宝石配钻石别针
估　价：HKD 280,000~380,000
成交价：RMB 316,400
香港苏富比 2020-07-10

309 卡地亚珊瑚钻石胸针 大约1960年
估　价：CHF 50,000~80,000
成交价：RMB 513,123
日内瓦苏富比 2020-06-24

103 卡地亚水晶钻石胸针 约1920年
估　价：USD 15,000~20,000
成交价：RMB 141,510
纽约苏富比 2020-06-16

314 卡地亚钻石胸针 1909年
估　价：CHF 100,000~150,000
成交价：RMB 932,950
日内瓦苏富比 2020-06-24

104 蓝宝石、祖母绿、红宝石及钻石胸针
估　价：CHF 60,000~90,000
成交价：RMB 560,580
日内瓦佳士得 2020-07-22

348 卡地亚钻石鸟胸针
估　价：USD 4,000~6,000
成交价：RMB 55,469
3.0cm × 4.6cm 纽约佳士得 2020-02-05

1 卡地亚钻石胸针一对 20世纪30年代
估　价：CHF 35,000~45,000
成交价：RMB 373,180
日内瓦苏富比 2020-06-24

105 蓝宝石、祖母绿、红宝石及钻石胸针
估　价：CHF 55,000~85,000
成交价：RMB 392,406
日内瓦佳士得 2020-07-22

12 卡地亚钻石胸针
估　价：USD 10,000~15,000
成交价：RMB 371,464
纽约苏富比 2020-06-16

57 拉克洛奇3.27克拉钻石胸针 20世纪50年代
估　价：CHF 30,000~50,000
成交价：RMB 279,885
日内瓦苏富比 2020-06-24

144 蓝宝石和钻石吊坠-胸针
估　价：CHF 12,000~18,000
成交价：RMB 111,954
日内瓦苏富比 2020-06-24

242 蓝宝石和钻石胸针
估　价：GBP 12,000~15,000
成交价：RMB 106,518
伦敦苏富比 2020-06-04

1923 蓝宝石胸针 配钻石及祖母绿
估　价：HKD 380,000~580,000
成交价：RMB 4,206,750
长7.9cm 佳士得 2020-11-29

127 蓝宝石钻石胸针 1936年
估　价：CHF 30,000~50,000
成交价：RMB 354,521
日内瓦苏富比 2020-06-24

1877 蓝宝石胸针
估　价：HKD 120,000~180,000
成交价：RMB 271,200
佳士得 2020-07-09

79 蓝宝石钻石手链、戒指和胸针
估　价：CHF 15,000~25,000
成交价：RMB 158,602
手链长190mm 日内瓦苏富比 2020-06-24

24 两个宝石和钻石胸针 20世纪60年代
估　价：GBP 24,000~28,000
成交价：RMB 283,195
伦敦苏富比 2020-04-07

554 两枚钻石胸针 19世纪
估　价：CHF 4,000~6,000
成交价：RMB 37,218
日内瓦苏富比 2020-07-15

48 马库斯珍珠和钻石胸针
估　价：USD 3,500~5,000
成交价：RMB 29,868
6.1cm×2.8cm 纽约佳士得 2020-02-05

212 两个钻石胸针 19世纪末
估　价：GBP 3,500~5,500
成交价：RMB 57,697
伦敦苏富比 2020-06-04

154 绿宝石钻石胸针
估　价：CHF 70,000~100,000
成交价：RMB 606,418
日内瓦苏富比 2020-06-24

1079 梦宝星珍珠母 珊瑚配红宝石及钻石别针
估　价：HKD 20,000~50,000
成交价：RMB 27,474
香港苏富比 2020-05-20

317 两枚宝石和钻石胸针
估　价：USD 10,000~15,000
成交价：RMB 75,018
纽约苏富比 2020-04-30

501 绿松石和钻石胸针、耳夹一对 宝格丽
估　价：CHF 15,000~25,000
成交价：RMB 365,230
日内瓦苏富比 2020-05-07

489 米歇尔·德拉瓦莱紫水晶和钻石胸针
估　价：CHF 8,000~12,000
成交价：RMB 158,177
日内瓦苏富比 2020-07-15

1817 缅甸天然星光红宝石及天然珍珠胸针
估　价：HKD 50,000~80,000
成交价：RMB 113,000
佳士得 2020-07-09

269 三颗祖母绿和钻石胸针 19世纪后半叶
估　价：GBP 7,000~9,000
成交价：RMB 174,274
伦敦苏富比 2020-04-07

67 珊瑚和钻石胸针 20世纪70年代
估　价：EUR 3,000~4,000
成交价：RMB 26,478
50mm × 40mm 巴黎苏富比 2020-06-11

15 莫布森钻石胸针
估　价：USD 2,000~3,000
成交价：RMB 66,333
纽约苏富比 2020-06-16

90 珊瑚、祖母绿及钻石手链 Cartier设计
估　价：CHF 20,000~30,000
成交价：RMB 392,406
日内瓦佳士得 2020-07-22

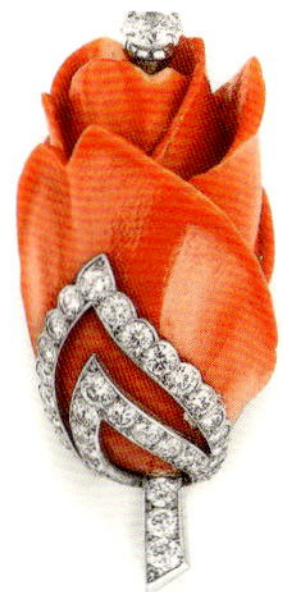

237 珊瑚和钻石胸针 卡地亚 1950年
估　价：EUR 4,000~5,000
成交价：RMB 141,216
46mm × 22mm × 22mm 巴黎苏富比 2020-06-11

122 木 翡翠和钻石胸针 卡地亚 1950年
估　价：EUR 3,500~4,500
成交价：RMB 88,260
56mm × 24mm 巴黎苏富比 2020-06-11

223 珊瑚和贝壳胸针和耳环
估　价：USD 4,000~6,000
成交价：RMB 34,135
胸针4.5cm × 4.8cm 纽约佳士得 2020-02-05

439 尚美青金石 钻石和黄金胸针 60年代
估　价：CHF 4,500~6,500
成交价：RMB 41,870
日内瓦苏富比 2020-07-15

71 19世纪 天然珍珠、蓝宝石及钻石胸针
估　价：CHF 15,000~20,000
成交价：RMB 140,145
日内瓦佳士得 2020-07-22

83 双夹钻石和铂金胸针
估　价：USD 10,000~15,000
成交价：RMB 110,937
长5.9cm 纽约佳士得 2020-02-05

1640 天然翡翠配宝石及钻石别针
估　价：HKD 450,000~650,000
成交价：RMB 508,500
香港苏富比 2020-07-10

107 19世纪 祖母绿及钻石胸针
估　价：CHF 15,000~20,000
成交价：RMB 149,488
日内瓦佳士得 2020-07-22

331 水滴形珍珠和浅彩钻石胸针 约1910年
估　价：GBP 2,000~3,000
成交价：RMB 84,327
伦敦苏富比 2020-06-04

1636 天然翡翠配宝石及钻石别针
估　价：HKD 120,000~180,000
成交价：RMB 305,100
香港苏富比 2020-07-10

246 石榴石 蓝宝石和钻石胸针 20世纪初
估　价：GBP 4,500~6,500
成交价：RMB 152,490
伦敦苏富比 2020-04-07

1865 天然翡翠怀古胸针
估　价：HKD 180,000~280,000
成交价：RMB 361,600
佳士得 2020-07-09

1116 天然翡翠配宝石及钻石别针一对
估　价：HKD 30,000~60,000
成交价：RMB 43,396
香港苏富比 2020-06-12

1637 天然翡翠配祖母绿及钻石别针
估　价：HKD 160,000~200,000
成交价：RMB 180,800
香港苏富比 2020-07-10

1915 天然翡翠胸针
估　价：HKD 120,000~180,000
成交价：RMB 271,200
佳士得 2020-07-09

1638 天然翡翠配钻石别针
估　价：HKD 380,000~500,000
成交价：RMB 429,400
香港苏富比 2020-07-10

1969 托帕石“Breeze Whispers”胸针
估　价：HKD 600,000~800,000
成交价：RMB 639,000
长8.9cm 佳士得 2020-11-29

1882 天然翡翠配钻石胸针
估　价：HKD 150,000~250,000
成交价：RMB 255,600
胸针长6.4cm 佳士得 2020-11-29

167 天然珍珠和钻石胸针
估　价：USD 8,000~12,000
成交价：RMB 64,002
4.1cm × 3.8cm 纽约佳士得 2020-02-05

218 天然珍珠、人工珍珠和钻石吊坠/胸针 19世纪晚期
估　价：GBP 4,000~6,000
成交价：RMB 43,569
伦敦苏富比 2020-04-07

177 艺术时期 蓝宝石及钻石胸针 Bulgari设计
估　价：CHF 250,000~350,000
成交价：RMB 2,616,040
日内瓦佳士得 2020-07-22

221 象牙 宝石和珐琅胸针 MASRIERAYCARRERA 1920年
估　价：GBP 6,000~8,000
成交价：RMB 87,137
伦敦苏富比 2020-04-07

1828 托帕石胸针
估　价：HKD 45,000~65,000
成交价：RMB 169,500
佳士得 2020-07-09

35 托帕石和宝石镶嵌胸针
估　价：EUR 3,000~5,000
成交价：RMB 28,243
29mm × 17mm 巴黎苏富比 2020-06-11

301 威尔杜拉绿宝石、蓝宝石和钻石胸针“双紫菀” 1956年
估　价：CHF 30,000~50,000
成交价：RMB 279,885
日内瓦苏富比 2020-06-24

402 萧邦钻石胸针
估　价：CHF 30,000~50,000
成交价：RMB 260,526
日内瓦苏富比 2020-07-15

91 养殖珍珠和钻石胸针 大卫·韦伯
估　价：USD 3,000~5,000
成交价：RMB 27,308
长9.4cm 纽约佳士得 2020-06-30

1822 天然珍珠胸针
估　价：HKD 180,000~280,000
成交价：RMB 214,700
佳士得 2020-07-09

166 艺术时期 祖母绿及钻石胸针
估　价：CHF 60,000~90,000
成交价：RMB 560,580
日内瓦佳士得 2020-07-22

1868 天然翡翠胸针
估　价：HKD 150,000~250,000
成交价：RMB 169,500
佳士得 2020-07-09

100 有色钻石及钻石“Poppy Flower”胸针 Moussaieff设计
估　价：CHF 40,000~60,000
成交价：RMB 616,638
日内瓦佳士得 2020-07-22

1812 有色钻石“Mimosa”配钻石及石榴石胸针
估　价：HKD 200,000~300,000
成交价：RMB 213,000
长12.7cm 佳士得 2020-11-29

1870 有色钻石配钻石首饰套装
估　价：HKD 150,000~250,000
成交价：RMB 95,850
胸针长4.3cm；耳环长1.7cm × 2
佳士得 2020-11-29

157 月亮石 琥珀和钻石胸针 纳尔迪
估　价：GBP 6,000~8,000
成交价：RMB 92,583
伦敦苏富比 2020-04-07

563 珍珠 红宝石和钻石胸针
估　价：CHF 4,000~6,000
成交价：RMB 155,223
日内瓦苏富比 2020-05-07

200 紫水晶 石榴石和蓝宝石胸针
估　价：USD 1,000~1,500
成交价：RMB 25,601
长7.0cm 纽约佳士得 2020-02-05

252 祖母绿和钻石胸针 苏珊娜·贝尔佩伦 1944年
估　价：EUR 15,000~30,000
成交价：RMB 132,390
巴黎苏富比 2020-06-11

57 种子珍珠和钻石流苏胸针
估　价：USD 3,000~5,000
成交价：RMB 22,187
纽约佳士得 2020-06-30

1129 紫水晶配钻石别针 19世纪后期
估　价：HKD 50,000~80,000
成交价：RMB 62,810
香港苏富比 2020-06-12

1933 祖母绿配钻石胸针
估　价：HKD 180,000~280,000
成交价：RMB 191,700
长6.7cm 佳士得 2020-11-29

535 约20世纪20年代制 18K白金钻石胸针
估　价：RMB 40,000~60,000
成交价：RMB 55,200
西泠印社 2020-08-07

530 祖母绿和钻石吊坠/胸针
估　价：CHF 5,000~8,000
成交价：RMB 45,654
日内瓦苏富比 2020-05-07

258 祖母绿与钻石胸针
估　价：EUR 10,000~15,000
成交价：RMB 79,434
60mm×34mm 巴黎苏富比 2020-06-11

168 祖母绿与钻石胸针
估　价：CHF 30,000~40,000
成交价：RMB 279,885
日内瓦苏富比 2020-06-24

1162 祖母绿配珐琅彩及钻石别针
估　价：HKD 30,000~40,000
成交价：RMB 34,260
香港苏富比 2020-06-12

67 钻石和红宝石胸针
估　价：USD 3,000~5,000
成交价：RMB 46,935
纽约佳士得 2020-06-30

77 祖母绿及钻石胸针 Graff设计
估　价：CHF 70,000~100,000
成交价：RMB 934,300
日内瓦佳士得 2020-07-22

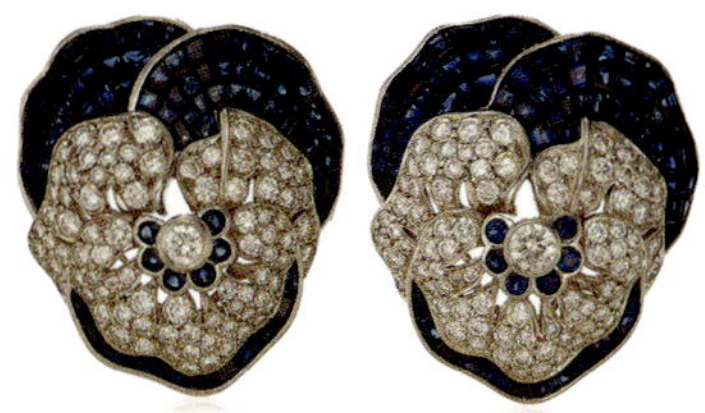

79 钻石和蓝宝石三色胸针一对
估　价：USD 4,000~6,000
成交价：RMB 32,428
纽约佳士得 2020-06-30

297 钻石和多宝石吊坠/胸针
估　价：USD 2,000~3,000
成交价：RMB 22,187
5.6cm × 5.0cm 纽约佳士得 2020-02-05

325 钻石和合成蓝宝石胸针
估　价：USD 4,000~6,000
成交价：RMB 46,935
长度21.6cm 纽约佳士得 2020-02-05

278 钻石和黄金胸针
估　价：USD 3,000~5,000
成交价：RMB 27,308
5.9cm × 5.4cm 纽约佳士得 2020-02-05

131 钻石配彩色钻石、蓝宝石、祖母绿及珐琅彩别针 20世纪60年代
估　价：USD 200,000~300,000
成交价：RMB 1,809,950
纽约苏富比 2020-12-09

33 钻石和搪瓷胸针 蒂芙尼 20世纪20年代
估　价：GBP 4,000~6,000
成交价：RMB 43,569
伦敦苏富比 2020-04-07

1931 钻石配玛瑙镶铂金胸针
估　价：HKD 500,000~800,000
成交价：RMB 532,500
长9.7cm 佳士得 2020-11-29

169 钻石和珍珠弓胸针
估　价：USD 3,000~5,000
成交价：RMB 25,601
长5.5cm 纽约佳士得 2020-02-05

228 钻石和祖母绿狮子胸针
估　价：USD 2,000~3,000
成交价：RMB 20,481
长4.7cm 纽约佳士得 2020-02-05

1633 钻石配珐琅彩及祖母绿挂坠-别针
估　价：HKD 32,000~48,000
成交价：RMB 74,847
香港苏富比 2020-11-27

2013 钻石及祖母绿镶铂金及金胸针
估　价：HKD 1,200,000~1,800,000
成交价：RMB 1,278,000
长6.6cm 佳士得 2020-11-29

1 钻石四叶草胸针 梵克雅宝
估　价：USD 6,000~8,000
成交价：RMB 136,538
纽约佳士得 2020-06-30

1682 钻石配珍珠别针-头饰 19世纪
估　价：HKD 50,000~80,000
成交价：RMB 192,100
香港苏富比 2020-07-10

226 钻石双夹子胸针 20世纪50年代
估　价：EUR 6,000~8,000
成交价：RMB 88,260
62mm × 56mm 巴黎苏富比 2020-06-11

1930 钻石胸针
估　价：HKD 300,000~500,000
成交价：RMB 426,000
长7.0cm 佳士得 2020-11-29

140 钻石配红宝石及沙弗莱石榴石“小金鼠”胸针 Nisan
估　价：HKD 42,000~62,000
成交价：RMB 56,909
天成国际 2020-07-07

1919 钻石镶铂金及金胸针
估　价：HKD 550,000~850,000
成交价：RMB 585,750
长8.1cm 佳士得 2020-11-29

125 钻石胸针夹 约1955年
估　价：USD 20,000~40,000
成交价：RMB 141,510
纽约苏富比 2020-06-16

118 钻石胸针
估　价：USD 50,000~70,000
成交价：RMB 707,550
纽约苏富比 2020-06-16

346 钻石叶胸针
估　价：USD 4,000~6,000
成交价：RMB 40,961
长5.5cm 纽约佳士得 2020-02-05

手镯、手链

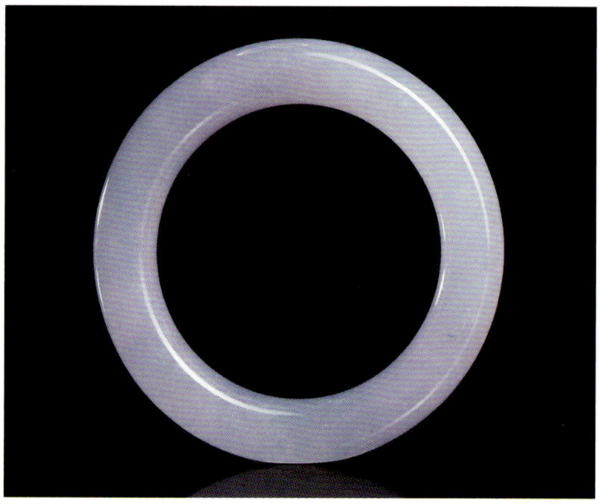

674 55圈口冰紫翡翠手镯
估　价：RMB 200,000~250,000
成交价：RMB 230,000
西泠印社 2020-08-07

8 黑玛瑙及钻石手链 Puiforcat设计
估　价：CHF 15,000~20,000
成交价：RMB 140,145
日内瓦佳士得 2020-07-22

2012 4.02至0.60克拉榄尖形及梨形D-IF钻石手链
估　价：HKD 4,000,000~6,000,000
成交价：RMB 4,260,000
长16.9cm 佳士得 2020-11-29

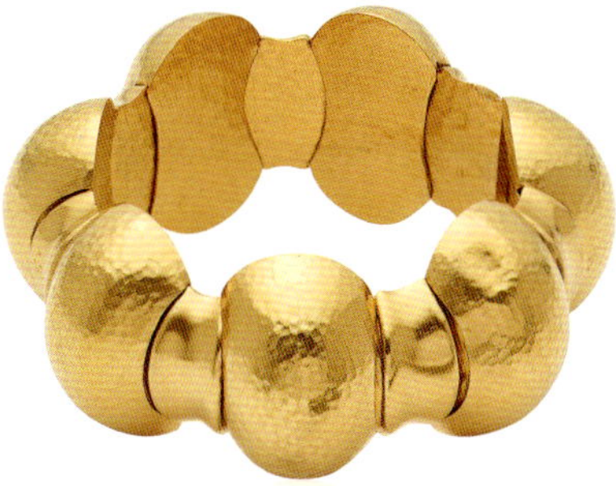

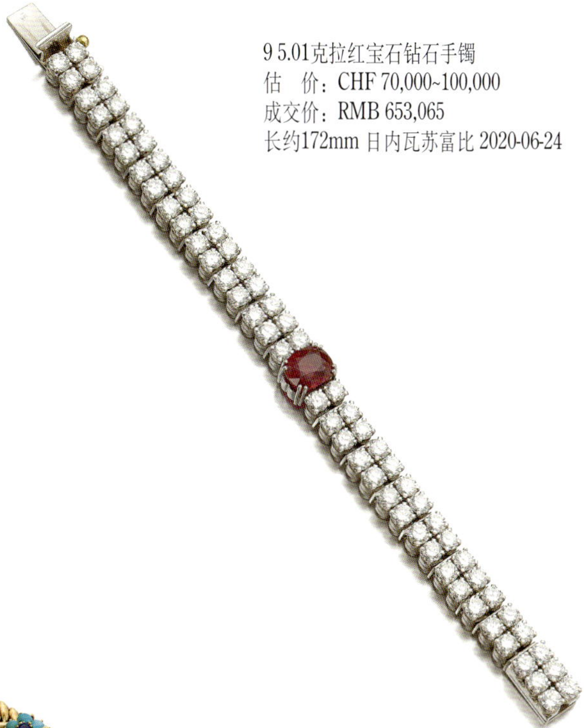

9 5.01克拉红宝石钻石手镯
估　价：CHF 70,000~100,000
成交价：RMB 653,065
长约172mm 日内瓦苏富比 2020-06-24

6 18K金手镯(LALAOUNIS)
估　价：USD 3,500~4,500
成交价：RMB 40,961
长18.5cm 纽约佳士得 2020-06-30

92 蓝宝石、钻石及绿松石手链 VanCleef&Arpels设计
估　价：CHF 25,000~35,000
成交价：RMB 233,575
日内瓦佳士得 2020-07-22

1881 80.08克拉椭圆形斯里兰卡天然蓝宝手镯
估　价：HKD 1,000,000~1,500,000
成交价：RMB 3,475,880
佳士得 2020-07-09

1898 1.66至0.99克拉哥伦比亚祖母绿手链
估　价：HKD 1,500,000~2,500,000
成交价：RMB 3,150,440
佳士得 2020-07-09

1688 Garrard&Co.古董钻石配珐琅彩手链
估 价：HKD 380,000~500,000
成交价：RMB 1,469,000
香港苏富比 2020-07-10

79 阿莱托兄弟金 青金石和钻石手镯
估 价：USD 18,000~22,000
成交价：RMB 132,666
内周长18.42cm 纽约苏富比 2020-06-16

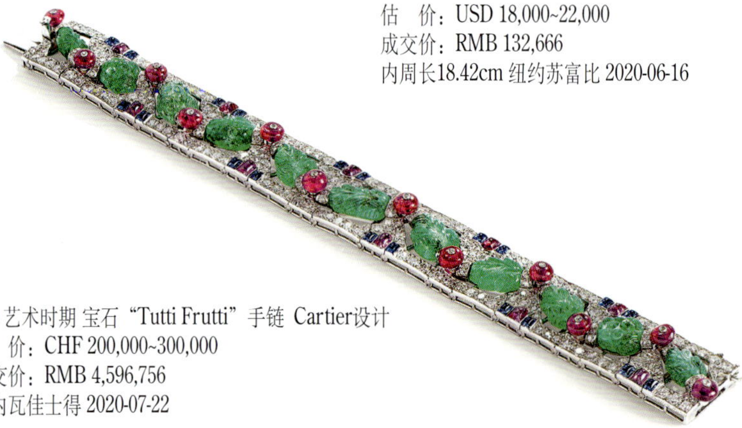

190 艺术时期 宝石“Tutti Frutti”手链 Cartier设计
估 价：CHF 200,000~300,000
成交价：RMB 4,596,756
日内瓦佳士得 2020-07-22

127 VERDURA钻石和黄金隐藏手镯/手表
估 价：USD 6,000~8,000
成交价：RMB 68,269
纽约佳士得 2020-06-30

92 WALSERWALD钻石白金手链
估 价：USD 12,000~18,000
成交价：RMB 85,336
长17.5cm 纽约佳士得 2020-06-30

508 宝格丽“PARENTESI”金和钻石手表手镯耳环
估　价：CHF 12,000~18,000
成交价：RMB 200,877
手镯内径150mm 日内瓦苏富比 2020-05-07

84 宝石和钻石“里约”手镯
估　价：USD 15,000~20,000
成交价：RMB 194,576
纽约苏富比 2020-06-16

19 白金·金手镯
估　价：USD 3,000~5,000
成交价：RMB 55,469
纽约佳士得 2020-02-05

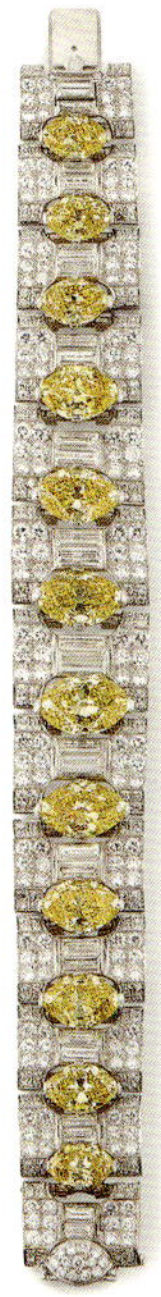

193 有色钻石及钻石手链 Cartier设计
估　价：CHF 1,700,000~2,500,000
成交价：RMB 18,050,676
日内瓦佳士得 2020-07-22

509 宝格丽粉红色碧玺和紫水晶手链
估　价：CHF 3,000~5,000
成交价：RMB 59,350
日内瓦苏富比 2020-05-07

286 宝格丽MULTI-GEM手镯
估　价：USD 3,000~5,000
成交价：RMB 110,937
纽约佳士得 2020-02-05

33 宝格丽黄金 宝石镶嵌和钻石手镯
估　价：USD 15,000~20,000
成交价：RMB 265,331
内周长15.24cm 纽约苏富比 2020-06-16

282 宝格丽PARENTESI钻石、蓝宝石和红宝石手镯
估　价：USD 6,000~8,000
成交价：RMB 119,471
纽约佳士得 2020-02-05

57 宝格丽黄金 宝石镶嵌和钻石手镯
估　价：USD 15,000~20,000
成交价：RMB 150,354
内圆周15.24cm 纽约苏富比 2020-06-16

394 宝石镶嵌和钻石手镯
估　价：USD 10,000~15,000
成交价：RMB 88,256
内周长15.24cm 纽约苏富比 2020-04-30

4 蒂芙尼镶蛋白石和母珍珠手镯
估　价：USD 8,000~12,000
成交价：RMB 85,336
内圆周16.9cm 纽约佳士得 2020-02-05

2010 宝格丽设计 红色碧玺配钻石“SERPENTI”手环
估　价：HKD 120,000~400,000
成交价：RMB 215,232
保利香港 2020-07-08

159 宝格丽四颗重9.92克拉的祖母绿配钻石手链 20世纪30年代
估　价：USD 250,000~350,000
成交价：RMB 1,645,409
长18.4cm 纽约苏富比 2020-12-09

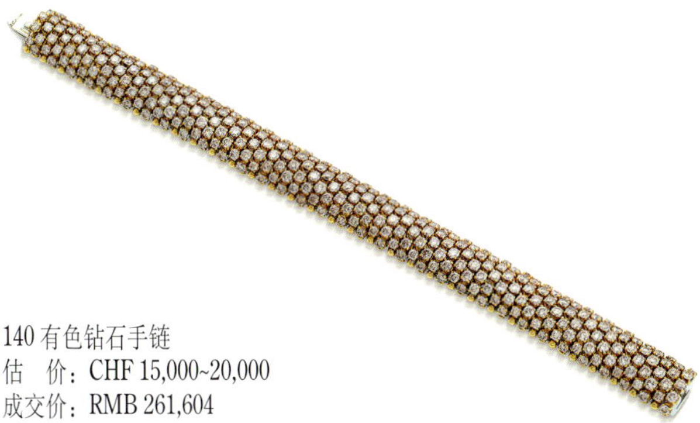

140 有色钻石手链
估　价：CHF 15,000~20,000
成交价：RMB 261,604
日内瓦佳士得 2020-07-22

4 钻石手镯 20世纪30年代
估　价：CHF 30,000~50,000
成交价：RMB 279,885
长180mm 日内瓦苏富比 2020-06-24

388 宝格丽钻石手镯
估　价：USD 25,000~35,000
成交价：RMB 247,118
纽约苏富比 2020-04-30

539 宝格丽钻石和金手镯 1989年
估　价：CHF 6,000~10,000
成交价：RMB 65,132
日内瓦苏富比 2020-07-15

699 冰种翡翠贵妃镯
估 价：RMB 400,000~600,000
成交价：RMB 460,000
西泠印社 2020-08-07

4348 冰种飘绿花翡翠贵妃镯
估 价：RMB 22,000~32,000
成交价：RMB 25,300
内径5.3cm 中国嘉德 2020-07-15

703 冰种绿翡翠手镯
估 价：RMB 600,000~800,000
成交价：RMB 701,500
西泠印社 2020-08-07

716 冰种三彩手镯
估 价：RMB 250,000~300,000
成交价：RMB 287,500
西泠印社 2020-08-07

345 碧玺、钻石和多宝石手镯
估　价：USD 1,500~2,000
成交价：RMB 25,601
内周长16.5cm 纽约佳士得 2020-02-05

75 彩色宝石袖口圈
估　价：EUR 2,000~3,000
成交价：RMB 47,059
内圆周约180mm 巴黎苏富比 2020-05-27

1050 彩色钻石配钻石及粉红色刚玉手链
估　价：HKD 50,000~60,000
成交价：RMB 48,080
长160mm 香港苏富比 2020-05-20

28 布切拉蒂金、绿宝石手链和戒指
估　价：USD 10,000~15,000
成交价：RMB 168,043
纽约苏富比 2020-06-16

239 彩色金刚石袖口手镯和金刚石戒指
估　价：GBP 4,000~7,000
成交价：RMB 62,136
伦敦苏富比 2020-06-04

2028 彩色钻石手链
估　价：HKD 3,000,000~5,000,000
成交价：RMB 3,195,000
长17.0cm 佳士得 2020-11-29

122 彩色钻石手镯
估　价：CHF 30,000~50,000
成交价：RMB 279,885
长约180mm 日内瓦苏富比 2020-06-24

2013 “翠色盈韵”缅甸天然翡翠手镯
成交价：RMB 31,050,000
北京保利 2020-12-05

113 大卫·韦伯珐琅红宝石钻石手镯
估　价：USD 30,000~40,000
成交价：RMB 265,331
内周长15.24cm 纽约苏富比 2020-06-16

77 大卫·韦伯黄金钻石“格斗狮子”手镯
估　价：USD 12,000~18,000
成交价：RMB 247,643
纽约苏富比 2020-06-16

25 大卫·韦伯金、珐琅、钻石手链
估　价：USD 18,000~22,000
成交价：RMB 168,043
内周长15.24cm 纽约苏富比 2020-06-16

42 大卫·韦伯金、珐琅和钻石阿拉伯花纹袖口手链
估　价：USD 25,000~35,000
成交价：RMB 176,888
内周长15.24cm 纽约苏富比 2020-06-16

251 蛋白石手镯 Mario Buccellati
估　价：GBP 7,000~10,000
成交价：RMB 79,889
内周长约170mm 伦敦苏富比 2020-06-04

287 蒂芙尼金手镯
估　价：USD 4,000~6,000
成交价：RMB 46,935
纽约佳士得 2020-02-05

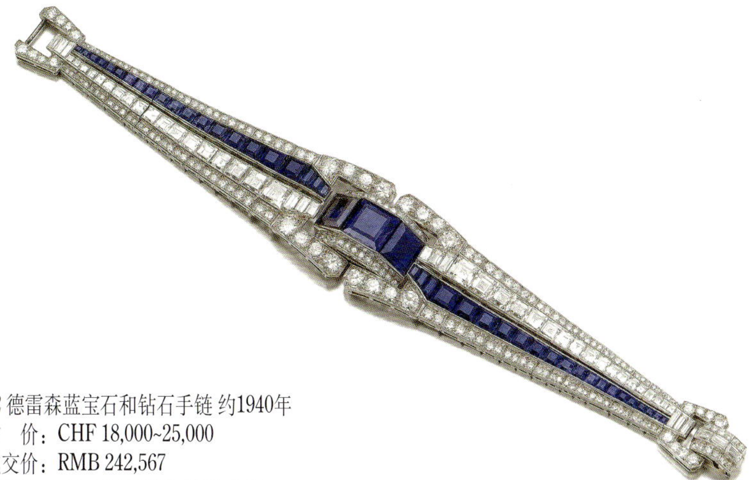

12 德雷森蓝宝石和钻石手链 约1940年
估　价：CHF 18,000~25,000
成交价：RMB 242,567
长170mm 日内瓦苏富比 2020-06-24

147 钻石及蓝宝石手链 Graff设计
估　价：CHF 20,000~30,000
成交价：RMB 158,831
日内瓦佳士得 2020-07-22

146 蒂芙尼黄金镶宝石配钻石“Marine Creature”手链
估　价：USD 200,000~300,000
成交价：RMB 1,645,409
内周长16.5cm 纽约苏富比 2020-12-09

292 蒂芙尼“糖堆”钻石和金手镯
估　价：USD 3,000~5,000
成交价：RMB 29,868
纽约佳士得 2020-02-05

431 钻石和蓝宝石手镯 格拉夫
估　价：USD 30,000~50,000
成交价：RMB 750,178
长15.88cm 纽约苏富比 2020-04-30

341 蒂芙尼·安吉拉·康明斯多宝石手镯
估　价：USD 10,000~15,000
成交价：RMB 136,538
内周长17.3cm 纽约佳士得 2020-02-05

92 钻石手镯
估　价：USD 15,000~20,000
成交价：RMB 194,576
纽约苏富比 2020-06-16

187 蒂芙尼·阿特拉斯金手镯
估　价：USD 5,000~7,000
成交价：RMB 42,668
内圆周17.5cm 纽约佳士得 2020-02-05

102 钻石红宝石手镯
估　价：USD 10,000~15,000
成交价：RMB 84,022
纽约苏富比 2020-06-16

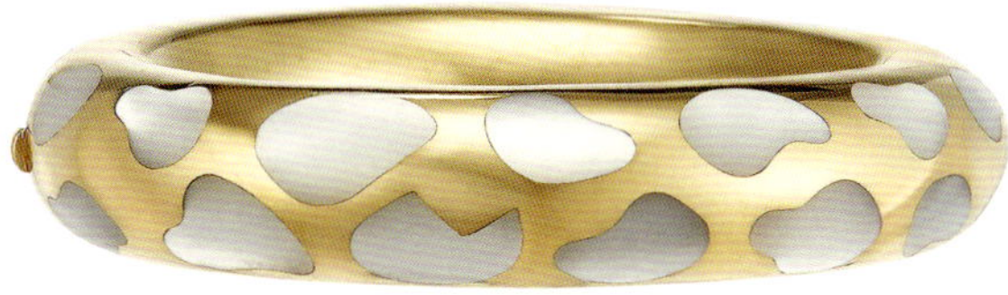

6 蒂芙尼珍珠母手镯
估　价：USD 6,000~8,000
成交价：RMB 55,469
内周长15.9cm 纽约佳士得 2020-02-05

318 蒂芙尼绿宝石和钻石手镯 20世纪20年代
估　价：CHF 30,000~50,000
成交价：RMB 354,521
长180mm 日内瓦苏富比 2020-06-24

106 多宝石和金电缆手镯
估　价：USD 1,200~1,800
成交价：RMB 25,601
内周长17.2cm 纽约佳士得 2020-02-05

30 蒂芙尼金钻石手镯
估　价：USD 6,000~8,000
成交价：RMB 57,488
纽约苏富比 2020-06-16

64 红宝石 珐琅 钻石手镯
估　价：USD 3,000~5,000
成交价：RMB 187,740
内尺寸5.7cm × 4.4cm 纽约佳士得 2020-06-30

106 哈里·温斯顿金、翡翠、钻石手镯 1980年
估　价：USD 25,000~35,000
成交价：RMB 221,109
长18.42cm 纽约苏富比 2020-06-16

234 多宝石和钻石手镯
估　价：USD 2,000~3,000
成交价：RMB 29,868
手镯长18.0cm 纽约佳士得 2020-02-05

437 珐琅 宝石镶嵌 金手镯
估　价：CHF 5,000~7,000
成交价：RMB 55,827
内周长约160mm 日内瓦苏富比 2020-07-15

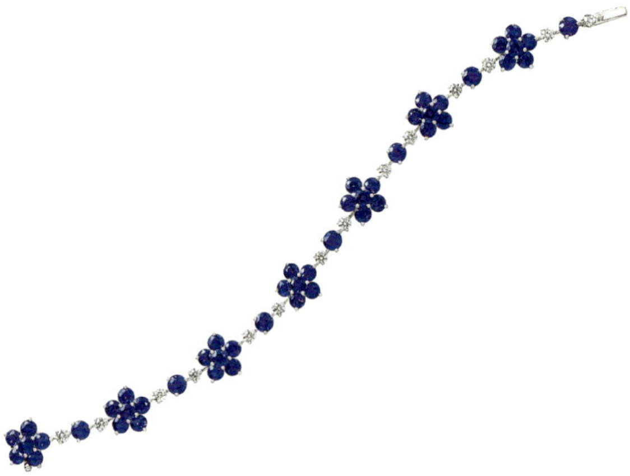

74 格拉夫蓝宝石钻石手镯
估　价：USD 15,000~20,000
成交价：RMB 168,043
长17.15cm 纽约苏富比 2020-06-16

515 梵克雅宝黄金和钻石手镯 “LUDOBRIQUETTES” 20世纪30年代
估　价：CHF 12,000~18,000
成交价：RMB 186,090
长约135mm到190mm 日内瓦苏富比 2020-07-15

248 红宝石和钻石手链 约1985年
估　价：GBP 5,000~7,000
成交价：RMB 48,821
长185mm 伦敦苏富比 2020-06-04

27 翡翠和金手镯
估　价：USD 1,500~2,000
成交价：RMB 23,894
内周长15.0cm 纽约佳士得 2020-06-30

1249 翡翠手镯
估　价：RMB 1,500,000~2,000,000
成交价：RMB 1,380,000
圈口56mm×2；条宽12mm 永乐拍卖 2020-08-18

663 高冰翡翠手镯
估　价：RMB 320,000~450,000
成交价：RMB 402,500
西泠印社 2020-08-07

291 粉色蓝宝石和钻石手链
估　价：GBP 6,500~7,000
成交价：RMB 75,450
长187mm 伦敦苏富比 2020-06-04

113 格拉夫蓝宝石 红宝石和钻石手镯 1986年
估　价：CHF 30,000~50,000
成交价：RMB 298,544
日内瓦苏富比 2020-06-24

236 复古的金手镯
估　价：USD 3,000~5,000
成交价：RMB 29,868
长18.0cm 纽约佳士得 2020-02-05

47 格拉夫蓝宝石钻石手镯
估　价：CHF 30,000~50,000
成交价：RMB 354,521
日内瓦苏富比 2020-06-24

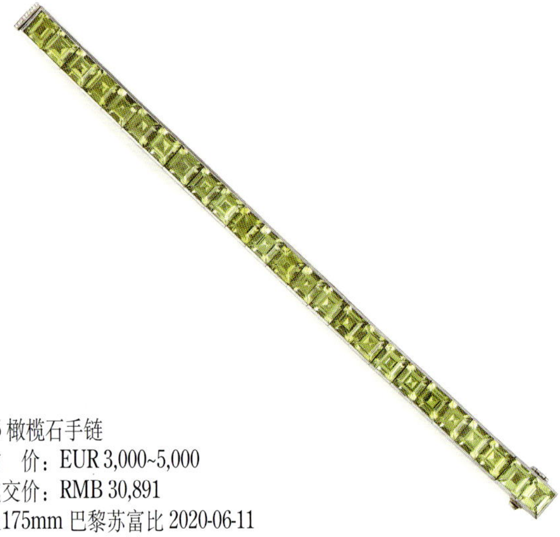

75 橄榄石手链
估 价：EUR 3,000~5,000
成交价：RMB 30,891
长175mm 巴黎苏富比 2020-06-11

119 哈里 · 温斯顿钻石手镯
估 价：USD 50,000~70,000
成交价：RMB 663,328
长17.46cm 纽约苏富比 2020-06-16

1200 梵克雅宝玉髓手链
估 价：HKD 30,000~40,000
成交价：RMB 45,060
长约175mm 香港苏富比 2020-07-31

90 海瑞温斯顿红宝石配钻石手链
估 价：USD 175,000~275,000
成交价：RMB 2,879,465
长17.78cm 纽约苏富比 2020-12-09

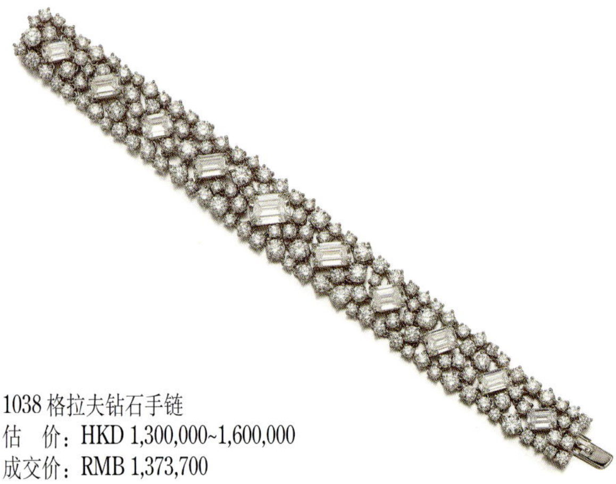

1038 格拉夫钻石手链
估 价：HKD 1,300,000~1,600,000
成交价：RMB 1,373,700
长度约165mm 香港苏富比 2020-05-20

151 哈里·温斯顿钻石手镯 约1962年
估 价：USD 100,000~120,000
成交价：RMB 1,149,769
长18.1cm 纽约苏富比 2020-06-16

49 格拉夫钻石手镯
估　价：CHF 80,000~120,000
成交价：RMB 1,306,130
长约163mm 日内瓦苏富比 2020-06-24

105 何塞·赫斯金钻石手镯
估　价：USD 8,000~12,000
成交价：RMB 79,599
内周长16.51cm 纽约苏富比 2020-06-16

4374 瑰丽稀有的天然满绿翡翠手镯
估　价：RMB 3,000,000~4,600,000
成交价：RMB 3,220,000
中国嘉德 2020-12-05

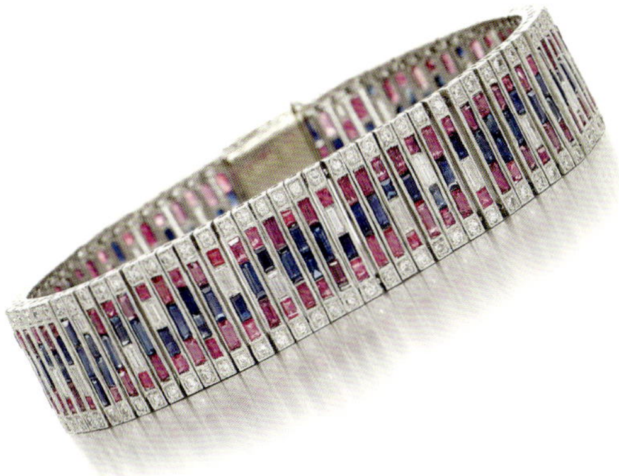

280 红宝石 蓝宝石和钻石手链
估　价：GBP 3,000~5,000
成交价：RMB 44,383
长170mm 伦敦苏富比 2020-06-04

219 黑玉金饰链式手链
估　价：USD 6,000~8,000
成交价：RMB 64,002
长18cm 纽约佳士得 2020-02-05

317 红宝石和钻石手链 格拉夫
估　价：GBP 24,000~28,000
成交价：RMB 213,036
长约175mm 伦敦苏富比 2020-06-04

1626 海瑞温斯顿祖母绿配钻石手链
估　价：HKD 900,000~1,200,000
成交价：RMB 1,243,000
香港苏富比 2020-07-10

217 尖晶石和钻石手镯 19世纪末
估　价：GBP 5,000~7,000
成交价：RMB 44,383
内周长约170mm 伦敦苏富比 2020-06-04

68 红宝石和钻石手镯
估　价：USD 7,000~10,000
成交价：RMB 93,870
长15.6cm 纽约佳士得 2020-06-30

321 金 紫水晶和绿松石手镯 大卫 · 韦伯
估　价：USD 15,000~20,000
成交价：RMB 141,210
内部周长14.29cm 纽约苏富比 2020-04-30

17 红宝石钻石手链
估　价：USD 4,000~6,000
成交价：RMB 55,469
长17.1cm；宽1.8cm 纽约佳士得 2020-06-30

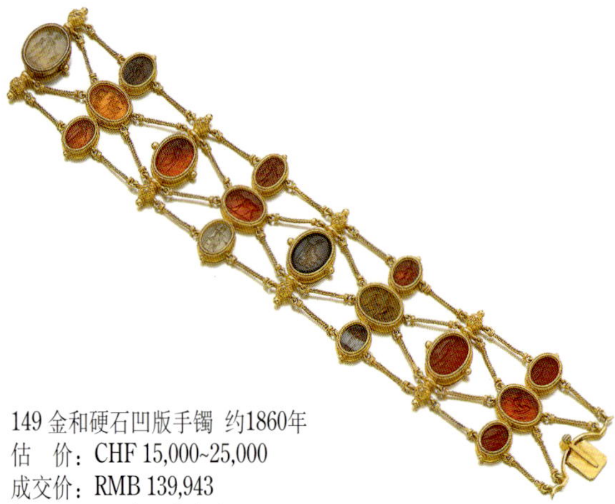

149 金和硬石凹版手镯 约1860年
估　价：CHF 15,000~25,000
成交价：RMB 139,943
长190mm 日内瓦苏富比 2020-06-24

112 黄金、宝石和钻石手镯 约1945年
估　价：USD 8,000~12,000
成交价：RMB 114,977
内周长17.78cm 纽约苏富比 2020-06-16

51 金 蓝宝石 钻石和珐琅手镯 约1900年
估　价：USD 6,000~8,000
成交价：RMB 30,955
纽约苏富比 2020-06-16

569 黄金和钻石手镯
估　价：CHF 3,000~5,000
成交价：RMB 29,218
内周长190mm 日内瓦苏富比 2020-05-07

423 金 钻石和蓝宝石手镯 亚历山大·雷扎 法国
估　价：USD 3,000~5,000
成交价：RMB 28,242
纽约苏富比 2020-04-30

4375 极为瑰丽珍罕的天然满绿翡翠手镯
成交价：RMB 4,140,000
中国嘉德 2020-12-05

53 金、珐琅、宝石手镯
估　价：USD 8,000~12,000
成交价：RMB 57,488
纽约苏富比 2020-06-16

356 杰勒德钻石手镯
估　价：USD 7,000~10,000
成交价：RMB 59,735
长16.5cm 纽约佳士得 2020-02-05

306 金、绿松石和钻石手镯 大卫·韦伯
估　价：USD 7,000~9,000
成交价：RMB 57,367
长19.69cm 纽约苏富比 2020-04-30

215 金鳄鱼手镯
估　价：USD 3,000~5,000
成交价：RMB 110,937
内圆周15.8cm 纽约佳士得 2020-02-05

549 金和钻石手链-手表
估　价：CHF 4,000~6,000
成交价：RMB 74,436
日内瓦苏富比 2020-07-15

277 金和钻石手镯和耳环
估　价：USD 4,000~6,000
成交价：RMB 46,935
手镯长19.0cm 纽约佳士得 2020-02-05

324 金和红宝石“双长角”手镯 保罗·弗拉托 1980年
估　价：USD 10,000~15,000
成交价：RMB 88,256
纽约苏富比 2020-04-30

318 金色“CHAINED ANCRE”手镯 爱马仕巴黎
估　价：USD 15,000~20,000
成交价：RMB 132,384
长20.96cm 纽约苏富比 2020-04-30

195 金手链 让·德斯佩雷斯
估　价：EUR 6,000~8,000
成交价：RMB 75,021
长度约175mm 巴黎苏富比 2020-06-11

656 金镶黄翡钻石手链
估　价：RMB 80,000~120,000
成交价：RMB 101,200
西泠印社 2020-08-07

377 金色和彩色钻石“Brillant”手镯 PAOLOCOSTAGLI
估　价：USD 25,000~35,000
成交价：RMB 176,513
长19.37cm 纽约苏富比 2020-04-30

311 金手镯 布切拉蒂
估　价：USD 3,000~5,000
成交价：RMB 48,541
长18.42cm 纽约苏富比 2020-04-30

173 卡地亚缟玛瑙配钻石手链 1923年
估　价：CHF 40,000~60,000
成交价：RMB 683,301
长185mm 日内瓦苏富比 2020-11-11

659 金镶玻璃种蛋面翡翠配珍珠手链
估　价：RMB 120,000~160,000
成交价：RMB 184,000
西泠印社 2020-08-07

109 金手链袖口
估　价：USD 8,000~12,000
成交价：RMB 114,977
内周长15.88cm 纽约苏富比 2020-06-16

82 金钻石手镯
估　价：USD 7,000~9,000
成交价：RMB 176,888
内周长16.51cm 纽约苏富比 2020-06-16

373 金色和粉色蓝宝石袖口手镯 布切拉蒂
估　价：USD 15,000~20,000
成交价：RMB 141,210
纽约苏富比 2020-04-30

1 经典风格铂金镶彩色宝石、钻石及珐琅彩“水果锦囊”手链 卡地亚 1928年
估　价：USD 600,000~800,000
成交价：RMB 9,494,436
长17.46cm 纽约苏富比 2020-04-28

1064 卡地亚“Love”18K金手镯
估　价：HKD 24,000~40,000
成交价：RMB 36,632
香港苏富比 2020-05-20

499 卡地亚蓝宝石和钻石手镯 20世纪50年代
估　价：CHF 15,000~20,000
成交价：RMB 167,481
长约175mm 日内瓦苏富比 2020-07-15

1166 卡地亚18K金珠宝首饰
估　价：HKD 15,000~25,000
成交价：RMB 29,692
手镯长155mm 香港苏富比 2020-06-12

210 蓝宝石和钻石手链 20世纪20年代
估　价：GBP 6,000~10,000
成交价：RMB 88,765
长185mm 伦敦苏富比 2020-06-04

184 卡地亚“爱”手镯一对
估　价：USD 6,000~10,000
成交价：RMB 64,002
内周长约18cm × 2 纽约佳士得 2020-02-05

470 卡地亚金银手镯
估　价：CHF 3,000~5,000
成交价：RMB 93,045
日内瓦苏富比 2020-07-15

507 卡地亚蓝宝石钻石手镯
估　价：CHF 6,000~10,000
成交价：RMB 79,088
日内瓦苏富比 2020-07-15

1626 猫眼亚历山大变色石配亚历山大变色石及钻石手链
估　价：HKD 120,000~150,000
成交价：RMB 192,462
香港苏富比 2020-11-27

11 卡地亚珊瑚和钻石手镯 大约1970年
估　价：CHF 50,000~80,000
成交价：RMB 3,545,210
内周长150mm 日内瓦苏富比 2020-06-24

109 玛瑙 乌木和紫檀手链 萨利玛塔克
估　价：GBP 2,000~3,000
成交价：RMB 34,855
伦敦苏富比 2020-04-07

58 卡地亚珊瑚钻石手镯 20世纪60年代
估　价：CHF 50,000~80,000
成交价：RMB 466,475
日内瓦苏富比 2020-06-24

242 蓝宝石钻石手镯
估　价：EUR 7,000~12,000
成交价：RMB 66,195
长约190mm 巴黎苏富比 2020-06-11

44 卡地亚珊瑚钻石手镯
估　价：USD 80,000~120,000
成交价：RMB 1,503,544
长19.69cm 纽约苏富比 2020-06-16

107 罗伯托硬币“热情”黄金和钻石手镯
估　价：USD 2,000~3,000
成交价：RMB 27,308
长17.0cm 纽约佳士得 2020-02-05

139 库琴斯基祖母绿 钻石和彩色钻石袖手环
估　价：USD 30,000~50,000
成交价：RMB 256,009
内径5.7cm 纽约佳士得 2020-06-30

1921 蓝宝石配钻石镶金手链
估　价：HKD 50,000~80,000
成交价：RMB 101,175
长17.1cm 佳士得 2020-11-29

1733 卡地亚祖母绿配钻石手链
估　价：HKD 600,000~750,000
成交价：RMB 847,500
香港苏富比 2020-07-10

6015 蓝宝石配钻石“蝴蝶”手镯
估　价：RMB 180,000~200,000
成交价：RMB 218,500
手镯内径约55mm × 45.6mm；宽约13mm—51mm 华艺国际 2020-10-15

1842 缅甸天然红宝石手链
估　价：HKD 480,000~650,000
成交价：RMB 791,000
佳士得 2020-07-09

349 卡地亚钻石手镯 1926年
估　价：CHF 200,000~300,000
成交价：RMB 1,865,900
长175mm 日内瓦苏富比 2020-06-24

472 米歇尔 · 德拉瓦莱琥珀 蓝宝石 红宝石和钻石手镯
估　价：CHF 6,000~8,000
成交价：RMB 79,088
日内瓦苏富比 2020-07-15

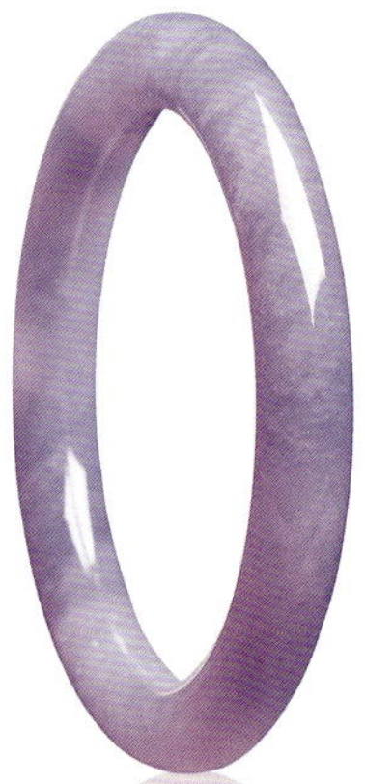

2056 缅甸天然紫罗兰翡翠手镯
估　价：HKD 2,200,000~3,600,000
成交价：RMB 2,044,704
保利香港 2020-07-08

1602 马里奥 · 布契拉提蓝宝石配钻石手镯
估　价：HKD 200,000~260,000
成交价：RMB 342,156
香港苏富比 2020-11-27

6675 缅甸天然翡翠手镯
成交价：RMB 36,110,000
北京保利 2020-10-19

1723 天然冰种带阳绿翡翠手镯
估　价：RMB 480,000~680,000
成交价：RMB 552,000
保利厦门 2020-09-26

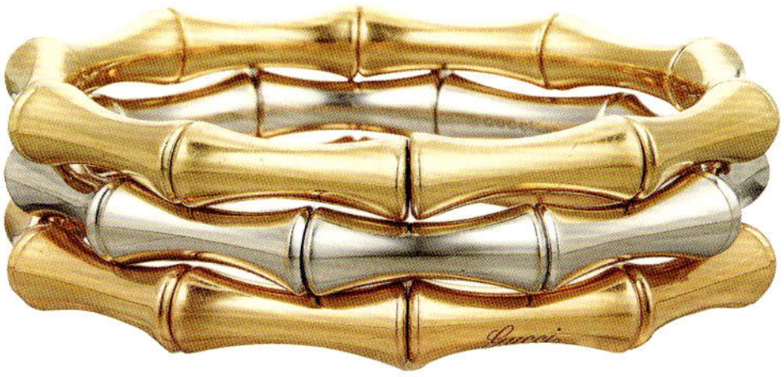

183 三个古驰“竹”金手镯
古　价：USD 3,000~4,000
戓交价：RMB 68,269
内圆周17cm 纽约佳士得 2020-02-05

6585 秦依依设计“虚幻时空”缅甸天然翡翠蛋面配钻石及尖晶石手链及耳环套装
成交价：RMB 149,500
北京保利 2020-10-19

391 三色金色“TUBOGAS”手链/手表 宝格丽
古　价：USD 10,000~15,000
戓交价：RMB 88,256
纽约苏富比 2020-04-30

17 沙绿色祖母绿和钻石手链一对
估　价：CHF 30,000~40,000
成交价：RMB 242,567
内周长约165mm×2 日内瓦苏富比 2020-06-24

573 沙弗莱石榴石和蓝宝石手链一对
古　价：CHF 1,500~2,500
戓交价：RMB 54,785
内周长约160mm 日内瓦苏富比 2020-05-07

59 珊瑚 钻石和金手镯
估　价：USD 3,000~5,000
成交价：RMB 64,002
纽约佳士得 2020-06-30

4528 清 翡翠双龙戏珠纹手镯一对
估　价：RMB 50,000~80,000
成交价：RMB 161,000
外径8cm；外径7.8cm 西泠印社 2020-08-09

562 人造珍珠和钻石手链
估　价：CHF 4,000~6,000
成交价：RMB 36,523
日内瓦苏富比 2020-05-07

693 糯冰翡翠珠手串
估　价：RMB 20,000~30,000
成交价：RMB 28,750
西泠印社 2020-08-07

552 19世纪末期的手镯、吊坠、胸针
估　价：CHF 3,000~5,000
成交价：RMB 27,914
手镯长约170mm 日内瓦苏富比 2020-07-15

229 珊瑚金手镯
估　价：USD 2,400~3,000
成交价：RMB 20,481
内周长17.0cm 纽约佳士得 2020-02-05

9 19世纪末的埃米尔钻石手镯
估　价：EUR 1,200~1,400
成交价：RMB 24,713
内圆周约180mm 巴黎苏富比 2020-06-11

7 蒂芙尼·斯伦贝谢金、珐琅和钻石手镯
估　价：USD 25,000~35,000
成交价：RMB 247,643
内周长16.51cm 纽约苏富比 2020-06-16

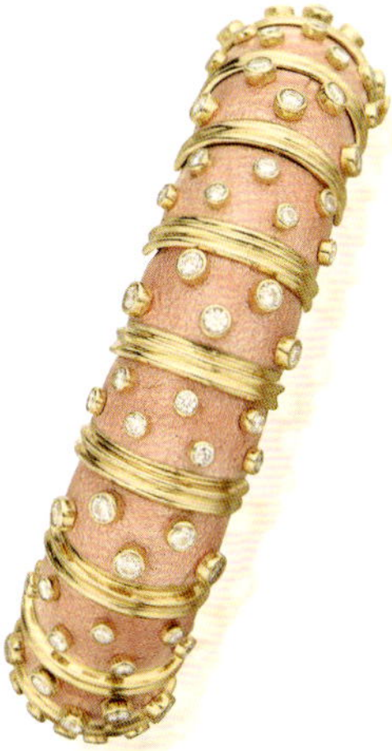

6 蒂芙尼·斯伦贝谢金、珐琅和钻石手镯
估　价：USD 25,000~35,000
成交价：RMB 353,775
内周长16.51cm 纽约苏富比 2020-06-16

247 天然珍珠钻石手镯 19世纪晚期
估　价：GBP 4,000~6,000
成交价：RMB 45,747
内周长约160mm 伦敦苏富比 2020-04-07

413 坦桑石和钻石雪花手镯 蒂芙尼
估　价：USD 5,000~7,000
成交价：RMB 97,082
长度18.42cm 纽约苏富比 2020-04-30

1921 天然翡翠蛋面手链
估　价：HKD 280,000~380,000
成交价：RMB 452,000
佳士得 2020-07-09

1878 天然翡翠手链
估　价：HKD 60,000~80,000
成交价：RMB 106,500
内周长15.3cm 佳士得 2020-11-29

1993 天然翡翠蛋面手链及耳环套装
估　价：HKD 8,800,000~12,000,000
成交价：RMB 8,698,920
最大蛋面17.5mm × 13.6mm × 7.7mm；手链长17.0cm；耳环长3.1cm × 2
佳士得 2020-11-29

357 双色金 钻石和红宝石袖口手镯 布切拉蒂
估　价：USD 30,000~50,000
成交价：RMB 264,769
纽约苏富比 2020-04-30

327 双色金钻石手镯 布切拉蒂
估　价：USD 15,000~20,000
成交价：RMB 132,384
内部周长16.51cm 纽约苏富比 2020-04-30

101 手镯 20世纪60年代
估　价：GBP 4,000~6,000
成交价：RMB 54,461
长192mm 伦敦苏富比 2020-04-07

1935 天然缅甸蓝宝石配钻石镶铂金手链
估　价：HKD 280,000~380,000
成交价：RMB 447,300
长18.0cm 佳士得 2020-11-29

96 养殖的珍珠和钻石手链
估　价：EUR 4,000~6,000
成交价：RMB 35,304
长270mm 巴黎苏富比 2020-06-11

.797 天然“帝王绿”翡翠配钻石手链
古　价：HKD 3,500,000~4,500,000
戊交价：RMB 3,390,000
香港苏富比 2020-07-10

1853 天然翡翠手镯
估　价：HKD 120,000~180,000
成交价：RMB 237,300
佳士得 2020-07-09

.642 天然翡翠配钻石手链
古　价：HKD 2,000,000~2,800,000
戊交价：RMB 2,260,000
香港苏富比 2020-07-10

2039 总重约18.86克拉哥伦比亚祖母绿配钻石手链 未经注油
估　价：HKD 1,200,000~1,800,000
成交价：RMB 1,291,392
保利香港 2020-07-08

672 天然满色翡翠手镯
古　价：HKD 13,000,000~18,000,000
戊交价：RMB 14,260,600
香港苏富比 2020-07-10

1724 天然冰种带阳绿翡翠手镯
估　价：RMB 680,000~800,000
成交价：RMB 782,000
保利厦门 2020-09-26

543 维多利亚时期制14K金镶珐琅手镯
估　价：RMB 35,000~45,000
成交价：RMB 40,250
西泠印社 2020-08-07

93 韦杜拉编织金手镯
估　价：USD 6,000~8,000
成交价：RMB 68,269
内圆周15.5cm；宽3.8cm 纽约佳士得 2020-02-05

27 象牙、有色钻石及钻石手镯 René Boivin设计
估　价：CHF 10,000~15,000
成交价：RMB 93,430
日内瓦佳士得 2020-07-22

222 希曼·舍普斯 养殖的珍珠和金手镯
估　价：USD 4,000~6,000
成交价：RMB 40,961
长20.0cm 纽约佳士得 2020-02-05

41 银手链 让·德斯佩（JEAN DESPRÉS）20世纪70年代
估　价：EUR 3,000~4,000
成交价：RMB 73,529
巴黎苏富比 2020-05-27

143 养殖珍珠手镯
估　价：EUR 2,000~4,000
成交价：RMB 34,314
内径约62mm 巴黎苏富比 2020-05-27

43 玉髓、珍珠和钻石手镯 约1935年
估　价：CHF 35,000~55,000
成交价：RMB 326,533
长度约180mm 日内瓦苏富比 2020-06-24

47 钻石和蓝宝石手镯
估　价：USD 7,000~10,000
成交价：RMB 85,336
长17.5cm 纽约佳士得 2020-02-05

544 约19世纪制天然海水珍珠手镯
估　价：RMB 42,000~58,000
成交价：RMB 59,800
西泠印社 2020-08-07

2 威尔杜拉金钻石“双月牙”手镯
估　价：USD 10,000~15,000
成交价：RMB 221,109
长17.78cm 纽约苏富比 2020-06-16

181 养殖珍珠 祖母绿和钻石手镯 卡地亚
估　价：GBP 7,500~9,500
成交价：RMB 119,813
长192mm 伦敦苏富比 2020-04-07

162 珍珠和钻石珠宝手镯、戒指、别针套装
估　价：USD 5,000~7,000
成交价：RMB 114,977
纽约苏富比 2020-06-16

17 珍珠和珐琅手链 大约1850年
估　价：EUR 3,000~4,000
成交价：RMB 33,539
长约180mm 巴黎苏富比 2020-06-11

4214 总重约99.00克拉天然缅甸未经加热星光红宝石配钻石手链
估　价：RMB 110,000~160,000
成交价：RMB 126,500
中国嘉德 2020-12-05

434 钻石 蓝宝石和红宝石手镯 哈里·温斯顿
估　价：USD 15,000~20,000
成交价：RMB 114,733
纽约苏富比 2020-04-30

167 祖母绿和钻石手镯 MELLERIO 1983年
估　价：EUR 5,000~7,000
成交价：RMB 123,564
长度约170mm 巴黎苏富比 2020-06-11

1163 祖母绿配钻石手链
估　价：HKD 20,000~50,000
成交价：RMB 45,680
长155mm 香港苏富比 2020-06-12

30 钻石和多宝石手镯
估　价：USD 8,000~12,000
成交价：RMB 51,202
长16.0cm 纽约佳士得 2020-06-30

1630 天然紫罗兰翡翠手镯
估　价：HKD 2,800,000~3,800,000
成交价：RMB 3,089,470
内直径58.40mm；厚约 19.12mm
香港苏富比 2020-10-07

136 钻石及蛇纹木"Serpenti"手镯 Bulgari设计
估　价：CHF 60,000~80,000
成交价：RMB 513,865
日内瓦佳士得 2020-07-22

41 钻石和翡翠手镯
估　价：USD 5,000~7,000
成交价：RMB 102,404
长16cm 纽约佳士得 2020-06-30

41 珍罕天然翡翠手镯
估　价：HKD 3,000,000~4,500,000
成交价：RMB 3,283,200
天成国际 2020-07-07

28 钻石"图标"魅力手镯 格拉夫
估　价：USD 12,000~18,000
成交价：RMB 119,471
长18.0cm 纽约佳士得 2020-06-30

209 钻石和彩色钻石袖口手镯
估　价：USD 5,000~7,000
成交价：RMB 55,469
内圆周15.5cm 纽约佳士得 2020-02-05

117 钻石手镯 宝诗龙
估　价：CHF 100,000~150,000
成交价：RMB 2,335,750
日内瓦佳士得 2020-07-22

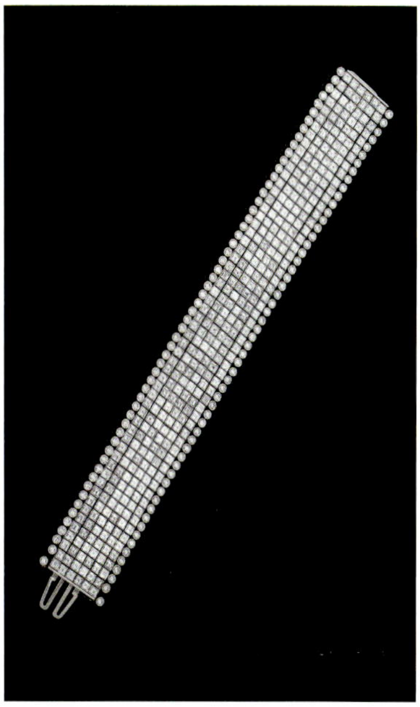

170 钻石手镯 奥斯卡·海曼兄弟
估　价：CHF 120,000~150,000
成交价：RMB 934,300
日内瓦佳士得 2020-07-22

336 钻石和金手镯
估　价：USD 3,000~5,000
成交价：RMB 46,935
内圆周14.7cm 纽约佳士得 2020-02-05

128 钻石手镯 VanCleef&Arpels设计
估　价：CHF 20,000~30,000
成交价：RMB 373,720
日内瓦佳士得 2020-07-22

275 钻石 红宝石和金手镯
估　价：USD 3,000~5,000
成交价：RMB 59,735
长17cm 纽约佳士得 2020-02-05

1832 钻石"Étoile Filante"镶金手链
估　价：HKD 60,000~80,000
成交价：RMB 213,000
手链内周长16.0cm 佳士得 2020-11-29

163 钻石和蓝宝石手镯 1925年
估　价：USD 4,000~6,000
成交价：RMB 102,404
长15.0cm 纽约佳士得 2020-02-05

1161 钻石配皮革手链
估　价：HKD 20,000~30,000
成交价：RMB 97,070
长165mm 香港苏富比 2020-06-12

407 钻石手镯宝石套装
估　价：CHF 15,000~25,000
成交价：RMB 186,090
长度约170mm 日内瓦苏富比 2020-07-15

126 钻石双编织手镯　约1950年
估　价：USD 15,000~20,000
成交价：RMB 106,133
长17.78cm 纽约苏富比 2020-06-16

61 钻石手镯 梵克雅宝 20世纪60年代
估　价：GBP 14,000~18,000
成交价：RMB 174,274
长185mm 伦敦苏富比 2020-04-07

259 钻石祖母绿手镯和耳环
估　价：USD 4,000~6,000
成交价：RMB 34,135
手镯长18.5cm 纽约佳士得 2020-02-05

1134 钻石配塑脂手镯
估　价：HKD 26,000~35,000
成交价：RMB 31,976
内周长约170mm 香港苏富比 2020-06-12

181 钻石手镯 卡地亚
估　价：EUR 3,500~4,000
成交价：RMB 30,891
巴黎苏富比 2020-06-11

44 钻石和铂金手镯
估　价：USD 3,000~5,000
成交价：RMB 40,961
长17.5cm 纽约佳士得 2020-02-05

45 钻石白金手镯
估　价：USD 2,000~3,000
成交价：RMB 25,601
长17.0cm 纽约佳士得 2020-02-05

263 钻石手链 卡地亚
估　价：GBP 8,000~12,000
成交价：RMB 150,901
长200mm 伦敦苏富比 2020-06-04

项　链

614 “爱丽丝”42.35克拉哥伦比亚极品木佐色（Muzo）祖母绿套组
估　价：RMB 8,000,000~12,000,000
成交价：RMB 10,120,000
西泠印社 2020-08-07

725 “大巨蛋”金镶蛋面翡翠项链
估　价：RMB 4,500,000~5,000,000
成交价：RMB 5,175,000
西泠印社 2020-08-07

722 “珠润佳人”43颗翡翠珠链
估　价：RMB 5,000,000~6,000,000
成交价：RMB 6,095,000
珠链长56.7cm 西泠印社 2020-08-07

666 “梦露的吻”金镶翡翠葫芦项链
估　价：RMB 160,000~220,000
成交价：RMB 195,500
西泠印社 2020-08-07

6604 1.03克拉彩紫红色及10.02克拉D色Type IIa钻石项链
估　价：RMB 15,000,000~25,000,000
成交价：RMB 20,240,000
项链长42.2 cm 北京保利 2020-10-19

1941 12.29克拉梨形E/VVS1钻石吊坠项链
估 价：HKD 4,000,000~6,000,000
成交价：RMB 4,994,600
佳士得 2020-07-09

1939 12.81、6.50及2.74克拉椭圆形及枕形克什米尔天然蓝宝石项链
估 价：HKD 6,000,000~8,000,000
成交价：RMB 10,418,600
项链长46.5cm 佳士得 2020-07-09

1961 10.01克拉心形艳彩黄色VVS2钻石吊坠项链 附GIA 配钻石 镶金
估 价：HKD 1,600,000~2,500,000
成交价：RMB 2,236,500
吊坠长2.2cm 项链长45.0cm 佳士得 2020-11-29

670 108颗翡翠珠链
估 价：RMB 3,500,000~4,500,000
成交价：RMB 4,025,000
西泠印社 2020-08-07

1235 102.58克拉祖母绿钻石项链 (BAGUES限量收藏)
估 价：RMB 2,000,000~2,500,000
成交价：RMB 2,185,000
链长47cm 永乐拍卖 2020-08-18

1945 19.53克拉椭圆形天然缅甸星光红宝石项链
估　价：HKD 18,000,000~28,000,000
成交价：RMB 18,554,600
项链长38.2cm 佳士得 2020-07-09

147 18颗椭圆形蓝宝石配钻石项链
估　价：USD 200,000~300,000
成交价：RMB 3,922,864
内周长37.5cm 纽约苏富比 2020-12-09

115 19世纪晚期钻石项链
估　价：CHF 15,000~20,000
成交价：RMB 392,406
日内瓦佳士得 2020-07-22

69 18K金项链
估　价：EUR 2,400~3,400
成交价：RMB 47,059
长约420mm 巴黎苏富比 2020-05-27

1900 13.45克拉长方形哥伦比亚祖母绿配钻石镶铂金及金项链
估　价：HKD 600,000~800,000
成交价：RMB 1,597,500
项链长40.5cm；吊坠长4.6cm 佳士得 2020-11-29

273 1.34克拉钻石项链、钻石手镯
估　价：GBP 4,000~6,000
成交价：RMB 66,574
项链长约380mm；手镯长180mm
伦敦苏富比 2020-06-04

2016 28颗10.41至1.48克拉枕形或长方形哥伦比亚天然祖母绿配22颗4.22至0.70克拉椭圆形或长方形D—F/VVS1—SI1钻石项链
估　价：HKD 55,000,000~80,000,000
成交价：RMB 46,221,000
项链内周长40.0cm 佳士得 2020-11-29

1977 23颗2.01至0.71克拉椭圆形及枕形缅甸天然红宝石配钻石镶金项链
估　价：HKD 1,800,000~2,800,000
成交价：RMB 1,917,000
长40.7cm 佳士得 2020-11-29

208 52.08克拉星光蓝宝石钻石吊坠项链
估　价：GBP 6,000~8,000
成交价：RMB 87,137
长约475mm 伦敦苏富比 2020-04-07

199 8.67克拉金绿柱石和钻石吊坠项链
估　价：GBP 5,000~7,000
成交价：RMB 54,461
长约445mm 伦敦苏富比 2020-04-07

6018 67.24克拉哥伦比亚祖母绿配钻石吊坠项链
估　价：RMB 2,400,000~2,800,000
成交价：RMB 2,990,000
吊坠长约47.8mm；项链长约450mm
华艺国际 2020-12-05

139 8.33克拉E颜色 VS1净度钻石项链
估　价：CHF 250,000~350,000
成交价：RMB 2,425,670
长430mm 日内瓦苏富比 2020-06-24

97 巴洛克项链、耳夹 约1980年
估　价：GBP 5,500~7,500
成交价：RMB 65,353
项链内周长约450mm 伦敦苏富比 2020-04-07

110 84.00克拉黄色蓝宝石、祖母绿和钻石吊坠项链
估　价：GBP 18,000~22,000
成交价：RMB 490,146
长度约415mm 伦敦苏富比 2020-04-07

151 LALAOUNIS金项链和手镯
估　价：USD 3,000~5,000
成交价：RMB 20,481
项链长40.5cm；手镯长19.0cm
纽约佳士得 2020-02-05

14 VERDURA“花边”金项链
估　价：USD 5,000~7,000
成交价：RMB 102,404
长36.0cm 纽约佳士得 2020-02-05

41 阿斯普里金钻石耳夹一对和项链
估　价：USD 8,000~12,000
成交价：RMB 70,755
项链内周长38.74cm 纽约苏富比 2020-06-16

11 MARCOBICEGO钻石和金项链
估　价：USD 4,000~6,000
成交价：RMB 51,202
纽约佳士得 2020-02-05

1702 宝格丽“Serpenti”钻石配红宝石项链
估　价：HKD 1,300,000~2,000,000
成交价：RMB 1,469,000
香港苏富比 2020-07-10

1779 宝格丽“Serpenti”钻石项链
估　价：HKD 750,000~950,000
成交价：RMB 768,400
香港苏富比 2020-07-10

50 宝格丽“CHANDRA”金和瓷项链
估　价：EUR 2,000~3,000
成交价：RMB 44,130
巴黎苏富比 2020-06-11

481 宝格丽碧玺 翡翠 玛瑙和钻石项链
估　价：CHF 6,000~8,000
成交价：RMB 74,436
日内瓦苏富比 2020-07-15

354 宝格丽黄金和钻石“Pigne”项链和一对耳饰
估　价：USD 40,000~60,000
成交价：RMB 370,676
内周长41.91cm 纽约苏富比 2020-04-30

2011 宝格丽设计 钻石“SERPENTI”项链
估　价：HKD 480,000~880,000
成交价：RMB 538,080
保利香港 2020-07-08

98 宝格丽钻石项链 20世纪30年代
估　价：USD 300,000~500,000
成交价：RMB 5,265,961
长40.64cm 纽约苏富比 2020-12-09

1 宝格丽养殖珍珠和金项链
估　价：USD 5,000~7,000
成交价：RMB 136,538
纽约佳士得 2020-02-05

1078 宝格丽珊瑚配橄榄石及钻石项链及吊耳环套装
估　价：HKD 300,000~380,000
成交价：RMB 297,635
香港苏富比 2020-05-20

488 宝格丽蓝晶石和钻石项链
估　价：CHF 5,000~7,000
成交价：RMB 46,523
日内瓦苏富比 2020-07-15

403 宝格丽紫水晶和钻石项链
估　价：CHF 12,000~18,000
成交价：RMB 223,308
长约550mm 日内瓦苏富比 2020-07-15

523 宝石 红宝石和钻石项链
估　价：CHF 350,000~450,000
成交价：RMB 3,652,301
长度390mm 日内瓦苏富比 2020-05-07

1142 宝石配钻石项链
估　价：HKD 30,000~40,000
成交价：RMB 27,408
长970mm 香港苏富比 2020-06-12

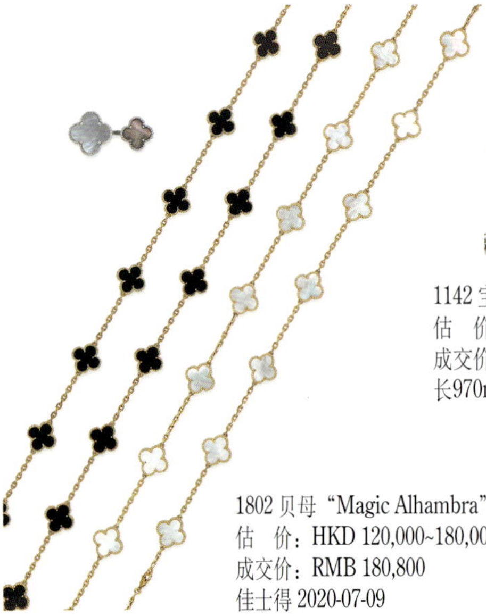

1802 贝母“Magic Alhambra”戒指及贝母、黑玛瑙“Alhambra”项链
估　价：HKD 120,000~180,000
成交价：RMB 180,800
佳士得 2020-07-09

1951 宝石配钻石祖母绿及黑玛瑙镶金项链
估　价：HKD 380,000~580,000
成交价：RMB 639,000
项链长64.5cm；吊坠长7.8cm 佳士得 2020-11-29

1777 宝诗龙“Florets”宝石配钻石项链
估　价：HKD 320,000~420,000
成交价：RMB 508,500
香港苏富比 2020-07-10

125 宝石套装和钻石胸针、项链
估　价：EUR 5,000~7,000
成交价：RMB 35,304
巴黎苏富比 2020-06-11

144 宝石配钻石项链 宝格丽
估　价：CHF 70,000~100,000
成交价：RMB 592,194
长390mm 日内瓦苏富比 2020-11-11

108 宝格丽祖母绿 红宝石和钻石项链
估　价：CHF 50,000~60,000
成交价：RMB 559,770
长 380mm 日内瓦苏富比 2020-06-24

1604 伯爵K黄金配绿松石及青金石项链、耳坠一对
估　价：HKD 65,000~95,000
成交价：RMB 85,539
香港苏富比 2020-11-27

1299 冰种帝王绿翡翠套装
估　价：RMB 3,000,000~5,000,000
成交价：RMB 2,070,000
项链长54cm 永乐拍卖 2020-08-18

153 编织的金项链、戒指和手镯一套
估　价：USD 5,000~7,000
成交价：RMB 64,002
项链长38.2cm 纽约佳士得 2020-02-05

30 彩红色1.71克拉天然颜色SI2净度钻石配钻石吊坠项链
估　价：USD 2,500,000~3,500,000
成交价：RMB 20,672,080
项链长50.8cm 纽约苏富比 2020-12-09

1068 伯爵18K金钻石项链
估　价：HKD 60,000~80,000
成交价：RMB 36,632
长约430mm 香港苏富比 2020-05-20

137 彩蓝宝石及钻石吊坠项链 Graff设计
估　价：CHF 25,000~35,000
成交价：RMB 242,918
日内瓦佳士得 2020-07-22

1230 彩色钻石配钻石手链及项链
估　价：HKD 28,000~50,000
成交价：RMB 33,795
手链长160mm 香港苏富比 2020-07-31

1638 淡水养殖珍珠配钻石项链
估　价：HKD 50,000~80,000
成交价：RMB 42,769
香港苏富比 2020-11-27

1204 彩色刚玉配钻石项链
估　价：HKD 35,000~55,000
成交价：RMB 61,958
长约420mm 香港苏富比 2020-07-31

9 蛋白石和钻石项链 20世纪初
估　价：GBP 3,000~5,000
成交价：RMB 108,921
长410mm 伦敦苏富比 2020-04-07

1808 超凡极品“帝王玉”
天然翡翠珠配红宝石及钻石项链
成交价：RMB 72,913,928
香港苏富比 2020-07-10

31 大卫·韦伯金钻石吊坠项链
估　价：USD 25,000~35,000
成交价：RMB 221,109
长68.58cm 纽约苏富比 2020-06-16

329 蒂芙尼·帕洛玛·毕加索电气石珠项链
估　价：USD 2,400~3,000
成交价：RMB 29,868
长46.5cm 纽约佳士得 2020-02-05

511 蒂芙尼金项链
估　价：CHF 6,000~9,000
成交价：RMB 60,479
长约410mm 日内瓦苏富比 2020-07-15

29 蒂芙尼黄金钻石项链
估　价：USD 4,000~6,000
成交价：RMB 42,453
长40cm 纽约苏富比 2020-06-16

251 蒂芙尼钻石吊坠项链
估　价：USD 1,000~1,500
成交价：RMB 32,428
项链长40.5cm；吊坠长4.2cm
纽约佳士得 2020-02-05

28 蒂芙尼钻石和铂金项链
估　价：USD 4,000~6,000
成交价：RMB 76,803
长40.5cm 纽约佳士得 2020-02-05

1713 蒂芙尼黄水晶配翠榴石项链
估　价：HKD 65,000~90,000
成交价：RMB 113,000
香港苏富比 2020-07-10

84 珐琅 祖母绿和菱形钻石项链、手链“帕蒂斯”卡地亚
估　价：GBP 8,000~12,000
成交价：RMB 239,627
项链长410mm 伦敦苏富比 2020-04-07

4329 典雅精致的10.09克拉天然哥伦比亚艳彩绿祖母绿配钻石项链
估　价：RMB 1,280,000~1,680,000
成交价：RMB 1,495,000
中国嘉德 2020-12-05

155 多色石榴石和蓝宝石项链 1900年
估　价：USD 2,000~3,000
成交价：RMB 23,894
长17.5cm 纽约佳士得 2020-02-05

121 吊坠项链 卡地亚 1993年
估　价：GBP 2,000~3,000
成交价：RMB 76,245
长度约440mm 伦敦苏富比 2020-04-07

1714 梵克雅宝“Alhambra”缟玛瑙项链
估　价：HKD 32,000~48,000
成交价：RMB 90,400
香港苏富比 2020-07-10

225 珐琅和蛋白石项链 亚历克西斯·法利兹 19世纪90年代
估　价：GBP 8,000~12,000
成交价：RMB 185,166
伦敦苏富比 2020-04-07

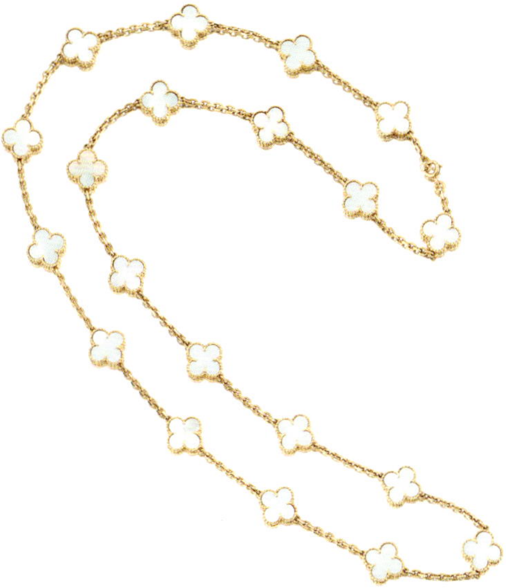

1601 梵克雅宝“Alhambra”珍珠母项链
估　价：HKD 40,000~65,000
成交价：RMB 101,700
香港苏富比 2020-07-10

1703 梵克雅宝“Zip”钻石项链
估　价：HKD 2,400,000~3,500,000
成交价：RMB 2,542,500
香港苏富比 2020-07-10

1604 梵克雅宝“Magic Alhambra”红玉髓配虎眼石项链
估　价：HKD 40,000~65,000
成交价：RMB 124,300
香港苏富比 2020-07-10

1712 梵克雅宝“Vintage Alhambra”18K黄金项链
估　价：HKD 75,000~120,000
成交价：RMB 101,700
香港苏富比 2020-07-10

1643 梵克雅宝“Vintage Alhambra”K黄金项链
估　价：HKD 80,000~120,000
成交价：RMB 85,539
香港苏富比 2020-11-27

132 梵克雅宝18K金及红宝石项链、手链
估　价：EUR 15,000~25,000
成交价：RMB 247,128
项链长385mm；手链长180mm 巴黎苏富比 2020-06-11

115 梵克雅宝金和钻石项链 20世纪60年代
估　价：CHF 26,000~32,000
成交价：RMB 279,885
日内瓦苏富比 2020-06-24

1648 梵克雅宝“Trefle”红宝石配钻石项链
估　价：HKD 40,000~65,000
成交价：RMB 42,769
香港苏富比 2020-11-27

131 梵克雅宝钻石、金蕾丝蝴蝶结项链及耳环 1950年
估　价：EUR 3,500~4,500
成交价：RMB 42,365
项链长390mm 巴黎苏富比 2020-06-11

358 梵克雅宝的MAGICALHAMBRA珍珠母缟玛瑙项链
估　价：USD 10,000~15,000
成交价：RMB 110,937
长124.0cm 纽约佳士得 2020-02-05

456 梵克雅宝金和孔雀石长链
估　价：CHF 10,000~15,000
成交价：RMB 148,872
长约860mm 日内瓦苏富比 2020-07-15

1659 非常珍美罕有天然翡翠雕“平安扣”配钻石项链一对
估　价：HKD 2,400,000~3,600,000
成交价：RMB 3,861,837
香港苏富比 2020-10-07

148 翡翠 珐琅和钻石项链
估　价：EUR 3,000~6,000
成交价：RMB 53,922
长度约540mm 巴黎苏富比 2020-05-27

253 翡翠珠项链
估　价：USD 2,000~3,000
成交价：RMB 102,404
项链长66.0cm 纽约佳士得 2020-02-05

227 翡翠珠项链
估　价：GBP 3,000~5,000
成交价：RMB 31,068
长约650mm 伦敦苏富比 2020-06-04

65 弗雷德莱顿月光石钻石项链
估　价：USD 20,000~30,000
成交价：RMB 247,643
纽约苏富比 2020-06-16

91 复古时期 黄水晶、钻石项链及钻石套装 Cartier设计
估　价：CHF 25,000~35,000
成交价：RMB 140,145
日内瓦佳士得 2020-07-22

314 弗雷德4.43、4.69和14.32克拉祖母绿和钻石项链
估　价：CHF 200,000~400,000
成交价：RMB 1,772,605
长390mm 日内瓦苏富比 2020-06-24

1937 哥伦比亚祖母绿配钻石及养殖珍珠 镶金及银项链
估　价：HKD 280,000~380,000
成交价：RMB 585,750
长33.5cm 佳士得 2020-11-29

134 格拉夫钻石项链
估　价：CHF 450,000~550,000
成交价：RMB 3,188,739
日内瓦苏富比 2020-11-11

1082 格拉夫“Cluster Halo”祖母绿配钻石项链
估　价：HKD 55,000~75,000
成交价：RMB 57,238
香港苏富比 2020-05-20

1119 格拉夫“Bombé Pavilion”钻石配祖母绿项链
估　价：HKD 95,000~120,000
成交价：RMB 125,620
香港苏富比 2020-06-12

1093 格拉夫“Bombé Pavilion”红宝石配钻石项链
估　价：HKD 80,000~100,000
成交价：RMB 183,160
长420mm 香港苏富比 2020-05-20

1144 格拉夫“Cluster Halo”红宝石配钻石项链
估　价：HKD 38,000~58,000
成交价：RMB 68,520
长425mm 香港苏富比 2020-06-12

1092 格拉夫“Infinity”红宝石配钻石项链
估　价：HKD 380,000~480,000
成交价：RMB 457,900
长430mm 香港苏富比 2020-05-20

1167 格拉夫“Cluster Halo”蓝宝石配钻石项链
估　价：HKD 38,000~58,000
成交价：RMB 57,100
长425mm 香港苏富比 2020-06-12

140 格拉夫多彩养殖珍珠和钻石项链
估　价：USD 15,000~20,000
成交价：RMB 136,538
长40.6cm 纽约佳士得 2020-06-30

1666 格拉夫“Diamond on Diamond”钻石项链
估　价：HKD 170,000~240,000
成交价：RMB 213,847
香港苏富比 2020-11-27

1098 格拉夫“Wave”钻石项链
估　价：HKD 700,000~900,000
成交价：RMB 858,563
长400mm；长770mm 香港苏富比 2020-05-20

1611 格拉夫红宝石配钻石项链
估　价：HKD 1,500,000~2,200,000
成交价：RMB 1,817,701
红宝石及钻石分别共重约60.30及50.57克拉 香港苏富比 2020-11-27

1120 格拉夫“Rhythm”祖母绿配钻石项链及手链套装
估　价：HKD 800,000~1,100,000
成交价：RMB 1,142,000
项链长690mm；手镯长180mm
香港苏富比 2020-06-12

34 格拉夫红宝石钻石吊坠项链
估　价：USD 6,000~8,000
成交价：RMB 75,177
长40.64cm 纽约苏富比 2020-06-16

1057 格拉夫“Snowflake”红宝石配钻石项链
估　价：HKD 55,000~75,000
成交价：RMB 80,133
长420mm 香港苏富比 2020-05-20

46 格拉夫蓝宝石钻石项链
估　价：CHF 70,000~90,000
成交价：RMB 1,212,835
长度约430mm 日内瓦苏富比 2020-06-24

1103 格拉夫“Lotus”钻石项链
估　价：HKD 120,000~150,000
成交价：RMB 160,265
长度约420mm 香港苏富比 2020-05-20

176 格拉夫绿宝石钻石吊坠项链
估　价：CHF 40,000~60,000
成交价：RMB 298,544
长390mm 日内瓦苏富比 2020-06-24

1055 格拉夫“Mini Gypsy”红宝石配钻石项链
估　价：HKD 55,000~75,000
成交价：RMB 160,265
长度约425mm 香港苏富比 2020-05-20

72 格拉夫蓝宝石钻石项链
估　价：USD 50,000~70,000
成交价：RMB 309,553
长40.64cm 纽约苏富比 2020-06-16

1121 格拉夫钻石项链
估　价：HKD 750,000~950,000
成交价：RMB 913,600
长400mm 香港苏富比 2020-06-12

1152 格拉夫钻石配蓝宝石项链
估　价：HKD 55,000~75,000
成交价：RMB 68,520
长410mm 香港苏富比 2020-06-12

68 格拉夫钻石吊坠项链
估　价：USD 100,000~150,000
成交价：RMB 619,106
纽约苏富比 2020-06-16

1071 格拉夫蓝宝石配钻石项链
估　价：HKD 50,000~70,000
成交价：RMB 51,514
长410mm 香港苏富比 2020-05-20

82 格拉夫钻石项链
估　价：CHF 120,000~180,000
成交价：RMB 1,121,160
日内瓦佳士得 2020-07-22

171 格拉夫钻石项链
估　价：CHF 280,000~350,000
成交价：RMB 2,616,040
日内瓦佳士得 2020-07-22

1657 古柏林命名“上古之水”12.85克拉梨形D色内部无瑕（IF)Type IIa钻石吊坠项链
估　价：HKD 8,000,000~10,000,000
成交价：RMB 9,159,822
长约45cm—40cm 香港苏富比 2020-10-07

26 古驰摩尔根石和钻石项链和耳环
估　价：USD 15,000~20,000
成交价：RMB 128,004
项链长41.5cm 纽约佳士得 2020-02-05

91 古驰祖母绿和钻石项链 手镯和戒指
估　价：USD 2,000~3,000
成交价：RMB 23,894
项链长41.0cm 纽约佳士得 2020-02-05

88 共重57.96克拉89颗垫形切割彩黄色钻石项链
估 价：USD 450,000~650,000
成交价：RMB 4,475,904
纽约苏富比 2020-12-09

334 哈里·温斯顿红宝石钻石项链
估 价：CHF 390,000~490,000
成交价：RMB 3,545,210
长390mm 日内瓦苏富比 2020-06-24

617 海蓝宝 蓝宝石配钻石及珍珠项链
估 价：HKD 24,000~40,000
成交价：RMB 135,600
香港苏富比 2020-07-10

204 海蓝宝石和钻石吊坠项链
估 价：USD 3,000~5,000
成交价：RMB 38,401
项链长49.5cm 纽约佳士得 2020-02-05

199 海蓝宝石和钻石项链
估 价：USD 4,000~6,000
成交价：RMB 59,735
长37.0cm 纽约佳士得 2020-02-05

290 海蓝宝石和钻石项链 米歇尔·德拉瓦莱
估　价：GBP 24,000~28,000
成交价：RMB 213,036
长410mm 伦敦苏富比 2020-06-04

6533 海瑞温斯顿设计 124.10克拉缅甸“皇家蓝”蓝宝石配钻石项链
估　价：RMB 18,000,000~28,000,000
成交价：RMB 20,700,000
项链长49 cm 北京保利 2020-10-19

1754 海瑞温斯顿（Holly Wreath）钻石项链
估　价：HKD 8,000,000~12,000,000
成交价：RMB 8,630,024
钻石共重约125.00克拉；项链长38cm
香港苏富比 2020-10-07

56 赫尔姆斯金项链
估　价：USD 40,000~60,000
成交价：RMB 353,775
长123.19cm 纽约苏富比 2020-06-16

211 罕有天然珍珠配钻石项链
估　价：USD 300,000~500,000
成交价：RMB 10,796,363
纽约苏富比 2020-12-09

217 黑玛瑙 玛瑙和金项链
估　价：USD 3,000~5,000
成交价：RMB 64,002
长77.5cm 纽约佳士得 2020-02-05

124 红宝石配钻石项链 约1880年
估　价：CHF 180,000~280,000
成交价：RMB 5,044,136
日内瓦苏富比 2020-11-11

1805 黑玛瑙及钻石“Cosmos”吊坠项链/胸针(一对)
估　价：HKD 30,000~50,000
成交价：RMB 79,100
项链41.2cm 佳士得 2020-07-09

159 红宝石和钻石项链 大约1910年
估　价：CHF 35,000~55,000
成交价：RMB 513,123
日内瓦苏富比 2020-06-24

1914 红宝石、钻石项链及手链
估　价：HKD 950,000~1,500,000
成交价：RMB 1,073,500
项链长40.5cm；手链长17.5cm 佳士得 2020-07-09

97 红宝石及钻石吊坠项链 Graff设计
估　价：CHF 60,000~80,000
成交价：RMB 560,580
日内瓦佳士得 2020-07-22

359 红宝石钻石“吉普赛”吊坠项链 格拉夫
估　价：USD 8,000~12,000
成交价：RMB 282,420
长40.64cm 纽约苏富比 2020-04-30

1630 红宝石配钻石项链
估　价：HKD 100,000~200,000
成交价：RMB 106,924
香港苏富比 2020-11-27

397 黄金 宝石镶嵌和养殖珍珠“Celtaura”项链 宝格丽耳饰一对
估　价：USD 30,000~50,000
成交价：RMB 397,153
项链内周长46.36cm 纽约苏富比 2020-04-30

426 黄金 古董硬币和蓝宝石“莫奈”项链
宝格丽
估　价：USD 18,000~22,000
成交价：RMB 167,687
纽约苏富比 2020-04-30

310 黄金和古币项链和袖口手链 宝格丽
估　价：USD 10,000~15,000
成交价：RMB 308,897
项链长39.37cm；手镯内周长13.97cm 纽约苏富比 2020-04-30

342 黄金和珊瑚“老式阿尔罕布拉”项链
梵克雅宝
估　价：USD 30,000~50,000
成交价：RMB 308,897
长81.28cm 纽约苏富比 2020-04-30

535 黄金、翡翠和钻石项链、耳环
估　价：CHF 5,000~8,000
成交价：RMB 79,088
日内瓦苏富比 2020-07-15

528 黄金和红宝石项链、耳环
估　价：CHF 3,000~5,000
成交价：RMB 39,079
日内瓦苏富比 2020-07-15

605 黄金、红宝石和钻石项链、手镯、耳环、戒指
估　价：CHF 5,000~7,000
成交价：RMB 60,479
项链长约420mm 日内瓦苏富比 2020-07-15

375 黄金和钻石项链、戒指、耳环套装 GILBERTALBERT
估　价：USD 8,000~12,000
成交价：RMB 88,256
纽约苏富比 2020-04-30

1837 黄金项链及耳环套装
估　价：HKD 40,000~60,000
成交价：RMB 58,575
项链长45.0cm；项链长38.0cm；耳环长10.9cm × 2 佳士得 2020-11-29

144 黄金项链
估　价：USD 2,000~3,000
成交价：RMB 20,481
长41.5cm 纽约佳士得 2020-02-05

168 黄金可转换项链（手链） 宝诗龙 1950年
估　价：EUR 5,000~8,000
成交价：RMB 49,020
项链内周长350mm；手链长180mm × 2
巴黎苏富比 2020-05-27

276黄色钻石及钻石项链、耳环、戒指大卫·韦伯
估　价：EUR 30,000~50,000
成交价：RMB 308,910
项链长约390mm；耳环41mm × 17mm
巴黎苏富比 2020-06-11

526 黄色蓝宝石紫水晶和钻石项链、耳坠
估　价：CHF 10,000~15,000
成交价：RMB 82,177
项链长470mm 日内瓦苏富比 2020-05-07

198 黄金镀银镶天然珍珠配钻石项链及耳环一对 1896年作
估　价：USD 250,000~350,000
成交价：RMB 2,303,572
长40.64cm 纽约苏富比 2020-12-09

150 黄水晶和钻石项链、手镯、耳环首饰 19世纪以后
估　价：CHF 70,000~90,000
成交价：RMB 932,950
项链长480mm 日内瓦苏富比 2020-06-24

126 黄金及钻石项链 Buccellati设计
估　价：CHF 40,000~60,000
成交价：RMB 373,720
日内瓦佳士得 2020-07-22

534 黄色钻石项链
估　价：CHF 28,000~35,000
成交价：RMB 821,768
长300mm 日内瓦苏富比 2020-05-07

428 金和钠石耳环、项链
估　价：USD 6,000~8,000
成交价：RMB 52,954
项链长63.5cm 纽约苏富比 2020-04-30

149 黄金镶红玉髓凹雕长项链
估　价：CHF 30,000~40,000
成交价：RMB 409,981
日内瓦苏富比 2020-11-11

313 金和水晶项链 大卫·韦伯
估　价：USD 10,000~15,000
成交价：RMB 132,384
长44.45cm 纽约苏富比 2020-04-30

352 金和钻石项链 大卫·韦伯
估　价：USD 25,000~35,000
成交价：RMB 211,815
内周长43.18cm 纽约苏富比 2020-04-30

272 金和钻石心形吊坠项链
估　价：USD 2,000~3,000
成交价：RMB 46,935
长42.5cm 纽约佳士得 2020-02-05

371 金链环项链
估　价：USD 15,000~20,000
成交价：RMB 141,210
长68.58cm 纽约苏富比 2020-04-30

726 金镶39颗翡翠珠链
估　价：RMB 3,500,000~4,000,000
成交价：RMB 4,025,000
西泠印社 2020-08-07

669 金镶嵌翡翠蛋面项链、戒指、耳钉套组
估　价：RMB 1,500,000~2,200,000
成交价：RMB 1,955,000
西泠印社 2020-08-07

6055 精美罕有天然玻璃种“帝王绿”翡翠配红宝石及钻石珠链
成交价：RMB 52,900,000
项链长度约500mm 华艺国际 2020-12-05

6360 金头老鹰及金饼项链
估　价：RMB 420,000~500,000
成交价：RMB 529,000
金头老鹰84mm × 38.6mm；项链长约540mm
华艺国际 2020-10-15

385 金钻项链 卡地亚
估　价：USD 20,000~30,000
成交价：RMB 264,769
内周长31.12cm 纽约苏富比 2020-04-30

183 金项链 CHAUMET 20世纪70年代
估　价：EUR 4,000~7,000
成交价：RMB 220,650
内圆周约370mm 巴黎苏富比 2020-06-11

319 金项链
估　价：USD 8,000~12,000
成交价：RMB 97,082
长31.75cm 纽约苏富比 2020-04-30

4337 精美的总重33.26克拉天然缅甸未经加热矢车菊蓝宝石配钻石吊坠项链和戒指
估　价：RMB 450,000~650,000
成交价：RMB 517,500
中国嘉德 2020-12-05

1100 卡地亚“Meli Melo”宝石配钻石项链
估　价：HKD 30,000~50,000
成交价：RMB 34,343
长420mm 香港苏富比 2020-05-20

1201 卡地亚18K金豹子项链（1992年）
估　价：RMB 120,000~180,000
成交价：RMB 103,500
链长44cm 永乐拍卖 2020-08-18

185 卡地亚“AGRAFE”钻石项链
估　价：USD 4,000~6,000
成交价：RMB 85,336
长42cm 纽约佳士得 2020-02-05

1649 卡地亚“Panthère”祖母绿 缟玛瑙配珐琅彩及钻石项链及吊耳环套装
估　价：HKD 120,000~160,000
成交价：RMB 248,600
香港苏富比 2020-07-10

17 卡地亚金 钢和黄水晶项链和手镯
估　价：USD 7,000~9,000
成交价：RMB 79,599
15.24cm 纽约苏富比 2020-06-16

117 卡地亚宝石和钻石项链、手链、耳环、胸针首饰 大约1960年
估　价：CHF 50,000~80,000
成交价：RMB 513,123
项链长380mm 日内瓦苏富比 2020-06-24

81 卡地亚金色钻石“PANTHÈRE”项链
估　价：USD 30,000~40,000
成交价：RMB 309,553
内部周长37.47cm 纽约苏富比 2020-06-16

544 卡地亚金色吊坠项链
估　价：CHF 10,000~12,000
成交价：RMB 111,654
长约610mm 日内瓦苏富比 2020-07-15

54 卡地亚金钻“圣甲虫”项链和袖口手链
估　价：USD 50,000~60,000
成交价：RMB 574,884
纽约苏富比 2020-06-16

2005 卡地亚设计 钻石配黑玛瑙及祖母绿“美洲豹”项链
估　价：HKD 180,000~1,000,000
成交价：RMB 387,418
保利香港 2020-07-08

2 孔雀石和黄金“复古阿尔罕布拉”项链 梵克雅宝
估　价：USD 7,000~10,000
成交价：RMB 76,803
纽约佳士得 2020-06-30

141 蓝宝石、天然珍珠和钻石项链、耳环
估　价：CHF 20,000~30,000
成交价：RMB 186,590
项链长360mm 日内瓦苏富比 2020-06-24

164 孔雀石钻石吊坠项链
估　价：GBP 5,500~7,500
成交价：RMB 119,813
长445mm 伦敦苏富比 2020-04-07

1908 蓝宝石及钻石项链
估　价：HKD 220,000~300,000
成交价：RMB 542,400
佳士得 2020-07-09

26 蓝宝石、钻石及珐琅“Pattesde Panthère”项链 René Boivin设计
估　价：CHF 30,000~50,000
成交价：RMB 355,034
日内瓦佳士得 2020-07-22

87 蓝宝石、养殖珍珠、钻石项链
估　价：USD 10,000~15,000
成交价：RMB 221,874
长45.0cm 纽约佳士得 2020-06-30

193 蓝宝石和钻石项链和耳环
估　价：USD 8,000~12,000
成交价：RMB 85,336
项链长38.5cm 纽约佳士得 2020-02-05

152 蓝宝石及钻石项链 Graff设计
估　价：CHF 60,000~80,000
成交价：RMB 467,150
日内瓦佳士得 2020-07-22

192 蓝宝石配钻石项链及耳环一对
估　价：USD 100,000~150,000
成交价：RMB 822,704
项链内周长41.92cm 纽约苏富比 2020-12-09

59 蓝宝石及钻石项链 Cusi设计
估　价：CHF 120,000~180,000
成交价：RMB 1,027,730
日内瓦佳士得 2020-07-22

163 蓝宝石与钻石项链、手链套装 MELLERIO 1977年和1979年
估　价：EUR 30,000~40,000
成交价：RMB 264,780
项链内周长370mm；手链长180mm
巴黎苏富比 2020-06-11

161 蓝宝石与钻石项链、手链 MELLERIO 2000年
估　价：EUR 5,000~7,000
成交价：RMB 51,191
巴黎苏富比 2020-06-11

6 蓝宝石钻石项链
估　价：CHF 100,000~150,000
成交价：RMB 1,119,540
长约390mm 日内瓦苏富比 2020-06-24

332 蓝宝石钻石“雪花”吊坠项链 格拉夫
估　价：USD 8,000~12,000
成交价：RMB 441,281
长40.64cm 纽约苏富比 2020-04-30

114 蓝色托帕石和蓝宝石项链、手链、耳环、戒指
估　价：GBP 8,000~12,000
成交价：RMB 98,029
项链长425mm；手链内周长170mm 伦敦苏富比 2020-04-07

110 两根蛋白石和钻石项链
估　价：EUR 3,000~4,000
成交价：RMB 39,717
巴黎苏富比 2020-06-11

272 绿松石浮雕和钻石项链、耳环 19世纪中期
估　价：GBP 7,000~9,000
成交价：RMB 457,469
项链长390mm 伦敦苏富比 2020-04-07

1645 梅花仅此一尊18K黄金配青金石及红宝石项链
估　价：HKD 120,000~180,000
成交价：RMB 293,800
香港苏富比 2020-07-10

341 绿宝石和钻石项链 大约1860年
估　价：CHF 300,000~390,000
成交价：RMB 3,451,915
日内瓦苏富比 2020-06-24

129 美好年代 祖母绿及钻石“Lavaliere”项链
估　价：CHF 100,000~150,000
成交价：RMB 1,401,450
日内瓦佳士得 2020-07-22

91 米歇尔·德拉瓦莱多种宝石和钻石项链
估　价：CHF 45,000~65,000
成交价：RMB 419,828
长360mm 日内瓦苏富比 2020-06-24

411 米歇尔·德拉瓦莱海蓝宝石项链
估　价：CHF 8,000~12,000
成交价：RMB 74,436
长度约475mm 日内瓦苏富比 2020-07-15

415 米歇尔·德拉瓦莱坦桑石 红宝石和钻石项链
估　价：CHF 12,000~18,000
成交价：RMB 130,263
日内瓦苏富比 2020-07-15

6545 缅甸天然翡翠蛋面配钻石项链
估　价：RMB 5,500,000~6,800,000
成交价：RMB 5,750,000
北京保利 2020-10-19

6676 缅甸天然翡翠珠配钻石及红宝石项链
成交价：RMB 34,500,000
北京保利 2020-10-19

6616 缅甸天然满绿翡翠蛋面配钻石项链
估　价：RMB 850,000~1,200,000
成交价：RMB 977,500
北京保利 2020-10-19

6354 全金羽毛鹰爪套链
估　价：RMB 1,500,000~1,800,000
成交价：RMB 1,782,500
项链长约700mm 华艺国际 2020-10-15

179 青金石和钻石项链、手镯、耳夹 MELLERIO 20世纪70年代
估　价：EUR 45,000~55,000
成交价：RMB 397,170
项链长约480mm；手链长约180mm 巴黎苏富比 2020-06-11

1192 沙弗莱石配钻石项链及耳环套装
估　价：HKD 40,000~60,000
成交价：RMB 39,428
项链长430mm 香港苏富比 2020-07-31

98 珊瑚 玛瑙 钻石项链、耳环、戒指首饰
估　价：USD 8,000~12,000
成交价：RMB 81,069
项链长44.5cm 纽约佳士得 2020-02-05

68 珊瑚和钻石项链
估　价：EUR 6,000~10,000
成交价：RMB 61,782
长400mm 巴黎苏富比 2020-06-11

304 珊瑚金项链
估　价：USD 3,000~5,000
成交价：RMB 72,536
长79cm 纽约佳士得 2020-02-05

126 珊瑚和钻石胸针/项链 1970年
估　价：EUR 3,000~5,000
成交价：RMB 79,434
长约710mm 巴黎苏富比 2020-06-11

203 尚美红宝石配钻石项链 约1905年
估　价：CHF 220,000~260,000
成交价：RMB 2,186,564
长420mm 日内瓦苏富比 2020-11-11

1637 珊瑚项链两条
估　价：HKD 30,000~60,000
成交价：RMB 90,885
香港苏富比 2020-11-27

73 19世纪 天然珍珠、仿珍珠、星光红宝石及钻石项链
估　价：CHF 50,000~70,000
成交价：RMB 1,261,305
日内瓦佳士得 2020-07-22

41 19世纪 钻石项链
估　价：CHF 50,000~70,000
成交价：RMB 420,435
日内瓦佳士得 2020-07-22

85 双色金珍珠项链
估　价：USD 20,000~30,000
成交价：RMB 176,888
内周长34.29cm 纽约苏富比 2020-06-16

216 水晶和硬石长链 19世纪初及以后
估　价：GBP 3,000~5,000
成交价：RMB 81,691
伦敦苏富比 2020-04-07

527 水晶 蓝宝石和钻石项链、耳夹 BOUCHERON 1983年
估　价：CHF 70,000~90,000
成交价：RMB 730,460
项链内圈约360mm 日内瓦苏富比 2020-05-07

1203 睡美人绿松石蓝宝石钻石项链
估　价：RMB 150,000~200,000
成交价：RMB 207,000
链长42cm 永乐拍卖 2020-08-18

495 坦桑石和钻石项链
估　价：CHF 18,000~25,000
成交价：RMB 204,699
长约410mm 日内瓦苏富比 2020-07-15

414 坦桑石和钻石雪花项链 蒂芙尼
估　价：USD 10,000~15,000
成交价：RMB 211,815
长42.55cm 纽约苏富比 2020-04-30

1853 坦桑石配钻石镶铂金及金吊坠项链
估　价：HKD 240,000~350,000
成交价：RMB 426,000
项链长58.5cm；吊坠长6.7cm 佳士得 2020-11-29

1854 坦桑石配钻石项链、手链及耳环套装
估　价：HKD 480,000~650,000
成交价：RMB 511,200
项链长42.5cm；手链长20.0cm；耳环长5.2cm
佳士得 2020-11-29

1660 天然“帝王绿”翡翠配钻石项链、手链、耳坠套装
估　价：HKD 12,000,000~16,000,000
成交价：RMB 12,338,613
手链长17cm；项链长42cm；
最大粒16.33mm × 15.00mm × 6.45mm 香港苏富比 2020-10-07

1765 天然“帝王绿”翡翠配钻石项链
估　价：HKD 3,000,000~4,000,000
成交价：RMB 3,164,000
香港苏富比 2020-07-10

6078 天然缅甸红宝石配钻石项链 未经加热 宝格丽（Bulgari）
估　价：RMB 8,000,000~12,000,000
成交价：RMB 9,315,000
项链长约390mm 华艺国际 2020-10-15

1706 天然哥伦比亚祖母绿配钻石项链
估　价：HKD 5,500,000~6,500,000
成交价：RMB 5,582,200
祖母绿共重约32.37克拉 香港苏富比 2020-07-10

122 天然冰种翡翠配翡翠及钻石首饰套组
估　价：HKD 2,800,000~3,800,000
成交价：RMB 2,517,120
天成国际 2020-07-07

1666 天然翡翠雕观音配钻石项链
估　价：HKD 300,000~400,000
成交价：RMB 339,000
香港苏富比 2020-07-10

1634 天然翡翠雕观音配宝石及钻石项链
估　价：HKD 260,000~350,000
成交价：RMB 293,800
香港苏富比 2020-07-10

1671 天然翡翠雕“怀古”配钻石及蓝宝石项链
估　价：HKD 3,200,000~4,500,000
成交价：RMB 3,390,000
香港苏富比 2020-07-10

1667 天然翡翠雕“年年有余”配粉红色刚玉及钻石项链/别针
估　价：HKD 260,000~350,000
成交价：RMB 316,400
香港苏富比 2020-07-10

120 天然翡翠配钻石吊坠项链及吊耳环套装
估　价：HKD 580,000~880,000
成交价：RMB 634,752
天成国际 2020-07-07

1629 天然翡翠配钻石项链
估　价：HKD 3,500,000~4,500,000
成交价：RMB 3,861,837
长约50cm 香港苏富比 2020-10-07

1997 天然翡翠及宝石首饰套装 配珊瑚、玉髓及蓝宝石 镶金
估　价：HKD 8,000,000~12,000,000
成交价：RMB 11,868,360
156颗翡翠玉珠8.5mm至7.0mm；项链104.7cm；手链14.8cm—17.8cm及26.4cm 佳士得 2020-11-29

25 天然翡翠配天然珍珠及钻石项链
估　价：USD 250,000~350,000
成交价：RMB 10,401,334
纽约苏富比 2020-12-09

1644 天然翡翠配钻石套装
估　价：HKD 6,000,000~8,000,000
成交价：RMB 4,063,480
香港苏富比 2020-07-10

1628 天然翡翠配钻石项链、戒指、耳环套装
估　价：HKD 1,500,000~2,500,000
成交价：RMB 1,655,073
香港苏富比 2020-10-07

6054 天然翡翠配钻石吊坠项链
估　价：RMB 4,000,000~5,000,000
成交价：RMB 4,600,000
翡翠约18.8mm×24.2mm×10.5mm；
吊坠约38mm×28.5mm×21.5mm 华艺国际 2020-12-05

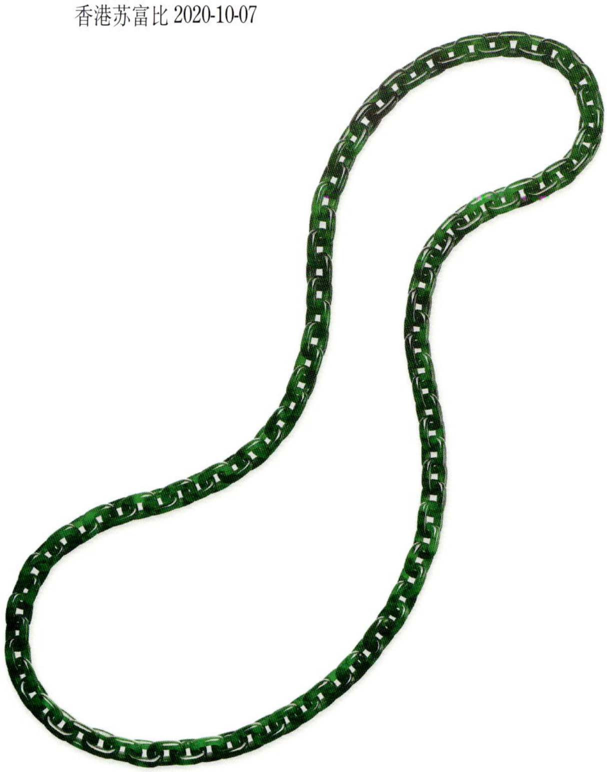

1869 天然翡翠项链
估　价：HKD 680,000~880,000
成交价：RMB 1,469,000
佳士得 2020-07-09

1889 天然翡翠玉珠配天然紫罗兰翡翠玉珠项链
估　价：HKD 6,800,000~8,800,000
成交价：RMB 6,347,400
项链长60.0cm 佳士得 2020-11-29

1658 天然翡翠珠配钻石项链 清代晚期 配蒂芙尼链扣
估　价：HKD 1,200,000~1,800,000
成交价：RMB 2,427,440
香港苏富比 2020-10-07

1884 天然翡翠玉圈配红宝石及钻石镶金吊坠项链
估　价：HKD 120,000~180,000
成交价：RMB 298,200
最大圈直径27.9mm，厚度7.1mm；
吊坠44mm 佳士得 2020-11-29

2044 天然海螺珠配钻石项链
估　价：HKD 4,800,000~8,800,000
成交价：RMB 5,165,568
保利香港 2020-07-08

160 天然珍珠、人工珍珠、钻石项链
估　价：CHF 30,000~50,000
成交价：RMB 1,306,130
日内瓦苏富比 2020-06-24

278 天然珍珠和钻石项链
估　价：EUR 150,000
成交价：RMB 3,392,714
长度约430mm 巴黎苏富比 2020-06-11

22 天然珍珠和钻石项链 20世纪30年代
估　价：EUR 20,000~30,000
成交价：RMB 397,170
长375mm 巴黎苏富比 2020-06-11

266 天然珍珠 人工珍珠 电气石和钻石项链
19世纪晚期及以后
估　价：GBP 1,800~2,200
成交价：RMB 49,015
伦敦苏富比 2020-04-07

245 天然珍珠和钻石项链 19世纪晚期
估　价：GBP 4,000~6,000
成交价：RMB 43,569
长度约410mm 伦敦苏富比 2020-04-07

138 天然珍珠和钻石项链 大约1880年
估　价：CHF 35,000~50,000
成交价：RMB 326,533
长360mm 日内瓦苏富比 2020-06-24

184 天然珍珠及钻石项链
估 价：CHF 600,000~800,000
成交价：RMB 5,045,220
日内瓦佳士得 2020-07-22

1662 稀世翠宝天然“帝王绿”43颗翡翠珠配钻石项链
成交价：RMB 55,136,699
长53.5cm 香港苏富比 2020-10-07

162 天然珍珠项链
估 价：CHF 7,000~10,000
成交价：RMB 111,954
长500mm 日内瓦苏富比 2020-06-24

164 天然珍珠钻石项链
估 价：CHF 24,000~35,000
成交价：RMB 699,713
长410mm 日内瓦苏富比 2020-06-24

181 香奈儿“茶花”钻石项链
估 价：USD 8,000~12,000
成交价：RMB 136,538
纽约佳士得 2020-02-05

248 天然珍珠钻石头饰/项链 约1900年
估 价：GBP 5,000~6,000
成交价：RMB 174,274
伦敦苏富比 2020-04-07

1984 椭圆形缅甸天然鸽血红红宝石配钻石项链
估　价：HKD 9,800,000~15,000,000
成交价：RMB 8,801,160
项链长44.3cm 佳士得 2020-11-29

131 项链和一对钻石耳环 娜妮斯
估　价：GBP 1,200~1,800
成交价：RMB 34,855
项链长950mm 伦敦苏富比 2020-04-07

1044 萧邦“Happy Diamonds”钻石项链及吊耳环套装
估　价：HKD 32,000~48,000
成交价：RMB 97,304
项链长420mm 香港苏富比 2020-05-20

137 镶有黑珍珠母和明亮切割钻石四叶形图案项链
估　价：EUR 10,000~16,000
成交价：RMB 308,910
长约860mm 巴黎苏富比 2020-06-11

236 项链 佐洛塔斯
估　价：GBP 5,000~7,000
成交价：RMB 62,136
内周长约380mm 伦敦苏富比 2020-06-04

577 养殖珍珠、蓝宝石、祖母绿和钻石项链 BENOITDEGORSKI
估　价：CHF 3,500~5,000
成交价：RMB 86,742
长度约390mm 日内瓦苏富比 2020-05-07

424 养殖珍珠和钻石项链
估　价：CHF 8,000~12,000
成交价：RMB 93,045
长约410mm 日内瓦苏富比 2020-07-15

136 养殖珍珠和钻石项链
估　价：USD 5,000~7,000
成交价：RMB 55,469
长41.5cm 纽约佳士得 2020-02-05

93 养殖珍珠钻石项链
估　价：USD 10,000~15,000
成交价：RMB 123,821
长109.22cm 纽约苏富比 2020-06-16

104 养殖珍珠钻石项链、耳夹、手镯
估　价：CHF 30,000~50,000
成交价：RMB 447,816
日内瓦苏富比 2020-06-24

66 艺术时期 钻石项链 Suzanne Belperron设计
估　价：CHF 30,000~50,000
成交价：RMB 392,406
日内瓦佳士得 2020-07-22

1123 养殖珍珠配钻石项圈
估　价：HKD 20,000~40,000
成交价：RMB 45,680
长335mm 香港苏富比 2020-06-12

114 养殖珍珠及钻石项链 VanCleef&Arpels设计
估　价：CHF 80,000~120,000
成交价：RMB 654,010
日内瓦佳士得 2020-07-22

1656 养殖珍珠配缟玛瑙及钻石项链及耳坠一对
估　价：HKD 80,000~120,000
成交价：RMB 149,693
香港苏富比 2020-11-27

139 有色钻石及钻石吊坠项链
估 价：CHF 20,000~30,000
成交价：RMB 355,034
日内瓦佳士得 2020-07-22

101 有色钻石“Rivière”项链
估 价：CHF 150,000~250,000
成交价：RMB 1,681,740
日内瓦佳士得 2020-07-22

187 有色钻石及钻石项链 Graff设计
估 价：CHF 550,000~650,000
成交价：RMB 5,134,913
日内瓦佳士得 2020-07-22

186 银和银鎏金项链 JEAN德普雷 20世纪70年代
估 价：EUR 8,000~10,000
成交价：RMB 97,086
内周长约350mm 巴黎苏富比 2020-06-11

79 硬币 红宝石和钻石项链及耳夹 宝格丽 约1989年及更早
估 价：GBP 7,000~9,000
成交价：RMB 196,058
项链长约390mm 伦敦苏富比 2020-04-07

1687 御木本珊瑚配珐琅彩项链
估 价：HKD 24,000~40,000
成交价：RMB 192,100
香港苏富比 2020-07-10

421 月光石、蓝宝石和钻石项链
估 价：USD 3,000~5,000
成交价：RMB 24,712
项链长35.56cm 纽约苏富比 2020-04-30

268 珍珠母、红宝石和钻石项圈、耳夹
江诗丹顿
估 价：GBP 6,000~8,000
成交价：RMB 124,271
项圈内周长325mm 伦敦苏富比 2020-06-04

4373 珍罕的天然翡翠配红宝石及钻石珠链
成交价：RMB 10,350,000
中国嘉德 2020-12-05

2031 珍罕卓绝缅甸天然翡翠珠配红宝石及钻石项链
成交价：RMB 21,523,200
保利香港 2020-07-08

1686 珍罕绝伦108颗天然满绿翡翠珠链
成交价：RMB 13,800,000
保利厦门 2020-09-26

2014 珍罕绝伦缅甸天然“帝王绿”翡翠蛋面配钻石项链及耳环套装
成交价：RMB 46,575,000
北京保利 2020-12-05

157 珍珠项链和耳环
估　价：USD 4,000~6,000
成交价：RMB 128,004
项链长32.5cm 纽约佳士得 2020-02-05

1295 紫罗兰翡翠套装
估　价：RMB 9,000,000~15,000,000
成交价：RMB 11,040,000
永乐拍卖 2020-08-18

150 紫水晶和粉红蓝宝石项链
估　价：GBP 2,400~3,000
成交价：RMB 38,122
长700mm 伦敦苏富比 2020-04-07

1926 紫水晶及电气石“Caressed Orchidées”套装
估　价：HKD 250,000~350,000
成交价：RMB 339,000
项链长37.5cm 佳士得 2020-07-09

1685 紫水晶项链
估　价：HKD 100,000~150,000
成交价：RMB 180,800
香港苏富比 2020-07-10

224 紫水晶项链 19世纪末
估　价：GBP 3,000~6,000
成交价：RMB 48,821
长度约410mm 伦敦苏富比 2020-06-04

153 祖母绿 碧玺钻石项链 MELLERIO 1986年
估　价：EUR 6,000~12,000
成交价：RMB 105,912
内圆周约390mm 巴黎苏富比 2020-06-11

175 祖母绿和钻石项链 手镯和耳环套装 梵克雅宝
估　价：CHF 200,000~250,000
成交价：RMB 4,686,449
日内瓦佳士得 2020-07-22

267 祖母绿和钻石项链 梵克雅宝
估　价：EUR 200,000~300,000
成交价：RMB 5,002,577
长420mm 巴黎苏富比 2020-06-11

64 祖母绿和钻石项链 格拉夫
估　价：EUR 12,000~16,000
成交价：RMB 686,275
长约460mm 巴黎苏富比 2020-05-27

58 祖母绿和钻石项链 格拉夫
估　价：EUR 9,500~11,000
成交价：RMB 686,275
长度约420mm 巴黎苏富比 2020-05-27

1010 祖母绿配钻石吊坠项链 格拉夫(Graff)
估　价：HKD 55,000~100,000
成交价：RMB 170,656
长405mm 香港苏富比 2020-04-15

1871 祖母绿项链
估　价：HKD 400,000~600,000
成交价：RMB 926,600
佳士得 2020-07-09

187 祖母绿和钻石项链、手链
20世纪60年代
估　价：GBP 12,000~18,000
成交价：RMB 185,166
项链长约385mm；
手链长约177mm
伦敦苏富比 2020-04-07

152 祖母绿钻石项链、耳夹 梅莱里奥 1979年
估　价：EUR 20,000~40,000
成交价：RMB 282,432
巴黎苏富比 2020-06-11

163 祖母绿钻石项链
估　价：CHF 24,000~35,000
成交价：RMB 261,226
长410mm 日内瓦苏富比 2020-06-24

108 祖母绿及钻石项链
估　价：CHF 130,000~200,000
成交价：RMB 1,214,590
日内瓦佳士得 2020-07-22

208 祖母绿配红宝石、蓝宝石及钻石项链 大卫·韦伯 20世纪70年代
估　价：USD 75,000~100,000
成交价：RMB 2,139,031
长38.1cm 纽约苏富比 2020-12-09

182 祖母绿配钻石项链
估　价：CHF 60,000~80,000
成交价：RMB 1,093,282
日内瓦苏富比 2020-11-11

176 祖母绿配钻石首饰套装 约1770年
估　价：CHF 642,000~920,000
成交价：RMB 7,143,932
日内瓦苏富比 2020-11-11

78 祖母绿及钻石项链、手链、腕表、戒指及耳环套装
估　价：CHF 120,000~180,000
成交价：RMB 934,300
日内瓦佳士得 2020-07-22

174 祖母绿及钻石项链 Pederzani设计
估　价：CHF 220,000~300,000
成交价：RMB 2,616,040
日内瓦佳士得 2020-07-22

165 祖母绿及钻石项链 Van Cleef&Arpels设计
估　价：CHF 40,000~60,000
成交价：RMB 420,435
日内瓦佳士得 2020-07-22

84 钻石 海蓝宝石和电气石项链
估　价：USD 2,000~3,000
成交价：RMB 25,601
长42.5cm 纽约佳士得 2020-02-05

1784 钻石项链（梵克雅宝）及24.27克拉哥伦比亚祖母绿配钻石吊坠/别针
估　价：HKD 5,000,000~6,500,000
成交价：RMB 5,039,800
香港苏富比 2020-07-10

116 钻石 人造蓝宝石和人造红宝石项链及耳环套件
估　价：CHF 20,000~25,000
成交价：RMB 177,517
日内瓦佳士得 2020-07-22

416 钻石“玫瑰”吊坠项链 格拉夫
估　价：USD 15,000~20,000
成交价：RMB 308,897
长40.64cm 纽约苏富比 2020-04-30

98 钻石吊坠项链
估　价：USD 8,000~12,000
成交价：RMB 68,269
项链长38.5cm 纽约佳士得 2020-06-30

46 钻石和缟玛瑙吊坠项链
估　价：USD 3,000~5,000
成交价：RMB 34,135
项链长18.5cm 纽约佳士得 2020-02-05

19 钻石吊坠项链
估　价：HKD 180,000~280,000
成交价：RMB 196,992
天成国际 2020-07-07

38 钻石白金项链
估　价：USD 10,000~15,000
成交价：RMB 102,404
长度40.6cm 纽约佳士得 2020-02-05

35 钻石项链
估　价：USD 10,000~15,000
成交价：RMB 136,538
长39.0cm 纽约佳士得 2020-02-05

152 钻石和蓝宝石项链 格拉夫
估　价：USD 70,000~100,000
成交价：RMB 597,354
长38.1cm 纽约佳士得 2020-06-30

147 钻石项链 格拉夫
估　价：USD 250,000~350,000
成交价：RMB 1,877,398
长度39.0cm 纽约佳士得 2020-06-30

1875 钻石首饰套装
估　价：HKD 680,000~880,000
成交价：RMB 1,491,000
项链长42.0cm；耳环长3.4cm 佳士得 2020-11-29

103 钻石项链 格拉夫
估　价：EUR 110,000~140,000
成交价：RMB 980,392
长度约390mm 巴黎苏富比 2020-05-27

197 钻石项链 19世纪
估 价：CHF 190,000~240,000
成交价：RMB 2,733,205
长410mm 日内瓦苏富比 2020-11-11

1110 钻石项链及吊耳环套装（钻石共约39.73克拉）
估 价：HKD 300,000~500,000
成交价：RMB 548,160
项链长410mm 香港苏富比 2020-06-12

311 钻石项链 格拉夫
估 价：GBP 120,000~140,000
成交价：RMB 976,415
伦敦苏富比 2020-06-04

274 钻石项圈、戒指 梵克雅宝
估 价：GBP 4,000~7,000
成交价：RMB 66,574
项圈内周长约390mm 伦敦苏富比 2020-06-04

扣 饰

1040 布切拉蒂18K金袖扣一对及卡地亚袖扣一对
估 价：HKD 12,000~24,000
成交价：RMB 21,750
香港苏富比 2020-05-20

453 梵克雅宝红宝石金色的袖扣
估 价：CHF 3,000~4,000
成交价：RMB 29,774
日内瓦苏富比 2020-07-15

42 红宝石和钻石一对袖扣和四个礼服饰钉
估　价：GBP 4,000~5,000
成交价：RMB 32,676
伦敦苏富比 2020-04-07

206 蓝宝石和钻石连衣裙一对袖扣和三个按扣套装
估　价：EUR 4,500~5,500
成交价：RMB 37,069
巴黎苏富比 2020-06-11

1723 亚历山大变色石配钻石袖扣两对
估　价：HKD 90,000~120,000
成交价：RMB 90,400
香港苏富比 2020-07-10

82 蓝宝石袖扣一对 卡地亚 20世纪50年代
估　价：GBP 3,000~5,000
成交价：RMB 59,907
伦敦苏富比 2020-04-07

1016 马首形钻石配钻石袖扣一对
估　价：HKD 12,000~18,000
成交价：RMB 25,030
香港苏富比 2020-04-15

122 卡地亚艺术装饰缟玛瑙钻石袖扣
估　价：USD 3,000~5,000
成交价：RMB 27,308
纽约佳士得 2020-06-30

1157 养殖珍珠及18K金袖扣一对
估　价：HKD 15,000~24,000
成交价：RMB 12,562
香港苏富比 2020-06-12

裸　石

204 14.83克拉自然颜色 内部无瑕疵 IIa型紫粉色钻石
估　价：CHF 21,050,000~34,775,000
成交价：RMB 176,378,465
日内瓦苏富比 2020-11-11

6561 33.25克拉D色Type IIa全美钻石 净度无瑕
成交价：RMB 35,420,000
北京保利 2020-10-19

2023 10.01克拉全美D色Type IIa钻石 净度无瑕
估　价：HKD 6,500,000~9,500,000
成交价：RMB 6,995,040
保利香港 2020-07-08

1143 5.01克拉椭圆形H色内部无瑕(IF)钻石
估　价：HKD 600,000~800,000
成交价：RMB 685,200
香港苏富比 2020-06-12

1 102.39克拉椭圆形D色内外无瑕Type IIa全美钻石
成交价：RMB 106,451,843
香港苏富比 2020-10-05

1115 3.04及3.02克拉圆形H色VS1净度钻石一对
估　价：HKD 480,000~650,000
成交价：RMB 513,900
香港苏富比 2020-06-12

1058 5.32克拉椭圆形D颜色 无瑕 极佳抛光和对称性IIa型钻石
估 价：HKD 1,200,000~1,600,000
成交价：RMB 2,175,025
香港苏富比 2020-05-20

178 未镶嵌有色钻石
估 价：CHF 2,500,000~3,500,000
成交价：RMB 18,050,676
日内瓦佳士得 2020-07-22

120 未镶嵌祖母绿
估 价：CHF 100,000~200,000
成交价：RMB 2,242,320
日内瓦佳士得 2020-07-22

179 未镶嵌钻石
估 价：CHF 3,500,000~4,500,000
成交价：RMB 41,927,647
日内瓦佳士得 2020-07-22

156 绿宝石和钻石头饰 约1910年
估 价：CHF 30,000~50,000
成交价：RMB 279,885
内周长约300mm 日内瓦苏富比 2020-06-24

147 绿松石和钻石头饰 约1830年
估 价：CHF 24,000~35,000
成交价：RMB 261,226
日内瓦苏富比 2020-06-24

其他佩饰件

1656 卡地亚钻石冠冕
估 价：HKD 1,300,000~1,700,000
成交价：RMB 2,427,440
头饰内圈约38cm 香港苏富比 2020-10-07

4539 清 翡翠扳指
估　价：RMB 28,000~35,000
成交价：RMB 32,200
高2.9cm；外径3.7cm 西泠印社 2020-08-09

1668 天然翡翠雕龙带扣 清朝
估　价：HKD 150,000~260,000
成交价：RMB 169,500
香港苏富比 2020-07-10

127 钻石头冠 Mouawad
估　价：CHF 80,000~120,000
成交价：RMB 911,068
内周长450mm 日内瓦苏富比 2020-11-11

1719 钻石头饰
估　价：HKD 120,000~200,000
成交价：RMB 248,600
香港苏富比 2020-07-10

70 19世纪 天然珍珠及钻石皇冠
估　价：CHF 90,000~130,000
成交价：RMB 934,300
日内瓦佳士得 2020-07-22

142 钻石头饰 约1890年
估　价：CHF 60,000~80,000
成交价：RMB 559,770
日内瓦苏富比 2020-06-24

242 钻石胸饰/头饰 19世纪晚期
估　价：GBP 3,000~5,000
成交价：RMB 108,921
伦敦苏富比 2020-04-07

256 钻石头饰 约1790年
估　价：GBP 20,000~30,000
成交价：RMB 304,980
内周长约450mm 伦敦苏富比 2020-04-07

陈设件

3773 清 翡翠浮雕葡萄海水云纹如意摆件
估　价：RMB 58,000~85,000
成交价：RMB 172,500
长38cm 西泠印社 2020-08-09

4441 翡翠雕虎踞猿林山子摆件
估　价：RMB 1,800,000~3,000,000
成交价：RMB 6,325,000
带座高28.5cm；高23.5cm 西泠印社 2020-08-09

951 清 翡翠雕“持莲观音”立像
估　价：RMB 400,000~500,000
成交价：RMB 460,000
高48cm 保利厦门 2020-09-26

1213 翡翠摆件“老子出关”
估　价：RMB 180,000~250,000
成交价：RMB 170,200
103.70mm × 100.20mm × 49.45mm；863g
永乐拍卖 2020-08-18

4439 清 翡翠浮雕山水瑞兽刻诗文插屏（一对）
估　价：RMB 30,000~60,000
成交价：RMB 230,000
屏心直径14.7cm × 2 西泠印社 2020-08-09

2293 清 粉碧玺三多摆件
估　价：RMB 60,000~80,000
成交价：RMB 69,000
长8.8cm 北京翰海 2020-12-12

2292 清 粉碧玺竹林七贤山子
估　价：RMB 60,000~80,000
成交价：RMB 69,000
高6.5cm 北京翰海 2020-12-12

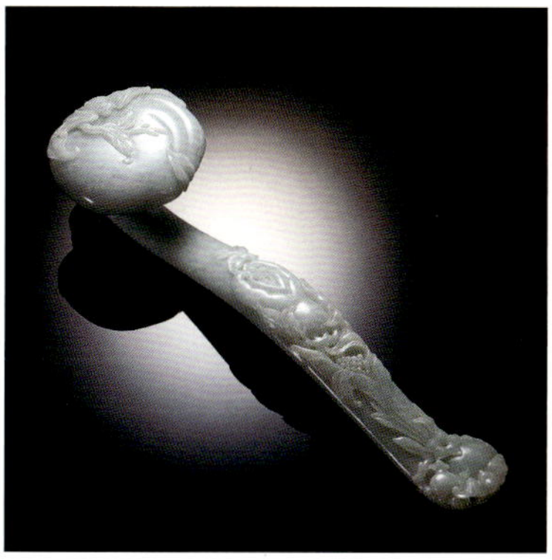

979 清 翡翠雕福寿纹如意
估　价：RMB 200,000~350,000
成交价：RMB 230,000
高38cm 永乐拍卖 2020-12-02

901 清乾隆/嘉庆 翡翠雕四臂观音随身佛
估　价：RMB 10,000~20,000
成交价：RMB 356,500
高3cm 保利厦门 2020-09-26

674 清中期 翡翠鹿摆件
估　价：RMB 120,000~220,000
成交价：RMB 218,500
高10cm 保利厦门 2020-09-26

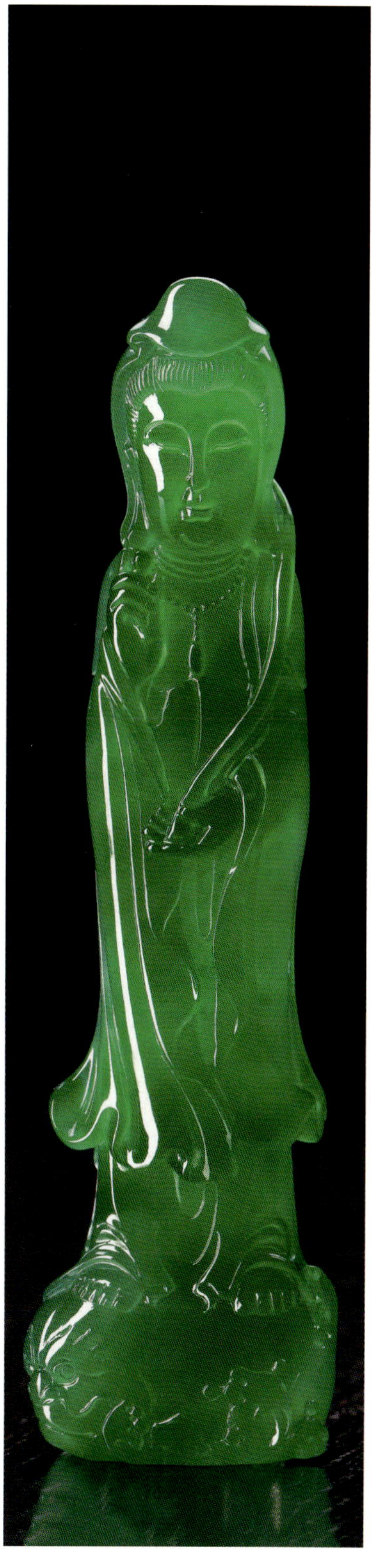

1766 天然翡翠雕“观音”
估　价：HKD 1,600,000~2,200,000
成交价：RMB 1,808,000
香港苏富比 2020-07-10

4289 清 紫罗兰翡翠白菜
估　价：RMB 250,000~300,000
成交价：RMB 322,000
172mm×101mm×66mm 西泠印社 2020-08-09

28 天然翡翠“童子拜观音”摆件
估　价：HKD 38,000~58,000
成交价：RMB 56,909
天成国际 2020-07-07

1669 天然翡翠雕“碧瑶佛手”
估　价：HKD 380,000~580,000
成交价：RMB 429,400
香港苏富比 2020-07-10

生活器皿

4268 清 翡翠雕六耳活环带链盖瓶
估　价：RMB 150,000~200,000
成交价：RMB 218,500
242mm×96mm×36mm 西泠印社 2020-08-09

64 19/20世纪 翠玉镂雕螭龙纹双兽耳盖炉
估　价：GBP 15,000~25,000
成交价：RMB 163,050
宽21.6cm 伦敦佳士得 2020-11-03

3077 翠玉仿古鸟形尊
估　价：HKD 400,000~600,000
成交价：RMB 426,000
总高28cm 佳士得 2020-11-30

4266 清 翡翠盖碗
估　价：RMB 50,000~70,000
成交价：RMB 74,750
110mm×110mm×77mm 西泠印社 2020-08-09

4434 清 翡翠花卉耳鸣虫纹盖炉
估　价：RMB 50,000~60,000
成交价：RMB 97,750
口径12.2cm 西泠印社 2020-08-09

2860 清乾隆 翡翠兽面龙凤纹觚
估　价：RMB 10,000~20,000
成交价：RMB 138,000
高19.5cm 中国嘉德 2020-12-03

1304 清 翡翠如意耳壁瓶
估　价：RMB 500,000~600,000
成交价：RMB 632,500
高18.7cm 中贸圣佳 2020-10-16

2517 清 翡翠岁岁平安盖瓶
估　价：RMB 40,000~60,000
成交价：RMB 109,250
长8.4cm 中国嘉德 2020-08-18

675 清中期 翡翠雕“安居乐业图”盖瓶
估　价：RMB 100,000~200,000
成交价：RMB 241,500
高17cm 保利厦门 2020-09-26

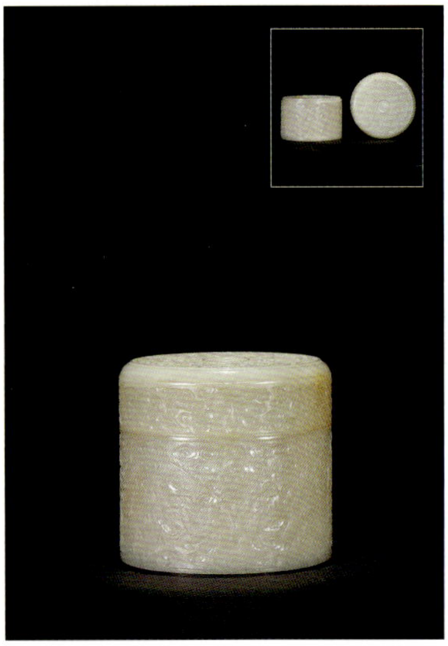

3786 清中期 翡翠浮雕九龙戏珠纹圆形盖罐
估　价：RMB 20,000~30,000
成交价：RMB 92,000
高9.5cm；直径10.5cm 西泠印社 2020-08-09

其他物品

5 宝石"Around the World"座钟及音乐盒 Graff设计
估　价：CHF 20,000~30,000
成交价：RMB 373,720
日内瓦佳士得 2020-07-22

1211 珐琅彩配钻石粉盒
估　价：HKD 30,000~50,000
成交价：RMB 33,795
香港苏富比 2020-07-31

189 黄金及宝石盒子 Verdura设计
估　价：CHF 10,000~15,000
成交价：RMB 112,116
日内瓦佳士得 2020-07-22

118 黄金和红宝石"核桃"药盒 蒂芙尼
估　价：USD 1,500~2,500
成交价：RMB 42,668
纽约佳士得 2020-06-30

114 金盒
估　价：USD 3,000~5,000
成交价：RMB 51,202
9.5cm × 5.3cm × 1.8cm 纽约佳士得 2020-06-30

1176 卡地亚珐琅彩 红宝石配蓝宝石及钻石粉盒
估　价：HKD 50,000~80,000
成交价：RMB 39,428
香港苏富比 2020-07-31

87 两个珐琅和蓝宝石香烟盒 20世纪40年代
估　价：GBP 4,000~5,000
成交价：RMB 65,353
85mm × 68mm × 8mm，85mm × 54mm × 8mm 伦敦苏富比 2020-04-07

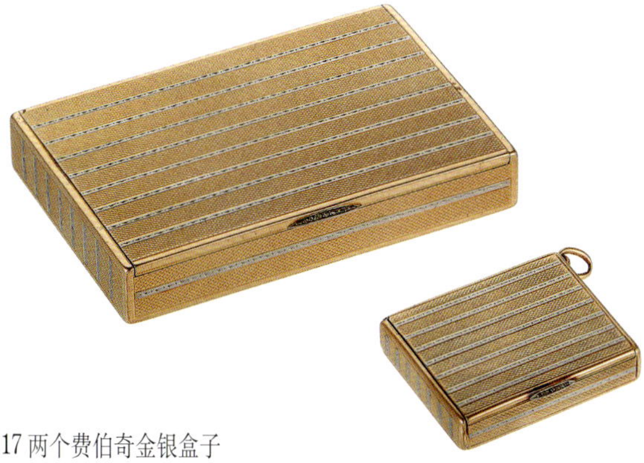

117 两个费伯奇金银盒子
估　价：USD 5,000~7,000
成交价：RMB 110,937
纽约佳士得 2020-06-30

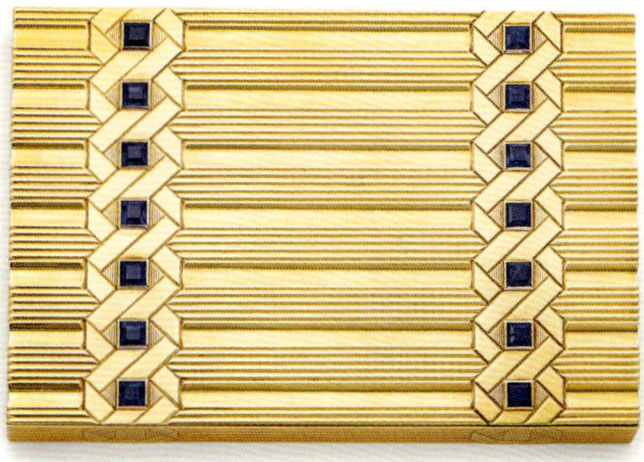

148 艺术时期 蓝宝石及黄金烟盒 VanCleef&Arpels设计
估　价：CHF 7,500~10,000
成交价：RMB 93,430
日内瓦佳士得 2020-07-22

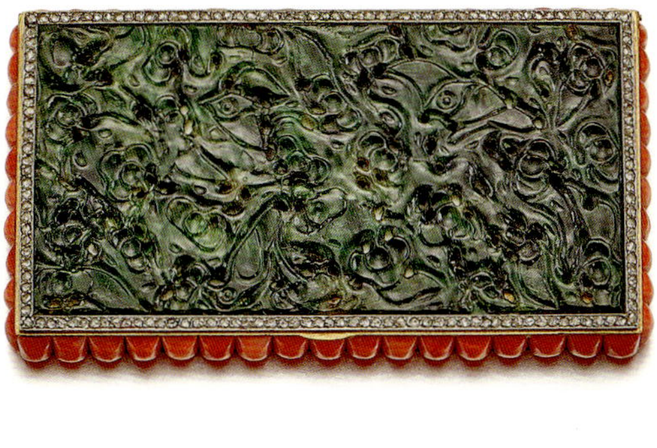

1213 玉石配珊瑚及钻石粉盒
估　价：HKD 30,000~50,000
成交价：RMB 61,958
香港苏富比 2020-07-31

1608 梵克雅宝“Alhambra”珍珠母配缟玛瑙女士腕表
估　价：HKD 40,000~65,000
成交价：RMB 271,200
香港苏富比 2020-07-10

1074 爱彼125周年特制 宝石配钻石腕表套装
估　价：HKD 600,000~1,000,000
成交价：RMB 686,850
香港苏富比 2020-05-20

132 爱彼的皇家橡木白金钻石手表
估　价：USD 10,000~15,000
成交价：RMB 93,870
长16.5cm 纽约佳士得 2020-06-30

135 格拉夫“蝴蝶”粉蓝宝石和钻石手表
估　价：USD 50,000~70,000
成交价：RMB 1,024,035
纽约佳士得 2020-06-30

133 格拉夫“经典蝴蝶”钻石和蓝宝石手表
估　价：USD 30,000~50,000
成交价：RMB 221,874
纽约佳士得 2020-06-30

134 格拉夫“LADY GRAFF”钻石手表
估　价：USD 100,000~150,000
成交价：RMB 1,194,708
长16.9cm 纽约佳士得 2020-06-30

1020 罕有并可能独一无二手动上链钻石腕表
萧邦(Chopard)
估　价：HKD 500,000~800,000
成交价：RMB 682,625
香港苏富比 2020-04-15

72 格拉夫牡丹女式钻石手表
估　价：CHF 100,000~200,000
成交价：RMB 793,008
内周长约158mm 日内瓦苏富比 2020-06-24

130 劳力士红宝石 钻石 珐琅和黄金手表
估　价：USD 15,000~20,000
成交价：RMB 128,004
纽约佳士得 2020-06-30

1086 梦宝星钻石腕表 1929年制
估　价：HKD 180,000~280,000
成交价：RMB 206,055
长度约185mm 香港苏富比 2020-05-20

129 卡地亚钻石、珍珠和黄金“TORTUE”腕表
估　价：USD 4,500~5,500
成交价：RMB 128,004
纽约佳士得 2020-06-30

245 女士钻石腕表 卡地亚
估　价：GBP 8,000~10,000
成交价：RMB 177,530
内圆周约180mm 伦敦苏富比 2020-06-04

126 皮亚杰的“风头女神”钻石表
估　价：USD 7,000~10,000
成交价：RMB 93,870
外壳27.0mm 纽约佳士得 2020-02-05

545 水晶和钻石翻领手表 卡地亚 1930年
估　价：CHF 6,000~8,000
成交价：RMB 109,569
日内瓦苏富比 2020-05-07

37 宝格丽的“MELONE”金饰晚装包 1970年
估　价：EUR 8,000~12,000
成交价：RMB 167,694
190mm×95mm×50mm 巴黎苏富比 2020-06-11

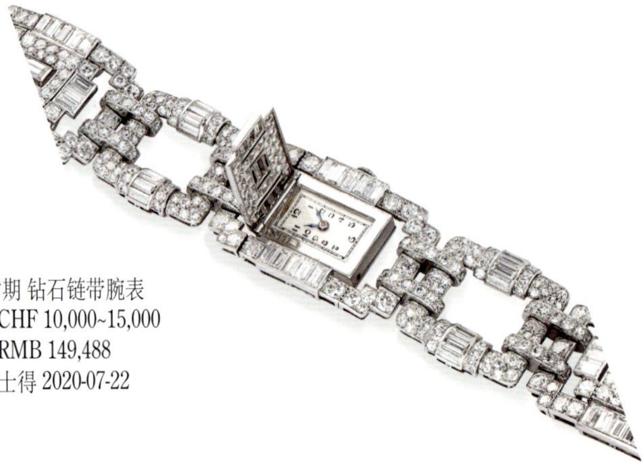

69 艺术时期 钻石链带腕表
估　价：CHF 10,000~15,000
成交价：RMB 149,488
日内瓦佳士得 2020-07-22

384 宝格丽两色金和钻石“MELONE”手袋
估　价：USD 10,000~15,000
成交价：RMB 141,210
纽约苏富比 2020-04-30

400 金色晚装包 ANNDRANEEN
估　价：USD 20,000~30,000
成交价：RMB 176,513
19.05cm×11.43cm 纽约苏富比 2020-04-30

60 女士手提包 20世纪60年代
估　价：GBP 7,000~9,000
成交价：RMB 119,813
180mm×80mm×35mm 伦敦苏富比 2020-04-07

215 珐琅 珊瑚 翡翠和钻石手包 卡地亚
20世纪30年代
估　价：EUR 10,000~15,000
成交价：RMB 97,086
220mm×150mm×20mm 巴黎苏富比 2020-06-11

2020翡翠珠宝拍卖成交汇总

拍品名称	物品尺寸	成交价RMB	拍卖公司	拍卖日期
佩饰件				
挂 件				
“别有天地非人间”翡翠牌	高57.5mm	471,500	西泠印社	2020-08-07
“春彩无事”金镶翡翠牌吊坠	54mm×33mm	805,000	西泠印社	2020-08-07
“佛照神龙”金镶翡翠龙石种翡翠吊坠	50.8mm×42.8mm×16.2mm	5,577,500	西泠印社	2020-08-07
“福豆”金镶玻璃种翡翠吊坠	50.8mm×42.8mm×16.2mm	23,000	西泠印社	2020-08-07
“金融大鳄”翡翠牌	71.8mm×31.8mm×12.8mm	299,000	西泠印社	2020-08-07
“生命钥匙”金镶翡翠吊坠	51.5mm×10mm	402,500	西泠印社	2020-08-07
“西湖的水”金镶冰种翡翠平安扣吊坠	直径约54mm	149,500	西泠印社	2020-08-07
“一片倾城”金镶翡翠满绿吊坠	45mm×19mm	184,000	西泠印社	2020-08-07
“如花在野”16mm澳白珍珠吊坠	珍珠直径16mm	28,750	永乐拍卖	2020-12-04
102.41克拉的梨形淡棕色VVS2净度钻石吊坠		8,456,304	日内瓦苏富比	2020-11-11
11.00克拉蓝宝石和钻石吊坠		108,921	伦敦苏富比	2020-04-07
珍珠蓝宝石钻石吊坠	13mm	28,750	西泠印社	2020-08-07
17.45克拉红宝石和钻石吊坠 大卫・韦伯		54,461	伦敦苏富比	2020-04-07
大溪地黑珍珠吊坠	17mm	28,175	西泠印社	2020-08-07
18K金澳白海珠挂坠		5,040	上海联合	2020-11-29
18K金大树设计翡翠白冰福瓜挂件		13,440	上海联合	2020-11-29
18K金大树设计翡翠晴水布袋佛挂件		22,400	上海联合	2020-11-29
18K金翡翠白冰葫芦挂件		4,480	上海联合	2020-11-29
18K金翡翠冰种飘花叶子吊坠		39,200	上海联合	2020-11-29
18K金翡翠呱呱来财满绿挂件		31,360	上海联合	2020-11-29
18K金翡翠满绿佛公吊坠		168,000	上海联合	2020-11-29
18K金翡翠满绿福豆挂件		123,200	上海联合	2020-11-29
18K金翡翠满绿福瓜挂件		244,160	上海联合	2020-11-29
18K金翡翠满绿弥勒佛挂件		716,800	上海联合	2020-11-29
18K金翡翠满绿如意挂件		184,800	上海联合	2020-11-29
18K金红碧玺花式吊坠		36,960	上海联合	2020-11-29
18K金镶绿松石珍珠吊坠	长25cm；坠长2.3cm	5,750	中国嘉德	2020-07-15
18K金镶钻翡翠荷叶吊坠	长3.7cm；翡翠长1.8cm	9,200	中国嘉德	2020-07-15
18K金马贝珍珠挂坠		10,640	上海联合	2020-11-29
18K金沙弗莱钥匙挂坠		26,880	上海联合	2020-11-29
18K金水滴形素面祖母绿花式吊坠		7,840	上海联合	2020-11-29
18K金无烧鸽血红红宝石花式吊坠		12,320	上海联合	2020-11-29
19.19克拉无烧皇家蓝色蓝宝石钻戒/吊坠两用款	主石13.73mm×13.54mm×11.07mm	1,380,000	永乐拍卖	2020-08-18
19世纪 印度珐琅 玻璃 种子珍珠吊坠 普拉塔加		17,427	伦敦苏富比	2020-04-07
2.02克拉浓彩黄色钻石吊坠	主石6.88mm×6.68mm×4.77mm	143,750	永乐拍卖	2020-12-04
2.27克拉哥伦比亚微油祖母绿吊坠	19.5mm×14mm	82,800	西泠印社	2020-08-07
23.00克拉坦桑石钻石吊坠	长约550mm	57,697	伦敦苏富比	2020-06-04
24.97克拉祖母绿吊坠		139,943	日内瓦苏富比	2020-06-24
27.93克拉红色碧玺配钻石及彩色宝石挂坠		48,300	北京保利	2020-10-19
9.10克拉钻石吊坠		337,307	伦敦苏富比	2020-06-04
9.49克拉圆形钻石吊坠		418,100	香港苏富比	2020-07-10
CHOPARD “HAPPY AMORE”钻石吊坠	3.6cm×3.8cm	27,429	佳士得	2020-04-28
GRAFF 祖母绿及钻石吊坠	1.5cm×0.9cm	27,429	佳士得	2020-04-28
K金配蓝色托帕石及钻石吊坠两枚 Wallace Chan		65,664	天成国际	2020-07-07
LOUIS VUITTON 钻石吊坠		45,715	佳士得	2020-04-28
爱德华时期 卷叶纹饰钻石吊坠	3.5×3.3cm；重量8.6g	25,300	西泠印社	2020-08-10
白金、钻石和蓝宝石吊坠/耳夹一对 布切拉蒂		132,384	纽约苏富比	2020-04-30
玻璃种翡翠观音吊坠	长4.8cm	2,214,279	哈布斯堡	2020-08-22
橙色托帕石配钻石吊坠 Wallace Chan		43,776	天成国际	2020-07-07
蒂芙尼“钥匙”彩色钻石和钻石吊坠	长5.6cm	51,202	纽约佳士得	2020-02-05
蒂芙尼设计钻石“花瓣钥匙”链坠		32,200	北京保利	2020-10-19
点金枫叶吊坠	40mm×25mm	11,500	华艺国际	2020-10-15
吊坠“压缩”CéSAR		381,224	伦敦苏富比	2020-04-07
梵克雅宝珊瑚 玛瑙和钻石吊坠		148,872	日内瓦苏富比	2020-07-15
翡翠、钻石及宝石吊坠 附证书	4.0cm×2.5cm×1.3cm	25,143	佳士得	2020-04-28
翡翠螭龙佩两件	长6.5cm；长6.3cm	17,250	中国嘉德	2020-07-15
翡翠大吉葫芦牌		4,600	中国嘉德	2020-11-11
翡翠吊坠 格拉夫		182,615	日内瓦苏富比	2020-05-07
翡翠吊坠“财源广进”	63.50mm×42.38mm×22.09mm；69.95g	230,000	永乐拍卖	2020-08-18
翡翠福豆吊坠	57.7mm×18.8mm×21.2mm；29.93g	1,023,500	永乐拍卖	2020-08-18
翡翠挂件	长5.5cm	2,260	钜鑫缘	2020-06-14
翡翠挂件（一组）	尺寸不一	3,390	钜鑫缘	2020-06-14
翡翠花仙子挂件		11,200	上海联合	2020-11-29
翡翠及钻石吊坠 附证书	5.2cm×2.3cm	97,144	佳士得	2020-04-28
翡翠节节高	直径8.3cm	195,615	东京国立拍卖	2020-01-10
翡翠连年有余佩	长5.5cm	1,150	北京钜鑫缘	2020-10-13
翡翠龙马精神挂件		20,160	上海联合	2020-11-29
翡翠牌两件	长5.6cm；长5.4cm	5,750	中国嘉德	2020-07-15
翡翠貔貅	长4cm	1,150	北京钜鑫缘	2020-10-13
翡翠平安扣（一对）	直径3.2cm	8,050	中国嘉德	2020-07-15
翡翠兔、大吉佩各一件	长6.2cm；长4.8cm	3,450	中国嘉德	2020-07-15
翡翠玉兰吊坠	42.09mm×19.00mm×14.95mm；19.37g	92,000	永乐拍卖	2020-08-18
粉红碧玺 海蓝宝石和钻石戒指/吊坠 詹姆斯・甘		19,528	伦敦苏富比	2020-06-04
弗雷德金钻石吊坠/耳夹		88,444	纽约苏富比	2020-06-16
高冰飘花佛牌		761,375	库恩国际	2020-01-08
高冰飘花佛牌		1,612,323	库恩国际	2020-01-08
高冰飘花平安扣吊坠		492,654	库恩国际	2020-01-08
高冰阳绿蛋面吊坠		3,582,940	库恩国际	2020-01-08

拍品名称	物品尺寸	成交价RMB	拍卖公司	拍卖日期
观音翡翠牌吊坠		2,070,000	西泠印社	2020-08-07
海蓝宝石和钻石吊坠	重量约20.00克拉	81,069	纽约佳士得	2020-06-30
海蓝宝石和钻石吊坠	33mm×24mm	52,956	巴黎苏富比	2020-06-11
和田籽料观音	78mm×34mm×10mm；62g	43,700	永乐拍卖	2020-08-18
红宝石和钻石吊坠		146,092	日内瓦苏富比	2020-05-07
红宝石和钻石吊坠 卡地亚		35,506	伦敦苏富比	2020-06-04
猴子祝寿翡翠玉佩	直径6.2cm；重35g	34,500	深圳世浩	2020-07-30
虎眼石英挂件	珠粒直径3.8cm	8,534	纽约佳士得	2020-02-05
火欧泊 宝石与钻石吊坠 20世纪20年代	50mm×26mm	24,713	巴黎苏富比	2020-06-11
吉庆有鱼翡翠玉佩	直径5.6cm；重24g	57,500	深圳世浩	2020-07-30
简·德斯佩斯（JEANDESPRÉS）的珊瑚和金吊坠 20世纪40年代	53mm×20mm	16,769	巴黎苏富比	2020-06-11
金和珐琅吊坠 法贝热	40mm×20mm×18mm	31,373	巴黎苏富比	2020-05-27
金和孔雀石吊坠 古驰		48,541	纽约苏富比	2020-04-30
金色吊坠/耳夹一对 大卫·韦伯		70,605	纽约苏富比	2020-04-30
金镶冰种蛋面翡翠套组	蛋面19mm×16mm	575,000	西泠印社	2020-08-07
金镶冰种翡翠平安扣吊坠		21,850	西泠印社	2020-08-07
金镶冰种翡翠鱼儿吊坠	23mm×25mm	57,500	西泠印社	2020-08-07
金镶冰种平安扣吊坠	直径32mm	82,800	西泠印社	2020-08-07
金镶帝王绿玻璃种翡翠三元豆吊坠	翡翠35mm×16.5mm	644,000	西泠印社	2020-08-07
金镶翡翠牌吊坠		23,000	西泠印社	2020-08-07
金镶翡翠企鹅吊坠		46,000	西泠印社	2020-08-07
金镶翡翠兔子吊坠		63,250	西泠印社	2020-08-07
金镶翡翠鹦鹉吊坠		55,200	西泠印社	2020-08-07
金镶墨翠吊坠	吊坠44mm×73mm	25,300	西泠印社	2020-08-07
金镶木那翡翠福瓜挂坠	翡翠53mm×30mm×16.5mm	690,000	西泠印社	2020-08-07
金镶正阳绿翡翠葫芦两用款吊坠	翡翠18mm×12mm	149,500	西泠印社	2020-08-07
金镶正阳绿平安无事翡翠牌	翡翠35mm×14.75mm	230,000	西泠印社	2020-08-07
聚翠福意缅甸天然翡翠配碧玺挂坠	挂坠长5.4cm	376,656	保利香港	2020-07-08
卡地亚"迟钝"的魅力挂件	长2.0cm	34,135	纽约佳士得	2020-02-05
卡地亚18K金配蓝宝石手表吊饰		8,013	香港苏富比	2020-05-20
卡地亚黄水晶戒指及钻石吊坠	戒指大小5¼	12,392	香港苏富比	2020-07-31
卡地亚玛瑙、珐琅和钻石吊坠		265,331	纽约苏富比	2020-06-16
蓝宝石吊坠		19,608	巴黎苏富比	2020-05-27
老坑玻璃种翡翠扁豆佩	长6.8cm	2,039,468	哈布斯堡	2020-08-22
梨形电气石配钻石镶铂金吊坠 蒂芙尼	长4.2cm	404,700	佳士得	2020-11-29
罗素巴洛克文化珍珠和钻石十字架吊坠	长10.5cm；宽8.0cm	55,469	纽约佳士得	2020-02-05
绿宝石和钻石吊坠 卡地亚 1925年		2,239,080	日内瓦苏富比	2020-06-24
玛瑙 金和银吊坠及银链 20世纪70年代	吊坠长约81mm×36mm；链长约730mm	19,417	巴黎苏富比	2020-06-11
玛瑙和银吊坠 让·德斯佩	54mm×46mm	8,826	巴黎苏富比	2020-06-11
缅甸天然冰种翡翠"福贝"配钻石挂坠		17,250	北京保利	2020-10-19
缅甸天然翡翠平安环吊坠	长42.95mm	129,139	保利香港	2020-07-08
缅甸天然满绿翡翠"佛公"配钻石挂坠		103,500	北京保利	2020-10-19
缅甸天然满绿翡翠"佛公"配钻石挂坠		19,550	北京保利	2020-10-19
缅甸天然满绿翡翠"福豆"配钻石挂坠		24,150	北京保利	2020-10-19
民国 翡翠仕女纹牌	5cm×3.3cm×0.5cm	11,500	广东崇正	2020-09-13
墨翠佛像吊坠	墨翠长64.5mm	299,000	西泠印社	2020-08-07
墨翠萌猫小挂坠		4,480	上海联合	2020-11-29
木那高冰翡翠挂坠	50mm×39mm	218,500	西泠印社	2020-08-07
糯冰种翡翠飘绿一鹭莲升挂件	长6.5cm	5,197,500	东京国立拍卖	2020-10-25
欧洲古风设计款挂件		10,080	上海联合	2020-11-29
清 翡翠、凉瓜挂坠	高5cm	2,300	北京禾谷	2020-09-24
清 翡翠雕松鼠葡萄坠	长6cm	46,000	中国嘉德	2020-12-03
清 翡翠雕岁岁平安	54mm×29mm×30mm	207,000	西泠印社	2020-08-09
清 翡翠雕螳螂把件	高2.5cm；长5.8cm	13,800	西泠印社	2020-08-09
清 翡翠佛手坠	长3.4cm	89,700	中国嘉德	2020-08-18
清 翡翠蝴蝶佩（一对）	长6.3cm；长7.6cm	2,300	北京禾谷	2020-09-24
清 翡翠菱角、荔枝挂件（两只）	长13.8cm；长26.6cm	13,800	中贸圣佳	2020-12-08
清 翡翠镂雕螭龙纹韘形佩	长7.3cm；宽4.2cm	36,800	西泠印社	2020-08-09
清 翡翠镂雕三多佩	高5.3cm	59,800	中国嘉德	2020-08-18
清 翡翠平安扣挂坠	直径5cm	2,300	北京禾谷	2020-09-24
清 翡翠巧雕提篮献寿挂件	高3cm	25,300	西泠印社	2020-08-09
清 翡翠一团和气牌	长5cm	48,300	北京保利	2020-10-20
清 翡翠玉兰挂件	长5.2cm	5,750	中贸圣佳	2020-12-08
清 翡翠玉堂富贵花卉清供图牌	直径5cm	20,700	西泠印社	2020-08-09
清 南红点翠多宝挂件（一对）	长20cm×2	5,750	广东崇正	2020-09-13
清中期 翡翠雕丛竹佩	长4.3cm；宽3.8cm	46,000	西泠印社	2020-08-09
珊瑚 宝石镶嵌和钻石吊坠	84mm×33mm	21,182	巴黎苏富比	2020-06-11
珊瑚吊坠 梵克雅宝 20世纪60年代	19mm×21mm	30,891	巴黎苏富比	2020-06-11
四个宝石吊坠 卡地亚		77,611	日内瓦苏富比	2020-05-07
天然冰种翡翠 天然翡翠配宝石及钻石吊坠		135,600	香港苏富比	2020-07-10
天然冰种翡翠"观音"吊坠		80,500	中国嘉德	2020-12-05
天然冰种翡翠"怀古"配彩色刚玉及钻石吊坠		43,776	天成国际	2020-07-07
天然冰种翡翠"弥勒佛"挂坠	挂坠约37.5mm×38.2mm×10.9mm	59,800	华艺国际	2020-12-05
天然冰种翡翠一鸣惊人配满绿翡翠及钻石吊坠		20,700	保利厦门	2020-09-26
天然翡翠 红宝石配黄色刚玉及钻石吊坠	翡翠豆荚22.78 mm×7.81 mm×2.76mm	78,855	香港苏富比	2020-07-31
天然翡翠"豆荚"挂件	翡翠约68mm×28.1mm×11.6mm	207,000	华艺国际	2020-10-15
天然翡翠"豆荚"配钻石吊坠	翡翠约35.5mm×13.8mm×5mm；吊坠约49mm×16.8mm×12mm	402,500	华艺国际	2020-10-15
天然翡翠"福豆"配彩色宝石吊坠		20,700	中国嘉德	2020-12-05
天然翡翠"福瓜"配钻石吊坠	福瓜44.70mm×24.68mm×8.19mm	383,040	天成国际	2020-07-07
天然翡翠"怀古"配翡翠及钻石吊坠		112,464	天成国际	2020-11-28

拍品名称	物品尺寸	成交价RMB	拍卖公司	拍卖日期
天然翡翠“弥勒佛”配钻石吊坠	翡翠29.8mm × 38.5mm × 9mm；吊坠45mm × 39mm × 17.5mm	920,000	华艺国际	2020-10-15
天然翡翠“叶子”配钻石吊坠		23,000	中国嘉德	2020-12-05
天然翡翠海螺把玩件		3,450	保利厦门	2020-09-26
天然翡翠蛋面吊坠	翡翠蛋面27.2 mm × 17.3 mm × 6.2 mm	248,600	佳士得	2020-07-09
天然翡翠雕“福瓜”吊坠及碧玺雕“福豆”吊坠		135,600	香港苏富比	2020-07-10
天然翡翠雕“寿桃”配钻石吊坠		214,700	香港苏富比	2020-07-10
天然翡翠雕“叶子”配钻石吊坠		621,500	香港苏富比	2020-07-10
天然翡翠吊坠 配钻石 4.9cm	翡翠42.2mm × 22.7mm × 4.6mm	191,700	佳士得	2020-11-29
天然翡翠吊坠 镶金	翡翠40.9mm × 25.7mm × 7.5mm	319,500	佳士得	2020-11-29
天然翡翠佛手瓜配钻石吊坠		13,800	保利厦门	2020-09-26
天然翡翠观音配钻石吊坠		2,300	保利厦门	2020-09-26
天然翡翠配白水晶及钻石吊坠		113,000	香港苏富比	2020-07-10
天然翡翠配贝母及钻石吊坠		36,806	天成国际	2020-11-28
天然翡翠貔貅佩（附证书）	2cm	1,559	香港普艺	2020-07-11
天然翡翠四季豆	2.92g	2,300	上海嘉禾	2020-01-05
天然翡翠幸福树吊坠		3,450	保利厦门	2020-09-26
天然翡翠阳绿佛公吊坠	主石 29.5mm × 33mm；31.011g	63,250	永乐拍卖	2020-12-04
天然翡翠圆牌（三枚）		76,840	佳士得	2020-07-09
天然海蓝宝吊坠 配钻石镶金	吊坠长6.2cm	101,175	佳士得	2020-11-29
天然黑蛋白石吊坠 配钻石 镶铂金	黑蛋白石25.8mm × 17.6mm × 7.8mm；吊坠4.5cm	149,100	佳士得	2020-11-29
天然满绿玻璃种翡翠配钻石“平安无事”牌	翡翠约47.8mm × 30.6mm × 14.3mm；吊坠约 62.8mm × 30.6mm × 18.7mm	56,350,000	华艺国际	2020-10-15
天然满绿翡翠“观音”配钻石吊坠		86,250	中国嘉德	2020-12-05
天然满绿翡翠豆荚配钻石及红宝石吊坠	吊坠 59.8mm × 15.8mm	402,500	保利厦门	2020-09-26
天然满绿翡翠观音配钻石吊坠	吊坠 66.6mm × 41.3mm；主石 58mm × 34.9mm	6,670,000	保利厦门	2020-09-26
天然满绿翡翠配钻石钥匙吊坠		195,500	保利厦门	2020-09-26
天然满绿翡翠平安扣配钻石套链		9,200	保利厦门	2020-09-26
天然满绿翡翠随形配钻石吊坠		8,050	保利厦门	2020-09-26
天然满绿玻璃种翡翠配钻石“观音”吊坠（配绳）		97,750	中国嘉德	2020-12-05
天然美洛珍珠钻石吊坠		418,703	日内瓦苏富比	2020-07-15
天然墨翠“弥勒佛”配翡翠及钻石吊坠	长34.33mm	52,531	天成国际	2020-07-07
天然紫色翡翠配天然翡翠及钻石吊坠		43,396	香港苏富比	2020-06-12
晚清 翠玉透雕双凤纹佩	长8.3cm	26,363	佳士得	2020-10-08
王焜设计80.16克拉天然海蓝宝石配钻石吊坠 未经加热	吊坠约44.6mm × 40.7mm × 19.8mm	345,000	华艺国际	2020-10-15
王焜设计天然冰种翡翠“仕女”配粉色蓝宝石及钻石吊坠	翡翠约 76.5mm × 17.6mm × 6.5mm；吊坠约 90mm × 27.4mm × 15.6mm	103,500	华艺国际	2020-10-15
王焜设计天然翡翠“观音”配钻石吊坠	翡翠约51mm × 40mm × 10mm；吊坠约71.5mm × 40mm × 22mm	287,500	华艺国际	2020-10-15
现代 翡翠观音	高9cm	5,980,000	北京禾谷	2020-09-24
现代 翡翠观音牌	2.8cm × 6.4cm × 0.7cm	157,500	乾禧国际	2020-01-20
现代 如意翡翠挂件	5.6cm × 2.5cm × 0.3cm	17,250	北京禾谷	2020-09-24
象牙、珐琅和钻石吊坠 马赛拉和卡雷拉 20世纪20年代		130,706	伦敦苏富比	2020-04-07
阳绿平安无事牌		2,687,205	库恩国际	2020-01-08
银和银鎏金吊坠 链条 JEAN德普雷 20世纪70年代	吊坠 85mm × 30mm；链长770mm	22,948	巴黎苏富比	2020-06-11
硬石和红宝石吊坠 19世纪末期珐琅和钻石吊坠		51,175	日内瓦苏富比	2020-07-15
有色钻石吊坠		1,027,730	日内瓦佳士得	2020-07-22
袁广如百财俱来翡翠		2,900,000	祥云轩国拍	2020-09-06
袁广如福禄双全翡翠		1,600,000	祥云轩国拍	2020-09-06
珍稀的天然帝王绿翡翠配钻石“如意”吊坠（配绳）	翡翠42mm × 30mm × 4mm	1,092,500	中国嘉德	2020-12-05
珍珠和钻石吊坠 来自弗罗门特·穆里斯 约1875年	72mm × 32mm	52,956	巴黎苏富比	2020-06-11
珍珠母贝 贝壳配养殖珍珠及宝石挂画	框架525mm × 425mm × 55mm	15,771	香港苏富比	2020-07-31
紫锂辉石配钻石吊坠		61,344	天成国际	2020-11-28
紫罗兰蛋面吊坠		2,239,338	库恩国际	2020-01-08
祖母绿和钻石吊坠 格拉夫	长度约440mm	913,075	日内瓦苏富比	2020-05-07
祖母绿与钻石吊坠 MELLERIO 1992年		30,891	巴黎苏富比	2020-06-11
钻石吊坠		16,256,820	日内瓦佳士得	2020-07-22
钻石吊坠		513,123	日内瓦苏富比	2020-06-24
钻石吊坠“爱情鸟”梵克雅宝 1957年	直径约30mm	49,020	巴黎苏富比	2020-05-27
钻石吊坠 蒂芙尼 20世纪30年代		76,245	伦敦苏富比	2020-04-07
钻石和彩色钻石吊坠		239,627	伦敦苏富比	2020-04-07
钻石及有色钻石吊坠 Graff（格拉夫）设计		1,074,445	日内瓦佳士得	2020-07-22
戒指				
“璀璨”1.31克拉缅甸抹谷鸽血红未经加热戒指		115,000	西泠印社	2020-08-07
“蝶舞”金镶玻璃种翡翠戒指		16,100	西泠印社	2020-08-07
“方舟”金镶冰种翡翠戒指	翡翠10mm × 18mm	69,000	西泠印社	2020-08-07
“风华”老坑辣绿翡翠戒指		48,300	西泠印社	2020-08-07
“海的女儿”金镶4.435克拉帕拉伊巴碧玺戒指		94,300	西泠印社	2020-08-07
“蝴蝶”金镶帝王绿、红翡、玻璃种翡翠戒指	戒圈13	40,250	西泠印社	2020-08-07
“花海”0.85克拉赞比亚祖母绿戒指		20,700	西泠印社	2020-08-07

拍品名称	物品尺寸	成交价RMB	拍卖公司	拍卖日期
"狂舞"金镶玻璃种蛋面翡翠戒指	戒圈12	32,200	西泠印社	2020-08-07
"鲁昂黎明"金镶黄钻戒指		23,000	西泠印社	2020-08-07
"绿野仙踪"天然木那翡翠戒指/吊坠两用	翡翠13mm×11mm	345,000	西泠印社	2020-08-07
"梦境"18.02克拉斯里兰卡橘粉色未经加热帕帕拉恰戒指	戒圈13	2,932,500	西泠印社	2020-08-07
"蜜蜂"金镶天然黄翡戒指		14,950	西泠印社	2020-08-07
莫桑比克帕拉伊巴碧玺配钻石戒指		117,616	香港苏富比	2020-11-27
"如意"金镶冰种翡翠戒指	翡翠18mm×20mm；戒圈13	368,000	西泠印社	2020-08-07
"色彩交响乐"10.09克拉紫水晶戒指		16,100	西泠印社	2020-08-07
"色彩交响乐"2.77克拉黄色蓝宝石及2.60克拉紫水晶戒指		13,800	西泠印社	2020-08-07
"天使之眼"金镶冰种蛋面翡翠戒指	翡翠15mm×17mm；戒圈14.5	287,500	西泠印社	2020-08-07
"玉兰花开"金镶冰种翡翠戒指	翡翠8.5mm×17mm,戒圈13.5	161,000	西泠印社	2020-08-07
"Green Tie"11.43克拉祖母绿钻戒	祖母绿17.48mm×11.67mm×6.97mm	575,000	永乐拍卖	2020-08-18
"如花在野"15mm澳白珍珠钻戒	珍珠直径15mm；镶嵌钻石约2.3克拉	25,300	永乐拍卖	2020-08-18
0.31克拉梨形淡彩橙粉红色SI2净度钻石配蓝宝石及钻石戒指		27,474	香港苏富比	2020-05-20
0.31克拉梨形淡彩紫粉红色SI1净度钻石配钻石戒指		40,066	香港苏富比	2020-05-20
0.32克拉椭圆形天然浓彩粉红色SI2净度钻石配粉红色钻石及钻石戒指		117,576	天成国际	2020-11-28
0.53克拉彩棕紫粉色钻石配钻石戒指/挂坠		30,161	保利香港	2020-12-08
0.55克拉天然哥伦比亚祖母绿配钻石戒指 微注油		20,700	保利厦门	2020-09-26
0.59克拉梨形彩紫粉红色钻石配钻石戒指		74,847	香港苏富比	2020-11-27
0.74克拉蓝宝石和钻石戒指 格拉夫		66,574	伦敦苏富比	2020-06-04
0.97克拉梨形巴西帕拉伊巴碧玺配钻石戒指	戒圈6	164,160	天成国际	2020-07-07
1.00克拉天然淡彩黄色钻石配钻石戒指		51,750	中国嘉德	2020-12-05
1.01克拉榄尖形淡彩紫粉红色SI1净度钻石配钻石戒指		274,740	香港苏富比	2020-05-20
1.01克拉祖母绿（Emerald Cut）D色钻石戒指		36,800	西泠印社	2020-08-07
1.01克拉钻石戒指 格拉夫		410,884	日内瓦苏富比	2020-05-07
1.02及1.01克拉心形浓彩蓝色钻石及彩橙粉红色钻石配钻石戒指		1,864,500	香港苏富比	2020-07-10
1.02克拉古垫形I色VVS1净度钻石配钻石戒指		51,197	香港苏富比	2020-04-15
1.02克拉古垫形彩棕粉红色SI1净度钻石配钻石戒指		171,713	香港苏富比	2020-05-20
1.02克拉方形彩绿蓝色钻石戒指		575,000	西泠印社	2020-08-07
1.04克拉正方形深彩紫粉红色VS2钻石戒指	戒指4	5,325,000	佳士得	2020-11-29
1.05克拉梨形天然彩黄色VS2净度钻石配钻石"Love light"戒指		28,627	天成国际	2020-11-28
1.05克拉心形淡彩蓝色净度为VS2钻石戒指		1,150,000	西泠印社	2020-08-07
1.08克拉淡彩粉棕色钻石戒指	主石6.14mm×5.62mm×3.48mm；1.08克拉	143,750	永乐拍卖	2020-12-04
1.08克拉古垫形天然艳彩黄橙色SI2净度极优打磨钻石配粉红色钻石及钻石戒指		328,320	天成国际	2020-07-07
1.08克拉艳彩蓝色 自然色VVS2净度的梨形花式钻石配钻石戒指	大小6½	6,056,019	纽约苏富比	2020-12-09
1.10克拉彩棕粉色钻石配钻石戒指		184,000	北京保利	2020-10-19
1.11克拉方形微淡粉色钻石戒指		241,500	西泠印社	2020-08-07
1.13克拉枕形彩黄绿色钻石戒指		80,500	西泠印社	2020-08-07
1.14克拉缅甸抹谷鸽血红红宝石配钻石戒指 未经加热		28,750	北京保利	2020-10-19
1.20克拉粉红色钻石和1.08克拉钻石戒指		282,420	纽约苏富比	2020-04-30
1.21克拉长方形天然彩棕粉红色SI2净度钻石配粉红色钻石及钻石戒指		262,656	天成国际	2020-07-07
1.27克拉椭圆形天然淡粉红色VS2净度钻石配粉红色钻石及钻石戒指		429,408	天成国际	2020-11-28
1.28克拉缅甸鸽血红未经加热戒指		82,800	西泠印社	2020-08-07
1.29克拉缅甸抹谷鸽血红红宝石配钻石戒指 未经加热		34,500	北京保利	2020-10-19
1.29克拉圆形艳彩黄色VS2钻石戒指		107,350	佳士得	2020-07-09
1.31克拉方形浓彩粉色钻石戒指	戒圈12.5	1,104,000	西泠印社	2020-08-07
1.36克拉梨形浓彩粉红色SI2钻石戒指		2,662,500	佳士得	2020-11-29
1.38克拉古垫形天然巴西亚历山大变色石配钻石戒指		40,896	天成国际	2020-11-28
1.40克拉缅甸鸽血红红宝石配钻石戒指 未经加热		37,666	保利香港	2020-07-08
1.41克拉天然矢车菊蓝蓝宝石配钻石戒指		11,500	保利厦门	2020-09-26
1.49克拉蓝宝石和钻石戒指		27,451	巴黎苏富比	2020-05-27
1.54克拉天然彩黄色钻石配黄色钻石及钻石戒指		103,500	中国嘉德	2020-12-05
1.54克拉心形彩钻戒指	主石1.54克拉；总重6.78g	34,500	永乐拍卖	2020-12-04
1.57克拉巴西帕拉伊巴碧玺配钻石戒指		474,600	香港苏富比	2020-07-10
1.61克拉心形彩粉紫色钻石戒指		1,058,000	西泠印社	2020-08-07
1.64克拉红宝石和钻石戒指		44,383	伦敦苏富比	2020-06-04

拍品名称	物品尺寸	成交价RMB	拍卖公司	拍卖日期
1.67克拉梨形天然彩黄绿色VS2净度钻石配粉红色钻石及钻石戒指/吊坠		245,376	天成国际	2020-11-28
1.75克拉椭圆形巴西帕拉伊巴碧玺配钻石戒指	戒圈6	78,797	天成国际	2020-07-07
1.85克拉古垫形天然未经加热处理灰色尖晶石配粉红色尖晶石及钻石戒指		26,266	天成国际	2020-07-07
1.86克拉红宝石配钻石戒指		45,200	香港苏富比	2020-07-10
1.88克拉红色尖晶石配钻石戒指		16,142	保利香港	2020-07-08
1.88克拉蓝宝石钻石戒指		25,490	巴黎苏富比	2020-05-27
1.92克拉哥伦比亚祖母绿配钻石戒指		36,544	香港苏富比	2020-06-12
1.96克拉蓝宝石和钻石戒指		34,855	伦敦苏富比	2020-04-07
1.97克拉枕形淡彩绿黄色钻石戒指		69,000	西泠印社	2020-08-07
10.01克拉E色VS1净度钻戒		2,653,313	纽约苏富比	2020-06-16
10.02克拉哥伦比亚祖母绿配钻石戒指 未经注油		2,851,824	保利香港	2020-07-08
10.02克拉梨形彩棕绿黄色钻石戒指	戒圈12.5	1,092,500	西泠印社	2020-08-07
10.03克拉罕见的莫桑比克全净玻璃体无烧鸽血红色红宝石钻戒	主石14.87mm × 11.12mm × 6.66mm	5,175,000	永乐拍卖	2020-12-04
10.03克拉正方形G/VVS2（极优打磨及比例）钻石戒指 附GIA 配钻石 镶铂金	戒指5æ号	2,130,000	佳士得	2020-11-29
10.06克拉方形G色VS1净度钻石配钻石戒指 海瑞温斯顿戒台		1,751,500	香港苏富比	2020-07-10
10.07克拉梨形足色内部无瑕（IF）钻石配钻石戒指 卡地亚镶嵌		5,365,240	香港苏富比	2020-07-10
10.07克拉D色Type IIa钻石戒指净度无瑕		4,950,336	保利香港	2020-07-08
10.07克拉圆形天然哥伦比亚未经处理祖母绿配钻石戒指		1,641,600	天成国际	2020-07-07
10.07克拉钻戒		1,149,769	纽约苏富比	2020-06-16
10.08克拉无烧黄色蓝宝石戒指	主石 11.18mm × 10.66mm × 8.44mm; 10.08克拉s; 13号圈	97,750	永乐拍卖	2020-12-04
10.19克拉U—V颜色 VVS1净度钻戒		485,409	纽约苏富比	2020-04-30
10.21克拉H颜色 SI1净度钻石戒指		1,147,380	巴黎苏富比	2020-06-11
10.29克拉椭圆形天然火蛋白石配钻石戒指		41,587	天成国际	2020-07-07
10.36克拉古垫形天然缅甸抹谷未经加热处理红宝石配钻石戒指		511,200	天成国际	2020-11-28
10.36克拉钻戒		653,065	日内瓦苏富比	2020-06-24
10.3克拉D色 无瑕疵 极好的抛光和对称 lla类型钻石戒指		12,830,877	日内瓦苏富比	2020-11-11
10.40克拉祖母绿和钻石戒指		326,533	日内瓦苏富比	2020-06-24
10.42克拉圆形D/VS1（极优切割、打磨及比例）钻石戒指		4,235,240	佳士得	2020-07-09
10.54克拉巴西帕拉伊巴碧玺配钻石戒指		146,900	香港苏富比	2020-07-10
10.59克拉梨形D/IF Type IIa钻石戒指		6,079,400	佳士得	2020-07-09
10.69克拉椭圆形I/VS2钻石戒指		847,500	佳士得	2020-07-09
10.79克拉矩形粉钻戒指	指圈12.5	7,475,000	华艺国际	2020-12-05
10.8克拉淡彩粉色VVS2钻石戒指		28,175,000	永乐拍卖	2020-12-04
10.8克拉糖塔祖母绿戒指		1,771,000	永乐拍卖	2020-12-04
10.90克拉蓝宝石钻戒		103,475	伦敦苏富比	2020-04-07
105.89克拉蓝宝石戒指		12,688,120	日内瓦苏富比	2020-06-24
11.05克拉椭圆形蛋面天然哥伦比亚祖母绿戒指 附G ü belin 证书配钻石 镶铂金及金	戒指5Ω号	1,001,100	佳士得	2020-11-29
11.10克拉方形Y至Z色VS1净度钻石配钻石戒指		700,600	香港苏富比	2020-07-10
11.11克拉彩黄色钻石配钻石戒指内部无瑕		753,312	保利香港	2020-07-08
11.48克拉克什米尔蓝宝石配钻石戒指 未经加热		16,100,000	北京保利	2020-12-05
11.82克拉天然缅甸蓝宝石配祖母绿及钻石戒指	尺寸5½	79,940	香港苏富比	2020-06-12
11.88克拉长方形斯里兰卡天然蓝宝石戒指		1,808,000	佳士得	2020-07-09
12.03克拉天然斯里兰卡金绿猫眼石配白水晶及钻石戒指		429,400	香港苏富比	2020-07-10
12.03克拉长方形D/FL（极优打磨及比例）Type IIa钻石戒指 附GIA 配钻石 镶铂金	戒指5æ号	7,881,000	佳士得	2020-11-29
12.09克拉蓝宝石钻戒		206,950	伦敦苏富比	2020-04-07
12.11克拉榄尖形浓彩蓝色IF钻石戒指		110,636,040	佳士得	2020-07-09
12.15克拉正方形深彩棕黄色VVS1钻石戒指	戒指5	1,278,000	佳士得	2020-11-29
12.18克拉枕形斯里兰卡天然紫色蓝宝石戒指		361,600	佳士得	2020-07-09
12.21克拉哥伦比亚木佐色无油祖母绿戒指	主石14.35mm × 13.85mm × 9.87mm	2,817,500	永乐拍卖	2020-08-18
12.21克拉哥伦比亚木佐色无油祖母绿戒指	主石14.35mm × 13.85mm × 9.87mm	3,450,000	永乐拍卖	2020-12-04
12.58克拉天然石榴石配钻石戒指		85,539	香港苏富比	2020-11-27
12.5mm大溪地黑珍珠戒指		8,050	西泠印社	2020-08-07
12.64克拉缅甸无烧皇家蓝色蓝宝石吊坠、戒指		1,127,000	永乐拍卖	2020-08-18
12.77克拉天然克什米尔蓝宝石配钻石戒指		5,039,800	香港苏富比	2020-07-10
13.12克拉枕形彩黄色钻石戒指		1,437,500	西泠印社	2020-08-07
13.15克拉天然哥伦比亚木佐矿未经处理艳彩绿祖母绿配钻石戒指卡地亚	指环 13	4,048,000	中国嘉德	2020-12-05
13.22克拉天然帕拉伊巴碧玺配钻石戒指		414,000	中国嘉德	2020-12-05
13.3克拉金绿宝石配沙弗莱石及钻石戒指	指圈14#	138,000	华艺国际	2020-10-15
13.53克拉红宝石和钻石戒指		28,243	巴黎苏富比	2020-06-11
13.54克拉缅甸尖晶石配钻石戒指未经加热		25,828	保利香港	2020-07-08
13.63克拉长方形I/VS1钻石戒指		2,034,000	佳士得	2020-07-09
13.6mm海水珍珠配红宝石戒指		11,500	西泠印社	2020-08-07
13.87克拉I颜色 VS1净度钻石戒指 20世纪30年代		1,415,976	伦敦苏富比	2020-04-07

拍品名称	物品尺寸	成交价RMB	拍卖公司	拍卖日期
13.92克拉蓝宝石和锆石戒指		219,138	日内瓦苏富比	2020-05-07
13mm南洋金珠戒指		14,950	西泠印社	2020-08-07
14.28克拉椭圆形红色碧玺配钻石戒指		49,075	天成国际	2020-11-28
14.70克拉枕形克什米尔天然蓝宝石戒指		9,333,800	佳士得	2020-07-09
15.0克拉坦桑石配钻石戒指	指圈15.5#	92,000	华艺国际	2020-10-15
15.11克拉艳黄色 天然色泽 VVS1净度钻石戒指		1,731,030	日内瓦苏富比	2020-11-11
15.21克拉天然斯里兰卡蓝宝石配钻石戒指		1,039,600	香港苏富比	2020-07-10
15.37克拉坦桑石和沙弗莱石钻戒	坦桑石15.37克拉；沙弗莱石3.3克拉	103,500	永乐拍卖	2020-08-18
15.69克拉圆形H/VVS1（极优打磨及比例）钻石戒指		2,825,000	佳士得	2020-07-09
15.97克拉淡彩棕黄色Type IIa钻石戒指 净度内部无瑕		1,782,500	北京保利	2020-10-19
16.04克拉天然哥伦比亚祖母绿配钻石戒指 海瑞温斯顿镶嵌		5,039,800	香港苏富比	2020-07-10
16.11克拉蓝宝石钻石戒指		3,910,926	日内瓦苏富比	2020-06-24
16.15克拉斯里兰卡矢车菊未经加热蓝宝石戒指		287,500	西泠印社	2020-08-07
16.16克拉圆形D/IF（极优切割、打磨及比例）Type IIa钻石戒指		11,459,400	佳士得	2020-11-29
16.24克拉斯里兰卡“皇家蓝”蓝宝石配钻石戒指 未经加热		575,000	北京保利	2020-10-19
16.38克拉方形D色全美无瑕（FL）Type IIa钻石戒指 梵克雅宝戒台		17,106,800	香港苏富比	2020-10-07
16.46克拉黄色蓝宝石和钻石戒指		21,914	日内瓦苏富比	2020-05-07
16.82克拉黄色蓝宝石和钻石戒指		239,627	伦敦苏富比	2020-04-07
16.98克拉黄色蓝宝石和钻石戒指		141,216	巴黎苏富比	2020-06-11
16mm—17mm南洋金珠戒指	珠径16mm—17mm；戒圈13	20,700	永乐拍卖	2020-12-04
16mm澳白珍珠钻戒	珍珠直径16mm；马眼钻石1.186克拉	17,250	永乐拍卖	2020-08-18
17.22克拉D色 VVS1净度 内部无瑕疵 IIa型钻石戒指		8,893,761	日内瓦苏富比	2020-11-11
17.80克拉星状蓝宝石和钻石戒指		217,843	伦敦苏富比	2020-04-07
17.95克拉长方形D/IF Type IIa（极优打磨）钻石戒指	戒指6	10,961,000	佳士得	2020-07-09
18.08克拉长方形艳彩黄色VVS1钻石戒指	戒指5¼	9,414,600	佳士得	2020-11-29
18.40克拉黄色蓝宝石钻戒	尺寸6½	132,666	纽约苏富比	2020-06-16
18.65克拉斯里兰卡天然蓝宝石附SSEF 配钻石	戒指3¾号	575,100	佳士得	2020-11-29
18K白金及钻石ALCHIMIE戒指	钻石 0.32克拉	29,380	佳士得	2020-07-10
18K白金镶嵌15mm澳白珍珠戒指	珍珠15.00mm；正面25mm × 29.6mm；圈口港版14号	17,250	永乐拍卖	2020-12-04
18K方形钻石花式戒指		98,560	上海联合	2020-11-29
18K翡翠满绿花式戒指		98,560	上海联合	2020-11-29
18K粉钻花式戒指		246,400	上海联合	2020-11-29
18K哥伦比亚木佐祖母绿花式戒指		145,600	上海联合	2020-11-29
18K哥伦比亚祖母绿花式戒指		7,840	上海联合	2020-11-29
18K鸽血红红宝石花式戒指		43,680	上海联合	2020-11-29
18K红尖晶石花式戒指		16,800	上海联合	2020-11-29
18K黄钻花式戒指		61,600	上海联合	2020-11-29
18K黄钻花式戒指		31,360	上海联合	2020-11-29
18K黄钻戒指		5,750	中国嘉德	2020-11-11
18K金绿猫眼戒指		11,200	上海联合	2020-11-29
18K金镶14.8mm天然海水珍珠戒指		17,250	西泠印社	2020-08-07
18K金镶欧泊戒指		6,900	中国嘉德	2020-11-11
18K金镶钻、翡翠戒指	长1.7cm；翡翠长1.2cm	25,300	中国嘉德	2020-07-15
18K金镶钻红宝石戒指		9,200	中国嘉德	2020-11-11
18K金镶钻蓝宝石戒指		6,900	中国嘉德	2020-11-11
18K金镶钻阳绿翡翠戒指	长2.3cm；翡翠长1.6cm	20,700	中国嘉德	2020-07-15
18K蓝宝石花式钻石戒指		28,000	上海联合	2020-11-29
18K缅甸鸽血红红宝石钻石戒指		293,440	上海联合	2020-11-29
18K莫桑比克无烧鸽血红红宝石戒指(两用款）		156,800	上海联合	2020-11-29
18K帕拉伊巴碧玺花式戒指		44,800	上海联合	2020-11-29
18K斯里兰卡无烧蓝宝石花式戒指	主石10.26克拉	196,000	上海联合	2020-11-29
18K斯里兰卡帕帕拉恰蓝宝石戒指		20,160	上海联合	2020-11-29
18K坦桑石花式钻石戒指		95,200	上海联合	2020-11-29
18K土耳其月光花式戒指		7,840	上海联合	2020-11-29
18K无烧皇家蓝蓝宝石花式戒指		78,400	上海联合	2020-11-29
18K无烧缅甸鸽血红红宝石花式戒指	主石3.08克拉	616,000	上海联合	2020-11-29
18K祖母绿蛋面花式戒指		72,800	上海联合	2020-11-29
18颗圆形红宝石钻石戒指		11,947	纽约佳士得	2020-02-05
19.56克拉蓝宝石配钻石戒指	重量11.2g	2,908,983	哈布斯堡	2020-11-28
19.84克拉红宝石戒指		48,821	伦敦苏富比	2020-06-04
19世纪晚期的蓝宝石和钻石戒指		70,608	巴黎苏富比	2020-06-11
2.00克拉榄尖形Y至Z色VS2净度钻石配钻石戒指		56,885	香港苏富比	2020-04-15
2.00克拉榄尖形彩棕橙色VS2净度钻石配钻石戒指		36,407	香港苏富比	2020-04-15
2.00克拉淡彩棕绿黄钻石戒指	主石6.77mm × 6.62mm × 4.95mm	112,700	永乐拍卖	2020-08-18
2.00克拉天然颜色 VS1净度的心形鲜艳橙色钻石配钻石戒指		12,376,478	纽约苏富比	2020-12-09
2.01克拉D色钻石戒指	主石长8.04mm—8.07mm；宽5.03mm	322,000	永乐拍卖	2020-12-04
2.01克拉蓝宝石钻戒 约1925年	尺寸6¾	221,109	纽约苏富比	2020-06-16
2.01克拉梨形彩粉红色VS1及1.01克拉圆形D/VVS2钻石戒指		1,243,000	佳士得	2020-07-09
2.01克拉莫桑比克鸽血红红宝石配钻石戒指 未经加热		63,250	北京保利	2020-10-19
2.01克拉浅黄色净度为VS1钻石戒指 蒂芙尼		150,036	纽约苏富比	2020-04-30
2.01克拉深彩粉红 天然颜色 I2净度钻石戒指		794,340	巴黎苏富比	2020-06-11
2.02克拉马眼形D色钻石戒指		138,000	西泠印社	2020-08-07
2.02克拉心形绿黄色钻石戒指		241,500	华艺国际	2020-12-05

拍品名称	物品尺寸	成交价RMB	拍卖公司	拍卖日期
2.02克拉圆形浓彩黄色VS1钻石戒指 附GIA 配粉红钻	戒指5Ω号	234,300	佳士得	2020-11-29
2.02克拉长方形缅甸天然鸽血红红宝石戒指		847,500	佳士得	2020-07-09
2.04克拉椭圆形克什米尔天然蓝宝石戒指	戒指3½	319,500	佳士得	2020-11-29
2.05克拉古垫形艳彩黄色VS2净度钻石配钻石戒指		250,296	香港苏富比	2020-04-15
2.05克拉天然莫桑比克鸽血红红宝石配钻石戒指		39,970	香港苏富比	2020-06-12
2.05克拉圆形J色VS2净度钻石戒指		79,640	香港苏富比	2020-04-15
2.06克拉祖母绿戒指	主石2.06克拉；配石祖母绿1.47克拉；钻石1.03克拉	75,900	永乐拍卖	2020-12-04
2.08克拉榄尖形浓彩蓝色IF钻石戒指		9,876,200	佳士得	2020-07-09
2.09克拉梨形彩黄色VVS1净度钻石配钻石戒指		96,705	香港苏富比	2020-04-15
2.11克拉长方形艳彩黄色IF（极优打磨）钻石戒指 附GIA 配钻石镶铂金及金	戒指6º号	426,000	佳士得	2020-11-29
2.15克拉梨形淡彩粉红色钻石配钻石戒指		621,500	香港苏富比	2020-07-10
2.16克拉E色 VS1净度钻戒		132,384	纽约苏富比	2020-04-30
2.17克拉赞比亚祖母绿戒指	14号手寸；主石2.17克拉	74,750	永乐拍卖	2020-08-18
2.1克拉绿钻戒指	主石2.1克拉s	69,000	永乐拍卖	2020-12-04
2.20克拉梨形淡黄色VVS1净度钻石配黄色钻石及钻石戒指		98,496	天成国际	2020-07-07
2.23克拉古垫形天然克什米尔未经加热处理变色蓝宝石配钻石戒指		207,936	天成国际	2020-07-07
2.23克拉钻石和蓝宝石戒指		105,912	巴黎苏富比	2020-06-11
2.25克拉心形浓彩蓝色SI1钻石戒指	戒指5	6,858,600	佳士得	2020-11-29
2.26克拉浓彩黄色VS2净度钻石配钻石戒指		103,500	北京保利	2020-10-19
2.26克拉未经加热粉色蓝宝石戒指		34,500	西泠印社	2020-08-07
2.26克拉钻石戒指		41,176	巴黎苏富比	2020-05-27
2.40克拉粉色蓝宝石钻石戒指 20世纪70年代		32,676	伦敦苏富比	2020-04-07
2.41克拉蓝宝石配钻石戒指		29,900	北京保利	2020-10-19
2.45克拉天然克什米尔蓝宝石配钻石戒指		339,000	香港苏富比	2020-07-10
2.46克拉红宝石和钻石戒指		25,566	日内瓦苏富比	2020-05-07
2.4克拉缅甸抹谷鸽血红未经加热戒指		253,000	西泠印社	2020-08-07
2.50克拉古垫形天然缅甸未经加热处理橙色尖晶石配钻石戒指		41,587	天成国际	2020-07-07
2.52克拉椭圆形淡粉色钻石戒指		632,500	西泠印社	2020-08-07
2.53克拉天然巴西亚历山大变色石配钻石戒指		565,000	香港苏富比	2020-07-10
2.54克拉蓝宝石和钻石戒指		30,891	巴黎苏富比	2020-06-11
2.54克拉椭圆形帕拉伊巴碧玺配钻石戒指		103,968	天成国际	2020-07-07
2.56克拉粉色蓝宝石和钻石戒指		48,543	巴黎苏富比	2020-06-11
2.66克拉正方形艳彩黄色VS2钻石戒指		339,000	佳士得	2020-07-09
2.69克拉方形彩黄绿色VS2净度钻石配钻石戒指		904,000	香港苏富比	2020-07-10
2.71克拉阶梯式切割天然哥伦比亚祖母绿配钻石戒指		32,832	天成国际	2020-07-07
2.71克拉钻石戒指		93,870	纽约佳士得	2020-02-05
2.71克拉钻石戒指		57,697	伦敦苏富比	2020-06-04
2.71克拉钻石戒指 卡地亚 约1945年		185,166	伦敦苏富比	2020-04-07
2.74克拉G色 VVS2净度钻石戒指		282,420	纽约苏富比	2020-04-30
2.76克拉天然彩黄色VS2净度钻石配钻石戒指		149,500	中国嘉德	2020-12-05
2.78克拉钻石珐琅戒指		59,907	伦敦苏富比	2020-04-07
2.81克拉深棕橙色钻戒		186,590	日内瓦苏富比	2020-06-24
2.85克拉橙粉红色刚玉配钻石戒指 蒂芙尼・斯伦贝谢		1,480,868	纽约苏富比	2020-12-09
2.85克拉红碧玺配钻石戒指		21,698	香港苏富比	2020-06-12
2.8克拉粉钻戒指	2.8克拉	2,025,540	哈布斯堡	2020-09-11
2.90克拉椭圆形天然马达加斯加未经加热处理“余晖色”帕德玛刚玉配钻石戒指		71,136	天成国际	2020-07-07
2.91克拉天然粉红色刚玉配钻石戒指		59,189	保利香港	2020-07-08
2.96克拉天然缅甸尖晶石戒指	尺寸6½	39,970	香港苏富比	2020-06-12
2.99克拉榄尖形浓彩黄色SI1钻石戒指		271,200	佳士得	2020-07-09
20.27克拉海蓝宝石配钻石戒指		55,200	北京保利	2020-10-19
20.44克拉祖母绿钻石戒指		391,839	日内瓦苏富比	2020-06-24
21.43克拉古垫形天然淡彩棕黄色VS2净度极优打磨钻石配钻石戒指		1,072,512	天成国际	2020-07-07
23.38克拉碧玺戒指		174,274	伦敦苏富比	2020-04-07
23.48克拉椭圆形天然未经处理玫瑰榴石配钻石戒指		81,792	天成国际	2020-11-28
23.52克拉浓彩黄色 色泽自然VVS1净度钻石戒指		2,186,564	日内瓦苏富比	2020-11-11
23.53克拉长方形坦桑石戒指		135,600	佳士得	2020-07-09
24.73克拉蓝宝石钻戒		419,828	日内瓦苏富比	2020-06-24
25.2克拉彩棕黄色钻石戒指		2,231,000	永乐拍卖	2020-12-04
25.30克拉圆形天然未经处理猫眼月光石配彩色宝石及钻石戒指		44,986	天成国际	2020-11-28
28.86克拉颜色为D 净度为VVS1钻石戒指		14,438,894	纽约佳士得	2020-06-30
29.01克拉蓝宝石和钻石戒指		304,980	伦敦苏富比	2020-04-07
3.01克拉古垫形浓彩黄色I2净度钻石配钻石戒指		91,017	香港苏富比	2020-04-15
3.01克拉圆形足色VVS2净度钻石戒指	大小6¼	360,480	香港苏富比	2020-07-31
3.01克拉圆形E色VS1净度钻石戒指		274,740	香港苏富比	2020-05-20
3.01克拉莫桑比克鸽血红天然红宝石配钻石戒指 未经加热	指圈14#	155,250	华艺国际	2020-10-15
3.01克拉圆形E/VS1（极优切割、打磨及比例）钻石戒指		316,400	佳士得	2020-07-09
3.01克拉钻石戒指		163,382	伦敦苏富比	2020-04-07
3.02克拉方形足色内部无瑕(IF)钻石配钻石戒指	大小5¾	473,130	香港苏富比	2020-07-31

拍品名称	物品尺寸	成交价RMB	拍卖公司	拍卖日期
3.02克拉圆形浓彩黄色VS2净度钻石配钻石戒指		395,500	香港苏富比	2020-07-10
3.02克拉榄尖形D/VS1钻石戒指		339,000	佳士得	2020-07-09
3.02克拉天然D色内部无瑕钻石配钻石戒指		690,000	中国嘉德	2020-12-05
3.02克拉祖母绿F色钻石戒指		345,000	西泠印社	2020-08-07
3.03克拉阶梯式切割D色内部无瑕极优打磨及比例钻石戒指		569,088	天成国际	2020-07-07
3.03克拉缅甸鸽血红未经加热红宝石戒指		402,500	西泠印社	2020-08-07
3.03克拉艳彩黄色钻石配钻石戒指		437,000	北京保利	2020-10-19
3.04克拉深橙黄色钻戒	大小6	309,553	纽约苏富比	2020-06-16
3.04克拉天然莫桑比克未经加热鸽血红红宝石配钻石戒指		172,500	中国嘉德	2020-12-05
3.05克拉浓彩黄钻石戒指	主石8.08mm×7.47mm×5.31mm；3.05克拉	264,500	永乐拍卖	2020-08-18
3.06克拉彩粉紫色钻石配钻石戒指		1,721,856	保利香港	2020-07-08
3.08克拉椭圆形淡彩蓝绿色钻石戒指		2,185,000	西泠印社	2020-08-07
3.08克拉枕形缅甸天然鸽血红红宝石戒指 附SSEF 配钻石 镶金		532,500	佳士得	2020-11-29
3.13克拉古垫形天然马达加斯加未经加热处理粉红色刚玉配钻石戒指		52,531	天成国际	2020-07-07
3.13克拉天然马达加斯加矢车菊蓝蓝宝石配钻石戒指未经加热		82,800	保利厦门	2020-09-26
3.15克拉椭圆形淡彩紫粉色钻石戒指		2,990,000	西泠印社	2020-08-07
3.15克拉圆形D/IF（极优切割、打磨及比例）Type IIa钻石戒指 附GIA 配钻石 镶铂金	戒指5æ号	1,171,500	佳士得	2020-11-29
3.16克拉钻石戒指 20世纪初		174,274	伦敦苏富比	2020-04-07
3.17克拉榄尖形D/IF钻石戒指		542,400	佳士得	2020-07-09
3.18克拉梨形彩灰蓝色VS2净度钻石配2.61克拉梨形足色VVS1净度钻石戒指		3,390,000	香港苏富比	2020-07-10
3.20克拉古垫形天然缅甸抹谷无经加热处理鸽血红红宝石配钻石戒指		460,080	天成国际	2020-11-28
3.20克拉圆形D/IF（极优切割、打磨及比例）钻石戒指		678,000	佳士得	2020-07-09
3.20克拉祖母绿钻石戒指		163,382	伦敦苏富比	2020-04-07
3.22克拉缅甸抹谷鸽血红红宝石配钻石戒指 未经加热		276,000	北京保利	2020-10-19
3.25克拉天然缅甸鸽血红红宝石配钻石戒指		1,017,000	香港苏富比	2020-07-10
3.25克拉G颜色 SI2净度钻石戒指		229,466	纽约苏富比	2020-04-30
3.28克拉榄尖形E色VVS2净度钻石配2.04克拉梨形D色VVS1净度钻石及钻石戒指		474,600	香港苏富比	2020-07-10
3.29克拉钻石戒指		185,346	巴黎苏富比	2020-06-11
3.32克拉钻石戒指		119,813	伦敦苏富比	2020-04-07
3.36克拉蓝宝石和钻石戒指		54,785	日内瓦苏富比	2020-05-07

拍品名称	物品尺寸	成交价RMB	拍卖公司	拍卖日期
3.36克拉矢车菊未经加热蓝宝石戒指		51,750	西泠印社	2020-08-07
3.37克拉方形艳彩橙黄色VS1净度钻石配钻石戒指		629,613	香港苏富比	2020-05-20
3.37克拉天然斯里兰卡皇家蓝蓝宝石配钻石戒指		74,847	香港苏富比	2020-11-27
3.37克拉哥伦比亚木佐天然祖母绿配钻石戒指/吊坠	指圈12#；吊坠约23.5mm×17mm×10mm	184,000	华艺国际	2020-10-15
3.41克拉赞比亚艳绿色祖母绿配钻石戒指 未经注油		32,200	北京保利	2020-10-19
3.49克拉斯里兰卡帕帕拉恰蓝宝石配粉色蓝宝石及钻石戒指 未经加热	指圈13#	46,000	华艺国际	2020-10-15
3.51克拉彩黄绿色钻石配钻石戒指/挂坠		301,325	保利香港	2020-07-08
3.54克拉天然D色VS1净度钻石配钻石戒指		483,000	中国嘉德	2020-12-05
3.56克拉莫桑比克无烧鸽血红色红宝石钻戒	主石9.18×8.01×5.70mm；主石3.56克拉	207,000	永乐拍卖	2020-08-18
3.58克拉天然缅甸尖晶石配钻石戒指	大小5½	36,048	香港苏富比	2020-07-31
3.63克拉钻石戒指		322,000	北京保利	2020-10-19
3.65克拉长方形哥伦比亚天然祖母绿戒指		621,500	佳士得	2020-07-09
3.67克拉深彩棕黄色钻石配钻石戒指	大小6¼	135,180	香港苏富比	2020-07-31
3.72克拉钻石戒指		79,088	日内瓦苏富比	2020-07-15
3.77克拉浅粉色自然色SI2净度钻戒		4,627,432	日内瓦苏富比	2020-06-24
3.78克拉榄尖形巴西帕拉依巴戒指	戒指5¾	319,500	佳士得	2020-11-29
3.79克拉石榴石戒指		7,943	巴黎苏富比	2020-06-11
3.80克拉长方形天然哥伦比亚祖母绿戒指		339,000	佳士得	2020-07-09
3.82克拉圆形浓彩黄色SI2钻石戒指	戒指5	852,000	佳士得	2020-11-29
3.85克拉椭圆形天然哥伦比亚未经处理祖母绿配钻石戒指		337,392	天成国际	2020-11-28
3.87克拉天然尖晶石配蓝宝石及钻石戒指		19,414	香港苏富比	2020-06-12
3.88克拉 淡棕色 VS2净度钻石戒指		88,256	纽约苏富比	2020-04-30
3.88克拉祖母绿和钻石戒指		88,260	巴黎苏富比	2020-06-11
3.92克拉钻石戒指		65,353	伦敦苏富比	2020-04-07
30.07克拉古垫形浓彩黄色VS1净度钻石戒指		4,714,360	香港苏富比	2020-07-10
31.27克拉椭圆形哥伦比亚祖母绿戒指		960,500	佳士得	2020-07-09
32.82克拉椭圆形斯里兰卡天然蓝宝石戒指 附SSEF 配钻石 镶铂金	戒指6Ω号	692,250	佳士得	2020-11-29
33.75克拉海蓝宝石和钻石戒指 蒂芙尼		141,210	纽约苏富比	2020-04-30
34.19克拉蓝宝石配钻石戒指		2,733,205	日内瓦苏富比	2020-11-11
34.40克拉蓝宝石钻戒		466,475	日内瓦苏富比	2020-06-24
34.66克拉浓彩黄色自然色VS1净度钻石戒指	大小6	4,870,932	纽约苏富比	2020-12-09

拍品名称	物品尺寸	成交价RMB	拍卖公司	拍卖日期
3克拉枕形D色钻石戒指		287,500	西泠印社	2020-08-07
4.01克拉D颜色 VVS2净度和Ia型钻石戒指		661,950	巴黎苏富比	2020-06-11
4.03克拉F色 VVS2净度钻戒		353,775	纽约苏富比	2020-06-16
4.03克拉缅甸鸽血红未经加热戒指		943,000	西泠印社	2020-08-07
4.03克拉椭圆形天然斯里兰卡未经加热处理变色蓝宝石配钻石戒指		49,248	天成国际	2020-07-07
4.04克拉长方形艳彩黄色SI2钻石戒指 附GIA 配钻石	戒指3号	905,250	佳士得	2020-11-29
4.05克拉榄尖形浓彩紫粉红色SI2净度钻石戒指		11,006,200	香港苏富比	2020-07-10
4.06克拉方形J色VS2净度钻石配钻石戒指		180,800	香港苏富比	2020-07-10
4.10克拉祖母绿和钻石戒指 格拉夫		266,295	伦敦苏富比	2020-06-04
4.22克拉M色 VS2净度钻戒		158,861	纽约苏富比	2020-04-30
4.25克拉古垫形天然未经处理粉红色碧玺配粉红色尖晶石及钻石戒指		38,851	天成国际	2020-11-28
4.25克拉钻石戒指		335,388	巴黎苏富比	2020-06-11
4.28克拉长方形深彩棕橘黄色SI1钻石戒指	戒指3½	138,450	佳士得	2020-11-29
4.29克拉钻石戒指		128,004	纽约佳士得	2020-02-05
4.30克拉阶梯式切割天然未经加热处理红色尖晶石配黄色钻石及钻石戒指		38,304	天成国际	2020-07-07
4.35克拉哥伦比亚VVG极微油祖母绿戒指		287,500	西泠印社	2020-08-07
4.35克拉自然色 VS2净度黄色钻石和钻戒		884,438	纽约苏富比	2020-06-16
4.36克拉钻戒		174,274	伦敦苏富比	2020-04-07
4.38克拉天然缅甸尖晶石配钻石戒指		117,616	香港苏富比	2020-11-27
4.3克拉枕形淡彩绿色钻石戒指		2,185,000	西泠印社	2020-08-07
4.49克拉天然缅甸红宝石配钻石戒指		226,000	香港苏富比	2020-07-10
4.49克拉心形艳彩粉红色内部无瑕(IF)钻石配钻石戒指		56,954,260	香港苏富比	2020-07-10
4.50克拉F颜色 VS1净度钻石戒指		490,146	伦敦苏富比	2020-04-07
4.50克拉蓝宝石和钻石“PMPPADOUR”戒指		8,824	巴黎苏富比	2020-05-27
4.51克拉天然缅甸红宝石配钻石戒指		339,000	香港苏富比	2020-07-10
4.57克拉椭圆形缅甸天然蓝宝石戒指		158,200	佳士得	2020-07-09
4.57克拉椭圆形天然未经加热处理紫色尖晶石配粉红色刚玉及钻石戒指		26,266	天成国际	2020-07-07
4.60克拉喜马拉雅极微油祖母绿钻戒	14号手寸；主石9.85mm×9.04mm×7.46mm；4.60克拉	230,000	永乐拍卖	2020-08-18
4.75克拉钻戒 20世纪40年代		119,813	伦敦苏富比	2020-04-07
4.79克拉K色 SI1净度钻戒		176,513	纽约苏富比	2020-04-30
4.80克拉天然未经加热矢车菊蓝蓝宝石配祖母绿、红宝石及钻石戒指		101,200	中国嘉德	2020-12-05
4.84克拉西班牙设计师品牌VASARI蓝宝石戒指	手寸14号；主石4.84克拉	92,000	永乐拍卖	2020-08-18
4.89克拉椭圆形天然缅甸未经加热处理深皇家蓝蓝宝石配蓝宝石及钻石戒指		164,160	天成国际	2020-07-07
4.90克拉红宝石和1.28克拉钻石戒指 大约1910年		239,627	伦敦苏富比	2020-04-07
4.90克拉正方形浓彩粉红色VS1钻石戒指	戒指5	24,750,600	佳士得	2020-11-29
4.91克拉蓝宝石和钻石戒指 20世纪30年代		53,259	伦敦苏富比	2020-06-04
4.95克拉钻戒 20世纪30年代		132,390	巴黎苏富比	2020-06-11
40克拉尖晶石和钻石戒指		42,365	巴黎苏富比	2020-06-11
5.00克拉梨形彩黄绿色VS2净度钻石配彩色钻石及钻石戒指		1,243,000	香港苏富比	2020-07-10
5.01克拉方形F色VVS1净度钻石配钻石戒指		1,073,500	香港苏富比	2020-07-10
5.01克拉古垫形Y—Z色VVS2净度钻石配钻石戒指/吊坠		274,740	香港苏富比	2020-05-20
5.01克拉D色 VVS1净度钻戒		1,026,245	日内瓦苏富比	2020-06-24
5.01克拉F颜色 VS1净度和Ia型钻石戒指		750,210	巴黎苏富比	2020-06-11
5.02克拉皇家蓝蓝宝石戒指		97,750	西泠印社	2020-08-07
5.02克拉黄色钻石戒指/吊坠两用款	主石10.19mm×9.32mm×6.48mm	402,500	永乐拍卖	2020-12-04
5.02克拉梨形粉钻戒指	主石13.72×8.55×5.66mm；5.02克拉；总重16.24g	632,500	永乐拍卖	2020-08-18
5.02克拉马达加斯加未经加热皇家蓝蓝宝石戒指		184,000	西泠印社	2020-08-07
5.03克拉浓彩黄钻石戒指	主石10.54mm×8.44mm×6.14mm；5.03克拉	782,000	永乐拍卖	2020-08-18
5.03克拉枕形浓彩黄绿色钻石戒指		4,657,500	西泠印社	2020-08-07
5.04克拉心形艳彩蓝色VS2净度钻石配钻石戒指		73,943,584	香港苏富比	2020-07-10
5.04克拉红宝石和钻石戒指		57,369	巴黎苏富比	2020-06-11
5.04克拉椭圆形天然“莫桑比克”无经加热处理“鸽血红”红宝石配钻石戒指		404,928	天成国际	2020-07-07
5.05克拉古垫形天然斯里兰卡未经加热处理帕德玛刚玉配粉红色刚玉及钻石戒指		122,688	天成国际	2020-11-28
5.05克拉椭圆形天然缅甸抹谷未经加热处理红宝石配钻石戒指		286,272	天成国际	2020-11-28
5.05克拉枕形缅甸天然鸽血红红宝石戒指	戒指5	13,504,200	佳士得	2020-11-29
5.07克拉长方形彩黄色SI1（极优打磨）钻石戒指		316,400	佳士得	2020-07-09
5.07克拉钻石戒指		98,029	伦敦苏富比	2020-04-07
5.0克拉淡粉VVS1钻石戒指		2,081,500	永乐拍卖	2020-12-04
5.10克拉天然缅甸抹谷矿未经加热鸽血红红宝石配钻石戒指		517,500	中国嘉德	2020-12-05
5.13克拉天然马达加斯加蓝宝石配钻石戒指		124,300	香港苏富比	2020-07-10
5.14克拉天然蓝宝石配钻石戒指		67,800	香港苏富比	2020-07-10
5.15克拉圆形E/VS2钻石戒指		791,000	佳士得	2020-07-09

拍品名称	物品尺寸	成交价RMB	拍卖公司	拍卖日期
5.17克拉钻石戒指	主石（10.99—11.05）mm×6.93mm；5.17克拉	494,500	永乐拍卖	2020-08-18
5.21克拉"哥伦比亚"祖母绿配钻石戒指		180,800	香港苏富比	2020-07-10
5.22克拉浓彩蓝色内部无瑕（IF）钻石配钻石戒指 卡地亚		30,351,762	香港苏富比	2020-10-07
5.23克拉浅粉钻石戒指	主石13.15mm×9.69mm×6.13mm	2,760,000	永乐拍卖	2020-08-18
5.23克拉椭圆形淡浅粉色钻石配钻石戒指/吊坠	指圈14；吊坠约26.5mm×23mm×11.7mm	3,220,000	华艺国际	2020-10-15
5.26克拉F色 VVS1净度的圆形钻石戒指	戒圈6.5	1,149,769	纽约苏富比	2020-06-16
5.27克拉艳彩黄色钻石配钻石戒指		1,829,472	保利香港	2020-07-08
5.29克拉花式灰蓝色 自然色 净度为SI1钻戒		15,375,016	日内瓦苏富比	2020-06-24
5.30克拉钻石戒指		163,382	伦敦苏富比	2020-04-07
5.31克拉蓝宝石和钻石戒指		81,069	纽约佳士得	2020-06-30
5.32克拉圆形钻石戒指 20世纪50年代		150,042	巴黎苏富比	2020-06-11
5.34克拉圆形D/IF（极优切割、打磨及比例）Type IIa钻石戒指附GIA 配钻石 镶金	戒指6号	2,449,500	佳士得	2020-11-29
5.40克拉枕形哥伦比亚天然祖母绿戒指	戒指6	1,171,500	佳士得	2020-11-29
5.41克拉阶梯式切割天然淡绿黄色VS2净度钻石配钻石戒指		711,360	天成国际	2020-07-07
5.43克拉哥伦比亚未经注油祖母绿戒指		828,000	西泠印社	2020-08-07
5.43克拉克什米尔蓝宝石配钻石戒指 未经加热		2,760,000	北京保利	2020-10-19
5.49克拉长方形哥伦比亚祖母绿戒指		678,000	佳士得	2020-07-09
5.50克拉彩黄绿色钻石戒指	13号手寸；主石5.50克拉	1,782,500	永乐拍卖	2020-08-18
5.50克拉梨形D/VS2（极优打磨及比例）钻石戒指		1,017,000	佳士得	2020-07-09
5.51克拉缅甸鸽血红红宝石配钻石戒指 未经加热		860,928	保利香港	2020-07-08
5.52克拉祖母绿和钻石戒指 20世纪60年代		52,956	巴黎苏富比	2020-06-11
5.52克拉钻石戒指		167,481	日内瓦苏富比	2020-07-15
5.53克拉圆形D/IF Type IIa（极优打磨）钻石戒指		2,933,480	佳士得	2020-07-09
5.56克拉彩黄钻戒指	主石9.54mm×9.41mm×6.35mm；5.56克拉	414,000	永乐拍卖	2020-08-18
5.65克拉钻石戒指		645,696	保利香港	2020-07-08
5.69克拉阶梯式切割天然哥伦比亚祖母绿配钻石戒指		100,195	天成国际	2020-11-28
5.70克拉圆形足色VS1净度钻石戒指	尺寸6½	970,700	香港苏富比	2020-06-12
5.74克拉蓝宝石钻戒		1,399,425	日内瓦苏富比	2020-06-24
5.82克拉圆形足色VS1净度钻石戒指		1,130,000	香港苏富比	2020-07-10
5.83克拉蓝宝石钻石戒指		168,043	纽约苏富比	2020-06-16
5.84克拉帕拉伊巴碧玺配钻石戒指		23,523	香港苏富比	2020-11-27
5.90克拉梨形天然哥伦比亚祖母绿配钻石戒指		103,968	天成国际	2020-07-07
5.95克拉祖母绿钻石戒指		513,123	日内瓦苏富比	2020-06-24
50.2克拉彩棕绿黄色钻石戒指		9,430,000	永乐拍卖	2020-12-04
55克拉钻石戒指		9,804	巴黎苏富比	2020-05-27
56.41克拉斯里兰卡皇家蓝蓝宝石配钻石戒指/吊坠 未经加热	戒指14#	8,280,000	华艺国际	2020-12-05
56.41克拉斯里兰卡无烧皇家蓝色蓝宝石钻戒/吊坠两用款	主石19.87mm×18.85mm×16.57mm	7,820,000	永乐拍卖	2020-08-18
56.49克拉的紫色星形蓝宝石镶嵌粉红色电气石和紫水晶戒指		20,088	日内瓦苏富比	2020-05-07
6.01克拉古垫形Y至Z色VVS2净度钻石配钻石戒指	大小6¾	247,830	香港苏富比	2020-07-31
6.02克拉长方形艳彩黄色SI1钻石戒指	戒指5¾	852,000	佳士得	2020-11-29
6.02克拉枕形斯里兰卡天然蓝宝石戒指		248,600	佳士得	2020-07-09
6.05克拉古垫形天然浓彩黄色SI2净度钻石配钻石戒指		644,112	天成国际	2020-11-28
6.06克拉枕形缅甸天然鸽血红红宝石戒指		9,008,360	佳士得	2020-07-09
6.07克拉钻石戒指		247,128	巴黎苏富比	2020-06-11
6.14克拉古垫形天然斯里兰卡未经加热处理蓝色尖晶石配粉红色尖晶石及钻石戒指		60,192	天成国际	2020-07-07
6.17克拉哥伦比亚木佐绿祖母绿配钻石戒指		368,000	北京保利	2020-10-19
6.26克拉古垫形天然缅甸未经加热处理皇家蓝蓝宝石配钻石戒指		408,960	天成国际	2020-11-28
6.37克拉古垫形天然缅甸未经加热处理粉红色尖晶石配钻石戒指		131,328	天成国际	2020-07-07
6.37克拉蓝宝石和钻石戒指		41,390	伦敦苏富比	2020-04-07
6.39克拉梨形淡粉红色VS1净度钻石配钻石戒指		4,280,440	香港苏富比	2020-07-10
6.49克拉蜜糖棕色圆形猫眼石戒指	主石长9.44mm—9.66mm，宽7.16mm；戒圈13	101,200	永乐拍卖	2020-12-04
6.50克拉F色 内部无瑕疵钻戒	尺寸6¼	795,994	纽约苏富比	2020-06-16
6.59克拉天然哥伦比亚祖母绿配钻石戒指		345,000	中国嘉德	2020-12-05
6.69克拉阶梯式切割天然黄色锆石配钻石戒指		20,794	天成国际	2020-07-07
6.74克拉椭圆形天然未经加热处理粉红色尖晶石配钻石戒指		153,360	天成国际	2020-11-28
6.88克拉祖母绿和钻石戒指		63,915	日内瓦苏富比	2020-05-07
6.90克拉和9.74克拉祖母、绿红宝石、钻石戒指 格拉夫		84,327	伦敦苏富比	2020-06-04
6.90克拉椭圆形天然缅甸未经加热处理蓝宝石配钻石戒指		251,712	天成国际	2020-07-07
7.00克拉粉红色 自然色 VVS2净度钻戒		21,196,624	日内瓦苏富比	2020-06-24
7.00克拉古垫形天然缅甸未经加热处理皇家蓝蓝宝石配钻石戒指		227,635	天成国际	2020-07-07

拍品名称	物品尺寸	成交价RMB	拍卖公司	拍卖日期
7.01克拉钻石戒指		223,908	日内瓦苏富比	2020-06-24
7.03克拉红宝石钻石戒指		139,943	日内瓦苏富比	2020-06-24
7.03克拉枕形艳彩黄色VS2钻石戒指		3,475,880	佳士得	2020-07-09
7.09克拉枕形克什米尔天然皇家蓝蓝宝石戒指 配2.14及2.08克拉枕形F/VS1—VS2钻石	戒指5	4,047,000	佳士得	2020-11-29
7.16克拉蓝宝石和钻石戒指		52,956	巴黎苏富比	2020-06-11
7.18克拉方形艳彩黄色VS1净度钻石配钻石戒指		1,820,333	香港苏富比	2020-04-15
7.1克拉缅甸鸽血红无烧红宝石戒指	主石12.59mm×9.97mm	2,645,000	永乐拍卖	2020-12-04
7.28克拉榄尖形D/IF钻石戒指	戒指5	2,343,000	佳士得	2020-11-29
7.28克拉长方形哥伦比亚祖母绿戒指		1,017,000	佳士得	2020-07-09
7.30克拉蓝宝石和钻石戒指		45,654	日内瓦苏富比	2020-05-07
7.33克拉浅粉红色 天然颜色 VS2净度钻石配钻石戒指	尺寸6	3,199,808	香港苏富比	2020-10-07
7.43克拉变色蓝宝石钻戒		91,308	日内瓦苏富比	2020-05-07
7.50克拉蓝宝石和钻石戒指		164,354	日内瓦苏富比	2020-05-07
7.64克拉糖塔微油祖母绿戒指	主石13.33mm×10.53mm×8.28mm；7.64克拉	69,000	永乐拍卖	2020-12-04
7.67克拉圆形O至P色SI2净度钻石配钻石戒指		214,700	香港苏富比	2020-07-10
7.73克拉椭圆形蓝宝石钻戒		55,827	日内瓦苏富比	2020-07-15
7.94克拉长方形彩黄色VS1钻石戒指		678,000	佳士得	2020-07-09
8.00克拉祖母绿戒指		53,259	伦敦苏富比	2020-06-04
8.02克拉钻石戒指		2,152,320	保利香港	2020-07-08
8.03克拉缅甸鸽血红红宝石配钻石戒指 未经加热		7,130,000	北京保利	2020-10-19
8.03克拉枕垫形中彩黄色钻石配钻石戒指/吊坠	指圈12.5#；吊坠约23.8mm×19mm×11.1mm	1,150,000	华艺国际	2020-10-15
8.04克拉椭圆形彩棕橘粉红色IF钻石戒指		4,235,240	佳士得	2020-07-09
8.18克拉天然东非沙弗莱石配钻石戒指		149,693	香港苏富比	2020-11-27
8.26克拉蓝宝石和钻石戒指		158,868	巴黎苏富比	2020-06-11
8.28克拉蓝宝石和钻石戒指		871,370	伦敦苏富比	2020-04-07
8.31克拉赞比亚祖母绿配钻石戒指	尺寸6¾	68,520	香港苏富比	2020-06-12
8.35克拉D色 内部无瑕疵的六边形钻石钻戒		3,537,750	纽约苏富比	2020-06-16
8.35克拉皇家蓝色蓝宝石糖塔形戒指	主石10.76mm×9.20mm×8.13mm；8.35克拉；13号圈	80,500	永乐拍卖	2020-12-04
8.37克拉钻戒		279,885	日内瓦苏富比	2020-06-24
8.38克拉巴西猫眼亚历山大石戒指	戒指6	798,750	佳士得	2020-11-29
8.38克拉椭圆形天然锰铝榴石配钻石戒指及钻石吊耳夹一对		38,304	天成国际	2020-07-07
8.42克拉蓝宝石和钻石戒指		109,569	日内瓦苏富比	2020-05-07

拍品名称	物品尺寸	成交价RMB	拍卖公司	拍卖日期
8.44克拉天然哥伦比亚祖母绿配钻石戒指/吊坠	指圈13.5；吊坠约29mm×22.1mm×11mm	517,500	华艺国际	2020-10-15
8.52克拉蓝宝石和钻石戒指		136,961	日内瓦苏富比	2020-05-07
8.81克拉钻石戒指		728,855	日内瓦苏富比	2020-11-11
8.88克拉方形艳彩黄色内部无瑕（IF）钻石配钻石戒指		2,938,000	香港苏富比	2020-07-10
8.89克拉蓝宝石配5.33克拉D色VS1净度钻石戒指		1,731,030	日内瓦苏富比	2020-11-11
9.06克拉天然哥伦比亚木佐矿祖母绿配钻石戒指/吊坠		368,000	中国嘉德	2020-12-05
9.15克拉祖母绿和钻石戒指		413,901	伦敦苏富比	2020-04-07
9.16克拉浓彩黄钻石戒指	主石12.41mm×11.12mm×7.30mm	1,380,000	永乐拍卖	2020-08-18
9.18克拉D色VS1净度钻石戒指 卡地亚		2,915,418	日内瓦苏富比	2020-11-11
9.20克拉圆形F/VS2钻石戒指		2,034,000	佳士得	2020-07-09
9.26克拉天然哥伦比亚木佐无油祖母绿配钻石及彩色钻石戒指		8,418,104	香港苏富比	2020-10-07
9.26克拉圆形E/VVS2（极优切割、打磨及比例）钻石戒指 附GIA 配钻石 镶铂金 戒指5¾号		2,982,000	佳士得	2020-11-29
9.45克拉艳彩鲜黄 自然色 VVS2净度的方形祖母绿切割钻石戒指	大小6¼	3,448,829	纽约苏富比	2020-12-09
9.55克拉枕形哥伦比亚天然祖母绿戒指		3,584,360	佳士得	2020-07-09
9.59克拉榄尖形深彩棕黄色SI1钻石戒指		192,100	佳士得	2020-07-09
9.80克拉紫罗兰蓝宝石钻石戒指 大约1910年		544,606	伦敦苏富比	2020-04-07
9.90克拉G颜色 VVS2净度和IIa型钻石戒指		2,029,980	巴黎苏富比	2020-06-11
Adler 有色钻石及钻石戒指两枚		17,143	佳士得	2020-04-28
Anna Hu设计 14.03克拉缅甸皇家蓝蓝宝石配钻石戒指 未经加热		5,175,000	北京保利	2020-12-05
ARTDECO时期 18K白金钻石镶嵌红宝石戒指	戒圈13cm；重量6.8g	25,300	西泠印社	2020-08-10
ARTDECO时期 蓝宝石钻石戒指	戒圈14cm；重量4.4g	20,700	西泠印社	2020-08-10
ARTDECO装饰艺术时期 红宝石耳钉、戒指套装	戒指手寸13#	6,900	永乐拍卖	2020-12-04
BELLARRI 托帕石及钻石戒指	戒指尺寸7	10,857	佳士得	2020-04-28
BUCCELLATI钻石戒指		59,735	纽约佳士得	2020-02-05
BULGARI "NATURALIA" 红宝石及钻石戒指及 CARTIER 金戒指		13,715	佳士得	2020-04-28
BULGARI 宝石戒指两只		16,000	佳士得	2020-04-28
Bulgari 钻石戒指		8,000	佳士得	2020-04-28
CARTIER "TRINITY" 戒指一对及吊坠		13,715	佳士得	2020-04-28
CHAUMET钻石戒指		33,539	巴黎苏富比	2020-06-11
DE GRISOGONO 蓝宝石及粉红色蓝宝石戒指	蓝宝石重5.37克拉	97,144	佳士得	2020-04-28
DIOR "OUI" 摩根石及钻石戒指		14,857	佳士得	2020-04-28

2020翡翠珠宝拍卖成交汇总（续表）

拍品名称	物品尺寸	成交价RMB	拍卖公司	拍卖日期
Forms4.58克拉天然缅甸红宝石配钻石戒指		904,000	香港苏富比	2020-07-10
G.兄弟钻石戒指		10,240	纽约佳士得	2020-06-30
GRAFF蓝宝石及钻石戒指		182,860	佳士得	2020-04-28
Kern钻石戒指		24,192	日内瓦苏富比	2020-07-15
K金配钻石“Panthèrede Cartier”戒指 Cartier		56,232	天成国际	2020-11-28
Lotus Dew碧珠荷香18K白金镶嵌翡翠及红宝石钻石及沙弗莱石戒指		552,000	永乐拍卖	2020-08-18
MARINAB设计 宝石“DIANA”戒指		55,960	保利香港	2020-07-08
REPOSSI钻石戒指		24,713	巴黎苏富比	2020-06-11
SCAVIA 宝石及钻石戒指		16,000	佳士得	2020-04-28
VAN CLEEF & ARPELS 钻石及蓝宝石戒指 附GIA证书		80,001	佳士得	2020-04-28
VAN CLEEF & ARPELS 钻石戒指		45,715	佳士得	2020-04-28
VBH养殖珍珠和彩色钻石戒指		10,240	纽约佳士得	2020-06-30
VERDURA绿宝石蓝宝石戒指		354,521	日内瓦苏富比	2020-06-24
爱德华时期 钻石镶嵌珍珠戒指	戒圈9cm；重量3.3g	23,000	西泠印社	2020-08-10
八角形黄水晶戒指		21,569	巴黎苏富比	2020-05-27
柏斯汀石榴石和粉红蓝宝石戒指 蒂芙尼		39,715	纽约苏富比	2020-04-30
宝格丽2.90克拉钻石戒指		114,738	巴黎苏富比	2020-06-11
宝格丽多宝石、钻石和黄金的“艾蕾歌拉”戒指		25,601	纽约佳士得	2020-02-05
宝格丽多宝石和钻石“CELTICA”戒指		23,894	纽约佳士得	2020-02-05
宝格丽黄金配钻石戒指两枚		12,392	香港苏富比	2020-07-31
宝格丽蓝宝石钻戒		186,590	日内瓦苏富比	2020-06-24
宝格丽设计 5.28克拉克什米尔蓝宝石配钻石戒指 未经加热		2,798,016	保利香港	2020-07-08
宝格丽钻石戒指		156,863	巴黎苏富比	2020-05-27
宝格丽“Monete”18K金 古钱币配钻石及红宝石戒指		45,790	香港苏富比	2020-05-20
宝格丽2.85克拉蓝宝石配钻石戒指		32,053	香港苏富比	2020-05-20
宝格丽宝石配钻石戒指		101,577	香港苏富比	2020-11-27
宝格丽天然珍珠配钻石戒指		1,138,835	日内瓦苏富比	2020-11-11
宝石和钻戒 大卫·韦伯		38,122	伦敦苏富比	2020-04-07
宝石和钻戒 赵辛迪		41,390	伦敦苏富比	2020-04-07
宝石和钻石、红宝石戒指 格拉夫		343,137	巴黎苏富比	2020-05-27
宝石戒指两枚		9,714	佳士得	2020-04-28
宝石戒指两只及 Adler 粉红色蓝宝石及钻石戒指		32,001	佳士得	2020-04-28
宝石配钻石戒指	大小7	13,518	香港苏富比	2020-07-31
宝石套装和钻石戒指		9,804	巴黎苏富比	2020-05-27
宝石镶嵌和钻石戒指一对 纳尔迪		98,029	伦敦苏富比	2020-04-07
碧玺戒指 宝格丽		11,765	巴黎苏富比	2020-05-27
碧玺配钻石戒指		90,400	香港苏富比	2020-07-10
碧玺及钻石戒指 附GIA证书		34,286	佳士得	2020-04-28
冰种阳绿翡翠对戒		172,500	西泠印社	2020-08-07
铂金镶钻红宝碧玺戒指	长1.8cm；主石长1.2cm	11,500	中国嘉德	2020-07-15
彩色宝石和人造宝石镶嵌戒指		17,652	巴黎苏富比	2020-06-11
彩色刚玉配钻石戒指	大小7	39,428	香港苏富比	2020-07-31
彩色蓝宝石及钻石戒指		16,000	佳士得	2020-04-28
彩色钻石戒指		81,069	纽约佳士得	2020-06-30
彩色钻石戒指		55,295	保利香港	2020-12-08
彩色钻石配钻石及粉红色刚玉戒指	尺寸5½	45,790	香港苏富比	2020-05-20
彩色钻石配钻石戒指		74,409	香港苏富比	2020-05-20
彩色钻石配钻石戒指		1,808,000	香港苏富比	2020-07-10
彩色钻石配钻石戒指	大小7	21,404	香港苏富比	2020-07-31
彩色钻石配钻石戒指	大小6¾	54,072	香港苏富比	2020-07-31
彩色钻石配钻石戒指(三枚彩色钻石共重1.45克拉)		159,279	香港苏富比	2020-04-15
彩色钻石配钻石戒指/挂坠		42,769	香港苏富比	2020-11-27
陈世英8.11克拉天然缅甸红宝石配钻石戒指		4,497,400	香港苏富比	2020-07-10
橙黄色钻戒		41,870	日内瓦苏富比	2020-07-15
大卫·韦伯钻石和金戒指		76,803	纽约佳士得	2020-02-05
大卫·韦伯珐琅、绿松石、钻戒	尺寸6	97,288	纽约苏富比	2020-06-16
大卫·韦伯金、昆石、钻戒	尺寸6½	114,977	纽约苏富比	2020-06-16
戴维·莫里斯（DIAMOND）双钻戒指		24,713	巴黎苏富比	2020-06-11
淡彩黄色钻石戒指 附GIA证书	直径9.19mm×9.78mm×4.90mm，重2.50克拉	114,288	佳士得	2020-04-28
蛋白石戒指 EMILIOPUCCI		30,891	巴黎苏富比	2020-06-11
帝王绿玻璃种蛋面戒指	主石16.5mm×14.3mm×6.7mm；戒圈15.5	414,000	永乐拍卖	2020-12-04
蒂芙尼“NOVO”钻戒		110,937	纽约佳士得	2020-02-05
蒂芙尼电气石和钻石戒指		18,774	纽约佳士得	2020-02-05
蒂芙尼·斯伦贝谢16石钻石戒指		25,601	纽约佳士得	2020-02-05
蒂芙尼18K金镶钻石蝴蝶结戒指（附原盒及绒布袋）		23,000	西泠印社	2020-08-07
蒂芙尼3.13克拉蓝宝石钻戒		84,022	纽约苏富比	2020-06-16
蒂芙尼5.04克拉E色 VS1净度钻戒		840,216	纽约苏富比	2020-06-16
蒂芙尼5.49克拉F色 VS1净度钻戒	尺寸6	751,772	纽约苏富比	2020-06-16
蒂芙尼彩色钻石和钻石戒指		40,961	纽约佳士得	2020-02-05
蒂芙尼坦桑石和钻石“遗产”戒指	坦桑石重2.54克拉	46,935	纽约佳士得	2020-02-05
蒂芙尼钻石和绿色石榴石戒指（两个）及未签名的钻石戒指		17,067	纽约佳士得	2020-02-05
蒂芙尼钻石和祖母绿“TOIETMOI”戒指		40,961	纽约佳士得	2020-02-05
蒂芙尼钻石戒指		20,481	纽约佳士得	2020-02-05
点金平打戒指		11,500	华艺国际	2020-10-15
电气石和钻石戒指		18,774	纽约佳士得	2020-02-05
电气石钻石戒指		51,202	纽约佳士得	2020-06-30
电气石钻石戒指	电气石重5.77克拉	23,894	纽约佳士得	2020-02-05
电气石及钻石戒指 附加GIA证书		45,715	佳士得	2020-04-28
顶级黄钻15.23克拉艳彩黄色钻石配钻石戒指 净度内部无瑕	戒指6 ¼	8,050,000	北京保利	2020-10-19
多颗宝石和金戒指		23,894	纽约佳士得	2020-02-05
多颗宝石和金戒指		9,387	纽约佳士得	2020-02-05
20世纪 祖母绿及钻石戒指		102,773	日内瓦佳士得	2020-07-22
珐琅 宝石镶嵌和钻石戒指两枚 SANTAGOSTINO		49,020	巴黎苏富比	2020-05-27

拍品名称	物品尺寸	成交价RMB	拍卖公司	拍卖日期
珐琅和钻石戒指 FRASCAROLO 20世纪60年代		18,627	巴黎苏富比	2020-05-27
梵克雅宝"Lotus"钻石戒指		169,500	香港苏富比	2020-07-10
梵克雅宝10.03克拉H色 VS1净度钻石戒指		1,679,310	日内瓦苏富比	2020-06-24
梵克雅宝13.01克拉圆形H色VS2净度钻石戒指		2,253,000	香港苏富比	2020-07-31
梵克雅宝的老虎眼和钻石戒指		16,214	纽约佳士得	2020-02-05
梵克雅宝蓝宝石配钻石戒指		192,462	香港苏富比	2020-11-27
梵克雅宝绿宝石钻戒	尺寸5½	75,177	纽约苏富比	2020-06-16
梵克雅宝珊瑚配钻石戒指		27,474	香港苏富比	2020-05-20
梵克雅宝设计 Two Butterfly指间戒	指圈9#	138,000	华艺国际	2020-12-05
梵克雅宝设计珍贵罕有23.49克拉缅甸皇家蓝蓝宝石配钻石戒指 未经加热	戒指6 3/4	9,200,000	北京保利	2020-10-19
梵克雅宝钻戒"指间莲花"		139,943	日内瓦苏富比	2020-06-24
梵克雅宝钻石戒指		19,417	巴黎苏富比	2020-06-11
梵克雅宝钻石戒指"SORATE"		44,662	日内瓦苏富比	2020-07-15
非常珍罕6.41克拉天然缅甸鸽血红未经加热红宝石配钻石戒指	大小6	19,225,994	香港苏富比	2020-10-07
翡翠 珊瑚和钻石戒指 1920年		59,735	纽约佳士得	2020-02-05
翡翠、黄钻及钻石戒指 附证书	翡翠 16.2mm × 12.7mm	57,144	佳士得	2020-04-28
翡翠、钻石及黑玛瑙戒指附证书	翡翠18.15mm × 12.11mm	74,287	佳士得	2020-04-28
翡翠和钻石戒指		57,697	伦敦苏富比	2020-06-04
翡翠和钻石戒指		20,481	纽约佳士得	2020-06-30
翡翠和钻石戒指	翡翠9.90mm × 16.60mm × 8.17mm	35,841	纽约佳士得	2020-06-30
翡翠和钻石戒指		44,383	伦敦苏富比	2020-06-04
翡翠和钻石戒指 卡地亚 约2002年		29,412	巴黎苏富比	2020-05-27
翡翠和钻石双宝石戒指	祖母绿重1.10—1.20克拉	42,668	纽约佳士得	2020-06-30
翡翠及钻石戒指，附证书		62,858	佳士得	2020-04-28
翡翠戒指	21 × 16mm14号手寸；25.3532g	310,500	永乐拍卖	2020-08-18
翡翠玉马鞍戒指		76,803	纽约佳士得	2020-02-05
翡翠元宝造型戒指	主石14.7mm × 9.0mm × 9.6mm；戒圈13	97,750	永乐拍卖	2020-12-04
粉红钻、黄钻及钻石戒指，附GIA证书		97,144	佳士得	2020-04-28
粉蓝宝石和钻石戒指 格拉夫		81,069	纽约佳士得	2020-06-30
橄榄石和钻石的叶子戒指 VERDURA 1972年		57,367	纽约苏富比	2020-04-30
橄榄石和钻石戒指	橄榄石重40.0—50.0克拉	81,069	纽约佳士得	2020-02-05
缟玛瑙和钻石戒指		20,481	纽约佳士得	2020-02-05
缟玛瑙和钻石戒指 梵克雅宝		22,187	纽约佳士得	2020-06-30
缟玛瑙配钻石戒指 Tiffany（蒂芙尼）&Co.		52,531	天成国际	2020-07-07
哥伦比亚5.40克拉祖母绿配钻石戒指		4,475,904	纽约苏富比	2020-12-09
哥伦比亚8.47克拉祖母绿配钻石戒指		1,275,495	日内瓦苏富比	2020-11-11
格拉夫10.34克拉哥伦比亚祖母绿配钻石戒指		1,017,000	香港苏富比	2020-07-10
格拉夫10.45克拉椭圆形足色全美钻石配钻石戒指		7,209,400	香港苏富比	2020-07-10

拍品名称	物品尺寸	成交价RMB	拍卖公司	拍卖日期
格拉夫4.64克拉鲜黄 自然色VVS2净度钻石配钻石戒指		1,563,138	纽约苏富比	2020-12-09
格拉夫5.55克拉绿宝石和钻石戒指"漩涡"		242,567	日内瓦苏富比	2020-06-24
格拉夫6.13克拉钻石戒指		2,425,670	日内瓦苏富比	2020-06-24
格拉夫红宝石和钻石戒指		768,026	纽约佳士得	2020-02-05
格拉夫祖母绿及2.08克拉G色 VS1净度的圆形钻石戒指	尺寸7¼	283,020	纽约苏富比	2020-06-16
格拉夫钻戒		265,331	纽约苏富比	2020-06-16
哈里·温斯顿10.53克拉蓝宝石钻戒		354,521	日内瓦苏富比	2020-06-24
哈默曼兄弟钻戒		15,818	日内瓦苏富比	2020-07-15
海蓝宝配钻石戒指	大小7	29,289	香港苏富比	2020-07-31
海蓝宝石 红宝石和钻石戒指	海蓝宝石重量10.00—11.00克拉	22,187	纽约佳士得	2020-02-05
海蓝宝石和钻石戒指		64,002	纽约佳士得	2020-06-30
海蓝宝石和钻石戒指	海蓝宝石重量12.00—13.00克拉	22,187	纽约佳士得	2020-02-05
海蓝宝石及钻石戒指 Margherita Burgener设计		51,387	日内瓦佳士得	2020-07-22
海蓝宝石戒指		15,686	巴黎苏富比	2020-05-27
海蓝宝石配钻石戒指		49,075	天成国际	2020-11-28
海蓝宝石钻石戒指	尺寸7¼	57,367	纽约苏富比	2020-04-30
海螺珠配钻石"鸟巢"戒指		54,720	天成国际	2020-07-07
海螺珠配钻石戒指		25,124	香港苏富比	2020-06-12
海瑞温斯顿1.06克拉梨形钻石戒指		79,100	香港苏富比	2020-07-10
海瑞温斯顿1.32克拉心形钻石戒指		101,700	香港苏富比	2020-07-10
海瑞温斯顿5.03克拉方形G色VVS1净度钻石配钻石戒指		1,073,500	香港苏富比	2020-07-10
海瑞温斯顿11.75克拉D色 VVS1净度钻石戒指		4,956,645	日内瓦苏富比	2020-11-11
海瑞温斯顿16.08克拉天然哥伦比亚无油祖母绿配钻石戒指		5,451,233	香港苏富比	2020-10-07
海瑞温斯顿16.11克拉D色VVS1净度钻石戒指 1968年		4,956,645	日内瓦苏富比	2020-11-11
海瑞温斯顿20.0克拉E色VVS2净度钻石戒指 约1970年		5,831,560	日内瓦苏富比	2020-11-11
海瑞温斯顿祖母绿配钻石戒指 约1970年		1,138,835	日内瓦苏富比	2020-11-11
合成红宝石和钻石戒指		18,774	纽约佳士得	2020-06-30
黑欧泊戒指		23,000	永乐拍卖	2020-08-18
红宝石、粉红色蓝宝石及钻石戒指		62,858	佳士得	2020-04-28
红宝石电气石和钻石戒指	红宝石重21.26克拉	102,404	纽约佳士得	2020-02-05
红宝石和1.00克拉钻石戒指 格拉夫		217,843	伦敦苏富比	2020-04-07
红宝石和钻石戒指	红宝石重2.95克拉	35,841	纽约佳士得	2020-02-05
红宝石和钻石戒指		27,392	日内瓦苏富比	2020-05-07
红宝石和钻石戒指		5,882	巴黎苏富比	2020-05-27
红宝石和钻石戒指		83,333	巴黎苏富比	2020-05-27
红宝石和钻石戒指		44,118	巴黎苏富比	2020-05-27
红宝石和钻石戒指		34,314	巴黎苏富比	2020-05-27
红宝石和钻石戒指		42,607	伦敦苏富比	2020-06-04
红宝石和钻石戒指		52,956	巴黎苏富比	2020-06-11
红宝石和钻石戒指		105,912	巴黎苏富比	2020-06-11
红宝石和钻石戒指 20世纪40年代		88,260	巴黎苏富比	2020-06-11

2020翡翠珠宝拍卖成交汇总（续表）

拍品名称	物品尺寸	成交价RMB	拍卖公司	拍卖日期
红宝石和钻石戒指 梵克雅宝		18,774	纽约佳士得	2020-06-30
红宝石和钻石戒指（两枚）		25,566	日内瓦苏富比	2020-05-07
红宝石及钻石戒指		135,600	佳士得	2020-07-09
红宝石及钻石戒指		149,488	日内瓦佳士得	2020-07-22
红宝石及钻石戒指	红宝石重3.50克拉	16,000	佳士得	2020-04-28
红宝石及钻石戒指		22,858	佳士得	2020-04-28
红宝石及钻石戒指 Cartier镶嵌		121,459	日内瓦佳士得	2020-07-22
红宝石及钻石戒指 Graff设计		280,290	日内瓦佳士得	2020-07-22
红宝石及钻石戒指 海瑞温斯顿设计		298,976	日内瓦佳士得	2020-07-22
红宝石及钻石戒指附加GIA证书	红宝石重2.42克拉	43,429	佳士得	2020-04-28
红宝石及钻石戒指附加GRS证书	红宝石重1.08克拉	43,429	佳士得	2020-04-28
红宝石及钻石戒指及 CARTIER金戒指		6,857	佳士得	2020-04-28
红宝石及钻石胸针（Kutchinsky设计）、红宝石及钻石戒指		607,295	日内瓦佳士得	2020-07-22
红宝石戒指		146,900	佳士得	2020-07-09
红宝石戒指 配钻石	戒指5½号	276,900	佳士得	2020-11-29
红宝石配蓝宝石及钻石戒指	尺寸6	79,940	香港苏富比	2020-06-12
红宝石配钻石戒指	大小6¾	31,542	香港苏富比	2020-07-31
红宝石钻石戒指		223,908	日内瓦苏富比	2020-06-24
红宝石钻石戒指		22,187	纽约佳士得	2020-02-05
红色碧玺配钻石戒指 Adler		43,776	天成国际	2020-07-07
虎眼石戒指 Kutchinsky 1972年		23,963	伦敦苏富比	2020-04-07
花式4.57克拉黄色 自然色 VVS2净度钻戒		264,769	纽约苏富比	2020-04-30
华丽的粉色和蓝色钻戒一对		513,123	日内瓦苏富比	2020-06-24
黄色蓝宝石和钻石戒指		55,827	日内瓦苏富比	2020-07-15
黄色蓝宝石和钻石戒指		53,922	巴黎苏富比	2020-05-27
黄色钻石和钻戒	大小5½	530,663	纽约苏富比	2020-06-16
黄水晶 宝石及钻石戒指		44,118	巴黎苏富比	2020-05-27
黄水晶 紫水晶和金戒指		10,240	纽约佳士得	2020-02-05
黄钻、水晶及钻石戒指		34,286	佳士得	2020-04-28
极为独特的11.84克拉天然克什米尔未经加热红宝石配钻石戒指		759,000	中国嘉德	2020-12-05
集群钻石戒指		85,336	纽约佳士得	2020-06-30
尖晶石和钻石戒指		32,428	纽约佳士得	2020-06-30
尖晶石及钻石戒指	尖晶石重4.04克拉	45,715	佳士得	2020-04-28
金 7.90克拉红宝石和钻石戒指 大卫・韦伯		70,605	纽约苏富比	2020-04-30
金 8.95克拉紫水晶和绿松石戒指 大卫・韦伯		83,843	纽约苏富比	2020-04-30
金和彩色钻戒 宝格丽		132,384	纽约苏富比	2020-04-30
金及3.89克拉I色VS2净度钻石戒指		150,036	纽约苏富比	2020-04-30
金戒指		17,647	巴黎苏富比	2020-05-27
金戒指		9,804	巴黎苏富比	2020-05-27
金戒指组		20,481	纽约佳士得	2020-02-05
金镶冰种马眼翡翠戒指		59,800	西泠印社	2020-08-07
金镶蛋面翡翠戒指/吊坠两用		34,500	西泠印社	2020-08-07
金镶翡翠葫芦戒指		48,300	西泠印社	2020-08-07
金镶钻石花形戒指		13,800	西泠印社	2020-08-07

拍品名称	物品尺寸	成交价RMB	拍卖公司	拍卖日期
金镶钻石戒指		8,050	西泠印社	2020-08-07
精美稀有的5.09克拉天然克什米尔未经加热变色蓝宝石配钻石戒指		460,000	中国嘉德	2020-12-05
卡地亚（Cartier）Double Panther18K黄金缟玛瑙祖母绿双豹戒指（附原盒）		28,750	西泠印社	2020-08-07
卡地亚“Panthère”钻石配缟玛瑙及祖母绿戒指		395,500	香港苏富比	2020-07-10
卡地亚“Panthère”18K金配珐琅彩及祖母绿戒指		51,514	香港苏富比	2020-05-20
卡地亚“Panthère”钻石配祖母绿戒指		29,764	香港苏富比	2020-05-20
卡地亚10.78克拉F颜色 VVS1净度钻石戒指		3,685,846	纽约苏富比	2020-12-09
卡地亚12.89克拉天然缅甸蓝宝石配钻石戒指 20世纪初期		1,751,500	香港苏富比	2020-07-10
卡地亚18K金配钻石戒指三枚		25,124	香港苏富比	2020-06-12
卡地亚2.40克拉祖母绿配钻石戒指		80,133	香港苏富比	2020-05-20
卡地亚21.86克拉哥伦比亚祖母绿配钻石戒指		23,832,310	纽约苏富比	2020-12-09
卡地亚6.01克拉F色 VVS2净度钻石戒指		1,149,769	纽约苏富比	2020-06-16
卡地亚9.75克拉坦桑石钻戒	尺寸6½	79,599	纽约苏富比	2020-06-16
卡地亚珐琅彩配18K金戒指		90,400	香港苏富比	2020-07-10
卡地亚红宝石钻戒		32,566	日内瓦苏富比	2020-07-15
卡地亚尖晶石配祖母绿及钻石戒指		1,594,369	日内瓦苏富比	2020-11-11
卡地亚蓝宝石和金戒指		10,240	纽约佳士得	2020-02-05
卡地亚蓝宝石配钻石戒指	手寸13号	103,500	永乐拍卖	2020-08-18
卡地亚蓝宝石配钻石戒指		45,790	香港苏富比	2020-05-20
卡地亚玛瑙和黑玛瑙戒指		93,870	纽约佳士得	2020-02-05
卡地亚设计 8.05克拉钻石戒指		2,367,552	保利香港	2020-07-08
卡地亚设计1.01克拉钻石戒指	戒指10.5#	86,250	华艺国际	2020-12-05
卡地亚钻戒	尺寸5¼	39,800	纽约苏富比	2020-06-16
卡地亚钻戒		121,284	日内瓦苏富比	2020-06-24
卡地亚钻戒		2,239,080	日内瓦苏富比	2020-06-24
卡地亚钻石戒指		36,523	日内瓦苏富比	2020-05-07
卡地亚钻石戒指		68,685	香港苏富比	2020-05-20
克什米尔5.34克拉垫形切割蓝宝石配钻石戒指		2,303,572	纽约苏富比	2020-12-09
克什米尔6.65克拉蓝宝石戒指		2,733,205	日内瓦苏富比	2020-11-11
孔雀石和钻石戒指		16,214	纽约佳士得	2020-02-05
库钦斯基珐琅钻戒		27,914	日内瓦苏富比	2020-07-15
蓝宝石 祖母绿和钻石戒指	蓝宝石重约6.61克拉	72,536	纽约佳士得	2020-02-05
蓝宝石和金戒指		38,401	纽约佳士得	2020-06-30
蓝宝石和蓝宝石钻石戒指		54,461	伦敦苏富比	2020-04-07
蓝宝石和钻石戒指	蓝宝石重27.81克拉	221,874	纽约佳士得	2020-06-30
蓝宝石和钻石戒指		85,336	纽约佳士得	2020-06-30
蓝宝石和钻石戒指	蓝宝石重9.07克拉	81,069	纽约佳士得	2020-06-30
蓝宝石和钻石戒指	重6.17克拉	162,139	纽约佳士得	2020-06-30

拍品名称	物品尺寸	成交价RMB	拍卖公司	拍卖日期
蓝宝石和钻石戒指		63,915	日内瓦苏富比	2020-05-07
蓝宝石和钻石戒指		127,451	巴黎苏富比	2020-05-27
蓝宝石和钻石戒指		21,569	巴黎苏富比	2020-05-27
蓝宝石和钻石戒指		88,260	巴黎苏富比	2020-06-11
蓝宝石和钻石戒指		83,847	巴黎苏富比	2020-06-11
蓝宝石和钻石戒指 格拉夫		187,740	纽约佳士得	2020-06-30
蓝宝石和钻石戒指 格拉夫		117,647	巴黎苏富比	2020-05-27
蓝宝石和钻石戒指两个		18,627	巴黎苏富比	2020-05-27
蓝宝石及钻石戒指		1,588,310	日内瓦佳士得	2020-07-22
蓝宝石及钻石戒指		8,184,468	日内瓦佳士得	2020-07-22
蓝宝石及钻石戒指		728,754	日内瓦佳士得	2020-07-22
蓝宝石及钻石戒指		327,005	日内瓦佳士得	2020-07-22
蓝宝石及钻石戒指 Cartier（卡地亚）镶嵌		5,403,991	日内瓦佳士得	2020-07-22
蓝宝石戒指		5,045,220	日内瓦佳士得	2020-07-22
蓝宝石与钻石戒指		44,130	巴黎苏富比	2020-06-11
蓝宝石与钻石戒指		33,539	巴黎苏富比	2020-06-11
蓝宝石与钻石戒指 20世纪初		24,713	巴黎苏富比	2020-06-11
蓝宝石钻戒		18,774	纽约佳士得	2020-06-30
蓝宝石钻戒	重9.49克拉	72,536	纽约佳士得	2020-06-30
蓝宝石钻石戒指 梵克雅宝		136,538	纽约佳士得	2020-06-30
蓝宝石钻石戒指 格拉夫	主钻石重达1.02克拉	163,382	伦敦苏富比	2020-04-07
蓝宝石钻石戒指 1925年		46,935	纽约佳士得	2020-02-05
蓝色多瑙河铂金28.38克拉海蓝宝钻石戒指		276,000	永乐拍卖	2020-08-18
老坑帝王绿翡翠戒指	主石11.3mm×10.1mm×5.0mm；13号圈	23,000	永乐拍卖	2020-12-04
老人牌红宝石戒指		559,770	日内瓦苏富比	2020-06-24
雷帕西金钻戒		18,609	日内瓦苏富比	2020-07-15
两个宝石钻石戒指和一个黄金钻石戒指		51,175	日内瓦苏富比	2020-07-15
两个黄金戒指		11,094	纽约佳士得	2020-02-05
两个天青石和金戒指		9,387	纽约佳士得	2020-02-05
两个钻石戒指		16,865	伦敦苏富比	2020-06-04
两枚硅藻土金戒指		8,534	纽约佳士得	2020-02-05
两枚珊瑚和钻石戒指		14,507	纽约佳士得	2020-06-30
绿宝石戒指		19,608	巴黎苏富比	2020-05-27
马库斯蓝宝石和钻石戒指 大约1930年		513,123	日内瓦苏富比	2020-06-24
玛瑙和钻石戒指 卡地亚		68,269	纽约佳士得	2020-06-30
玛瑙及金戒指 JEAN德普雷		75,021	巴黎苏富比	2020-06-11
美宝珠 珐琅和钻戒 大卫·韦伯	22.2mm×21.8mm	42,363	纽约苏富比	2020-04-30
米歇尔·德拉瓦莱祖母绿和粉红蓝宝石戒指		46,935	纽约佳士得	2020-06-30
缅甸天然冰种翡翠蛋面配钻石挂坠及戒指		63,250	北京保利	2020-10-19
缅甸天然满绿翡翠马鞍戒指		552,000	北京保利	2020-10-19
缅甸天然木那蛋面翡翠戒指/吊坠两用款	主石12.7mm×10.8mm×5.5mm；戒圈12号	391,000	永乐拍卖	2020-12-04
莫布森祖母绿和钻石戒指 1960年		88,260	巴黎苏富比	2020-06-11
尼古拉斯瓦尼紫水晶 虎眼石英和钻石戒指		16,214	纽约佳士得	2020-06-30
钮形天然未经处理蚌珠配海螺珠及钻石戒指		49,248	天成国际	2020-07-07
浓彩蓝色3.67克拉天然颜色 VS2净度钻石配钻石戒指		17,116,822	纽约苏富比	2020-12-09
女士的钻石腕表及黑玉和钻石戒指 宝格丽和卡蒂尔		33,731	伦敦苏富比	2020-06-04
萍君设计“咏梅·梅香如故系列”缅甸天然翡翠、钻石及彩色宝石艺术套戒		27,600	北京保利	2020-10-19
青金石戒指		17,652	巴黎苏富比	2020-06-11
清 K金镶钻石戒指		51,750	中国嘉德	2020-12-03
清 戒指（三件）		17,250	中国嘉德	2020-12-03
清 银镶翡翠戒指		109,250	中国嘉德	2020-12-03
三枚钻石戒指		159,199	纽约苏富比	2020-06-16
珊瑚和钻石戒指		59,735	纽约佳士得	2020-02-05
珊瑚和钻石戒指 20世纪60年代		24,854	伦敦苏富比	2020-06-04
尚美“Grainde Caviar”彩色刚玉戒指		14,882	香港苏富比	2020-05-20
尚美钻石戒指		7,840	上海联合	2020-11-29
蛇形金戒指		7,680	纽约佳士得	2020-02-05
深彩棕黄橙色钻石配钻石戒指		28,750	北京保利	2020-10-19
深彩棕黄色钻石戒指		1,639,923	日内瓦苏富比	2020-11-11
19世纪末的戒指		26,478	巴黎苏富比	2020-06-11
孙倩设计 “花间雅集·蓝莲花”重约2.56克拉蓝宝石配蓝宝石及钻石戒指		69,000	中国嘉德	2020-12-05
坦桑石和钻石戒指		27,451	巴黎苏富比	2020-05-27
坦桑石及钻石戒指	戒指尺寸6	62,858	佳士得	2020-04-28
坦桑石戒指 蒂芙尼		35,304	巴黎苏富比	2020-06-11
陶瓷及金戒指 宝格丽		7,843	巴黎苏富比	2020-05-27
藤平卓蓝宝石花式戒指		39,200	上海联合	2020-11-29
天青石金袖扣和戒指		4,267	纽约佳士得	2020-06-30
天然缅甸红宝石配钻石戒指	大小6½	146,445	香港苏富比	2020-07-31
天然冰种翡翠蛋面配钻石戒指	翡翠约18.8mm×16.3mm×6mm；指圈14.5#	138,000	华艺国际	2020-10-15
天然冰种翡翠配翡翠 彩色宝石及钻石“青蛙”戒指		35,021	天成国际	2020-07-07
天然冰种翡翠配翡翠及钻石“蝴蝶结”戒指；天然翡翠配钻石“花朵”戒指		38,851	天成国际	2020-11-28
天然翡翠“一指通天”戒指		3,955,000	香港苏富比	2020-07-10
天然翡翠蛋面戒指		452,000	佳士得	2020-07-09
天然翡翠蛋面戒指	蛋面18.8mm×16.0mm×9.2mm	5,005,500	佳士得	2020-11-29
天然翡翠蛋面戒指		226,000	佳士得	2020-07-09
天然翡翠蛋面戒指		90,400	佳士得	2020-07-09
天然翡翠蛋面戒指 配钻石 镶金	蛋面18.3mm×15.0mm×7.0mm；戒指8号	532,500	佳士得	2020-11-29
天然翡翠蛋面戒指 配钻石 镶金	翡翠18.7mm×12.6mm×5.7mm；戒指5¾号	372,750	佳士得	2020-11-29

2020翡翠珠宝拍卖成交汇总（续表）

拍品名称	物品尺寸	成交价RMB	拍卖公司	拍卖日期
天然翡翠蛋面配红宝石及钻石戒指	翡翠约12mm×9mm×5.3mm；指圈14#	287,500	华艺国际	2020-10-15
天然翡翠蛋面配钻石戒指	翡翠约23mm×14mm×5mm；指圈23#	575,000	华艺国际	2020-10-15
天然翡翠戒环一对		73,223	香港苏富比	2020-07-31
天然翡翠戒指		49,248	天成国际	2020-07-07
天然翡翠戒指		31,640	佳士得	2020-07-09
天然翡翠戒指（两枚）		39,550	佳士得	2020-07-09
天然翡翠马鞍戒指	翡翠马鞍22.9mm×9.0mm×5.0mm	553,800	佳士得	2020-11-29
天然翡翠马鞍戒指		135,600	佳士得	2020-07-09
天然翡翠马鞍戒指		226,000	佳士得	2020-07-09
天然翡翠配彩色刚玉及钻石“蝶恋花”戒指两枚 PHOESER		40,896	天成国际	2020-11-28
天然翡翠配红宝石及钻石戒指		271,200	香港苏富比	2020-07-10
天然翡翠配尖晶石及钻石戒指		107,018	香港苏富比	2020-07-31
天然翡翠配天然冰种翡翠及钻石戒指/挂坠		42,769	香港苏富比	2020-11-27
天然翡翠配钻石“马鞍”戒指		51,750	中国嘉德	2020-12-05
天然翡翠配钻石吊坠/戒指	翡翠约16.3mm×14.8mm×6mm；吊坠约31mm×21mm×12mm；指圈15.5#	218,500	华艺国际	2020-12-05
天然翡翠配钻石戒指		148,460	香港苏富比	2020-06-12
天然翡翠配钻石戒指		96,231	香港苏富比	2020-11-27
天然翡翠配钻石戒指		171,763	天成国际	2020-11-28
天然翡翠配钻石戒指		113,000	香港苏富比	2020-07-10
天然翡翠配钻石戒指		35,784	天成国际	2020-11-28
天然翡翠配钻石戒指		80,500	中国嘉德	2020-12-05
天然翡翠配钻石戒指	翡翠11.15mm×9.27mm×4.02mm	61,958	香港苏富比	2020-07-31
天然翡翠配钻石戒指	翡翠16.66mm×8.79mm×5.05mm	67,590	香港苏富比	2020-07-31
天然翡翠配钻石戒指		27,800	香港苏富比	2020-11-27
天然翡翠配钻石戒指		29,939	香港苏富比	2020-11-27
天然翡翠配钻石戒指		64,154	香港苏富比	2020-11-27
天然翡翠配钻石戒指		29,939	香港苏富比	2020-11-27
天然翡翠配钻石戒指		85,539	香港苏富比	2020-11-27
天然海螺珠配钻石戒指		46,000	北京保利	2020-10-19
天然红宝石配钻石戒指		40,250	中国嘉德	2020-12-05
天然满绿翡翠蛋面配钻石戒指		8,050	保利厦门	2020-09-26
天然满绿翡翠蛋面配钻石戒指（一对）		8,050	保利厦门	2020-09-26
天然满绿翡翠蛋面配钻石男戒		8,050	保利厦门	2020-09-26
天然满绿翡翠葫芦配钻石福禄戒指		21,850	保利厦门	2020-09-26
天然满绿翡翠葫芦配钻石戒指		11,500	保利厦门	2020-09-26
天然满绿翡翠戒指		87,400	中国嘉德	2020-12-05
天然满绿翡翠马鞍配钻石男戒		51,750	保利厦门	2020-09-26
天然满绿翡翠配钻石“蝶恋”戒指		43,700	中国嘉德	2020-12-05
天然茄紫翡翠蛋面配钻石及满绿翡翠蛋面戒指		34,500	保利厦门	2020-09-26
天然未经处理海螺珠配黄色钻石及钻石“繁花”戒指		173,808	天成国际	2020-11-28
天然珍珠、祖母绿、红宝石及钻石戒指 Bulgari（宝格丽）设计		607,295	日内瓦佳士得	2020-07-22
天然珍珠和钻石戒指		19,417	巴黎苏富比	2020-06-11
天然珍珠和钻石戒指 20世纪30年代	珍珠长14.86mm—14.92mm；宽13.72mm	397,170	巴黎苏富比	2020-06-11
天然紫翡翠配红宝石及钻石戒指		79,747	天成国际	2020-11-28
天然紫色翡翠配天然翡翠及钻石戒指		203,400	香港苏富比	2020-07-10
天然紫色翡翠配钻石戒指		34,500	中国嘉德	2020-12-05
托帕石和钻石戒指		16,214	纽约佳士得	2020-02-05
椭圆形巴西天然亚历山大石戒指	戒指5	372,750	佳士得	2020-11-29
椭圆形斯里兰卡天然蓝宝石戒指附GIA 配钻石	戒指6Ω号	426,000	佳士得	2020-11-29
威尔杜拉双色金蓝宝石钻戒		88,444	纽约苏富比	2020-06-16
稀有的25.07克拉天然缅甸未经加热星光蓝宝石配钻石戒指、吊坠		437,000	中国嘉德	2020-12-05
稀有的5.05克拉天然缅甸抹谷矿未经加热鸽血红红宝石配钻石戒指		1,702,000	中国嘉德	2020-12-05
稀有的8.57克拉天然缅甸抹谷未经加热红宝石配钻石戒指		1,092,500	中国嘉德	2020-12-05
锡兰36.30克拉的垫形蓝宝石和钻石戒指		970,860	巴黎苏富比	2020-06-11
现代 天然翡翠18K白金钻石戒指		9,775	上海嘉禾	2020-01-05
现代 天然祖母绿18K金男士镶钻戒指		20,700	上海嘉禾	2020-01-05
香奈儿“MATELASSE”珍珠和钻石戒指		35,841	纽约佳士得	2020-02-05
香奈儿养殖珍珠配钻石戒指	大小5½	36,048	香港苏富比	2020-07-31
香奈儿养殖珍珠配钻石戒指	大小6	15,771	香港苏富比	2020-07-31
香奈儿一对金色人造珍珠和钻石“MATELASSE”耳夹和戒指	大小5½	37,146	纽约苏富比	2020-06-16
萧邦设计 5.63克拉矩形钻石配钻石戒指	指圈14.5	2,300,000	华艺国际	2020-12-05
星光蓝宝石及钻石戒指附GIA证书	星蓝宝石重39.54克拉	148,574	佳士得	2020-04-28
星光蓝宝石铂金戒指	13.84mm×11.37mm×9.19mm	20,481	纽约佳士得	2020-02-05
亚历山大石戒指		141,216	巴黎苏富比	2020-06-11
岩石水晶 钻石和金戒指		14,507	纽约佳士得	2020-02-05
艳丽的3.17克拉黄色 VVS1净度钻石和钻石戒指 格拉夫		337,307	伦敦苏富比	2020-06-04
养殖的珍珠和钻石戒指两枚		37,255	巴黎苏富比	2020-05-27
养殖珍珠和钻石戒指（四枚）	养殖珍珠:直径16.75mm至18.85mm	27,308	纽约佳士得	2020-02-05
养殖珍珠和钻石戒指		110,937	纽约佳士得	2020-02-05
养殖珍珠和钻石戒指		11,947	纽约佳士得	2020-02-05
养殖珍珠和钻石戒指 宝诗龙		16,667	巴黎苏富比	2020-05-27
一对金色和紫水晶“金字塔”耳夹和戒指 宝格丽		44,128	纽约苏富比	2020-04-30
硬石钻石夹和戒指		7,680	纽约佳士得	2020-02-05
有色钻石、黑玛瑙及祖母绿戒指 Cartier设计		607,295	日内瓦佳士得	2020-07-22
有色钻石及钻石戒指		65,257,118	日内瓦佳士得	2020-07-22
有色钻石及钻石戒指		420,435	日内瓦佳士得	2020-07-22
有色钻石及钻石戒指		840,870	日内瓦佳士得	2020-07-22
有色钻石及钻石戒指	棕色钻石重1.55克拉	21,715	佳士得	2020-04-28
有色钻石及钻石戒指		12,572	佳士得	2020-04-28
有色钻石及钻石戒指 Pederzani设计		1,308,020	日内瓦佳士得	2020-07-22

拍品名称	物品尺寸	成交价RMB	拍卖公司	拍卖日期
有色钻石戒指		2,982,286	日内瓦佳士得	2020-07-22
柚子色钻石“SABBIA”戒指		27,308	纽约佳士得	2020-02-05
玉髓 玛瑙和钻石戒指		11,165	日内瓦苏富比	2020-07-15
圆形蛋面星光蓝宝石戒指	戒指6	213,000	佳士得	2020-11-29
圆形天然未经加热处理粉红色尖晶石配钻石戒指		41,587	天成国际	2020-07-07
约1930年制14K金镶钻石配天然珍珠戒指		6,900	西泠印社	2020-08-07
比利时设计师DEGREEF约1960年制蓝松石戒指（附证书）		20,700	西泠印社	2020-08-07
约4.00克拉梨形天然哥伦比亚祖母绿配钻石戒指		54,720	天成国际	2020-07-07
月光石和钻石戒指		6,863	巴黎苏富比	2020-05-27
长方形坦桑石戒指	戒指5	340,800	佳士得	2020-11-29
珍稀绚丽的8.82克拉天然克什米尔未经加热蓝宝石配钻石戒指	指环10.5	8,740,000	中国嘉德	2020-12-05
珍珠配钻石戒指	珍珠约15.3mm；指圈15.5#	34,500	华艺国际	2020-10-15
珍珠配钻石戒指	珍珠约15.2mm；指圈14#	28,750	华艺国际	2020-10-15
郑涉设计“海洋罗曼史”南洋珍珠配蓝宝石及钻石戒指		46,000	中国嘉德	2020-12-05
紫翡蛋面戒指		33,600	上海联合	2020-11-29
紫色蓝宝石和钻石戒指		17,348	日内瓦苏富比	2020-05-07
紫水晶和粉红色蓝宝石戒指		18,627	巴黎苏富比	2020-05-27
紫水晶和钻石戒指		17,647	巴黎苏富比	2020-05-27
“棕榈”红宝石和钻石戒指 大卫·莫里斯		341,345	纽约佳士得	2020-06-30
总重1.78克拉帕拉伊巴碧玺配钻石戒指		34,437	保利香港	2020-07-08
总重达4.98克拉尖晶石和钻石戒指		62,136	伦敦苏富比	2020-06-04
总重约0.757克拉天然彩黄色马眼形钻石配钻石戒指		23,000	保利厦门	2020-09-26
总重约23.85克拉天然蛋白石配钻石戒指		50,600	中国嘉德	2020-12-05
足金“Hans Erni”金币配钻石吊坠及戒指套装 Piaget		30,643	天成国际	2020-07-07
祖母绿和1.81克拉钻石戒指 20世纪50年代		52,956	巴黎苏富比	2020-06-11
祖母绿和钻石戒指	祖母绿：13.06mm×12.51mm×6.98mm，重8.25—8.50克拉	324,278	纽约佳士得	2020-02-05
祖母绿和钻石戒指	祖母绿重7.00—8.00克拉	187,740	纽约佳士得	2020-02-05
祖母绿和钻石戒指		72,536	纽约佳士得	2020-02-05
祖母绿和钻石戒指	祖母绿19.09mm×13.14mm×3.11mm	13,654	纽约佳士得	2020-02-05
祖母绿和钻石戒指		45,654	日内瓦苏富比	2020-05-07
祖母绿和钻石戒指		63,725	巴黎苏富比	2020-05-27
祖母绿和钻石戒指		41,176	巴黎苏富比	2020-05-27
祖母绿和钻石戒指		8,824	巴黎苏富比	2020-05-27
祖母绿和钻石戒指		70,608	巴黎苏富比	2020-06-11
祖母绿和钻石戒指		26,478	巴黎苏富比	2020-06-11
祖母绿和钻石戒指	总重5.11克	13,239	巴黎苏富比	2020-06-11
祖母绿和钻石戒指		35,304	巴黎苏富比	2020-06-11
祖母绿和钻石戒指 20世纪30年代		37,255	巴黎苏富比	2020-05-27
祖母绿和钻石戒指 20世纪60年代		52,282	伦敦苏富比	2020-04-07
祖母绿和钻石戒指 20世纪60年代		15,004	巴黎苏富比	2020-06-11
祖母绿和钻石戒指 CHAUMET 20世纪70年代		158,868	巴黎苏富比	2020-06-11
祖母绿和钻石戒指 宝诗龙		22,948	巴黎苏富比	2020-06-11
祖母绿戒指 配钻石 附SSEF	戒指6æ号	213,000	佳士得	2020-11-29
祖母绿配钻石戒指	大小6	42,807	香港苏富比	2020-07-31
祖母绿配钻石戒指	大小5½	56,325	香港苏富比	2020-07-31
祖母绿钻石戒指	祖母绿重量约6.50—7.50克拉	59,735	纽约佳士得	2020-02-05
祖母绿钻石戒指		43,569	伦敦苏富比	2020-04-07
祖母绿、钻石及黑玛瑙“Panthère”戒指 Cartier设计		327,005	日内瓦佳士得	2020-07-22
祖母绿及钻石戒指		1,681,740	日内瓦佳士得	2020-07-22
祖母绿及钻石戒指		12,669,108	日内瓦佳士得	2020-07-22
祖母绿及钻石戒指		934,300	日内瓦佳士得	2020-07-22
祖母绿及钻石戒指		51,387	日内瓦佳士得	2020-07-22
祖母绿及钻石戒指		140,145	日内瓦佳士得	2020-07-22
祖母绿及钻石戒指 Bulgari设计		373,720	日内瓦佳士得	2020-07-22
祖母绿及钻石戒指 Cartier镶嵌		840,870	日内瓦佳士得	2020-07-22
祖母绿及钻石戒指 附GIA证书	祖母绿重1.59克拉	54,858	佳士得	2020-04-28
祖母绿及钻石戒指 附GÜBELIN证书		68,573	佳士得	2020-04-28
祖母绿及钻石戒指 附GÜBELIN证书		57,144	佳士得	2020-04-28
祖母绿戒指两枚		10,857	佳士得	2020-04-28
钻戒		205,249	日内瓦苏富比	2020-06-24
钻戒		26,053	日内瓦苏富比	2020-07-15
钻戒 20世纪30年代		43,569	伦敦苏富比	2020-04-07
F色 VS2净度钻戒		211,815	纽约苏富比	2020-04-30
钻石 蓝宝石及红宝石戒指（一组）		13,800	北京保利	2020-10-19
钻石“Maillon Panthère”戒指 Cartier		63,475	天成国际	2020-07-07
钻石“Panthère”戒指		158,200	佳士得	2020-07-09
钻石“你和我”戒指		20,481	纽约佳士得	2020-02-05
钻石“炸弹”戒指 格拉夫	钻石重量从0.91克拉到0.70克拉；E和G色；VVS2到VS2净度	1,059,075	纽约苏富比	2020-04-30
钻石和1.00克拉深黄色VVS1净度钻石戒指		114,733	纽约苏富比	2020-04-30
钻石和多宝石戒指		25,601	纽约佳士得	2020-02-05
钻石和玛瑙戒指		38,401	纽约佳士得	2020-02-05
钻石和人造红宝石戒指1910年		46,935	纽约佳士得	2020-02-05
钻石和坦桑石戒指 蒂芙尼		441,281	纽约苏富比	2020-04-30
钻石红宝石戒指	尺寸6½	22,111	纽约苏富比	2020-06-16
钻石及粉红色蓝宝石“Phoenix”戒指	戒指5	2,023,500	佳士得	2020-11-29

2020翡翠珠宝拍卖成交汇总（续表）

拍品名称	物品尺寸	成交价RMB	拍卖公司	拍卖日期
钻石及蓝宝石戒指 Graff设计		102,773	日内瓦佳士得	2020-07-22
钻石及蓝宝石戒指 Graff设计		102,773	日内瓦佳士得	2020-07-22
钻石及蛇纹木“Serpenti”戒指 Bulgari设计		112,116	日内瓦佳士得	2020-07-22
钻石戒指		5,134,913	日内瓦佳士得	2020-07-22
钻石戒指		17,250	北京保利	2020-10-19
钻石戒指		55,469	纽约佳士得	2020-02-05
钻石戒指		18,774	纽约佳士得	2020-02-05
钻石戒指	重2.84克拉	55,469	纽约佳士得	2020-06-30
钻石戒指	重3.26克拉	72,536	纽约佳士得	2020-06-30
钻石戒指		327,005	日内瓦佳士得	2020-07-22
钻石戒指		373,720	日内瓦佳士得	2020-07-22
钻石戒指		887,585	日内瓦佳士得	2020-07-22
钻石戒指		38,122	伦敦苏富比	2020-04-07
钻石戒指		43,233	香港苏富比	2020-04-15
钻石戒指		141,210	纽约苏富比	2020-04-30
钻石戒指		12,745	巴黎苏富比	2020-05-27
钻石戒指		44,118	巴黎苏富比	2020-05-27
钻石戒指		70,608	巴黎苏富比	2020-06-11
钻石戒指		26,478	巴黎苏富比	2020-06-11
钻石戒指	尺寸6¾	31,976	香港苏富比	2020-06-12
钻石戒指		265,331	纽约苏富比	2020-06-16
钻石戒指	梨形钻石重1.15—1.35克拉	29,715	佳士得	2020-04-28
钻石戒指	三角形钻石重量1.00—1.20克拉	22,858	佳士得	2020-04-28
钻石戒指		11,429	佳士得	2020-04-28
钻石戒指		10,286	佳士得	2020-04-28
钻石戒指“COQUINE”迪奥		27,392	日内瓦苏富比	2020-05-07
钻石戒指“GOCCE” DEGRISOGONO		34,855	伦敦苏富比	2020-04-07
钻石戒指 19世纪		18,203	香港苏富比	2020-04-15
钻石戒指 20世纪30年代		38,834	巴黎苏富比	2020-06-11
钻石戒指 20世纪初期		32,053	香港苏富比	2020-05-20
钻石戒指 CODOGNATO		83,333	巴黎苏富比	2020-05-27
钻石戒指 DEGRISOGONO		23,963	伦敦苏富比	2020-04-07
钻石戒指 Mauboussin设计		1,354,735	日内瓦佳士得	2020-07-22
钻石戒指 梵克雅宝		15,887	巴黎苏富比	2020-06-11
钻石戒指 格拉夫		1,214,590	日内瓦佳士得	2020-07-22
钻石戒指 格拉夫		167,687	纽约苏富比	2020-04-30
钻石戒指 海瑞温斯顿		794,155	日内瓦佳士得	2020-07-22
钻石戒指 卡地亚		211,815	纽约苏富比	2020-04-30
钻石戒指 卡地亚		88,765	伦敦苏富比	2020-06-04
钻石戒指（两枚）		16,214	纽约佳士得	2020-06-30
钻石戒指、蓝宝色戒指及红宝石戒指		18,024	香港苏富比	2020-07-31
钻石戒指及吊坠		36,160	佳士得	2020-07-09
钻石戒指及耳环	1.0cm × 0.8cm × 2	194,289	佳士得	2020-04-28
钻石戒指及养殖珍珠、钻石戒指		7,429	佳士得	2020-04-28
钻石戒指两枚		24,783	香港苏富比	2020-07-31

拍品名称	物品尺寸	成交价RMB	拍卖公司	拍卖日期
钻石戒指两只		10,286	佳士得	2020-04-28
钻石金戒指		18,774	纽约佳士得	2020-02-05
钻石金戒指		11,094	纽约佳士得	2020-02-05
钻石配彩色钻石戒指		193,709	保利香港	2020-07-08
钻石配红宝石戒指		218,880	天成国际	2020-07-07
耳饰				
“花云”金镶蓝宝石钻石耳坠		69,000	西泠印社	2020-08-07
“锦鲤”金镶彩宝耳坠		46,000	西泠印社	2020-08-07
“惊鸿”0.762—0.698克拉绝地武士尖晶石耳钉		34,500	西泠印社	2020-08-07
“狂欢威尼斯”耳环一对	6.5cm × 2.0cm × 2	20,481	纽约佳士得	2020-06-30
“莲花”红宝石和钻石圆环耳环 大卫·莫里斯	4.0cm × 4.5cm × 2	358,412	纽约佳士得	2020-06-30
“梦蝶”金镶帝王绿玻璃种翡翠耳坠		82,800	西泠印社	2020-08-07
“沐晨”金镶冰种翡翠耳坠		126,500	西泠印社	2020-08-07
“双福”金镶玻璃种翡翠耳钉		18,400	西泠印社	2020-08-07
“银莲花”多宝石和钻石耳环	3.5cm × 3.0cm × 2	119,471	纽约佳士得	2020-06-30
“永恒流光”18K白金流光珍珠耳坠		17,250	西泠印社	2020-08-07
0.40及0.42克拉天然鸽血红红宝石配钻石耳环未经加热		8,050	保利厦门	2020-09-26
0.54及0.63克拉天然鸽血红红宝石配钻石耳环未经加热		6,900	保利厦门	2020-09-26
1.00及1.01克拉天然蓝宝石及红宝石配钻石耳环		13,800	保利厦门	2020-09-26
1.00克拉E色 净度为VVS2钻石“雪花”耳环一对 格拉夫		353,025	纽约苏富比	2020-04-30
1.01克拉和1.02克拉彩色钻石和钻石耳环		52,282	伦敦苏富比	2020-04-07
1.02及1.01克拉心形彩紫粉红色SI1净度钻石配钻石耳环一对		1,299,500	香港苏富比	2020-07-10
1.10克拉和1.11克拉钻石和漂亮的黄色钻石耳环一对 格拉夫		261,411	伦敦苏富比	2020-04-07
1.125克拉粉色蓝宝石耳钉		9,200	西泠印社	2020-08-07
1.14克拉和0.80克拉红宝石和钻石耳环一对		54,461	伦敦苏富比	2020-04-07
1.29及1.27克拉天然缅甸鸽血红红宝石配钻石吊耳环一对		293,800	香港苏富比	2020-07-10
1.33至0.83克拉梨形及榄尖形D—H/VVS2—SI2钻石耳环	耳环3.0cm × 2	960,500	佳士得	2020-07-09
1.52克拉和1.53克拉钻石耳环一对		45,747	伦敦苏富比	2020-04-07
1.59克拉I色净度VS1及1.55克拉I色VS2净度钻石耳钉一对		114,733	纽约苏富比	2020-04-30
1.66及1.63克拉缅甸抹谷鸽血红未经加热耳坠	24.5mm × 11.5mm × 2	195,500	西泠印社	2020-08-07
1.67及1.27克拉椭圆形巴西天然亚历山大石耳环 附G ü belin 配钻石 镶铂金 3.9cm		298,200	佳士得	2020-11-29
1.80及1.78克拉椭圆形及古垫形天然缅甸抹谷未经加热处理鸽血红红宝石配钻石耳环（一对）		142,272	天成国际	2020-07-07
10.03克拉I颜色VS1净度和10.02克拉I颜色VVS2净度钻石吊耳环一对		2,632,654	纽约苏富比	2020-12-09
10.17克拉D颜色VS2净度和9.55克拉F颜色 SI1净度钻石耳环一对		3,290,818	纽约苏富比	2020-12-09

拍品名称	物品尺寸	成交价RMB	拍卖公司	拍卖日期
10.41及10.30克拉哥伦比亚祖母绿配钻石吊耳环一对		3,503,000	香港苏富比	2020-07-10
10.44及10.10克拉亚历山大变色石及钻石耳环两对		2,656,500	北京保利	2020-10-19
11.97克拉帕拉伊巴碧玺心形耳钉	主石①12.17mm×11.66mm×5.86mm；5.16克拉；主石②12.45mm×11.61mm×7.24mm；6.81克拉	432,400	永乐拍卖	2020-12-04
12.2克拉浓彩黄绿色钻石耳坠	主石16.1克拉；主石26.1克拉	16,100,000	永乐拍卖	2020-12-04
12.72及12.46克拉梨形足色全美钻石配彩黑色钻石及彩白色钻石吊耳环一对		16,430,200	香港苏富比	2020-07-10
13.50克拉和13.52克拉D色VVS2净度钻石耳环一对		10,896,856	日内瓦苏富比	2020-06-24
13mm珍珠蓝宝石钻石耳坠		36,800	西泠印社	2020-08-07
15.06及12.14克拉斯里兰卡“矢车菊”蓝宝石配钻石耳环 未经加热		1,092,500	北京保利	2020-10-19
15.24和14.22克拉浓彩黄色钻石配钻石耳环一对		3,448,829	纽约苏富比	2020-12-09
18.75及18.47克拉方形彩黄色钻石耳坠		5,750,000	西泠印社	2020-08-07
18K白金镶钻翡翠耳坠（一对）	长3.3cm；翡翠长1cm	13,800	中国嘉德	2020-07-15
18K红宝石花式耳环		13,440	上海联合	2020-11-29
18K金耳环一对 蒂芙尼		10,303	香港苏富比	2020-05-20
18K金复古母贝祖母绿耳环		2,300	中国嘉德	2020-11-11
18K金镶南洋金珠日本Akoya耳钉（一对）	长2.5cm；珍珠直径1.1cm、直径0.6cm	2,300	中国嘉德	2020-07-15
18K金镶钻彩宝耳钉（一对）	长1.9cm	3,450	中国嘉德	2020-07-15
18K金镶钻耳钉（一对）	长2.3cm	4,600	中国嘉德	2020-07-15
18K金镶钻翡翠南洋金珠耳环		3,450	中国嘉德	2020-11-11
18K金镶钻和田籽料玉兰耳坠（一对）	长3.8cm；玉长1.7cm	4,600	中国嘉德	2020-07-15
18K摩根石花式耳环		50,400	上海联合	2020-11-29
18K紫翡蛋面戒指耳环（一套）		86,240	上海联合	2020-11-29
18K祖母绿花式钻石耳环		56,000	上海联合	2020-11-29
1970年 布契拉提耳钉		32,200	永乐拍卖	2020-12-04
19世纪中期及以后的黄水晶和钻石耳环		1,399,425	日内瓦苏富比	2020-06-24
19世纪中期 金和绿松石耳环		13,654	纽约佳士得	2020-02-05
1克拉钻石耳环一对		34,131	香港苏富比	2020-04-15
2.01及2.17克拉梨形淡粉红色钻石及轻淡粉红色钻石配钻石耳环一对		2,034,000	香港苏富比	2020-07-10
2.02及2.01克拉心形彩黄色内部无瑕(IF)及VVS1净度钻石配钻石耳环一对		274,740	香港苏富比	2020-05-20
2.03及1.00克拉圆形、梨形及榄尖形D—F/IF—VS2钻石耳环	长3.5cm×2	2,343,000	佳士得	2020-11-29
2.04及2.00克拉长方形D/VVS1—VS1钻石耳环		339,000	佳士得	2020-07-09
2.12及1.92克拉浓彩黄色VS2及VS1净度钻石配钻石耳环一对		429,400	香港苏富比	2020-07-10
2.12及2.01克拉D色Type IIa钻石耳环 净度内部无瑕		460,000	北京保利	2020-10-19
2.36及2.35克拉正方形浓彩黄色/VVS1钻石耳环 附GIA 配钻石 镶金 1.2cm		234,300	佳士得	2020-11-29
2.51克拉和3.64克拉祖母绿和钻石耳环一对		73,046	日内瓦苏富比	2020-05-07
2.57—2.8克拉哥伦比亚VVG微油祖母绿耳环		184,000	西泠印社	2020-08-07
2.58及2.07克拉缅甸抹谷鸽血红红宝石配钻石耳环 未经加热		250,700	北京保利	2020-10-19
2.59及2.32克拉天然巴西帕拉伊巴碧玺配钻石耳坠一对		2,758,455	香港苏富比	2020-10-07
2.68、2.57、2.19及2.15克拉梨形D/VVS1—VVS2钻石耳环 附GIA 镶铂金 5.0cm		852,000	佳士得	2020-11-29
2.71及2.42克拉阶梯式切割天然哥伦比亚祖母绿配祖母绿及钻石吊耳环（一对）		82,080	天成国际	2020-07-07
2.75克拉和2.21克拉祖母绿和钻石耳夹一对		194,576	纽约苏富比	2020-06-16
3.00克拉椭圆形D/VVS2钻石戒指、1.23及1.20克拉椭圆形D—E/VVS2—VS1钻石耳环 配钻石 镶铂金及金 附GIA	戒指4½号；耳环0.8cm	639,000	佳士得	2020-11-29
3.01及3.01克拉椭圆形天然莫桑比克未经加热处理鸽血红红宝石配钻石耳环（一对）		173,808	天成国际	2020-11-28
3.03及3.02克拉心形G/VS2钻石耳环	长1.5cm×2	532,500	佳士得	2020-11-29
3.13及3.01克拉圆形E/VVS1—VVS2（极优打磨）钻石耳环 附GIA 镶金 1.0cm		1,011,750	佳士得	2020-11-29
3.15及2.44克拉缅甸鸽血红红宝石配钻石耳环 未经加热		713,000	北京保利	2020-10-19
3.29及3.29克拉榄尖形浓彩蓝色IF钻石耳环 配1.86至0.51克拉梨形D/IF钻石 附GIA 镶铂金及金 4.7cm		40,086,600	佳士得	2020-11-29
3.32及3.04克拉天然缅甸鸽血红未经加热红宝石配钻石耳环一对		2,427,440	香港苏富比	2020-10-07
3.35及3.22克拉阶梯式切割天然哥伦比亚木佐未经处理祖母绿配钻石吊耳环一对		1,022,400	天成国际	2020-11-28
3.39克拉和3.62克拉斯帕萨特石榴石和钻石耳环一对		44,383	伦敦苏富比	2020-06-04
3.46克拉和3.53克拉钻石耳环一对		621,355	伦敦苏富比	2020-06-04
3.52及3.50克拉长方形彩棕黄色VS2、SI1钻石耳环	长3.1cm×2	852,000	佳士得	2020-11-29
3.53克拉和4.47克拉蓝宝石和钻石耳环一对 20世纪初		48,821	伦敦苏富比	2020-06-04
3.76及3.72克拉古垫形天然哥伦比亚木佐祖母绿配钻石耳环（一对）		255,600	天成国际	2020-11-28
4.14及4.07克拉正方形或长方形浓彩黄色SI1、SI2钻石耳环	耳环2.6cm×2	1,073,500	佳士得	2020-07-09
4.21克拉和4.17克拉钻石耳钉一对		335,374	纽约苏富比	2020-04-30
4.26及4.06克拉天然马达加斯加粉红色刚玉配钻石吊耳环一对		316,400	香港苏富比	2020-07-10
4.51克拉红宝石和钻石耳环一对		279,885	日内瓦苏富比	2020-06-24

拍品名称	物品尺寸	成交价RMB	拍卖公司	拍卖日期
4.52及4.03克拉心形彩黄色/SI1—VS1钻石耳环 配2.01及2.00克拉心形G/VVS2—VS2钻石 附GIA 镶铂金及金 配钻石 镶金 2.3cm		958,500	佳士得	2020-11-29
4.96及4.43克拉枕形哥伦比亚祖母绿配1.22及1.20克拉椭圆形缅甸天然红宝石“Toscane”耳环		1,808,000	佳士得	2020-07-09
5.03及5.02克拉圆形D/IF（极优切割、打磨及比例）Type IIa钻石耳环 附GIA 镶铂金 1.1cm		6,142,920	佳士得	2020-11-29
5.03及5.02克拉钻石耳环一对		1,183,776	保利香港	2020-07-08
5.13及5.01克拉梨形足色全美钻石配钻石吊耳环一对		4,171,960	香港苏富比	2020-07-10
5.28及5.22克拉圆形F/VVS1（极优切割、打磨及比例）钻石耳环 附GIA 配钻石 镶金 3.2cm		2,343,000	佳士得	2020-11-29
6.405克拉心形石榴石耳钉		14,950	西泠印社	2020-08-07
6.69及6.23克拉梨形哥伦比亚天然祖母绿耳环		1,412,500	佳士得	2020-07-09
6.69克拉G颜色SI1净度和7.03克拉E颜色VS2净度钻石耳环一对		1,676,940	巴黎苏富比	2020-06-11
8.21克拉天然莫桑比克鸽血红红宝石配钻石耳环一对 未经加热	耳环长约41.3mm×2	6,325,000	华艺国际	2020-12-05
8.34及7.23克拉梨形哥伦比亚祖母绿配2.77及2.38梨形缅甸、斯里兰卡天然蓝宝石和3.04及3.02克拉椭圆形D/IF钻石耳环	耳环5.0cm×2	1,597,500	佳士得	2020-11-29
9.00、8.85、2.11及2.02克拉枕形哥伦比亚天然祖母绿配2.02、2.01、1.81及1.71克拉方形D/VVS1—VVS2钻石耳环	长4.2cm×2	6,858,600	佳士得	2020-11-29
9.26及8.76克拉椭圆形斯里兰卡天然蓝宝石耳环		1,243,000	佳士得	2020-07-09
9.42及6.79克拉椭圆形缅甸天然红宝石耳环	长2.3cm×2	7,778,760	佳士得	2020-11-29
9.60克拉D色VS2净度的梨形钻石配祖母绿和9.07克拉的梨形祖母绿配钻石耳环一对		7,636,133	纽约苏富比	2020-12-09
BULGARI 红宝石及钻石耳环	2.3cm×1.2cm×2	40,001	佳士得	2020-04-28
CHOPARD 钻石 “HAPPY DIAMONDS” 戒指及耳环套装	戒指尺寸5½，耳环长度1.9cm×2	32,001	佳士得	2020-04-28
DE GRISOGONO 钻石及黑钻 “MATASSA” 耳环	耳环长2.7cm×2	27,429	佳士得	2020-04-28
FEIFANHU设计 “梦之翼” 翡翠配珍珠及钻石耳环		17,250	中国嘉德	2020-12-05
GRAFF 粉红色蓝宝石及钻石耳环		297,148	佳士得	2020-04-28
GRAFF 红宝石及钻石耳环	1.8cm×1.1cm×2	85,716	佳士得	2020-04-28
GRAFF 钻石耳环	长2.7cm×2	68,573	佳士得	2020-04-28
GRAFF 钻石耳环		194,289	佳士得	2020-04-28
GRAFF 钻石耳环	1.5cm×0.9cm×2	54,858	佳士得	2020-04-28
GRAFF红宝石及钻石耳环	3.9cm×1.3cm×2	228,575	佳士得	2020-04-28
GÜBELIN公司一对钻石耳夹 20世纪50年代		83,741	日内瓦苏富比	2020-07-15
HEMMERLE蓝宝石和钻石耳夹一对		447,816	日内瓦苏富比	2020-06-24
HEMMERLE钻石耳环一对		699,713	日内瓦苏富比	2020-06-24

拍品名称	物品尺寸	成交价RMB	拍卖公司	拍卖日期
JAR “天竺葵” 铝耳环	3.7cm×3.0cm×2	298,677	纽约佳士得	2020-02-05
JAR镀金的天竺葵叶子铝耳环		46,935	纽约佳士得	2020-06-30
JAR金铝玫瑰花瓣耳环	3.7cm×3.5cm×2	55,469	纽约佳士得	2020-02-05
JAR铝制 “扇” 耳夹		55,827	日内瓦苏富比	2020-07-15
JAR钛质耳夹 “紫罗兰色”		55,827	日内瓦苏富比	2020-07-15
K金配钻石 “Happy Diamond” 耳夹 Chopard（一对）		15,336	天成国际	2020-11-28
K金配钻石 “Macri Classica Eternelle” 戒指及耳环套装 Buccellati		49,248	天成国际	2020-07-07
LALAOUNIS金耳环	长3.5cm×2	8,534	纽约佳士得	2020-02-05
LALAOUNIS金箍耳环		14,507	纽约佳士得	2020-02-05
MARINAB设计 宝石 “CATY” 耳环		48,427	保利香港	2020-07-08
MARINAB设计 宝石 “FULUIA” 耳环		64,570	保利香港	2020-07-08
白色南洋珍珠配钻石戒指及耳环套装		27,600	北京保利	2020-10-19
宝格丽7.90及6.89克拉哥伦比亚祖母绿配钻石耳环一对		655,400	香港苏富比	2020-07-10
宝格丽绿松石 蓝宝石和钻石戒指、耳环		177,261	日内瓦苏富比	2020-06-24
宝格丽天然钻石和金耳环	3.9cm×2.4cm×2	23,894	纽约佳士得	2020-02-05
宝格丽紫水晶和金耳环	长3.0cm×2	76,803	纽约佳士得	2020-02-05
宝格丽 “Monete” 18K金 古钱币配钻石及红宝石吊耳环一对		54,948	香港苏富比	2020-05-20
宝诗龙祖母绿垂饰耳环一对		111,654	日内瓦苏富比	2020-07-15
宝石 “Tutti Frutti” 配祖母绿、红宝石、蓝宝石及钻石耳环	长2.0cm×2	426,000	佳士得	2020-11-29
宝石耳环 配钻石 镶金 6.8cm		308,850	佳士得	2020-11-29
宝石及钻石耳环	长4.3cm×2	8,572	佳士得	2020-04-28
宝石套装和钻石耳环两对	18mm×11mm	14,706	巴黎苏富比	2020-05-27
宝石套装和钻石耳夹一对 BOUCHERON（宝诗龙）1950年	30mm×25mm×2	41,176	巴黎苏富比	2020-05-27
宝石套装和钻石夹 “LIONEBOURIFFE” 梵克雅宝 1963年	33mm×22mm	35,304	巴黎苏富比	2020-06-11
宝石镶嵌和钻石耳夹一对 米歇尔·德拉瓦莱		53,259	伦敦苏富比	2020-06-04
鲍鱼壳和沙弗莱石榴石的 “天然” 耳夹 GOSHWARA		14,121	纽约苏富比	2020-04-30
贝母及钻石耳环		54,240	佳士得	2020-07-09
贝壳、祖母绿及钻石耳环 Seaman Schepps设计		28,029	日内瓦佳士得	2020-07-22
碧玺耳夹一对 宝格丽	20mm×11mm×2	44,118	巴黎苏富比	2020-05-27
玻璃珠耳环		29,868	纽约佳士得	2020-02-05
伯爵18K白金配钻石戒指、耳环、吊坠珠宝首饰	戒指大小6¾	27,036	香港苏富比	2020-07-31
伯爵18K金配钻石耳环一对		16,027	香港苏富比	2020-05-20
布契拉提及吉安马里亚·布契拉提18K金及钻石戒指及耳环一对		33,795	香港苏富比	2020-07-31
彩蓝宝石及钻石耳环 Graff设计		242,918	日内瓦佳士得	2020-07-22
彩色钻石和钻石耳环 格拉夫		513,865	日内瓦佳士得	2020-07-22
彩色钻石和钻石耳夹一对 库钦斯基 20世纪70年代		26,630	伦敦苏富比	2020-06-04

拍品名称	物品尺寸	成交价RMB	拍卖公司	拍卖日期
彩色钻石及翡翠耳环，附证书	6.7cm×2	20,572	佳士得	2020-04-28
彩色钻石配钻石吊耳环一对		452,000	香港苏富比	2020-07-10
大卫·莫里斯钻石耳环	长5cm×2	221,874	纽约佳士得	2020-06-30
大卫·韦伯的“漩涡”金耳环	2.8cm×2.4cm×2	22,187	纽约佳士得	2020-02-05
大卫·韦伯钻石和金耳环	长3.3cm×2	46,935	纽约佳士得	2020-02-05
大卫·韦伯的珐琅和黄金耳环	长2.6cm×2	25,601	纽约佳士得	2020-02-05
大卫·韦伯金耳环	2.8cm×2.2cm×2	22,187	纽约佳士得	2020-02-05
大卫·韦伯金耳环	3.3cm×2.5cm×2	20,481	纽约佳士得	2020-02-05
大卫·韦伯金耳环	长2.6cm×2	34,135	纽约佳士得	2020-02-05
大卫·韦伯金钻石耳夹一对		168,043	纽约苏富比	2020-06-16
大卫·韦伯绿松石、绿宝石、红宝石和钻石耳环一对		141,510	纽约苏富比	2020-06-16
大卫·韦伯祖母绿钻石吊耳环一对		247,643	纽约苏富比	2020-06-16
大卫·韦伯钻石耳环	直径2.3cm×2	46,935	纽约佳士得	2020-02-05
大溪地珍珠配钻石挂坠及耳环套装		39,100	北京保利	2020-10-19
淡彩黄钻石耳钉	主石16.57mm×5.94mm×4.33mm，1.61克拉，主石26.07mm×6.04mm×4.55mm，1.63克拉	112,700	永乐拍卖	2020-08-18
蒂芙尼·帕洛玛·毕加索橄榄石和钻石耳环	长1.8cm×2	23,894	纽约佳士得	2020-02-05
蒂芙尼彩色钻石和钻石耳环	直径0.9cm×2	20,481	纽约佳士得	2020-02-05
蒂芙尼金耳坠	长4.1cm×2	8,534	纽约佳士得	2020-02-05
蒂芙尼蓝宝石和钻石耳环		23,894	纽约佳士得	2020-02-05
蒂芙尼棋盘耳环	1.9cm×1.9cm×2	38,401	纽约佳士得	2020-02-05
蒂芙尼钻石耳环	长2.0cm×2	42,668	纽约佳士得	2020-02-05
蒂芙尼钻石耳环	长2.8cm×2	18,774	纽约佳士得	2020-02-05
蒂芙尼钻石耳环	长3.7cm×2	38,401	纽约佳士得	2020-02-05
蒂芙尼钻石耳坠	长度2.3cm×2	22,187	纽约佳士得	2020-02-05
耳环一对 费德里科·布切拉蒂		19,528	伦敦苏富比	2020-06-04
耳环一对 手链和镶有四叶形红玉髓图案的戒指 梵克雅宝		48,543	巴黎苏富比	2020-06-11
20世纪中期K金嵌翡翠首饰（一组五件）	尺寸不一	23,000	中国嘉德	2020-12-02
20世纪 祖母绿及钻石耳环		261,604	日内瓦佳士得	2020-07-22
法贝热珐琅彩配钻石吊耳环一对		14,846	香港苏富比	2020-06-12
法贝热珐琅彩配钻石吊耳环一对		54,948	香港苏富比	2020-05-20
法贝热珐琅彩配钻石戒指及耳环套装		57,100	香港苏富比	2020-06-12
珐琅钻石耳环一对 19世纪合成		32,676	伦敦苏富比	2020-04-07
珐琅及钻石耳环 Adler设计		9,343	日内瓦佳士得	2020-07-22
珐琅及钻石胸针及耳环套装 Bulgari设计		79,416	日内瓦佳士得	2020-07-22
梵克雅宝“Frivole”钻石戒指及耳环套装		101,700	香港苏富比	2020-07-10
梵克雅宝珐琅彩配钻石耳环一对		36,632	香港苏富比	2020-05-20
梵克雅宝黄金和钻石耳夹一对		20,470	日内瓦苏富比	2020-07-15
梵克雅宝绿松石和钻石耳环一对		83,741	日内瓦苏富比	2020-07-15
梵克雅宝珊瑚和钻石耳夹一对 大约1970年		793,008	日内瓦苏富比	2020-06-24
梵克雅宝设计Socrate钻石戒指、耳环（一套）	耳环约16.3mm×17.4mm×2；指圈8.5#	207,000	华艺国际	2020-12-05
梵克雅宝设计碧玺配钻石耳环		23,000	北京保利	2020-10-19

拍品名称	物品尺寸	成交价RMB	拍卖公司	拍卖日期
梵克雅宝天然珍珠配钻石耳环一对 约1960年		1,093,282	日内瓦苏富比	2020-11-11
梵克雅宝养殖的珍珠和钻石耳夹一对		74,436	日内瓦苏富比	2020-07-15
梵克雅宝 一对金色的耳夹		18,609	日内瓦苏富比	2020-07-15
梵克雅宝 钻石耳环	长4.6cm×2	119,471	纽约佳士得	2020-02-05
梵克雅宝 钻石耳夹一对		83,741	日内瓦苏富比	2020-07-15
梵克雅宝 钻石耳坠一对		247,643	纽约苏富比	2020-06-16
梵克雅宝钻石和金耳环	2.75cm×2.00cm×2	55,469	纽约佳士得	2020-02-05
翡翠 珍珠和钻石耳环		13,654	纽约佳士得	2020-06-30
翡翠、钻石及珍珠耳环 附证书	长4.3cm×2	27,429	佳士得	2020-04-28
翡翠和红宝石耳环		13,696	日内瓦苏富比	2020-05-07
翡翠和钻石耳环	长4.6cm×2	110,937	纽约佳士得	2020-02-05
翡翠和钻石耳环一对	长5.7cm×2	59,735	纽约佳士得	2020-06-30
翡翠及钻石耳环，附证书	1.5cm×1.2cm×2	85,716	佳士得	2020-04-28
翡翠及钻石耳环，附证书	长7.0cm×2	6,857	佳士得	2020-04-28
粉红碧玺海蓝宝石钻石耳环一对 詹姆斯·甘		31,068	伦敦苏富比	2020-06-04
粉红刚玉配钻石耳环一对		39,428	香港苏富比	2020-07-31
粉色蛋白石和钻石耳夹一对		83,843	纽约苏富比	2020-04-30
复古风格钻石耳坠	钻石共计7.54克拉；总重16.270g	86,250	永乐拍卖	2020-08-18
橄榄石和钻石耳环一对 詹姆斯·甘		24,854	伦敦苏富比	2020-06-04
橄榄石配粉红色碧玺 黄色刚玉及钻石吊耳环一对		52,531	天成国际	2020-07-07
橄榄石及红宝石耳环 De Grisogono设计		42,044	日内瓦佳士得	2020-07-22
缟玛瑙配钻石吊耳环一对		21,698	香港苏富比	2020-06-12
哥伦比亚祖母绿配钻石吊耳环一对		45,680	香港苏富比	2020-06-12
格拉夫“BombéPavilion”红宝石配钻石吊耳环一对		206,055	香港苏富比	2020-05-20
格拉夫“Butterfly”钻石吊耳环一对		801,325	香港苏富比	2020-05-20
格拉夫“Cluster Halo”祖母绿配钻石吊耳环一对		125,923	香港苏富比	2020-05-20
格拉夫“Cluster Halo”红宝石配钻石吊耳环一对		148,460	香港苏富比	2020-06-12
格拉夫“Cluster Halo”祖母绿配钻石耳环一对		125,620	香港苏富比	2020-06-12
格拉夫“Diamond on Diamond”钻石配祖母绿耳环一对		103,028	香港苏富比	2020-05-20
格拉夫“Diamond on Diamond”钻石配红宝石耳环一对		91,360	香港苏富比	2020-06-12
格拉夫“Mini Gypsy”红宝石配钻石吊耳环一对		343,425	香港苏富比	2020-05-20
格拉夫“Mini Gypsy”蓝宝石配钻石吊耳环一对		205,560	香港苏富比	2020-06-12
格拉夫“Rhythm”钻石配蓝宝石吊耳环一对		206,055	香港苏富比	2020-05-20
格拉夫“节奏”钻石耳环	长6.5cm×2	238,942	纽约佳士得	2020-02-05
格拉夫6.04和6.10克拉钻石耳环一对		2,798,850	日内瓦苏富比	2020-06-24
格拉夫“Butterfly”钻石耳坠一对		192,462	香港苏富比	2020-11-27
格拉夫“Cluster Halo”祖母绿配钻石耳坠一对		171,078	香港苏富比	2020-11-27

拍品名称	物品尺寸	成交价RMB	拍卖公司	拍卖日期
格拉夫“Gypsy”钻石耳坠一对	钻石共重约17.36克拉	256,617	香港苏富比	2020-11-27
格拉夫红宝石和钻石“钻石对钻石”耳环一对		97,288	纽约苏富比	2020-06-16
格拉夫红宝石和钻石耳环一对		309,553	纽约苏富比	2020-06-16
格拉夫红宝石和钻石耳环一对		230,789	伦敦苏富比	2020-06-04
格拉夫红宝石和钻石耳环一对		132,666	纽约苏富比	2020-06-16
格拉夫红宝石和钻石耳夹一对		261,226	日内瓦苏富比	2020-06-24
格拉夫红宝石和钻石环耳环	直径4.8cm×2	1,280,044	纽约佳士得	2020-02-05
格拉夫蓝宝石配钻石耳环一对		206,055	香港苏富比	2020-05-20
格拉夫蓝宝石钻石耳环一对		141,510	纽约苏富比	2020-06-16
格拉夫蓝宝石钻石耳环一对		279,885	日内瓦苏富比	2020-06-24
格拉夫设计钻上之钻系列红宝石配钻石戒指、耳环（一套）	耳环约32.7mm×18.8mm×2；指圈12.5#	287,500	华艺国际	2020-12-05
格拉夫祖母绿和钻石“节奏”耳环一对		336,086	纽约苏富比	2020-06-16
格拉夫钻石垂耳夹一对		606,418	日内瓦苏富比	2020-06-24
格拉夫钻石吊耳环一对		97,304	香港苏富比	2020-05-20
格拉夫钻石吊耳环一对		397,997	纽约苏富比	2020-06-16
格拉夫钻石耳环	长6.5cm×2	256,009	纽约佳士得	2020-06-30
格拉夫钻石耳环一对		886,303	日内瓦苏富比	2020-06-24
格拉夫钻石耳环一对		699,713	日内瓦苏富比	2020-06-24
格拉夫钻石耳环一对		176,786	日内瓦苏富比	2020-07-15
格拉夫钻石耳夹一对		606,418	日内瓦苏富比	2020-06-24
格拉夫钻石耳夹一对		326,533	日内瓦苏富比	2020-06-24
格拉夫钻石和祖母绿耳环	长2.8cm×2	187,740	纽约佳士得	2020-02-05
格拉夫钻石心形耳环	长4.7cm×2	93,870	纽约佳士得	2020-02-05
罐子铝玫瑰花瓣耳环一对		76,803	纽约佳士得	2020-06-30
龟甲、珊瑚及钻石项链和耳环套装 Boucheron设计		280,290	日内瓦佳士得	2020-07-22
海蓝宝石和绿宝石“山茱萸”的耳环 VERDURA		176,513	纽约苏富比	2020-04-30
海蓝宝石及钻石耳环 Margaret Jewels设计		186,860	日内瓦佳士得	2020-07-22
海螺壳耳环一对 19世纪60年代		30,498	伦敦苏富比	2020-04-07
海螺绿玉髓耳环	2.7cm×2.5cm×2	11,947	纽约佳士得	2020-02-05
海螺珠配养殖珍珠及钻石吊耳环一对		142,272	天成国际	2020-07-07
海螺珠配钻石戒指及金绿猫眼石配钻石耳环一对		43,776	天成国际	2020-07-07
海瑞温斯顿设计13.49及12.36克拉缅甸及斯里兰卡皇家蓝蓝宝石配钻石耳环 未经加热		3,220,000	北京保利	2020-10-19
亨特和罗斯克尔金色微型挂件和一对吊耳环 约1870年		176,888	纽约苏富比	2020-06-16
红宝石和钻石耳环一对 蒂芙尼		130,706	伦敦苏富比	2020-04-07
红宝石耳朵夹一对 卡地亚		31,068	伦敦苏富比	2020-06-04
红宝石耳环		135,600	佳士得	2020-07-09
红宝石耳夹一对“拜占庭”伊利亚斯·拉劳尼斯 20世纪70年代		11,981	伦敦苏富比	2020-04-07
红宝石和钻石“节奏”耳环一对 格拉夫	长6.5cm×2	204,807	纽约佳士得	2020-06-30
红宝石和钻石“雪花”耳环一对 格拉夫		370,676	纽约苏富比	2020-04-30
红宝石和钻石吊耳环一对 格拉夫		661,922	纽约苏富比	2020-04-30
红宝石和钻石耳朵夹一对		38,349	日内瓦苏富比	2020-05-07
红宝石和钻石耳朵夹一对 格拉夫		239,627	伦敦苏富比	2020-04-07
红宝石和钻石耳环	长3cm×2	46,935	纽约佳士得	2020-06-30
红宝石和钻石耳环一对		43,569	伦敦苏富比	2020-04-07
红宝石和钻石耳环一对		200,877	日内瓦苏富比	2020-05-07
红宝石和钻石耳环一对	28mm×20mm×2	16,769	巴黎苏富比	2020-06-11
红宝石和钻石耳环一对 格拉夫		230,789	伦敦苏富比	2020-06-04
红宝石和钻石耳夹一对		20,470	日内瓦苏富比	2020-07-15
红宝石和钻石耳夹一对 大卫·韦伯		105,908	纽约苏富比	2020-04-30
红宝石及粉红色蓝宝石耳环		91,430	佳士得	2020-04-28
红宝石及钻石耳环	2.5cm×1.9cm×2	22,858	佳士得	2020-04-28
红宝石及钻石耳环 Graff设计		224,232	日内瓦佳士得	2020-07-22
红宝石及钻石耳环 Graff设计		261,604	日内瓦佳士得	2020-07-22
红宝石及钻石耳环 RenéBoivin设计		261,604	日内瓦佳士得	2020-07-22
红宝石及钻石耳环、戒指套装	耳环长度2.5cm×2；戒指尺寸6	27,429	佳士得	2020-04-28
红宝石配钻石吊耳环（一对）		35,784	天成国际	2020-11-28
红宝石配钻石耳环一对		67,800	香港苏富比	2020-07-10
红宝石钻石“迷你吉卜赛”耳环一对 格拉夫		441,281	纽约苏富比	2020-04-30
红色碧玺配钻石吊耳环（一对）		30,643	天成国际	2020-07-07
红色和金色的天竺葵叶子铝耳环一对	3.8cm×3.8cm×2	40,961	纽约佳士得	2020-06-30
黄金和钻石“笼”耳夹 VERDURA		88,256	纽约苏富比	2020-04-30
黄金及水晶、珍珠母、玛瑙耳环两对 卡地亚		83,843	纽约苏富比	2020-04-30
黄金玉石戒指、耳环		20,470	日内瓦苏富比	2020-07-15
黄金钻石鳄鱼戒指和耳环		72,536	纽约佳士得	2020-02-05
黄水晶、蓝宝石和钻石耳环	直径5.0cm×2	128,004	纽约佳士得	2020-06-30
黄水晶、绿宝石和钻石耳环一对		63,915	日内瓦苏富比	2020-05-07
黄钻耳钉		149,500	永乐拍卖	2020-08-18
黄钻及钻石耳环	长3.6cm×2	80,001	佳士得	2020-04-28
黄钻及钻石耳环	2.8cm×1.9cm×2	22,858	佳士得	2020-04-28
黄钻及钻石戒指、耳环首饰套装		85,716	佳士得	2020-04-28
吉卜赛钻石和玫瑰金耳环	长5.8cm×2	341,345	纽约佳士得	2020-02-05
尖晶石和钻石耳环一对		21,569	巴黎苏富比	2020-05-27
尖晶石配钻石吊耳环一对		43,396	香港苏富比	2020-06-12
金耳环 阿曼 约1985年	直径48mm×2	33,539	巴黎苏富比	2020-06-11
金耳环（BUCCELLATI）		11,947	纽约佳士得	2020-06-30
金耳环一组		17,067	纽约佳士得	2020-02-05
金耳夹一对	51mm×37mm×2	14,122	巴黎苏富比	2020-06-11
金和赤铁耳环		29,868	纽约佳士得	2020-06-30
金和粉红色蓝宝石“G-ONE”耳环一对 GOSHWARA		105,908	纽约苏富比	2020-04-30
金红宝石耳夹一对 1936—1938年		205,249	日内瓦苏富比	2020-06-24
金、绿松石和钻石耳夹一对 大卫·韦伯		132,384	纽约苏富比	2020-04-30

拍品名称	物品尺寸	成交价RMB	拍卖公司	拍卖日期
金色的耳夹一对		32,566	日内瓦苏富比	2020-07-15
金色和多色蓝宝石“叶子”耳夹一对 威尔杜拉		167,687	纽约苏富比	2020-04-30
金镶0.555—0.505克拉粉色蓝宝石钻石花形耳钉		13,800	西泠印社	2020-08-07
金镶AKOYA珍珠配红宝石套组		17,250	西泠印社	2020-08-07
金镶AKOYA珍珠配坦桑石套组		11,500	西泠印社	2020-08-07
金镶冰种蛋面紫翡套组		48,300	西泠印社	2020-08-07
金镶冰种翡翠配红宝石耳钉		36,800	西泠印社	2020-08-07
金镶冰种翡翠平安扣耳坠		402,500	西泠印社	2020-08-07
金镶玻璃种蜻蜓翡翠耳坠		21,850	西泠印社	2020-08-07
金镶帝王绿玻璃种翡翠套件		92,000	西泠印社	2020-08-07
金镶帝王绿蛋面翡翠戒指、耳钉套组		115,000	西泠印社	2020-08-07
金镶帝王绿宫灯翡翠耳坠		103,500	西泠印社	2020-08-07
金镶顶级木那蛋面翡翠套组		897,000	西泠印社	2020-08-07
金镶顶级正阳绿蜜糖翡套件		172,500	西泠印社	2020-08-07
金镶翡翠瓶花耳坠		3,450	西泠印社	2020-08-07
金镶翡翠双环耳坠		92,000	西泠印社	2020-08-07
金镶辣绿翡翠圆珠耳坠		92,000	西泠印社	2020-08-07
金镶老坑帝王绿、天然蜜糖黄翡耳坠		23,000	西泠印社	2020-08-07
金镶茅台白玻璃种翡翠耳坠		46,000	西泠印社	2020-08-07
金镶南洋白珍珠蓝宝石耳坠		48,300	西泠印社	2020-08-07
金镶钻石白冰喜鹊耳坠		59,800	西泠印社	2020-08-07
金镶钻石流苏耳坠		46,000	西泠印社	2020-08-07
金珍珠珐琅耳环一对		28,242	纽约苏富比	2020-04-30
金钻石耳夹一对 大卫·韦伯		66,192	纽约苏富比	2020-04-30
精美的3.02克拉天然D色VS1净度钻石及3.01克拉天然E色VS1净度钻石配钻石耳环		897,000	中国嘉德	2020-12-05
卡地亚“Liberty”宝石配钻石耳环一对		293,800	香港苏富比	2020-07-10
卡地亚宝石配钻石耳环一对		90,400	香港苏富比	2020-07-10
卡地亚珐琅和钻石夹子一对“红心之王”和“红心皇后”大约在1950年		354,521	日内瓦苏富比	2020-06-24
卡地亚缟玛瑙和金耳环	直径2.4cm×2	18,774	纽约佳士得	2020-02-05
卡地亚金耳环一对		20,470	日内瓦苏富比	2020-07-15
卡地亚金耳夹一对 大约1940年		74,436	日内瓦苏富比	2020-07-15
卡地亚养殖珍珠配钻石耳环一对		90,400	香港苏富比	2020-07-10
卡地亚一对金耳环		20,470	日内瓦苏富比	2020-07-15
卡地亚一对金色和银色的耳夹		13,957	日内瓦苏富比	2020-07-15
卡地亚珍珠耳环	直径2.0cm×2	9,387	纽约佳士得	2020-02-05
卡地亚珍珠和钻石耳环	长4.3cm×2	51,202	纽约佳士得	2020-02-05
卡地亚钻石 黄金耳环戒指		22,331	日内瓦苏富比	2020-07-15
卡地亚钻石耳夹一对约1930年		132,666	纽约苏富比	2020-06-16
柯尼希设计红宝石和钻石垂耳夹		55,827	日内瓦苏富比	2020-07-15
孔雀石、彩色蓝宝石和钻石耳夹一对	29mm×20mm×2	19,417	巴黎苏富比	2020-06-11
蓝宝石 彩蓝宝石 水晶及钻石耳环 Boucheron设计		112,116	日内瓦佳士得	2020-07-22
蓝宝石翡翠耳坠	33.31mm×32.29mm×5.20mm；总重30.536g	51,750	永乐拍卖	2020-08-18
蓝宝石和钻石“淡紫色花朵”耳环一对 格拉夫		661,922	纽约苏富比	2020-04-30
蓝宝石和钻石“图标”耳环 格拉夫		204,807	纽约佳士得	2020-06-30
蓝宝石和钻石吊坠耳环一对 格拉夫	60mm×19mm	254,902	巴黎苏富比	2020-05-27
蓝宝石和钻石耳环一对		1,004,383	日内瓦苏富比	2020-05-07
蓝宝石和钻石耳环一对	蓝宝石6.76mm×5.82mm×3.50mm×2	14,507	纽约佳士得	2020-06-30
蓝宝石和钻石耳环一对		31,068	伦敦苏富比	2020-06-04
蓝宝石和钻石耳环一对 格拉夫	长5.0cm×2	238,942	纽约佳士得	2020-06-30
蓝宝石和钻石耳环一对 格拉夫	25mm×18mm×2	411,765	巴黎苏富比	2020-05-27
蓝宝石和钻石耳环一对 詹姆斯·甘		57,697	伦敦苏富比	2020-06-04
蓝宝石和钻石耳环一对和戒指 卡地亚 20世纪上半叶		28,405	伦敦苏富比	2020-06-04
蓝宝石和钻石耳夹一对		87,137	伦敦苏富比	2020-04-07
蓝宝石及钻石“Panthére”耳环 Cartier设计		700,725	日内瓦佳士得	2020-07-22
蓝宝石及钻石耳环		205,546	日内瓦佳士得	2020-07-22
蓝宝石及钻石耳环		18,400	北京保利	2020-10-19
蓝宝石及钻石耳环 Graff设计		373,720	日内瓦佳士得	2020-07-22
蓝宝石及钻石耳环 Graff设计		168,174	日内瓦佳士得	2020-07-22
蓝宝石及钻石耳环及戒指	耳环 1.6cm×1.5cm×2	160,003	佳士得	2020-04-28
蓝宝石配钻石戒指及耳环套装		69,950	保利香港	2020-07-08
蓝宝石钻石耳环一对		45,747	伦敦苏富比	2020-04-07
蓝宝石钻石耳环一对		34,855	伦敦苏富比	2020-04-07
蓝宝石钻石耳环一对 格拉夫		750,178	纽约苏富比	2020-04-30
蓝色锆石和钻石耳环	长3.3cm×2	20,481	纽约佳士得	2020-02-05
勒内·博伊文（René Boivin）黄金镶钻石耳环一对 20世纪40年代		346,206	日内瓦苏富比	2020-11-11
两对珊瑚和钻石耳环		10,240	纽约佳士得	2020-06-30
两对银色镶金钻石吊耳环		167,687	纽约苏富比	2020-04-30
铝耳夹 JAR	41mm×35mm×2	68,627	巴黎苏富比	2020-05-27
铝和珐琅耳夹一对 JAR		70,799	伦敦苏富比	2020-04-07
铝和珐琅耳夹一对 JAR		52,282	伦敦苏富比	2020-04-07
铝制“天竺葵”耳夹一对JAR巴黎		79,431	纽约苏富比	2020-04-30
铝制三色耳钉一对	3.0cm×2.5cm×2	68,269	纽约佳士得	2020-06-30
铝紫罗兰色耳夹一对 JAR		37,281	伦敦苏富比	2020-06-04
绿松石耳环 配钻石	长3.0cm×2	159,750	佳士得	2020-11-29
绿松石和黄金珠宝手链、耳环、戒指套装 梵克雅宝	手链长18.0cm	72,536	纽约佳士得	2020-06-30
绿松石和石榴石耳环	3.2cm×2.5cm×2	22,187	纽约佳士得	2020-02-05
绿松石和钻石“G-ONE”耳夹一对 GOSHWARA		48,541	纽约苏富比	2020-04-30
绿松石配钻石耳环一对		45,680	香港苏富比	2020-06-12
玛丽娜紫水晶和海蓝宝石“阿尔法”耳环	2.0cm×1.6cm×2	16,214	纽约佳士得	2020-02-05
玛瑙浮雕和钻石耳环	2.5cm×2.8cm×2	8,534	纽约佳士得	2020-02-05
玛瑙和钻石耳环	长5.0cm×2	14,507	纽约佳士得	2020-02-05

拍品名称	物品尺寸	成交价RMB	拍卖公司	拍卖日期
玛瑙戒指和金耳环一对	耳环长约62mm×15mm	11,765	巴黎苏富比	2020-05-27
迈斯特养殖的珍珠和钻石吊耳环一对		41,870	日内瓦苏富比	2020-07-15
每只1.01克拉蓝宝石钻石耳环一对 格拉夫		159,777	伦敦苏富比	2020-06-04
米歇尔·德拉瓦莱碧玺、祖母绿和钻石吊耳环一对		65,132	日内瓦苏富比	2020-07-15
米歇尔·德拉瓦莱紫水晶 红宝石和钻石耳夹一对		60,479	日内瓦苏富比	2020-07-15
缅甸天然"管形"翡翠配钻石耳环		129,139	保利香港	2020-07-08
缅甸天然翡翠"葫芦"配钻石及红宝石挂坠及耳环套装		43,700	北京保利	2020-10-19
缅甸天然翡翠配红宝石及钻石耳环及戒指套装		52,732	保利香港	2020-07-08
缅甸天然翡翠配钻石及彩色宝石耳环		32,285	保利香港	2020-07-08
缅甸天然翡翠配钻石及红宝石耳环及戒指套装		53,808	保利香港	2020-07-08
缅甸天然黄色翡翠"玲珑如意"耳环		20,700	北京保利	2020-10-19
民国及当代 缅甸天然翡翠"葫芦"挂坠 黄翡"蝙蝠"挂坠 翡翠"青蛙"挂坠 翡翠"花卉"耳环（一组）		20,700	北京保利	2020-10-19
南洋珍珠配蓝宝石及钻石吊耳环		19,550	中国嘉德	2020-12-05
南洋珍珠配钻石耳环		13,800	中国嘉德	2020-12-05
青金石和钻石耳夹 梵克雅宝		127,831	日内瓦苏富比	2020-05-07
青金石和钻石耳夹一对 20世纪70年代		119,813	伦敦苏富比	2020-04-07
人工养殖珍珠和钻石耳环	长4.5cm×2	40,961	纽约佳士得	2020-02-05
人工养殖珍珠和钻石耳环	2.2cm×2.1cm×2	12,800	纽约佳士得	2020-02-05
人工养殖珍珠和钻石耳环	长1.7cm×2	20,481	纽约佳士得	2020-06-30
仁爱波文钻石耳环		22,187	纽约佳士得	2020-02-05
三个月光石 蓝宝石和钻石夹子		9,131	日内瓦苏富比	2020-05-07
珊瑚、钻石和缟玛瑙耳环	长5.9cm×2	20,481	纽约佳士得	2020-02-05
珊瑚"RosedeNoël"耳环		96,050	佳士得	2020-07-09
珊瑚耳环		107,350	佳士得	2020-07-09
珊瑚和钻石耳环	2.9cm×3.2cm×2	17,067	纽约佳士得	2020-02-05
珊瑚和钻石耳夹		37,218	日内瓦苏富比	2020-07-15
尚美（Chaumet）18K金镶钻石网格造型戒指、耳环套组		20,700	西泠印社	2020-08-07
尚美18K金配钻石戒指及吊耳环套装		21,750	香港苏富比	2020-05-20
尚美设计加冕·爱系列"Joséphine Éclat Floral"钻石耳环（一对）	耳环约25.2mm×9.1mm×2	32,200	华艺国际	2020-12-05
石榴石和钻石耳坠		48,541	纽约苏富比	2020-04-30
石榴石及钻石耳环	7.0cm×1.5cm×2	85,716	佳士得	2020-04-28
树脂耳夹一对 JAR 法国		105,908	纽约苏富比	2020-04-30
水滴形金珠耳坠	总长38mm；钻石1.9克拉	12,650	永乐拍卖	2020-12-04
水晶与钻石耳夹 1930年		107,843	巴黎苏富比	2020-05-27
硕大罕有缅甸天然"帝王绿"翡翠蛋面配钻石耳环		2,905,632	保利香港	2020-07-08
蒂芙尼·斯伦贝谢金色钻石"火焰"耳夹一对		53,066	纽约苏富比	2020-06-16
蒂芙尼·斯伦贝谢天然珍珠钻石耳夹一对		513,123	日内瓦苏富比	2020-06-24
四对钻石耳环		34,855	伦敦苏富比	2020-04-07
钛玻璃耳夹一对		39,079	日内瓦苏富比	2020-07-15
钛金属配钻石耳环		12,064	保利香港	2020-12-08
天然"帝王绿"翡翠配钻石及黄色刚玉吊耳环一对		3,164,000	香港苏富比	2020-07-10
天然哥伦比亚祖母绿配钻石吊耳环一对		542,400	香港苏富比	2020-07-10
天然克什米尔未经加热蓝宝石配钻石耳坠一对		7,040,628	香港苏富比	2020-10-07
天然冰种翡翠蛋面配满绿翡翠及钻石灵动耳环		40,250	保利厦门	2020-09-26
天然冰种翡翠配钻石"环环相扣"耳环		97,750	中国嘉德	2020-12-05
天然冰种翡翠配钻石戒指及耳环套装		87,552	天成国际	2020-07-07
天然冰种翡翠圆珠配彩色宝石耳环		48,300	保利厦门	2020-09-26
天然冰种翡翠配钻石吊耳环一对		57,100	香港苏富比	2020-06-12
天然翡翠 玛瑙和钻石耳环	53mm×13mm×2	33,539	巴黎苏富比	2020-06-11
天然翡翠"豆荚"配翡翠及钻石吊耳环一对		120,384	天成国际	2020-07-07
天然翡翠玻璃种耳环	主石9.5mm×8.7mm；6.357g	32,200	永乐拍卖	2020-12-04
天然翡翠蛋面耳环		192,100	佳士得	2020-07-09
天然翡翠蛋面耳环		1,695,000	佳士得	2020-07-09
天然翡翠蛋面耳环		113,000	佳士得	2020-07-09
天然翡翠蛋面耳环 配钻石	最大蛋面15.2mm×12.6mm×8.1mm	6,551,880	佳士得	2020-11-29
天然翡翠蛋面耳环 配钻石 镶金3.0cm	最大蛋面12.6mm×11.0mm×5.1mm	404,700	佳士得	2020-11-29
天然翡翠蛋面戒指及耳环套装		621,500	佳士得	2020-07-09
天然翡翠蛋面戒指及耳环套装 配钻石 镶金	最大蛋面18.1mm×14.7mm×8.4mm；耳环3.7cm；戒指6Ω号	639,000	佳士得	2020-11-29
天然翡翠吊坠;及吊耳环一对		73,450	香港苏富比	2020-07-10
天然翡翠环配钻石吊耳环一对		182,720	香港苏富比	2020-06-12
天然翡翠及钻石耳环，附证书	长3.5cm×2	25,143	佳士得	2020-04-28
天然翡翠及钻石耳环，附证书	耳环5.5cm×2	19,429	佳士得	2020-04-28
天然翡翠配宝石及钻石吊耳环一对		51,390	香港苏富比	2020-06-12
天然翡翠配宝石及钻石吊坠及吊耳环套装		45,680	香港苏富比	2020-06-12
天然翡翠配彩色宝石及钻石"小蜜蜂"耳环一对 PHOESER		49,075	天成国际	2020-11-28
天然翡翠配彩色宝石及钻石吊耳环		23,000	中国嘉德	2020-12-05
天然翡翠配红宝石及钻石吊耳环一对	翡翠豆荚约17.51mm×6.75mm×2.40mm×2	90,120	香港苏富比	2020-07-31
天然翡翠配黄色刚玉及钻石耳环一对		91,360	香港苏富比	2020-06-12
天然翡翠配蓝宝石及钻石吊耳环（一对）		43,776	天成国际	2020-07-07

拍品名称	物品尺寸	成交价RMB	拍卖公司	拍卖日期
天然翡翠配钻石吊耳环（一对）		49,248	天成国际	2020-07-07
天然翡翠配钻石吊耳环一对		271,200	香港苏富比	2020-07-10
天然翡翠配钻石吊耳环一对		169,500	香港苏富比	2020-07-10
天然翡翠配钻石耳环		39,550	香港苏富比	2020-07-10
天然翡翠配钻石耳环	翡翠珠子约11.1mm；耳环约39mm×11.1mm×2	345,000	华艺国际	2020-10-15
天然翡翠配钻石耳环一对		146,900	香港苏富比	2020-07-10
天然翡翠配钻石及祖母绿戒指、吊耳环一对		542,400	香港苏富比	2020-07-10
天然翡翠圈耳环		169,500	佳士得	2020-07-09
天然翡翠圈耳环		9,008,360	佳士得	2020-07-09
天然翡翠玉圈耳环	最大圈直径21.0mm	1,917,000	佳士得	2020-11-29
天然海螺珠配钻石及黑玛瑙耳环		376,656	保利香港	2020-07-08
天然满绿翡翠配钻石耳环		69,000	中国嘉德	2020-12-05
天然未经处理海水珍珠配海螺珠及钻石“小鸟”耳环一对		61,344	天成国际	2020-11-28
天然未经处理海水珍珠配钻石耳环一对		218,880	天成国际	2020-07-07
天然珍珠 钻石和翡翠耳环一对	长4.0cm×2	23,894	纽约佳士得	2020-06-30
天然珍珠耳环		452,000	佳士得	2020-07-09
天然珍珠耳环		372,750	佳士得	2020-11-29
天然珍珠和钻石吊耳环一对		205,249	日内瓦苏富比	2020-06-24
天然珍珠和钻石吊耳环一对		130,263	日内瓦苏富比	2020-07-15
天然珍珠和钻石耳夹一对		61,911	纽约苏富比	2020-06-16
天然珍珠和钻石耳夹一对		70,755	纽约苏富比	2020-06-16
天然珍珠及钻石耳环Gübelin设计		1,962,030	日内瓦佳士得	2020-07-22
天然珍珠配钻石耳环一对（传为20世纪30年代卡地亚制）	天然珍珠10.30mm×10.40mm×13.50mm；10.60mm×10.70mm×13.50mm	1,639,923	日内瓦苏富比	2020-11-11
天然珍珠钻石耳环一对		2,239,080	日内瓦苏富比	2020-06-24
天然珍珠钻石耳夹一对		205,249	日内瓦苏富比	2020-06-24
天然紫翡翠配彩色宝石及钻石“薰衣草森林”戒指及吊耳环套装 张钧婷		52,531	天成国际	2020-07-07
天然紫色翡翠珠配祖母绿及钻石吊耳环一对		791,000	香港苏富比	2020-07-10
贴金夹子一对		4,565	日内瓦苏富比	2020-05-07
王焜设计1.22克拉及1.07克拉莫桑比克红宝石配钻石耳环 未经加热	耳环约35mm×7mm×4.3mm×2	55,200	华艺国际	2020-10-15
韦杜拉重38.60克拉、42.13克拉祖母绿和钻石耳夹一对		932,950	日内瓦苏富比	2020-06-24
希曼·谢普斯钻石和多宝石花耳环	2.3cm×2.4cm×2	29,868	纽约佳士得	2020-02-05
现代 天然美国蓝松石18K金女戒、耳环（三件套）	尺寸不一	20,700	上海嘉禾	2020-01-05
香奈儿“MATELASSE”珍珠和钻石耳环	长2.8cm×2	110,937	纽约佳士得	2020-02-05
镶有黄色和蓝色蓝宝石、红宝石和祖母绿耳环、戒指	耳环直径2.2cm×2	18,774	纽约佳士得	2020-02-05
萧邦钻石耳环一对		395,500	香港苏富比	2020-07-10
肖信同设计“海洋精灵系列”2.05及2.03克拉巴西帕拉伊巴碧玺配钻石及蓝宝石耳环		11,500	北京保利	2020-10-19
养殖的珍珠和钻石耳夹		57,369	巴黎苏富比	2020-06-11
养殖的珍珠和钻石耳夹一对		77,611	日内瓦苏富比	2020-05-07
养殖的珍珠和钻石耳夹一对		45,747	伦敦苏富比	2020-04-07
养殖珍珠耳环		90,400	佳士得	2020-07-09
养殖珍珠耳环 配钻石 镶金	珍珠（12.00—12.03）mm×12.05mm及（12.20—12.35）mm×12.30mm；耳环2.1cm	51,120	佳士得	2020-11-29
养殖珍珠和钻石耳夹一对	13.8mm×13.7mm、13.8mm×13.8mm	37,068	纽约苏富比	2020-04-30
养殖珍珠戒指及耳环一对	戒指大小5¾	7,322	香港苏富比	2020-07-31
养殖珍珠配钻石耳环一对	养殖珍珠直径约15.47mm至15.30mm	14,645	香港苏富比	2020-07-31
养殖珍珠配钻石戒指及吊耳环套装		28,454	天成国际	2020-07-07
养殖珍珠 钻石及有色钻石项链、耳环套装 DeGrisgono设计		233,575	日内瓦佳士得	2020-07-22
养殖珍珠及钻石耳环	长5.7cm×2	25,143	佳士得	2020-04-28
养殖珍珠配蓝宝石及钻石戒指、耳坠一对		53,462	香港苏富比	2020-11-27
一对不锈钢和金色耳夹 弗雷德	50mm×41mm×2	7,843	巴黎苏富比	2020-05-27
一对金刚玉耳环和一枚戒指 18世纪下半叶		124,271	伦敦苏富比	2020-06-04
一对铝制“挠痒痒羽毛”耳夹 JAR 法国		141,210	纽约苏富比	2020-04-30
一对天然珍珠和钻石耳环 19世纪晚期及以后		746,360	日内瓦苏富比	2020-06-24
一对钻石“淡紫色花朵”耳环 格拉夫		441,281	纽约苏富比	2020-04-30
一对钻石吊坠耳环		123,821	纽约苏富比	2020-06-16
伊丽莎白洛克石英和金耳环	1.7cm×1.5cm×2	8,534	纽约佳士得	2020-02-05
伊曼纽尔·塔尔平沙弗莱石榴石耳环		176,786	日内瓦苏富比	2020-07-15
艺术装帧时期 PT850铂金镶钻石耳钉		23,000	西泠印社	2020-08-07
艺术时期 钻石及蓝宝石手链及耳环套装		140,145	日内瓦佳士得	2020-07-22
银鎏金镶宝石花卉纹簪、银鎏金花头簪、银鎏金累丝耳坠各一件		2,300	中国嘉德	2020-11-11
银质金和钻石耳环一对		123,559	纽约苏富比	2020-04-30
约1950年制18K金钻石叶形耳钉		6,900	西泠印社	2020-08-07
约1960年制18K金镶钻石耳钉		10,350	西泠印社	2020-08-07
月光石耳环一对 乔治·詹森 20世纪60年代		195,283	伦敦苏富比	2020-06-04
月光石和钻石耳环一对	直径3.5cm×2	46,935	纽约佳士得	2020-06-30
赵佳设计“瞬间的定格”总重约0.95克拉天然粉色蓝宝石配钻石耳环		32,200	中国嘉德	2020-12-05
珍珠和宝石堆挂耳环	长度约89mm×2	37,255	巴黎苏富比	2020-05-27
珍珠和钻石耳环	长2.5cm×2	46,935	纽约佳士得	2020-02-05
珍珠和钻石耳夹一对		44,222	纽约苏富比	2020-06-16
珍珠和钻石耳夹一对 1940年	39mm×16mm×2	167,694	巴黎苏富比	2020-06-11
珍珠母 玛瑙和钻石耳环 梵克雅宝		196,058	伦敦苏富比	2020-04-07
枕形克什米尔天然蓝宝石耳环	长2.9cm×2	2,982,000	佳士得	2020-11-29

2020翡翠珠宝拍卖成交汇总（续表）

拍品名称	物品尺寸	成交价RMB	拍卖公司	拍卖日期
枕形坦桑石耳环 附GIA 配钻石镶金 6.9cm		447,300	佳士得	2020-11-29
郑莎设计"海洋罗曼史"南洋珍珠配蓝宝石及钻石耳环		69,000	中国嘉德	2020-12-05
紫晶项链坠、紫晶耳坠、紫晶戒指		92,000	永乐拍卖	2020-08-18
紫锂辉石配沙弗莱石榴石及钻石吊耳环（一对）		71,568	天成国际	2020-11-28
紫水晶 粉红蓝宝石和钻石垂耳夹一对		41,870	日内瓦苏富比	2020-07-15
紫水晶、绿松石和钻石耳环、戒指		133,148	伦敦苏富比	2020-06-04
总重2.02克拉天然未经加热鸽血红红宝石配钻石耳环		50,600	中国嘉德	2020-12-05
总重4.07克拉天然莫桑比克未经加热鸽血红红宝石配钻石耳环		74,750	中国嘉德	2020-12-05
总重4.34克拉钻石耳环		18,400	北京保利	2020-10-19
总重6.6克拉钻石耳环		75,331	保利香港	2020-07-08
总重8.94克拉天然皇家蓝蓝宝石配钻石耳环		138,000	中国嘉德	2020-12-05
总重量14.03克拉椭圆形天然"蜜糖色"未经处理金绿猫眼石配钻石耳环（一对）		96,307	天成国际	2020-07-07
总重约0.66克拉天然钻石耳环		9,200	保利厦门	2020-09-26
总重约1.16克拉天然钻石耳环		16,100	保利厦门	2020-09-26
总重约20.25克拉天然赞比亚祖母绿配钻石耳环		253,000	中国嘉德	2020-12-05
总重约6.03克拉天然钻石耳环		59,800	中国嘉德	2020-12-05
祖母绿 贝壳和珍珠耳环	3.3cm×3.0cm×2	20,481	纽约佳士得	2020-02-05
祖母绿、红宝石、蓝宝石和钻石耳夹一对		114,977	纽约苏富比	2020-06-16
祖母绿、钻石和种子珍珠耳环一对 19世纪70年代		59,907	伦敦苏富比	2020-04-07
祖母绿"钻石上的钻石"耳环一对 格拉夫	2.0cm×2.0cm×2	153,605	纽约佳士得	2020-06-30
祖母绿耳环		361,600	佳士得	2020-07-09
祖母绿耳环	长约70mm×2	9,804	巴黎苏富比	2020-05-27
祖母绿耳环 配钻石 镶铂金及金 1.9cm		159,750	佳士得	2020-11-29
祖母绿耳环 配钻石 镶金 5.5cm		255,600	佳士得	2020-11-29
祖母绿和钻石耳环		72,536	纽约佳士得	2020-06-30
祖母绿和钻石耳环一对	直径34mm×2	490,196	巴黎苏富比	2020-05-27
祖母绿和钻石耳环一对		75,450	伦敦苏富比	2020-06-04
祖母绿和钻石耳环一对	41mm×12mm×2	88,260	巴黎苏富比	2020-06-11
祖母绿和钻石耳环一对	约37mm×17mm×2	17,652	巴黎苏富比	2020-06-11
祖母绿和钻石耳环一对	23mm×23mm×2	70,608	巴黎苏富比	2020-06-11
祖母绿和钻石耳环一对 格拉夫		435,685	伦敦苏富比	2020-04-07
祖母绿和钻石耳夹一对 布切拉蒂		66,192	纽约苏富比	2020-04-30
祖母绿及红宝石配钻石镶金耳环	长7.2cm×2	596,400	佳士得	2020-11-29
祖母绿及蓝宝石耳环 配钻石 镶金 3.0cm		23,430	佳士得	2020-11-29
祖母绿钻石耳环一对		92,583	伦敦苏富比	2020-04-07
祖母绿钻石耳环一对		206,950	伦敦苏富比	2020-04-07
祖母绿、黑玛瑙及钻石"Panthère"耳环 Cartier设计		513,865	日内瓦佳士得	2020-07-22
祖母绿、有色钻石及钻石项链、耳环及戒指套装		1,354,735	日内瓦佳士得	2020-07-22
祖母绿及钻石耳环		1,308,020	日内瓦佳士得	2020-07-22
祖母绿及钻石耳环	长5.3cm×2	102,859	佳士得	2020-04-28
祖母绿及钻石耳环	2.0cm×1.6cm×2	51,429	佳士得	2020-04-28
祖母绿及钻石耳环附GÜBELIN证书	长4.1cm×2	228,575	佳士得	2020-04-28
祖母绿及钻石戒指、耳环套装		91,430	佳士得	2020-04-28
祖母绿配钻石耳环及吊坠套装		91,360	香港苏富比	2020-06-12
钻石"迷你吉卜赛"耳环一对 格拉夫		370,676	纽约苏富比	2020-04-30
钻石白金耳环	长2.1cm×2	23,894	纽约佳士得	2020-02-05
钻石铂金耳环	长5.5cm×2	55,469	纽约佳士得	2020-06-30
钻石吊耳环一对		433,960	香港苏富比	2020-06-12
钻石吊耳环一对		227,542	香港苏富比	2020-04-15
钻石吊耳环一对		91,580	香港苏富比	2020-05-20
钻石吊耳环一对		2,004,350	日内瓦苏富比	2020-11-11
钻石吊耳环一对		397,153	纽约苏富比	2020-04-30
钻石吊耳环一对 格拉夫		776,114	日内瓦苏富比	2020-05-07
钻石耳钉	钻石总重15.09克拉；总重14.260g	86,250	永乐拍卖	2020-08-18
钻石耳环	长3.6cm×2	340,800	佳士得	2020-11-29
钻石耳环		101,700	佳士得	2020-07-09
钻石耳环		282,500	佳士得	2020-07-09
钻石耳环	长7.8cm×2	23,894	纽约佳士得	2020-02-05
钻石耳环		55,469	纽约佳士得	2020-06-30
钻石耳环		355,034	日内瓦佳士得	2020-07-22
钻石耳环		1,308,020	日内瓦佳士得	2020-07-22
钻石耳环	3.7cm×0.3 cm×2	62,858	佳士得	2020-04-28
钻石耳环	2.7cm×2.2cm×2	13,715	佳士得	2020-04-28
钻石耳环	耳环长2.4cm×2	25,143	佳士得	2020-04-28
钻石耳环 Tabbah设计		42,044	日内瓦佳士得	2020-07-22
钻石耳环 梵克雅宝		61,779	纽约苏富比	2020-04-30
钻石耳环 配粉红钻 1.4cm		181,050	佳士得	2020-11-29
钻石耳环 镶铂金 2.4cm		149,100	佳士得	2020-11-29
钻石耳环 镶铂金 8.5cm		426,000	佳士得	2020-11-29
钻石耳环 镶铂金 8.9cm		372,750	佳士得	2020-11-29
钻石耳环 镶金 2.1cm		170,400	佳士得	2020-11-29
钻石耳环 镶金 2.6cm		181,050	佳士得	2020-11-29
钻石耳环 镶金 3.4cm		27,690	佳士得	2020-11-29
钻石耳环（钻石共重约11.0克拉）	耳环约66.5mm×17mm×2	48,300	华艺国际	2020-12-05
钻石耳环（钻石共重约15.0克拉）	耳环约50mm×31mm×2	46,000	华艺国际	2020-12-05
钻石耳环及戒指套装		27,305	香港苏富比	2020-04-15
钻石耳环及戒指套装	耳环长2.5cm×2；戒指尺寸6½	25,143	佳士得	2020-04-28
钻石耳环一对	2.8cm×2.0cm×2	42,668	纽约佳士得	2020-06-30
钻石耳环一对		85,336	纽约佳士得	2020-06-30
钻石耳环一对		103,475	伦敦苏富比	2020-04-07
钻石耳环一对		51,197	香港苏富比	2020-04-15
钻石耳环一对		292,184	日内瓦苏富比	2020-05-07
钻石耳环一对	直径约36mm×2	37,255	巴黎苏富比	2020-05-27
钻石耳环一对		10,652	伦敦苏富比	2020-06-04
钻石耳环一对		106,133	纽约苏富比	2020-06-16
钻石耳环一对 20世纪50年代		56,885	香港苏富比	2020-04-15
钻石耳环一对 20世纪60年代		26,630	伦敦苏富比	2020-06-04
钻石耳环一对 大约1910年		81,691	伦敦苏富比	2020-04-07

拍品名称	物品尺寸	成交价RMB	拍卖公司	拍卖日期
钻石耳环一对 梵克雅宝 20世纪50年代	35mm × 23mm × 2	166,667	巴黎苏富比	2020-05-27
钻石耳环一对 格拉夫		413,901	伦敦苏富比	2020-04-07
钻石耳环一对 格拉夫		485,409	纽约苏富比	2020-04-30
钻石耳环一对 格拉夫		353,025	纽约苏富比	2020-04-30
钻石耳环一对 格拉夫		423,630	纽约苏富比	2020-04-30
钻石耳环一对 格拉夫		21,304	伦敦苏富比	2020-06-04
钻石耳环一对 格拉夫		195,283	伦敦苏富比	2020-06-04
钻石耳环一对 卡地亚		24,854	伦敦苏富比	2020-06-04
钻石耳环一对 马里奥·布切拉蒂		24,854	伦敦苏富比	2020-06-04
钻石耳环一对 20世纪		105,912	巴黎苏富比	2020-06-11
钻石耳环 约20世纪50年代		80,500	北京保利	2020-10-19
钻石耳夹		176,888	纽约苏富比	2020-06-16
钻石耳夹一对		370,676	纽约苏富比	2020-04-30
钻石耳夹一对		66,192	纽约苏富比	2020-04-30
钻石耳夹一对		54,785	日内瓦苏富比	2020-05-07
钻石耳夹一对		19,528	伦敦苏富比	2020-06-04
钻石耳夹一对		48,644	纽约苏富比	2020-06-16
钻石耳夹一对		221,109	纽约苏富比	2020-06-16
钻石耳夹一对		205,249	日内瓦苏富比	2020-06-24
钻石耳夹一对		559,770	日内瓦苏富比	2020-06-24
钻石耳夹一对 19世纪晚期		279,885	日内瓦苏富比	2020-06-24
钻石耳夹一对 20世纪60年代		103,475	伦敦苏富比	2020-04-07
钻石耳夹一对 20世纪60年代	44mm × 20mm × 2	19,417	巴黎苏富比	2020-06-11
钻石耳夹一对 宝格丽		176,513	纽约苏富比	2020-04-30
钻石耳夹一对卡地亚20世纪60年代		53,259	伦敦苏富比	2020-06-04
钻石耳夹一对 梅勒里奥 1991		13,239	巴黎苏富比	2020-06-11
钻石和白金耳环	长:6.1cm × 2	68,269	纽约佳士得	2020-02-05
钻石和白金耳环	直径1.8cm × 2	35,841	纽约佳士得	2020-02-05
钻石和红宝石耳环	2.2cm × 1.6cm × 2	17,067	纽约佳士得	2020-02-05
钻石和金心形耳环	2.5cm × 2.3cm × 2	18,774	纽约佳士得	2020-02-05
钻石及有色钻石戒指及耳环	耳环长8.2毫米 × 2	171,431	佳士得	2020-04-28
钻石夹子 1930年		33,539	巴黎苏富比	2020-06-11
钻石戒指及吊耳环 Dilys		9,102	香港苏富比	2020-04-15
钻石金耳环		20,481	纽约佳士得	2020-02-05
钻石金耳环	2.2cm × 2.2cm × 2	11,094	纽约佳士得	2020-02-05
钻石金耳环	长3.8cm × 2	25,601	纽约佳士得	2020-02-05
钻石玫瑰耳环一对 格拉夫		573,666	纽约苏富比	2020-04-30
钻石配彩色钻石耳环一对		74,409	香港苏富比	2020-05-20
胸针				
“蝶恋”金镶翡翠胸针		57,500	西泠印社	2020-08-07
“玉兰高洁”正阳绿翡翠吊坠/胸针两用款		109,250	西泠印社	2020-08-07
“知夏”金镶翡翠吊坠/胸针两用		78,200	西泠印社	2020-08-07
“待放木棉”彩色宝石胸针		184,000	永乐拍卖	2020-08-18
“娇艳牡丹”橙粉色MOMO有机宝石胸针/吊坠两用款		10,350	永乐拍卖	2020-08-18
“可爱玫瑰”有机宝石胸针、耳钉套装		5,750	永乐拍卖	2020-12-04
1.50克拉圆形彩灰绿黄色钻石 海螺珠配钻石及石榴石别针		474,600	香港苏富比	2020-07-10
12.35克拉天然帕拉伊巴碧玺配钻石胸针	胸针约61.1 × 39 × 22mm	195,500	华艺国际	2020-10-15
13.5mm澳白珍珠钻戒/胸针两用款	珍珠直径13.5mm；钻石共1.774克拉	23,000	永乐拍卖	2020-08-18
13.70克拉变色蓝宝石和钻石胸针 20世纪早期		174,274	伦敦苏富比	2020-04-07
18K黄金钉子胸针		25,601	纽约佳士得	2020-02-05
18K金镶和田籽料白玉兰胸针		3,450	中国嘉德	2020-11-11
18K金镶钻小提琴胸针/吊坠两用款	长4.5cm	4,600	中国嘉德	2020-07-15
1900年法国铂金钻石天堂鸟胸针		51,750	永乐拍卖	2020-12-04
19世纪末复兴珐琅胸针	长6.2cm	6,827	纽约佳士得	2020-02-05
19世纪晚期钻石胸针（吊坠）和钻戒 1959年		44,383	伦敦苏富比	2020-06-04
2.61克拉彩色钻石和钻石胸针		59,907	伦敦苏富比	2020-04-07
20世纪40年代 水晶、蓝宝石和黄金胸针		13,957	日内瓦苏富比	2020-07-15
20世纪60年代的钻石胸针和一对钻石耳环		223,908	日内瓦苏富比	2020-06-24
32.72克拉古垫形天然紫水晶配彩色宝石及钻石“鹦鹉”胸针；22.20克拉古垫形天然紫水晶配托帕石及钻石戒指		47,059	天成国际	2020-07-07
4.80克拉天然斯里兰卡蓝宝石配钻石别针		125,620	香港苏富比	2020-06-12
5.70克拉粉红色托帕石和钻石胸针 19世纪早期		103,475	伦敦苏富比	2020-04-07
50.05克拉椭圆形蓝宝石胸针/吊坠	长5.8cm	724,200	佳士得	2020-11-29
6.86克拉蓝宝石及宝石和钻石胸针		70,799	伦敦苏富比	2020-04-07
60—70年代意大利钻石羽毛胸针	26.3g	69,000	永乐拍卖	2020-12-04
Art Nouveau时期 花环饰双向材质镶嵌钻石胸针	4cm × 4.5cm；重量17.4 g	28,750	西泠印社	2020-08-10
BUCCELLATI 宝石胸针	4.0cm × 4.0 cm	74,287	佳士得	2020-04-28
BUCCELLATI 钻石胸针		97,144	佳士得	2020-04-28
Er Dong设计 “留枫”天然满绿翡翠配钻石胸针		46,000	中国嘉德	2020-12-05
LALAOUNIS黄金胸针	长5.0cm	9,387	纽约佳士得	2020-02-05
LALAOUNIS金胸针	6.3cm × 3.3cm	9,387	纽约佳士得	2020-02-05
Isa Jin祖母绿配蓝宝石及钻石别针		678,000	香港苏富比	2020-07-10
OCEANSONG设计 “春江花月夜——春”天然重约4.28克拉翡翠配钻石耳环/胸针		36,800	中国嘉德	2020-12-05
OCEANSONG设计 “春江花月夜——月夜”天然重约5.82克拉翡翠配粉色蓝宝石及钻石胸针		36,800	中国嘉德	2020-12-05
René Boivin钻石别针 1935年		180,800	香港苏富比	2020-07-10
爱德华时期 卷叶纹饰钻石胸针	5cm × 6cm；重量13.1g	28,750	西泠印社	2020-08-10
爱德华时期 蓝宝石镶嵌钻石及野生珍珠胸针	5cm × 5.2cm；重量23.7g	103,500	西泠印社	2020-08-10
爱德华时期 野生珍珠镶嵌钻石胸针	5cm × 3.2cm；重量20.4g	62,100	西泠印社	2020-08-10
奥斯卡·海曼兄弟的钻石和祖母绿胸针	直径4.0cm	68,269	纽约佳士得	2020-02-05
宝格丽绿宝石和钻石胸针 20世纪50年代		839,655	日内瓦苏富比	2020-06-24
宝格丽18K金配红宝石别针 宝石配18K金别针		21,698	香港苏富比	2020-06-12
宝石 海螺珠配养殖珍珠及钻石别针		85,539	香港苏富比	2020-11-27
宝石 养殖珍珠配钻石及珐琅彩别针		58,808	香港苏富比	2020-11-27

2020翡翠珠宝拍卖成交汇总（续表）

拍品名称	物品尺寸	成交价RMB	拍卖公司	拍卖日期
宝石"Carioca"配祖母绿、红宝石、蓝宝石、钻石及贝母镶铂金胸针	长5.6cm	1,597,500	佳士得	2020-11-29
宝石"Parrot"配钻石镶铂金胸针	长4.9cm	585,750	佳士得	2020-11-29
宝石配钻石别针		29,692	香港苏富比	2020-06-12
宝石配钻石别针		36,544	香港苏富比	2020-06-12
宝石配钻石别针 20世纪初期		36,544	香港苏富比	2020-06-12
宝石配钻石别针 梵克雅宝 1991年		97,304	香港苏富比	2020-05-20
宝石套装和乌木胸针 卡地亚 约1969年		174,274	伦敦苏富比	2020-04-07
宝石套装胸针		31,958	日内瓦苏富比	2020-05-07
宝石胸针 镶金 5.6cm		170,400	佳士得	2020-11-29
宝石胸针 镶金 5.8cm		90,525	佳士得	2020-11-29
宝石胸针 镶金 5.9cm		127,800	佳士得	2020-11-29
宝石胸针，附证书	6.7cm × 9.3cm	12,572	佳士得	2020-04-28
宝石与钻石别针 梵克雅宝 约1965年		42,365	巴黎苏富比	2020-06-11
贝母及钻石胸针；贝母及虎眼石"Alhambra"戒指		12,430	佳士得	2020-07-09
毕加索钻石胸针 蒂芙尼	长4.5cm	8,534	纽约佳士得	2020-06-30
碧玺、翡翠和钻石胸针	内径约160mm	27,392	日内瓦苏富比	2020-05-07
布契拉提18K金别针及耳环套装		54,072	香港苏富比	2020-07-31
彩色宝石及钻石"猫头鹰"胸针		13,800	北京保利	2020-10-19
彩色翡翠配彩色宝石及钻石首饰套组 王进玲		51,120	天成国际	2020-11-28
彩色蓝宝石及钻石胸针/吊坠	6.3cm × 3.8cm	9,714	佳士得	2020-04-28
彩色钻石 蓝宝石和钻石胸针 格拉夫		230,789	伦敦苏富比	2020-06-04
彩色钻石胸针	5.7cm x3.7cm	25,143	佳士得	2020-04-28
橙粉色MOMO有机宝石胸针/吊坠两用款	主石重22g	20,700	永乐拍卖	2020-08-18
大卫·韦伯黄金、珐琅和宝石套装"纹章"吊坠/胸针		106,133	纽约苏富比	2020-06-16
大卫·韦伯钻石别针		217,503	香港苏富比	2020-05-20
玳瑁 绿松石和钻石胸针 卡地亚 20世纪50年代		118,700	日内瓦苏富比	2020-05-07
戴凡特胸花 约1905年		93,295	日内瓦苏富比	2020-06-24
蛋白石和钻石蝴蝶胸针	6.0cm × 4.2cm	27,308	纽约佳士得	2020-02-05
蒂芙尼（Tiffany&Co.）14K黄金钮结造型胸针		3,450	西泠印社	2020-08-07
蒂芙尼（Tiffany&Co.）18K黄金钻石花形胸针		17,250	西泠印社	2020-08-07
蒂芙尼（Tiffany&Co.）Paloma Picasso设计18K黄金几何造型胸针（一对）		3,450	西泠印社	2020-08-07
蒂芙尼·斯伦贝谢珐琅和多宝石鹦鹉胸针	长10.2cm	102,404	纽约佳士得	2020-02-05
蒂芙尼宝石胸针 约1959年		93,045	日内瓦苏富比	2020-07-15
蒂芙尼珍珠母和ONYX三色堇胸针、耳环首饰	胸针4.8cm × 4.5cm	46,935	纽约佳士得	2020-02-05
镀银金钻石吊坠/胸针 19世纪晚期		61,911	纽约苏富比	2020-06-16
多宝石和黄金胸针	5.2cm × 4.0cm	10,240	纽约佳士得	2020-02-05
20世纪 红宝石及钻石胸针		102,773	日内瓦佳士得	2020-07-22
20世纪 黄水晶、橄榄石及钻石胸针 Cartier设计		224,232	日内瓦佳士得	2020-07-22
20世纪 蓝宝石及钻石别针 Tiffany&Co.设计		280,290	日内瓦佳士得	2020-07-22
20世纪 欧泊、红宝石及钻石胸针 Cartier设计		242,918	日内瓦佳士得	2020-07-22
20世纪 天然珍珠及钻石胸针		186,860	日内瓦佳士得	2020-07-22
20世纪 钻石及黄金手链 Mauboussin设计		121,459	日内瓦佳士得	2020-07-22
20世纪 有色钻石及钻石胸针		467,150	日内瓦佳士得	2020-07-22
珐琅 碧玉和钻石胸针 帕特乔 约1925年		141,598	伦敦苏富比	2020-04-07
珐琅和钻石胸针"HEDERAHELIX"约1900年		325,658	日内瓦苏富比	2020-07-15
珐琅、钻石胸针"COCCINELLE"卡地亚		109,569	日内瓦苏富比	2020-05-07
梵克雅宝"Ballerina"蓝玉髓配蓝宝石及钻石别针		1,130,000	香港苏富比	2020-07-10
梵克雅宝"Dentelle"蓝宝石配红宝石及钻石别针		293,800	香港苏富比	2020-07-10
梵克雅宝"Rosede Noël"珍珠母配钻石别针/吊坠		146,900	香港苏富比	2020-07-10
梵克雅宝红宝石和钻石花胸针	长6.9cm	93,870	纽约佳士得	2020-02-05
梵克雅宝金、钻石胸针		22,331	日内瓦苏富比	2020-07-15
梵克雅宝两枚宝石镶嵌和钻石胸针"芭蕾舞女"1950年		465,225	日内瓦苏富比	2020-07-15
梵克雅宝两枚黄金、钻石和宝石镶嵌的胸针"芭蕾舞女"20世纪50年代		446,616	日内瓦苏富比	2020-07-15
梵克雅宝设计钻石"花形"胸针 约20世纪50年代		23,000	北京保利	2020-10-19
梵克雅宝钻石别针 约1940年		1,184,389	日内瓦苏富比	2020-11-11
梵克雅宝钻石花胸针套装	3.0cm × 2.0cm × 3	51,202	纽约佳士得	2020-02-05
梵克雅宝钻石配祖母绿别针及耳环套装		137,370	香港苏富比	2020-05-20
梵克雅宝钻石胸针		177,261	日内瓦苏富比	2020-06-24
翡翠 红宝石和钻石胸针	62mm × 34mm	26,478	巴黎苏富比	2020-06-11
翡翠、钻石、玛瑙蝴蝶胸针	宽6.2cm；长3.4cm	18,774	纽约佳士得	2020-06-30
翡翠、钻石胸针和耳环	胸针19.5mm × 13.1mm × 3.1mm × 2	14,507	纽约佳士得	2020-06-30
翡翠和钻石胸针	4.3cm × 4.3cm	153,605	纽约佳士得	2020-02-05
翡翠及钻石胸针、耳环套装，附证书	胸针7.1cm × 7.8cm	40,001	佳士得	2020-04-28
复古宝雪龙钻石翡翠胸针	长6.7cm	42,668	纽约佳士得	2020-02-05
复古紫水晶和红宝石手胸针	长10.5cm	25,601	纽约佳士得	2020-02-05
格拉夫彩色钻石和钻石胸针		397,997	纽约苏富比	2020-06-16
格拉夫钻石配蓝宝石及彩色刚玉别针		228,950	香港苏富比	2020-05-20
古埃及复兴石榴石 珐琅和钻石吊坠/胸针1915年	直径2.0cm	23,894	纽约佳士得	2020-02-05
古董黄金珠宝首饰		180,800	香港苏富比	2020-07-10
哈默曼兄弟钻石金胸针	长4.4cm	11,947	纽约佳士得	2020-02-05

拍品名称	物品尺寸	成交价RMB	拍卖公司	拍卖日期
海蓝宝石和钻石“裹心”胸针 威尔杜拉		335,374	纽约苏富比	2020-04-30
海蓝宝石钻石胸针 20世纪30年代	63mm×39mm	26,478	巴黎苏富比	2020-06-11
海蓝宝石钻石胸针		79,431	纽约苏富比	2020-04-30
海瑞温斯顿珍珠配钻石吊坠及珍珠配钻石别针		62,150	香港苏富比	2020-07-10
黑色蓝宝石钻石胸针		1,026,245	日内瓦苏富比	2020-06-24
红宝石 蓝宝石和钻石胸针 Mellerio 2005年		26,478	巴黎苏富比	2020-06-11
红宝石 钻石和珐琅胸针		18,774	纽约佳士得	2020-02-05
红宝石和钻石别针 梵克雅宝		24,713	巴黎苏富比	2020-06-11
红宝石和钻石花胸针	7.2cm×3.5cm	51,202	纽约佳士得	2020-06-30
红宝石和钻石双卡胸针 20世纪40年代		63,915	日内瓦苏富比	2020-05-07
红宝石和钻石胸针		409,614	纽约佳士得	2020-02-05
红宝石和钻石胸针	3.0cm×2.7cm	11,947	纽约佳士得	2020-06-30
红宝石和钻石胸针		65,132	日内瓦苏富比	2020-07-15
红宝石和钻石胸针 MAUBOUSSIN 20世纪50年代	直径约33mm	11,474	巴黎苏富比	2020-06-11
红宝石和钻石胸针 梵克雅宝 20世纪60年代		70,799	伦敦苏富比	2020-04-07
红宝石及钻石“Ballerina”胸针 VanCleef&Arpels设计		579,266	日内瓦佳士得	2020-07-22
红宝石及钻石胸针	胸针长度4.4cm	62,858	佳士得	2020-04-28
红宝石及钻石胸针 配玛瑙 镶铂金及金 6.3cm		58,575	佳士得	2020-11-29
红宝石配缟玛瑙及钻石“小猫”胸针 梵克雅宝		37,950	中国嘉德	2020-12-05
红宝石配绿松石及钻石胸针	胸针约72mm×60mm×14mm	28,750	华艺国际	2020-10-15
红宝石配珍珠及钻石吊坠/胸针	珍珠约10.6mm×11.5mm；吊坠约67mm×49mm×11.3mm	36,800	华艺国际	2020-10-15
红宝石配钻石别针及戒指套装		135,600	香港苏富比	2020-07-10
红宝石配钻石戒指及钻石别针两枚		73,450	香港苏富比	2020-07-10
红宝石心形胸针	5.6cm×5.8cm	102,404	纽约佳士得	2020-06-30
红宝石胸针		271,200	佳士得	2020-07-09
红宝石与钻石双卡胸针 20世纪40年代		63,915	日内瓦苏富比	2020-05-07
红宝石钻石别针		70,605	纽约苏富比	2020-04-30
红宝石钻石胸针		18,262	日内瓦苏富比	2020-05-07
红宝石、钻石胸针 奥斯特塔格 20世纪30年代		84,327	伦敦苏富比	2020-06-04
黄金多色蓝宝石和橄榄石钻石胸针（卡地亚）、耳夹一对		88,256	纽约苏富比	2020-04-30
黄金和宝石吊坠、胸针套装		19,458	纽约苏富比	2020-06-16
黄金和钻石胸针 20世纪40年代		6,513	日内瓦苏富比	2020-07-15
黄金和钻石胸针 BOUCHERON 大约1950年		45,654	日内瓦苏富比	2020-05-07
黄水晶和蓝宝石胸针 20世纪40年代		130,706	伦敦苏富比	2020-04-07
黄金镀银镶11.30克拉的梨形及11.95克拉的方形祖母绿配钻石吊坠/别针		1,480,868	纽约苏富比	2020-12-09
黄水晶、蓝宝石及钻石胸针	8.5cm×7.0cm	13,715	佳士得	2020-04-28
黄水晶、钻石及蓝宝石胸针	4.3cm×3.0 cm	8,572	佳士得	2020-04-28
黄水晶手链		51,387	日内瓦佳士得	2020-07-22
金 珐琅和钻石胸针一对 奥斯卡·海曼兄弟		52,954	纽约苏富比	2020-04-30
金 珊瑚 钻石和蓝宝石胸针 卡地亚 1950年		39,715	纽约苏富比	2020-04-30
金、绿宝石、彩蓝宝石及有色钻石胸针		233,575	日内瓦佳士得	2020-07-22
金镶AKOYA珍珠红宝石沙佛莱胸针/吊坠两用		9,200	西泠印社	2020-08-07
金镶缅甸仰光金珠吊坠/胸针两用		43,700	西泠印社	2020-08-07
金、钻石别针 1948年		114,977	纽约苏富比	2020-06-16
金、钻石胸针		9,131	日内瓦苏富比	2020-05-07
金、钻石胸针		24,192	日内瓦苏富比	2020-07-15
咖啡色钻石胸针	8.8cm×3.9cm	9,143	佳士得	2020-04-28
卡地亚“Panthère”祖母绿配缟玛瑙及钻石别针		1,017,000	香港苏富比	2020-07-10
卡地亚“Tutti Frutti”宝石配钻石别针		316,400	香港苏富比	2020-07-10
卡地亚“Tutti Frutti”钻石配宝石别针		2,260,000	香港苏富比	2020-07-10
卡地亚玛瑙钻石别针		114,977	纽约苏富比	2020-06-16
卡地亚珊瑚钻石胸针 大约1960年		513,123	日内瓦苏富比	2020-06-24
卡地亚设计彩色宝石及钻石“开合花”胸针 约20世纪40年代		69,000	北京保利	2020-10-19
卡地亚水晶钻石胸针 约1920年		141,510	纽约苏富比	2020-06-16
卡地亚钻石 红宝石和珐琅花胸针	5.8cm×4.3cm	16,214	纽约佳士得	2020-02-05
卡地亚钻石鸟胸针	3.0cm×4.6cm	55,469	纽约佳士得	2020-02-05
卡地亚钻石胸针		371,464	纽约苏富比	2020-06-16
卡地亚钻石胸针 1909年		932,950	日内瓦苏富比	2020-06-24
卡地亚钻石胸针一对 20世纪30年代		373,180	日内瓦苏富比	2020-06-24
卡洛·朱利亚诺金和锆石吊坠/胸针		19,458	纽约苏富比	2020-06-16
考德威尔公司海蓝宝石钻石胸针 1920年		51,202	纽约佳士得	2020-02-05
拉克洛奇3.27克拉钻石胸针 20世纪50年代		279,885	日内瓦苏富比	2020-06-24
蓝宝石 祖母绿和钻石胸针		65,353	伦敦苏富比	2020-04-07
蓝宝石、祖母绿、红宝石及钻石胸针		560,580	日内瓦佳士得	2020-07-22
蓝宝石、祖母绿、红宝石及钻石胸针		392,406	日内瓦佳士得	2020-07-22
蓝宝石和钻石吊坠/胸针		111,954	日内瓦苏富比	2020-06-24
蓝宝石和钻石花胸针	长度5.9cm	27,308	纽约佳士得	2020-02-05
蓝宝石和钻石胸针		106,518	伦敦苏富比	2020-06-04
蓝宝石和钻石胸针		20,481	纽约佳士得	2020-02-05
蓝宝石和钻石胸针		20,088	日内瓦苏富比	2020-05-07
蓝宝石和钻石胸针		29,218	日内瓦苏富比	2020-05-07
蓝宝石和钻石胸针	35mm×22mm	18,627	巴黎苏富比	2020-05-27

拍品名称	物品尺寸	成交价RMB	拍卖公司	拍卖日期
蓝宝石和钻石胸针 MELLERIO 1996年		39,717	巴黎苏富比	2020-06-11
蓝宝石及钻石胸针	胸针长度6.0cm	48,001	佳士得	2020-04-28
蓝宝石配石榴石及钻石别针		27,120	香港苏富比	2020-07-10
蓝宝石配钻石胸针及耳环套装		51,656	保利香港	2020-07-08
蓝宝石胸针		271,200	佳士得	2020-07-09
蓝宝石胸针 配钻石及祖母绿	长7.9cm	4,206,750	佳士得	2020-11-29
蓝宝石钻石手链、戒指和胸针	手链长190mm	158,602	日内瓦苏富比	2020-06-24
蓝宝石钻石胸针 1936年		354,521	日内瓦苏富比	2020-06-24
两个宝石和钻石胸针 20世纪60年代		283,195	伦敦苏富比	2020-04-07
两个钻石别针		15,887	巴黎苏富比	2020-06-11
两个钻石胸针 19世纪末		57,697	伦敦苏富比	2020-06-04
两枚宝石和钻石胸针		75,018	纽约苏富比	2020-04-30
两枚金胸针（爱马仕 20世纪50年代）和一枚金胸针		35,304	巴黎苏富比	2020-06-11
两枚钻石胸针 19世纪		37,218	日内瓦苏富比	2020-07-15
刘晓勤设计“翠之兰”天然满绿翡翠配钻石戒指/胸针/吊坠		69,000	中国嘉德	2020-12-05
刘晓勤设计“硕果累累”金色南洋珍珠配钻石胸针/吊坠		51,750	中国嘉德	2020-12-05
绿宝石钻石胸针		606,418	日内瓦苏富比	2020-06-24
绿松石和钻石胸针 20世纪60年代	52mm×34mm	9,804	巴黎苏富比	2020-05-27
绿松石和钻石胸针、耳夹一对 宝格丽		365,230	日内瓦苏富比	2020-05-07
绿松石胸针一对 蒂芙尼 20世纪50年代		76,245	伦敦苏富比	2020-04-07
绿柱石胸针 配钻石、蓝宝石及祖母绿 镶金 胸针5.1cm		40,470	佳士得	2020-11-29
马库斯珍珠和钻石胸针	6.1cm×2.8cm	29,868	纽约佳士得	2020-02-05
梦宝星珍珠母 珊瑚配红宝石及钻石别针		27,474	香港苏富比	2020-05-20
梦宝星钻石别针		74,409	香港苏富比	2020-05-20
米歇尔·德拉瓦莱紫水晶和钻石胸针		158,177	日内瓦苏富比	2020-07-15
缅甸天然满绿翡翠配钻石及粉色蓝宝石“小鸟”胸针		34,500	北京保利	2020-10-19
缅甸天然星光红宝石及天然珍珠胸针		113,000	佳士得	2020-07-09
莫布森钻石胸针		66,333	纽约苏富比	2020-06-16
木 翡翠和钻石胸针 卡地亚 1950年	56mm×24mm	88,260	巴黎苏富比	2020-06-11
欧洲古董花束胸针		25,300	永乐拍卖	2020-12-04
欧洲古董钻石花束胸针		24,150	永乐拍卖	2020-08-18
青金石和珍珠贝母 红宝石祖母绿和钻石胸针 MELLERIO 1996年		17,652	巴黎苏富比	2020-06-11
清翡翠花卉胸针（两件）		3,450	中国嘉德	2020-11-11
三颗祖母绿和钻石胸针 19世纪后半叶		174,274	伦敦苏富比	2020-04-07
三枚LUZCAMINO多宝石和青铜“蒲公英”胸针	长15.0cm×3	9,387	纽约佳士得	2020-06-30
珊瑚、祖母绿及钻石手链 Cartier设计		392,406	日内瓦佳士得	2020-07-22
珊瑚和贝壳胸针和耳环	胸针4.5cm×4.8cm	34,135	纽约佳士得	2020-02-05
珊瑚和亚闪石胸针、耳环		10,957	日内瓦苏富比	2020-05-07
珊瑚和钻石胸针 20世纪70年代	50mm×40mm	26,478	巴黎苏富比	2020-06-11
珊瑚和钻石胸针 JANESICH 20世纪20年代		26,141	伦敦苏富比	2020-04-07
珊瑚和钻石胸针 卡地亚 1950年	46mm×22mm×22mm	141,216	巴黎苏富比	2020-06-11
珊瑚祖母绿胸针 卡地亚 大约1950年	37mm×25mm×15mm	97,086	巴黎苏富比	2020-06-11
尚美青金石 钻石和黄金胸针 60年代		41,870	日内瓦苏富比	2020-07-15
19世纪 天然珍珠、蓝宝石及钻石胸针		140,145	日内瓦佳士得	2020-07-22
19世纪 祖母绿及钻石胸针		149,488	日内瓦佳士得	2020-07-22
19世纪 钻石胸针		48,584	日内瓦佳士得	2020-07-22
石榴石 蓝宝石和钻石胸针 20世纪初		152,490	伦敦苏富比	2020-04-07
石榴石及钻石胸针两只		91,430	佳士得	2020-04-28
双夹钻石和铂金胸针	长5.9cm	110,937	纽约佳士得	2020-02-05
双卡钻石胸针	5.7cm×2.4cm	34,135	纽约佳士得	2020-02-05
双卡钻石胸针	6.3cm×2.5cm	55,469	纽约佳士得	2020-02-05
水滴形珍珠和浅彩钻石胸针 约1910年		84,327	伦敦苏富比	2020-06-04
水晶胸针 配钻石、红宝石、蓝宝石、玛瑙及珐琅 镶金 4.0cm		51,120	佳士得	2020-11-29
随形蓝水晶翡翠大树胸针		13,800	永乐拍卖	2020-12-04
孙倩设计“蝶舞·翩翩”总重约5.70克拉碧玺配蓝宝石及钻石胸针（一对）		55,200	中国嘉德	2020-12-05
天然翡翠“凤凰”配钻石胸针		32,832	天成国际	2020-07-07
天然翡翠雕“如意”配红宝石及钻石吊坠/别针		56,500	香港苏富比	2020-07-10
天然翡翠怀古胸针		361,600	佳士得	2020-07-09
天然翡翠及钻石胸针，附证书	3.9cm×2.9cm	36,572	佳士得	2020-04-28
天然翡翠配8.58克拉椭圆形天然缅甸红宝石 彩色宝石及钻石“芬芳”胸针 王进玲		74,419	天成国际	2020-07-07
天然翡翠配宝石及钻石别针		508,500	香港苏富比	2020-07-10
天然翡翠配宝石及钻石别针		305,100	香港苏富比	2020-07-10
天然翡翠配宝石及钻石别针一对		43,396	香港苏富比	2020-06-12
天然翡翠配冰种翡翠及钻石“青蛙”胸针		153,360	天成国际	2020-11-28
天然翡翠配彩色刚玉及钻石“归巢”胸针；天然翡翠配彩色宝石及钻石吊坠		45,965	天成国际	2020-07-07
天然翡翠配粉色蓝宝石“火烈鸟”胸针	胸针约59×31.3×13.4mm；翡翠约20×6.5-14×5.3mm	97,750	华艺国际	2020-10-15
天然翡翠配祖母绿及钻石别针		180,800	香港苏富比	2020-07-10
天然翡翠配钻石别针		429,400	香港苏富比	2020-07-10
天然翡翠配钻石及宝石别针/吊坠；天然翡翠配钻石及红宝石戒指		96,050	香港苏富比	2020-07-10
天然翡翠配钻石戒指/吊坠及别针/吊坠		84,750	香港苏富比	2020-07-10
天然翡翠配钻石胸针	胸针长6.4cm	255,600	佳士得	2020-11-29
天然翡翠胸针		271,200	佳士得	2020-07-09
天然翡翠胸针		169,500	佳士得	2020-07-09
天然翡翠胸针		56,500	佳士得	2020-07-09
天然翡翠胸针		90,400	佳士得	2020-07-09

拍品名称	物品尺寸	成交价RMB	拍卖公司	拍卖日期
天然翡翠胸针 配钻石及玛瑙 镶金	翡翠 24.4mm × 10.9mm × 2.2mm；胸针宽4.8cm	53,250	佳士得	2020-11-29
天然珍珠、人工珍珠和钻石吊坠/胸针 19世纪晚期		43,569	伦敦苏富比	2020-04-07
天然珍珠和钻石胸针	4.1cm × 3.8cm	64,002	纽约佳士得	2020-02-05
天然珍珠胸针		214,700	佳士得	2020-07-09
托帕石"Breeze Whispers"胸针	长8.9cm	639,000	佳士得	2020-11-29
托帕石和宝石镶嵌胸针	29mm × 17mm	28,243	巴黎苏富比	2020-06-11
托帕石胸针		169,500	佳士得	2020-07-09
瓦伦丁·马格罗碧玉 钻石 珐琅狗胸针		15,361	纽约佳士得	2020-06-30
王小鱼设计2.80克拉帕拉伊巴碧玺配钻石"蝴蝶"胸针		172,500	北京保利	2020-10-19
威尔杜拉绿宝石、蓝宝石和钻石胸针"双紫菀"1956年		279,885	日内瓦苏富比	2020-06-24
维多利亚时期 小王子珐琅胸针（约1870年）及钻石珐琅"小提琴"胸针（约1925年）		28,750	北京保利	2020-10-19
象牙 宝石和珐琅胸针 MASRIERAYCARRERA 1920年		87,137	伦敦苏富比	2020-04-07
萧邦钻石胸针		260,526	日内瓦苏富比	2020-07-15
胸针 LINE魏特琳 CIRCA1945年	51mm × 45mm	980	巴黎苏富比	2020-05-27
胸针 詹玛丽亚·布切拉蒂		26,630	伦敦苏富比	2020-06-04
胸针LINE魏特琳 CIRCA1945年	52mm × 37mm	2,941	巴黎苏富比	2020-05-27
养殖珍珠和钻石胸针 大卫·韦伯	长9.4cm	27,308	纽约佳士得	2020-06-30
养殖珍珠和钻石胸针 杰夫·罗兰森		15,978	伦敦苏富比	2020-06-04
养殖珍珠及钻石胸针 配红宝石及祖母绿 镶金 4.5cm		27,690	佳士得	2020-11-29
艺术时期 蓝宝石及钻石胸针 Bulgari设计		2,616,040	日内瓦佳士得	2020-07-22
艺术时期 祖母绿及钻石胸针		560,580	日内瓦佳士得	2020-07-22
银胸针 JEAN德普雷	46mm × 37mm	18,627	巴黎苏富比	2020-05-27
有色钻石"Mimosa"配钻石及石榴石胸针	长12.7cm	213,000	佳士得	2020-11-29
有色钻石及钻石"Poppy Flower"胸针 Moussaieff设计		616,638	日内瓦佳士得	2020-07-22
有色钻石配钻石首饰套装	胸针长4.3cm；耳环长1.7cm × 2	95,850	佳士得	2020-11-29
玉髓胸针 配钻石 镶金	玉髓3.0cm × 2.4cm × 0.8cm	23,430	佳士得	2020-11-29
约1880年制雄鹰展翅胸针/吊坠两用		34,500	西泠印社	2020-08-07
约20世纪20年代制18K白金钻石胸针		55,200	西泠印社	2020-08-07
约20世纪20年代制18K白金钻石胸针		23,000	西泠印社	2020-08-07
月亮石 琥珀和钻石胸针 纳尔迪		92,583	伦敦苏富比	2020-04-07
珍珠 红宝石和钻石胸针		155,223	日内瓦苏富比	2020-05-07
珍珠、祖母绿及钻石胸针	3.5cm × 1.5cm	43,429	佳士得	2020-04-28
珍珠和珐琅胸针 弗罗门特·穆里斯19世纪中叶	70mm × 45mm	13,239	巴黎苏富比	2020-06-11
珍珠和珐琅胸针/坠饰 弗罗伦斯·莫里斯 大约1847年	47mm × 50mm	15,887	巴黎苏富比	2020-06-11
珍珠和钻石胸针		8,534	纽约佳士得	2020-06-30
珍珠玛瑙胸针		7,989	伦敦苏富比	2020-06-04
珍珠母玳瑁胸针和耳环一对		7,624	伦敦苏富比	2020-04-07
珍珠配钻石胸针	珍珠约7.7mm；胸针约40mm × 40mm × 22mm	29,900	华艺国际	2020-10-15
正阳绿随形蝴蝶胸针/吊坠两用款	主石5.0mm × 13.6mm × 3.3mm；镶嵌41.6mm × 28.1mm × 8.5mm；9.66g	36,800	永乐拍卖	2020-12-04
郑莎设计"流金岁月"总重约1.04克拉钻石珐琅胸针		34,500	中国嘉德	2020-12-05
种子珍珠和钻石流苏胸针		22,187	纽约佳士得	2020-06-30
紫水晶 软玉和钻石花胸针		7,680	纽约佳士得	2020-06-30
紫水晶 石榴石和蓝宝石胸针	长7.0cm	25,601	纽约佳士得	2020-02-05
紫水晶配钻石别针 19世纪后期		62,810	香港苏富比	2020-06-12
祖母绿 珐琅和钻石胸针/手表		15,887	巴黎苏富比	2020-06-11
祖母绿 红宝石和钻石蝴蝶胸针 1890年	长5.70cm	18,774	纽约佳士得	2020-02-05
祖母绿 红宝石和钻石胸针 MELLERIO 1996年		17,652	巴黎苏富比	2020-06-11
祖母绿 红宝石和钻石胸针 卡地亚 CIRCA 1969年		174,274	伦敦苏富比	2020-04-07
祖母绿 红宝石和钻石胸针/挂件 20世纪30年代		52,956	巴黎苏富比	2020-06-11
祖母绿和钻石吊坠/胸针		45,654	日内瓦苏富比	2020-05-07
祖母绿和钻石胸针 20世纪20年代		43,569	伦敦苏富比	2020-04-07
祖母绿和钻石胸针 苏珊娜·贝尔佩伦 1944年		132,390	巴黎苏富比	2020-06-11
祖母绿配钻石胸针	长6.7cm	191,700	佳士得	2020-11-29
祖母绿与钻石胸针	60mm × 34mm	79,434	巴黎苏富比	2020-06-11
祖母绿与钻石胸针		279,885	日内瓦苏富比	2020-06-24
祖母绿及钻石胸针 Graff设计		934,300	日内瓦佳士得	2020-07-22
祖母绿配珐琅彩及钻石别针		34,260	香港苏富比	2020-06-12
祖母绿配钻石别针 20世纪30年代		1,321,049	日内瓦苏富比	2020-11-11
钻石 彩色钻石和玛瑙熊猫胸针	3.2cm × 3.2cm	13,654	纽约佳士得	2020-02-05
钻石、玛瑙和翡翠"PANTHÈRE"胸针 法国卡地亚		150,036	纽约苏富比	2020-04-30
钻石"Feuillede Platane"胸针 RenéBoivin设计		242,918	日内瓦佳士得	2020-07-22
钻石"Mahango"胸针 Cartier		30,672	天成国际	2020-11-28
钻石"Oxalis"胸针 梵克雅宝		41,400	中国嘉德	2020-12-05
钻石白金胸针	7.8cm × 3.7cm	32,428	纽约佳士得	2020-02-05
钻石别针		73,450	香港苏富比	2020-07-10
钻石别针 19世纪		248,600	香港苏富比	2020-07-10
钻石别针 19世纪后期		45,508	香港苏富比	2020-04-15
钻石别针 CHAUMET 20世纪30年代		73,046	日内瓦苏富比	2020-05-07
钻石别针 卡地亚 大约1910年	58mm × 12mm	75,021	巴黎苏富比	2020-06-11
钻石吊坠/胸针	吊坠/胸针约47.6mm × 50mm × 10.4mm	28,750	华艺国际	2020-10-15
钻石吊坠胸针 蒂芙尼		34,135	纽约佳士得	2020-06-30
钻石珐琅别针		14,609	日内瓦苏富比	2020-05-07
钻石珐琅狮子胸针		16,214	纽约佳士得	2020-02-05
钻石珐琅鱼胸针	4.5cm × 5.5cm	13,654	纽约佳士得	2020-02-05
钻石和多宝石吊坠/胸针	5.6cm × 5.0cm	22,187	纽约佳士得	2020-02-05
钻石和合成蓝宝石胸针	长度21.6cm	46,935	纽约佳士得	2020-02-05

拍品名称	物品尺寸	成交价RMB	拍卖公司	拍卖日期
钻石和红宝石胸针		46,935	纽约佳士得	2020-06-30
钻石和黄金胸针	5.9cm×5.4cm	27,308	纽约佳士得	2020-02-05
钻石和蓝宝石三色胸针一对		32,428	纽约佳士得	2020-06-30
钻石和搪瓷胸针 蒂芙尼 20世纪20年代		43,569	伦敦苏富比	2020-04-07
钻石和珍珠弓胸针	长5.5cm	25,601	纽约佳士得	2020-02-05
钻石和祖母绿狮子胸针	长4.7cm	20,481	纽约佳士得	2020-02-05
钻石及祖母绿镶铂金及金胸针	长6.6cm	1,278,000	佳士得	2020-11-29
钻石夹胸针一对 20世纪30年代		43,569	伦敦苏富比	2020-04-07
钻石配彩色钻石、蓝宝石、祖母绿及珐琅彩别针 20世纪60年代		1,809,950	纽约苏富比	2020-12-09
钻石配珐琅彩及祖母绿挂坠/别针		74,847	香港苏富比	2020-11-27
钻石配红宝石及沙弗莱石榴石“小金鼠”胸针 Nisan		56,909	天成国际	2020-07-07
钻石配玛瑙镶铂金胸针	长9.7cm	532,500	佳士得	2020-11-29
钻石配珍珠别针/头饰 19世纪		192,100	香港苏富比	2020-07-10
钻石四叶草胸针 梵克雅宝		136,538	纽约佳士得	2020-06-30
钻石双夹扣胸针 20世纪30年代	80mm×40mm	52,956	巴黎苏富比	2020-06-11
钻石双夹子胸针 20世纪50年代	62mm×56mm	88,260	巴黎苏富比	2020-06-11
钻石镶铂金及金胸针	长8.1cm	585,750	佳士得	2020-11-29
钻石胸针		707,550	纽约苏富比	2020-06-16
钻石胸针		214,700	佳士得	2020-07-09
钻石胸针	胸针约40mm×40mm×16.8mm	28,750	华艺国际	2020-10-15
钻石胸针	5.0cm×3.5cm	34,135	纽约佳士得	2020-02-05
钻石胸针	73mm×42mm	14,706	巴黎苏富比	2020-05-27
钻石胸针	94mm×45mm	23,529	巴黎苏富比	2020-05-27
钻石胸针	45mm×40mm	11,765	巴黎苏富比	2020-05-27
钻石胸针		93,295	日内瓦苏富比	2020-06-24
钻石胸针	胸针阔度5.0cm	29,715	佳士得	2020-04-28
钻石胸针	长7.0cm	426,000	佳士得	2020-11-29
钻石胸针 19世纪初		6,863	巴黎苏富比	2020-05-27
钻石胸针 19世纪末	34mm×33mm	11,765	巴黎苏富比	2020-05-27
钻石胸针 19世纪中期		217,843	伦敦苏富比	2020-04-07
钻石胸针 20世纪20年代	42mm×21mm	10,784	巴黎苏富比	2020-05-27
钻石胸针 20世纪30年代		92,583	伦敦苏富比	2020-04-07
钻石胸针 20世纪30年代	64mm×32mm	18,627	巴黎苏富比	2020-05-27
钻石胸针 20世纪30年代	55mm×25mm	26,478	巴黎苏富比	2020-06-11
钻石胸针 20世纪30年代		148,872	日内瓦苏富比	2020-07-15
钻石胸针 20世纪50年代	43mm×23mm	30,891	巴黎苏富比	2020-06-11
钻石胸针	8.1cm	213,000	佳士得	2020-11-29
钻石胸针（江诗丹顿）还有红宝石和蓝宝石胸针		23,740	日内瓦苏富比	2020-05-07
钻石胸针 卡地亚		136,961	日内瓦苏富比	2020-05-07
钻石胸针 卡地亚 20世纪40年代		17,427	伦敦苏富比	2020-04-07
钻石胸针 卡地亚 20世纪	84mm×24mm	39,717	巴黎苏富比	2020-06-11
钻石胸针 镶铂金 5.7cm		85,200	佳士得	2020-11-29
钻石胸针（两件）		34,135	纽约佳士得	2020-02-05
钻石胸针、耳环首饰套装		40,001	佳士得	2020-04-28
钻石胸针及耳环		361,600	佳士得	2020-07-09
钻石胸针夹约1955年		141,510	纽约苏富比	2020-06-16
钻石胸针一对 镶金 3.4及2.5cm		47,925	佳士得	2020-11-29
钻石叶胸针	长5.5cm	40,961	纽约佳士得	2020-02-05
手镯、手链				
黑玛瑙及钻石手链 Puiforcat设计		140,145	日内瓦佳士得	2020-07-22
蓝宝石、钻石及绿松石手链 VanCleef&Arpels设计		233,575	日内瓦佳士得	2020-07-22
艺术时期 宝石“Tutti Frutti”手链 Cartier设计		4,596,756	日内瓦佳士得	2020-07-22
有色钻石及钻石手链 Cartier设计		18,050,676	日内瓦佳士得	2020-07-22
有色钻石手链		261,604	日内瓦佳士得	
钻石及蓝宝石手链 Graff设计		158,831	日内瓦佳士得	2020-07-22
1.66至0.99克拉哥伦比亚祖母绿手链		3,150,440	佳士得	2020-07-09
14K金镶帝王绿翡翠手链	长18.5cm	1,726,725	美国摩根	2020-01-14
15.015克拉黄白钻手链		101,200	西泠印社	2020-08-07
18K白金及钻石凯莉手环	手环长15.5cm；钻石重3.15克拉	169,500	佳士得	2020-07-10
18K红宝石花式手链		20,160	上海联合	2020-11-29
18K金手镯(LALAOUNIS)	长18.5cm	40,961	纽约佳士得	2020-06-30
18K金镶钻翡翠手链	长18cm	6,900	中国嘉德	2020-07-15
18K金镶钻手链	长18cm；钻石总计2克拉	8,050	中国嘉德	2020-07-15
18K蓝宝石钻石花式手链		89,600	上海联合	2020-11-29
18K玫瑰金NILOTICUSOMBRÉ戒指及18K玫瑰金NILOTICUSOMBRÉ手环（一组两件）	戒指 55mm；手环 16cm	29,380	佳士得	2020-07-10
18K玫瑰金及钻石ALCHIMIE手环	手环 15.5cm；钻石重 1.07克拉	124,300	佳士得	2020-07-10
2.46克拉缅甸艳红色尖晶石配钻石手链 未经加热		32,200	北京保利	2020-10-19
22K金欧洲彩色宝石双龙手镯	40.26g	36,800	永乐拍卖	2020-12-04
30颗长方形或正方形彩黄色或淡彩黄色钻石手链 附GIA 配黄钻及钻石 镶金 16.9cm		404,700	佳士得	2020-11-29
33.055克拉金镶蓝宝石手链		109,250	西泠印社	2020-08-07
4.02至0.60克拉榄尖形及梨形D/IF钻石手链	长16.9cm	4,260,000	佳士得	2020-11-29
5.01克拉红宝石钻石手镯	长约172mm	653,065	日内瓦苏富比	2020-06-24
55圈口冰紫翡翠手镯		230,000	西泠印社	2020-08-07
6颗总重约0.69克拉彩色钻石配钻石手链		63,250	北京保利	2020-10-19
80.08克拉椭圆形斯里兰卡天然蓝宝手镯		3,475,880	佳士得	2020-07-09
BELLARRI 宝石及钻石手链	手链长17.0cm	40,001	佳士得	2020-04-28
CARTIER “MAILLON PANTHÈRE”钻石手链		85,716	佳士得	2020-04-28
CARTIER 手镯	内周长17.5cm	45,715	佳士得	2020-04-28
CARTIER 钻石手镯、戒指首饰套装	手镯15.8cm	97,144	佳士得	2020-04-28
DAVID MORRIS 钻石手镯、戒指首饰套装	手镯16.3cm	80,001	佳士得	2020-04-28
Garrard&Co.古董钻石配珐琅彩手链		1,469,000	香港苏富比	2020-07-10
K金配青金石手链 Cartier		38,851	天成国际	2020-11-28
K金配钻石手镯 蒂芙尼	内径54mm×44mm	18,400	华艺国际	2020-10-15
K金手镯 LOVE 系列卡地亚	内径56mm×40mm；宽6.2mm	18,400	华艺国际	2020-10-15
VERDURA钻石和黄金隐藏手镯/手表		68,269	纽约佳士得	2020-06-30
WALSERWALD钻石白金手链	长17.5cm	85,336	纽约佳士得	2020-06-30
阿莱托兄弟金 青金石和钻石手镯	内周长18.42cm	132,666	纽约苏富比	2020-06-16
白金及钻石手链	长16.6cm	19,429	佳士得	2020-04-28
白金、金手镯		55,469	纽约佳士得	2020-02-05

拍品名称	物品尺寸	成交价RMB	拍卖公司	拍卖日期
宝格丽“PARENTESI”金和钻石手表手镯耳环	手镯内周长150mm	200,877	日内瓦苏富比	2020-05-07
宝格丽“Alveare”18K金手镯	内周长160mm	19,151	香港苏富比	2020-07-31
宝格丽MULTI-GEM手镯		110,937	纽约佳士得	2020-02-05
宝格丽PARENTESI钻石、蓝宝石和红宝石手镯		119,471	纽约佳士得	2020-02-05
宝格丽粉红色碧玺和紫水晶手链		59,350	日内瓦苏富比	2020-05-07
宝格丽黄金 宝石镶嵌和钻石手镯	内周长15.24cm	265,331	纽约苏富比	2020-06-16
宝格丽黄金 宝石镶嵌和钻石手镯	内圆周15.24cm	150,354	纽约苏富比	2020-06-16
宝格丽金手镯	内周长160mm	48,543	巴黎苏富比	2020-06-11
宝格丽设计 红色碧玺配钻石“SERPENTI”手环		215,232	保利香港	2020-07-08
宝格丽钻石和金手镯 1989年		65,132	日内瓦苏富比	2020-07-15
宝格丽钻石手镯		247,118	纽约苏富比	2020-04-30
宝格丽四颗重9.92克拉的祖母绿配钻石手链 20世纪30年代	长18.4cm	1,645,409	纽约苏富比	2020-12-09
宝石和钻石“里约”手镯		194,576	纽约苏富比	2020-06-16
宝石手镯首饰	手镯17.2cm	17,143	佳士得	2020-04-28
宝石镶“摇滚”手镯 GOSHWARA	长15.24cm	42,363	纽约苏富比	2020-04-30
宝石镶嵌和珐琅手镯戒指	内圆周约150mm	10,044	日内瓦苏富比	2020-05-07
宝石镶嵌和钻石手链 梵克雅宝1964年	长185mm	83,847	巴黎苏富比	2020-06-11
宝石镶嵌和钻石手镯	内周长15.24cm	88,256	纽约苏富比	2020-04-30
碧玺、钻石和多宝石手镯	内周长16.5cm	25,601	纽约佳士得	2020-02-05
冰糯种翡翠手镯	直径5.3cm	2,260	钜鑫缘	2020-06-14
冰种翡翠贵妃镯		460,000	西泠印社	2020-08-07
冰种翡翠贵妃镯		207,000	西泠印社	2020-08-07
冰种翡翠平安镯		230,000	西泠印社	2020-08-07
冰种翡翠手镯（一对）	直径5.8cm	3,496,230	哈布斯堡	2020-08-22
冰种翡翠圆镯		287,500	西泠印社	2020-08-07
冰种绿翡翠手镯		701,500	西泠印社	2020-08-07
冰种飘花翡翠玉镯		606,375	哈布斯堡	2020-06-26
冰种飘绿花翡翠贵妃镯	内径5.3cm	25,300	中国嘉德	2020-07-15
冰种三彩手镯		287,500	西泠印社	2020-08-07
伯爵钻石手链		12,592	香港苏富比	2020-05-20
布切拉蒂金、绿宝石手链和戒指		168,043	纽约苏富比	2020-06-16
彩色宝石袖口圈	内圆周约180mm	47,059	巴黎苏富比	2020-05-27
彩色金刚石袖口手镯和金刚石戒指		62,136	伦敦苏富比	2020-06-04
彩色钻石配钻石及粉红色刚玉手链	长160mm	48,080	香港苏富比	2020-05-20
彩色钻石手链	长145mm	68,262	香港苏富比	2020-04-15
彩色钻石手链	长17.0cm	3,195,000	佳士得	2020-11-29
彩色钻石手镯	长约180mm	279,885	日内瓦苏富比	2020-06-24
“翠色盈韵”缅甸天然翡翠手镯		31,050,000	北京保利	2020-12-05
大卫·韦伯珐琅红宝石钻石手镯	内周长15.24cm	265,331	纽约苏富比	2020-06-16
大卫·韦伯黄金钻石“格斗狮子”手镯		247,643	纽约苏富比	2020-06-16
大卫·韦伯金、珐琅、钻石手链	内周长15.24cm	168,043	纽约苏富比	2020-06-16
大卫·韦伯金、珐琅和钻石阿拉伯花纹袖口手链	内周长15.24cm	176,888	纽约苏富比	2020-06-16
蛋白石手镯 Mario Buccellati	内周长约170mm	79,889	伦敦苏富比	2020-06-04
当代翡翠手镯、手链（两件）	尺寸不一	5,750	上海嘉禾	2020-01-05
德雷森蓝宝石和钻石手链 约1940年	长170mm	242,567	日内瓦苏富比	2020-06-24
蒂芙尼“糖堆”钻石和金手镯		29,868	纽约佳士得	2020-02-05
蒂芙尼·阿特拉斯金手镯	内圆周17.5cm	42,668	纽约佳士得	2020-02-05

拍品名称	物品尺寸	成交价RMB	拍卖公司	拍卖日期
蒂芙尼·安吉拉·康明斯多宝石手镯	内周长17.3cm	136,538	纽约佳士得	2020-02-05
蒂芙尼黄金镶宝石配钻石“Marine Creature”手链	内周长16.5cm	1,645,409	纽约苏富比	2020-12-09
蒂芙尼金手镯		46,935	纽约佳士得	2020-02-05
蒂芙尼金钻石手镯		57,488	纽约苏富比	2020-06-16
蒂芙尼绿宝石和钻石手镯 20世纪20年代	长180mm	354,521	日内瓦苏富比	2020-06-24
蒂芙尼镶蛋白石和母珍珠手镯	内圆周16.9cm	85,336	纽约佳士得	2020-02-05
蒂芙尼珍珠母手镯	内周长15.9cm	55,469	纽约佳士得	2020-02-05
多宝石和金电缆手镯	内周长17.2cm	25,601	纽约佳士得	2020-02-05
多宝石和钻石手镯	手镯长18.0cm	29,868	纽约佳士得	2020-02-05
珐琅 宝石镶嵌 金手镯	内周长约160mm	55,827	日内瓦苏富比	2020-07-15
珐琅、红宝石和钻石手镯 19世纪中期	内周长约145mm	43,569	伦敦苏富比	2020-04-07
珐琅和红宝石手镯 约1840年	长度约180mm	45,747	伦敦苏富比	2020-04-07
珐琅钻石手链		13,696	日内瓦苏富比	2020-05-07
梵克雅宝“Magic Alhambra”珍珠母配缟玛瑙手链		33,900	香港苏富比	2020-07-10
梵克雅宝红宝石手镯	长17.5cm	25,601	纽约佳士得	2020-02-05
梵克雅宝黄金和钻石手镯“LUDOBRIQUETTES” 20世纪30年代	长约135mm到190mm	186,090	日内瓦苏富比	2020-07-15
梵克雅宝玉髓配钻石手镯	内周长约170mm	39,428	香港苏富比	2020-07-31
梵克雅宝玉髓手链	长约175mm	45,060	香港苏富比	2020-07-31
翡翠白底青飘阳绿手镯	直径6cm	1,695	钜鑫缘	2020-06-14
翡翠冰种满绿正圆手镯	直径5.8cm	17,250	北京钜鑫缘	2020-10-13
翡翠冰种正阳手镯	直径5.3cm	3,450	北京钜鑫缘	2020-10-13
翡翠方形手镯		112,298	东京国立拍卖	2020-01-10
翡翠和金手镯	内周长15.0cm	23,894	纽约佳士得	2020-06-30
翡翠满色手镯	重74.3g；直径85.55mm	505,313	哈布斯堡	2020-06-26
翡翠糯种飘阳绿手镯	直径5.7cm	11,300	钜鑫缘	2020-06-14
翡翠糯种正庄飘绿手镯	直径5.5cm	7,910	钜鑫缘	2020-06-14
翡翠飘花手镯		303,188	哈布斯堡	2020-06-26
翡翠飘绿手镯	直径5.5cm	5,750	北京钜鑫缘	2020-10-13
翡翠十八子手串	1.4cm	330,000	北京贞观	2020-11-28
翡翠手串		33,600	上海联合	2020-11-29
翡翠手链	总重33.223g	218,500	永乐拍卖	2020-08-18
翡翠手镯	圈口56mm×2；条宽12mm	1,380,000	永乐拍卖	2020-08-18
翡翠手镯	直径6.5cm	1,130	钜鑫缘	2020-06-14
翡翠手镯	直径5.8cm	2,425,500	哈布斯堡	2020-06-26
翡翠手镯	直径5.7cm	1,150	北京钜鑫缘	2020-10-13
翡翠洋绿正圆手镯	直径5.5cm	11,500	北京钜鑫缘	2020-10-13
粉红刚玉配钻石手链	长度约180mm	21,404	香港苏富比	2020-07-31
粉色蓝宝石和钻石手链	长187mm	75,450	伦敦苏富比	2020-06-04
复古的金手镯	长18.0cm	29,868	纽约佳士得	2020-02-05
橄榄石手链	长175mm	30,891	巴黎苏富比	2020-06-11
高冰翡翠手镯		402,500	西泠印社	2020-08-07
格拉夫蓝宝石红宝石和钻石手镯1986年		298,544	日内瓦苏富比	2020-06-24
格拉夫蓝宝石钻石手镯		354,521	日内瓦苏富比	2020-06-24
格拉夫蓝宝石钻石手镯	长17.15cm	168,043	纽约苏富比	2020-06-16
格拉夫钻石手链	长度约165mm	1,373,700	香港苏富比	2020-05-20
格拉夫钻石手镯	长约163mm	1,306,130	日内瓦苏富比	2020-06-24
古董珍珠和珐琅吊坠手镯	长18.0cm	15,361	纽约佳士得	2020-06-30
瑰丽稀有的天然满绿翡翠手镯		3,220,000	中国嘉德	2020-12-05
哈里·温斯顿金、翡翠、钻石手镯 1980年	长18.42cm	221,109	纽约苏富比	2020-06-16

2020翡翠珠宝拍卖成交汇总（续表）

拍品名称	物品尺寸	成交价RMB	拍卖公司	拍卖日期
哈里·温斯顿钻石手镯	长17.46cm	663,328	纽约苏富比	2020-06-16
哈里·温斯顿钻石手镯 约1962年	长18.1cm	1,149,769	纽约苏富比	2020-06-16
海瑞温斯顿祖母绿配钻石手链		1,243,000	香港苏富比	2020-07-10
海瑞温斯顿红宝石配钻石手链	长17.78cm	2,879,465	纽约苏富比	2020-12-09
何塞·赫斯金钻石手镯	内周长16.51cm	79,599	纽约苏富比	2020-06-16
黑色韦奇伍德 钻石、金手镯和耳环一对	长16.0cm×2	13,654	纽约佳士得	2020-06-30
黑玉金饰链式手链	长18cm	64,002	纽约佳士得	2020-02-05
红宝石 珐琅 钻石手镯	内尺寸 5.7cm×4.4cm	187,740	纽约佳士得	2020-06-30
红宝石 蓝宝石和钻石手链	长170mm	44,383	伦敦苏富比	2020-06-04
红宝石和钻石手链 格拉夫	长约175mm	213,036	伦敦苏富比	2020-06-04
红宝石和钻石手链 约1985年	长185mm	48,821	伦敦苏富比	2020-06-04
红宝石和钻石手镯	长15.6cm	93,870	纽约佳士得	2020-06-30
红宝石戒指及ADLER 红宝石及钻石手镯	手镯内周长15.5cm	27,429	佳士得	2020-04-28
红宝石钻石手链	长17.1cm；宽1.8cm	55,469	纽约佳士得	2020-06-30
红木钻石手镯和戒指	手镯内周长约155mm	13,071	伦敦苏富比	2020-04-07
黄金、宝石和钻石手镯 约1945年	内周长17.78cm	114,977	纽约苏富比	2020-06-16
黄金和钻石手镯	内周长190mm	29,218	日内瓦苏富比	2020-05-07
黄金手链	长度约180mm	45,654	日内瓦苏富比	2020-05-07
黄色钻石配钻石手链		55,200	北京保利	2020-10-19
黄水晶 绿色碧玺 坦桑石 黄色绿柱石和杜鹃石手链 梅勒里奥 1996年		17,652	巴黎苏富比	2020-06-11
极为瑰丽珍罕的天然满绿翡翠手镯		4,140,000	中国嘉德	2020-12-05
尖晶石和钻石手镯 19世纪末	内周长约170mm	44,383	伦敦苏富比	2020-06-04
杰勒德钻石手镯	长16.5cm	59,735	纽约佳士得	2020-02-05
金 蓝宝石 钻石和珐琅手镯 约1900年		30,955	纽约苏富比	2020-06-16
金 紫水晶和绿松石手镯大卫·韦伯	内部周长14.29cm	141,210	纽约苏富比	2020-04-30
金 钻石和蓝宝石手镯 亚历山大·雷扎 法国		28,242	纽约苏富比	2020-04-30
金、珐琅、宝石手镯		57,488	纽约苏富比	2020-06-16
金、绿松石和钻石手镯大卫·韦伯	长19.69cm	57,367	纽约苏富比	2020-04-30
金鳄鱼手镯	内圆周15.8cm	110,937	纽约佳士得	2020-02-05
金和红宝石“双长角”手镯 保罗·弗拉托 1980年		88,256	纽约苏富比	2020-04-30
金和钠长石手镯 伊利亚斯·拉劳纳斯	内周长约170mm	13,725	巴黎苏富比	2020-05-27
金和硬石凹版手镯 约1860年	长190mm	139,943	日内瓦苏富比	2020-06-24
金和钻石手链/手表		74,436	日内瓦苏富比	2020-07-15
金和钻石手镯		40,961	纽约佳士得	2020-02-05
金和钻石手镯和耳环	手镯长19.0cm	46,935	纽约佳士得	2020-02-05
金红宝石钻石手镯		34,697	日内瓦苏富比	2020-05-07
金色“CHAINED ANCRE”手镯 爱马仕 巴黎	长20.96cm	132,384	纽约苏富比	2020-04-30
金色和彩色钻石“Brillant”手镯 PAOLOCOSTAGLI	长19.37cm	176,513	纽约苏富比	2020-04-30
金色和粉色蓝宝石袖口手镯 布切拉蒂		141,210	纽约苏富比	2020-04-30
金手链	长度约180mm	21,569	巴黎苏富比	2020-05-27
金手链	内周长约160mm	21,569	巴黎苏富比	2020-05-27
金手链 让·德斯佩雷斯	长度约175mm	75,021	巴黎苏富比	2020-06-11
金手链两条及钻石戒指一只		16,000	佳士得	2020-04-28
金手链袖口	内周长15.88cm	114,977	纽约苏富比	2020-06-16
金手镯	长21.9cm	17,067	纽约佳士得	2020-02-05
金手镯 布切拉蒂	长18.42cm	48,541	纽约苏富比	2020-04-30
金手镯“GOURMETTEPAILLETTE”	长约180mm	37,218	日内瓦苏富比	2020-07-15
金镶玻璃种蛋面翡翠配珍珠手链		184,000	西泠印社	2020-08-07
金镶黄翡钻石手链		101,200	西泠印社	2020-08-07
金钻石手镯	内周长16.51cm	176,888	纽约苏富比	2020-06-16
金钻石手镯	长度约185mm	36,523	日内瓦苏富比	2020-05-07
经典风格铂金镶彩色宝石、钻石及珐琅彩“水果锦囊”手链 卡地亚 1928年	长17.46cm	9,494,436	纽约苏富比	2020-04-28
卡地亚“Panthère”18K黄金 蓝宝石配缟玛瑙及钻石手镯及戒指		146,900	香港苏富比	2020-07-10
卡地亚“Love”18K金手镯		36,632	香港苏富比	2020-05-20
卡地亚“爱”手镯一对	内周长约18cm×2	64,002	纽约佳士得	2020-02-05
卡地亚“爱”手镯		35,841	纽约佳士得	2020-06-30
卡地亚18K金手链	长约185mm	33,795	香港苏富比	2020-07-31
卡地亚18K金珠宝首饰	手镯长155mm	29,692	香港苏富比	2020-06-12
卡地亚豹子手链	链长19cm	18,400	永乐拍卖	2020-08-18
卡地亚珐琅手镯	内圆周17.1cm	38,401	纽约佳士得	2020-02-05
卡地亚缟玛瑙配钻石手链 1923年	长185mm	683,301	日内瓦苏富比	2020-11-11
卡地亚金银手镯		93,045	日内瓦苏富比	2020-07-15
卡地亚蓝宝石和钻石手镯 20世纪50年代	长约175mm	167,481	日内瓦苏富比	2020-07-15
卡地亚蓝宝石钻石手镯		79,088	日内瓦苏富比	2020-07-15
卡地亚珊瑚和钻石手镯 大约1970年	内周长150mm	3,545,210	日内瓦苏富比	2020-06-24
卡地亚珊瑚钻石手镯	长19.69cm	1,503,544	纽约苏富比	2020-06-16
卡地亚珊瑚钻石手镯20世纪60年代		466,475	日内瓦苏富比	2020-06-24
卡地亚设计 钻石配黑玛瑙及祖母绿“美洲豹”手链		139,901	保利香港	2020-07-08
卡地亚祖母绿配钻石手链		847,500	香港苏富比	2020-07-10
卡地亚钻石手镯 1926年	长175mm	1,865,900	日内瓦苏富比	2020-06-24
库琴斯基祖母绿 钻石和彩色钻石袖手环	内径5.7cm	256,009	纽约佳士得	2020-06-30
蓝宝石和钻石手链	内周长约170mm	15,522	日内瓦苏富比	2020-05-07
蓝宝石和钻石手链	长175mm	37,281	伦敦苏富比	2020-06-04
蓝宝石和钻石手链 20世纪20年代	长185mm	88,765	伦敦苏富比	2020-06-04
蓝宝石和钻石手镯	长17.5cm	27,308	纽约佳士得	2020-02-05
蓝宝石和钻石手镯 19世纪末	内圆周约165mm	24,854	伦敦苏富比	2020-06-04
蓝宝石配钻石“蝴蝶”手镯	手镯内径约55mm×45.6mm；宽约13mm—51mm	218,500	华艺国际	2020-10-15
蓝宝石配钻石手链	长约150mm	36,048	香港苏富比	2020-07-31
蓝宝石配钻石镶金手链	长17.1cm	101,175	佳士得	2020-11-29
蓝宝石手链		271,200	佳士得	2020-07-09
蓝宝石手链 配钻石	长17.0cm	213,000	佳士得	2020-11-29
蓝宝石钻石手镯	长约190mm	66,195	巴黎苏富比	2020-06-11
蓝宝石钻石手镯	长度18.0cm	23,894	纽约佳士得	2020-06-30
蓝宝石钻石手镯	长170mm	109,569	日内瓦苏富比	2020-05-07
蓝珀手串		3,450	中国嘉德	2020-11-11
两颗珍珠手链 19世纪		21,182	巴黎苏富比	2020-06-11
两只金的 红宝石的和钻石的手镯	手镯长18.5cm	16,214	纽约佳士得	2020-06-30
罗伯托硬币“热情”黄金和钻石手镯	长17.0cm	27,308	纽约佳士得	2020-02-05
罗素 劳力士钻石隐藏手镯手表		34,135	纽约佳士得	2020-06-30
玛瑙 乌木和紫檀手链 萨利玛塔克		34,855	伦敦苏富比	2020-04-07
玛瑙和金手镯	内周长约15.5cm	12,800	纽约佳士得	2020-02-05
马里奥·布契拉提蓝宝石配钻石手镯		342,156	香港苏富比	2020-11-27

拍品名称	物品尺寸	成交价RMB	拍卖公司	拍卖日期
猫眼亚历山大变色石配亚历山大变色石及钻石手链		192,462	香港苏富比	2020-11-27
米歇尔·德拉瓦莱琥珀 蓝宝石红宝石和钻石手镯		79,088	日内瓦苏富比	2020-07-15
缅甸天然翡翠蛋面配钻石手链		43,046	保利香港	2020-07-08
缅甸天然翡翠手镯		36,110,000	北京保利	2020-10-19
缅甸天然翡翠手镯（一对）		55,200	北京保利	2020-10-19
缅甸天然红宝石手链		791,000	佳士得	2020-07-09
缅甸天然紫罗兰翡翠手镯		2,044,704	保利香港	2020-07-08
糯冰翡翠珠手串		28,750	西泠印社	2020-08-07
糯种翡翠手镯	直径5.7cm	2,260	钜鑫缘	2020-06-14
女士金质腕表和金手链BREITLING	长度约190mm	23,529	巴黎苏富比	2020-05-27
飘绿翡翠手镯	内直径6.3cm；重量65g	40,250	深圳世浩	2020-07-30
飘绿翡翠手镯	内直径5.5cm；重74g	55,200	深圳世浩	2020-07-30
秦依依设计“虚幻时空”缅甸天然翡翠蛋面配钻石及尖晶石手链及耳环套装		149,500	北京保利	2020-10-19
秦依依设计“叶夏”三色金叶子花蕊手镯三只		46,000	北京保利	2020-10-19
清 碧玺十八子持珠	珠径约1.3cm	11,500	西泠印社	2020-08-09
清 翡翠冰种满绿正圆手镯	直径5.8cm	8,050	北京钜鑫缘	2020-10-13
清 翡翠龙首镯两只		48,300	中国嘉德	2020-12-03
清 翡翠十八子持珠	珠径1.4cm	11,500	西泠印社	2020-08-09
清 翡翠双龙戏珠纹挂环带白玉球形多宝串	内径3.3cm	10,350	广东崇正	2020-09-13
清 翡翠双龙戏珠纹手镯一对	外径8cm；外径7.8cm	161,000	西泠印社	2020-08-09
清 翡翠镯		4,600	中国嘉德	2020-12-03
清 19世纪 翠玉十八子手串	长23cm	29,702	香港苏富比	2020-06-05
人造珍珠和钻石手链		36,523	日内瓦苏富比	2020-05-07
三个古驰“竹”金手镯	内圆周17cm	68,269	纽约佳士得	2020-02-05
三色金色“TUBOGAS”手链/手表 宝格丽		88,256	纽约苏富比	2020-04-30
沙弗莱石榴石和蓝宝石手链一对	内周长约160mm	54,785	日内瓦苏富比	2020-05-07
沙绿色祖母绿和钻石手链一对	内周长约165mm×2	242,567	日内瓦苏富比	2020-06-24
珊瑚 钻石和金手镯		64,002	纽约佳士得	2020-06-30
珊瑚金手镯	内周长17.0cm	20,481	纽约佳士得	2020-02-05
尚美设计钻石手镯	内径56mm×49mm	103,500	华艺国际	2020-12-05
18颗野生珍珠手持		17,250	西泠印社	2020-08-07
19世纪末的埃米尔钻石手镯	内圆周约180mm	24,713	巴黎苏富比	2020-06-11
19世纪末期的手镯、吊坠、胸针	手镯长约170mm	27,914	日内瓦苏富比	2020-07-15
手链 香奈儿（DIA）	长度约165mm	21,569	巴黎苏富比	2020-05-27
手镯 20世纪60年代	长192mm	54,461	伦敦苏富比	2020-04-07
手镯 20世纪60年代	长度约193mm	20,695	伦敦苏富比	2020-04-07
手镯 宝格丽		7,624	伦敦苏富比	2020-04-07
双色金 钻石和红宝石袖口手镯 布切拉蒂		264,769	纽约苏富比	2020-04-30
双色金钻石手镯 布切拉蒂	内部周长16.51cm	132,384	纽约苏富比	2020-04-30
蒂芙尼·斯伦贝谢金、珐琅和钻石手镯	内周长16.51cm	353,775	纽约苏富比	2020-06-16
蒂芙尼·斯伦贝谢金、珐琅和钻石手镯	内周长16.51cm	247,643	纽约苏富比	2020-06-16

拍品名称	物品尺寸	成交价RMB	拍卖公司	拍卖日期
坦桑石和钻石雪花手镯 蒂芙尼	长度18.42cm	97,082	纽约苏富比	2020-04-30
天然“帝王绿”翡翠配钻石手链		3,390,000	香港苏富比	2020-07-10
天然缅甸红宝石配钻石手链		316,400	香港苏富比	2020-07-10
天然冰种带阳绿翡翠手镯		552,000	保利厦门	2020-09-26
天然冰种带阳绿翡翠手镯		782,000	保利厦门	2020-09-26
天然翡翠蛋面手链		452,000	佳士得	2020-07-09
天然翡翠蛋面手链及耳环套装	最大蛋面17.5mm×13.6mm×7.7mm；手链长17.0cm；耳环长3.1cm×2	8,698,920	佳士得	2020-11-29
天然翡翠配钻石手链		2,260,000	香港苏富比	2020-07-10
天然翡翠手链	内周长15.3cm	106,500	佳士得	2020-11-29
天然翡翠手镯		237,300	佳士得	2020-07-09
天然满色翡翠手镯		14,260,600	香港苏富比	2020-07-10
天然缅甸蓝宝石配钻石镶铂金手链	长18.0cm	447,300	佳士得	2020-11-29
天然珍珠钻石手镯 19世纪晚期	内周长约160mm	45,747	伦敦苏富比	2020-04-07
天然紫罗兰翡翠手镯	内直径58.40mm；厚约 19.12mm	3,089,470	香港苏富比	2020-10-07
天然祖母绿配钻石黄金手链 约1970年制		103,500	中国嘉德	2020-12-05
威尔杜拉金钻石“双月牙”手镯	长17.78cm	221,109	纽约苏富比	2020-06-16
韦杜拉编织金手镯	内圆周15.5cm；宽3.8cm	68,269	纽约佳士得	2020-02-05
维多利亚时期制14K金镶珐琅手镯		40,250	西泠印社	2020-08-07
希曼·舍普斯 养殖的珍珠和金手镯	长20.0cm	40,961	纽约佳士得	2020-02-05
限量版18K玫瑰金及钻石LICOLH手环	Wrist size 15.5cm；Set with 189 diamonds; total 1.84克拉	56,500	佳士得	2020-07-10
象牙、有色钻石及钻石手镯René Boivin设计		93,430	日内瓦佳士得	2020-07-22
心形钻石手链 最大三颗钻石1.26、0.76及0.73克拉 镶铂金及金 15.2cm		191,700	佳士得	2020-11-29
养殖的珍珠和钻石手链	长270mm	35,304	巴黎苏富比	2020-06-11
养殖珍珠 祖母绿和钻石手镯 卡地亚	长192mm	119,813	伦敦苏富比	2020-04-07
养殖珍珠配钻石“闻啼鸟”手镯王进玲		30,643	天成国际	2020-07-07
养殖珍珠手镯	内径约62mm	34,314	巴黎苏富比	2020-05-27
氧化锆 珐琅和钻石手镯一对		10,044	日内瓦苏富比	2020-05-07
一对钻石和金珠的手镯		46,935	纽约佳士得	2020-02-05
一对钻石手镯	内围14.7cm×2	35,841	纽约佳士得	2020-02-05
银手链 让·德斯佩（JEAN DESPRÉS）20世纪70年代		73,529	巴黎苏富比	2020-05-27
银手链 让·德斯佩（JEAN DESPRÉS）20世纪70年代	长度约190mm	33,539	巴黎苏富比	2020-06-11
银手链 让·德斯佩（JEAN DESPRÉS）20世纪70年代	长度约180mm	37,069	巴黎苏富比	2020-06-11
玉髓、珍珠和钻石手镯 约1935年	长度约180mm	326,533	日内瓦苏富比	2020-06-24
约19世纪制 天然海水珍珠手镯		59,800	西泠印社	2020-08-07
珍罕天然翡翠手镯		3,283,200	天成国际	2020-07-07
珍珠和珐琅手链 大约1850年	长约180mm	33,539	巴黎苏富比	2020-06-11
珍珠和钻石珠宝手镯、戒指、别针套装		114,977	纽约苏富比	2020-06-16
珍珠配钻石手链共54颗	珍珠约9mm；手链长180mm；宽28mm	63,250	华艺国际	2020-10-15
珍珠配钻石手镯 19世纪后期		73,450	香港苏富比	2020-07-10
珍珠手链 ÉMILEFROMENT-MEURICE 20世纪初	内圆周约175mm	39,717	巴黎苏富比	2020-06-11

2020翡翠珠宝拍卖成交汇总（续表）

拍品名称	物品尺寸	成交价RMB	拍卖公司	拍卖日期
珍珠钻石手镯	长16.3cm	12,800	纽约佳士得	2020-06-30
织金及紫水晶手袋		34,286	佳士得	2020-04-28
总重11.18克拉天然未经加热鸽血红红宝石配钻石手链		138,000	中国嘉德	2020-12-05
总重17.16克拉钻石手链		80,712	保利香港	2020-07-08
总重约18.86克拉哥伦比亚祖母绿配钻石手链 未经注油		1,291,392	保利香港	2020-07-08
总重约7.10克拉天然赞比亚祖母绿配钻石手链		63,250	中国嘉德	2020-12-05
总重约99.00克拉天然缅甸未经加热星光红宝石配钻石手链		126,500	中国嘉德	2020-12-05
足金烧蓝福字18K金翡翠手链	长18cm	4,600	中国嘉德	2020-07-15
祖母绿和钻石手链		62,136	伦敦苏富比	2020-06-04
祖母绿和钻石手链 弗雷德	长约165mm	18,627	巴黎苏富比	2020-05-27
祖母绿和钻石手镯 MELLERIO 1983年	长度约170mm	123,564	巴黎苏富比	2020-06-11
祖母绿和钻石手镯和耳环	手镯长16.0cm，最宽处3.3cm	102,404	纽约佳士得	2020-02-05
祖母绿配钻石手链	长155mm	45,680	香港苏富比	2020-06-12
钻石 红宝石和金手镯	长17cm	59,735	纽约佳士得	2020-02-05
钻石 蓝宝石和红宝石手镯 哈里·温斯顿		114,733	纽约苏富比	2020-04-30
钻石“Étoile Filante”镶金手链	手链内周长16.0cm	213,000	佳士得	2020-11-29
钻石“图标”魅力手镯 格拉夫	长18.0cm	119,471	纽约佳士得	2020-06-30
钻石白金手镯	长17.0cm	25,601	纽约佳士得	2020-02-05
钻石白金手镯	长17.7cm	0	纽约佳士得	2020-06-30
钻石和铂金手镯	长17.5cm	40,961	纽约佳士得	2020-02-05
钻石和彩色钻石袖口手镯	内圆周15.5cm	55,469	纽约佳士得	2020-02-05
钻石和多宝石手镯	长16.0cm	51,202	纽约佳士得	2020-06-30
钻石和翡翠手镯	长16cm	102,404	纽约佳士得	2020-06-30
钻石和黄金手镯	内周长15.5cm	23,894	纽约佳士得	2020-06-30
钻石和金扣手镯	总长度23.5cm	40,961	纽约佳士得	2020-02-05
钻石和金手镯	内圆周14.7cm	46,935	纽约佳士得	2020-02-05
钻石和金手镯	内周长16cm	23,894	纽约佳士得	2020-02-05
钻石和蓝宝石手镯	长17.5cm	85,336	纽约佳士得	2020-02-05
钻石和蓝宝石手镯 格拉夫	长15.88cm	750,178	纽约苏富比	2020-04-30
钻石和蓝宝石手镯 1925年	长15.0cm	102,404	纽约佳士得	2020-02-05
钻石和珍珠手镯 1910年	长15.2cm	34,135	纽约佳士得	2020-02-05
钻石红宝石手镯		84,022	纽约苏富比	2020-06-16
钻石及蓝宝石“Diamond on Diamond”手链		316,400	佳士得	2020-07-09
钻石及蓝宝石手链	手链内周15.4cm	43,429	佳士得	2020-04-28
钻石及蛇纹木“Serpenti”手镯 Bulgari设计		513,865	日内瓦佳士得	2020-07-22
钻石金手镯	长18.0cm	34,135	纽约佳士得	2020-02-05
钻石金手镯		35,841	纽约佳士得	2020-02-05
钻石金手镯	长18.6cm	10,240	纽约佳士得	2020-02-05
钻石金手镯	长15.5cm	22,187	纽约佳士得	2020-02-05
钻石蓝宝石手镯	长17.2cm	51,202	纽约佳士得	2020-02-05
钻石蓝宝石手镯		106,133	纽约苏富比	2020-06-16
钻石配红宝石手镯		101,700	香港苏富比	2020-07-10
钻石配皮革手链	长165mm	97,070	香港苏富比	2020-06-12
钻石配塑脂手镯	内周长约170mm	31,976	香港苏富比	2020-06-12
钻石手链	长约185mm	45,060	香港苏富比	2020-07-31
钻石手链		328,320	天成国际	2020-07-07
钻石手链		429,400	佳士得	2020-07-09
钻石手链		316,400	香港苏富比	2020-07-10
钻石手链	长度约180mm	65,353	伦敦苏富比	2020-04-07

拍品名称	物品尺寸	成交价RMB	拍卖公司	拍卖日期
钻石手链	长155mm	96,705	香港苏富比	2020-04-15
钻石手链	长175mm	63,915	日内瓦苏富比	2020-05-07
钻石手链	长165mm	136,961	日内瓦苏富比	2020-05-07
钻石手链	长度约180mm	50,219	日内瓦苏富比	2020-05-07
钻石手链	长约180mm	27,451	巴黎苏富比	2020-05-27
钻石手链	长度约185mm	34,314	巴黎苏富比	2020-05-27
钻石手链	长190mm	44,383	伦敦苏富比	2020-06-04
钻石手链	长190mm	88,765	伦敦苏富比	2020-06-04
钻石手链	长约185mm	57,369	巴黎苏富比	2020-06-11
钻石手链	长度约165mm	48,543	巴黎苏富比	2020-06-11
钻石手链	长165mm	31,976	香港苏富比	2020-06-12
钻石手链	长约175mm	67,590	香港苏富比	2020-07-31
钻石手链	长16.5cm	68,573	佳士得	2020-04-28
钻石手链	长17.7cm	80,001	佳士得	2020-04-28
钻石手链		27,429	佳士得	2020-04-28
钻石手链“TOURBILLON”弗雷德	长约165mm	16,769	巴黎苏富比	2020-06-11
钻石手链 20世纪20年代		82,177	日内瓦苏富比	2020-05-07
钻石手链 20世纪30年代	内圆周约170mm	88,765	伦敦苏富比	2020-06-04
钻石手链 20世纪30年代	长度约165mm	84,327	伦敦苏富比	2020-06-04
钻石手链 20世纪40年代	长约180mm	88,260	巴黎苏富比	2020-06-11
钻石手链 20世纪60年代	长175mm	174,274	伦敦苏富比	2020-04-07
钻石手链 20世纪中叶	长200mm	65,353	伦敦苏富比	2020-04-07
钻石手链 卡地亚	长200mm	150,901	伦敦苏富比	2020-06-04
钻石手链 香奈儿	长约170mm	53,922	巴黎苏富比	2020-05-27
钻石手链 镶铂金	长17.0cm	319,500	佳士得	2020-11-29
钻石手链 镶铂金	手链16.5cm	532,500	佳士得	2020-11-29
钻石手链 镶金	长16.2cm	1,491,000	佳士得	2020-11-29
钻石手链 镶金	手链17.0cm	53,250	佳士得	2020-11-29
钻石手链 镶金	手链17.8cm	106,500	佳士得	2020-11-29
钻石手链和耳环一对		59,350	日内瓦苏富比	2020-05-07
钻石手链及耳环套装 配蓝宝石 镶铂金	手链16.3cm；耳环1.4cm	426,000	佳士得	2020-11-29
钻石手链三条		158,200	香港苏富比	2020-07-10
钻石手镯		194,576	纽约苏富比	2020-06-16
钻石手镯		112,700	北京保利	2020-10-19
钻石手镯	长18.1cm	128,004	纽约佳士得	2020-02-05
钻石手镯	长17.9cm	68,269	纽约佳士得	2020-02-05
钻石手镯	长18cm	35,841	纽约佳士得	2020-02-05
钻石手镯	长17.3cm	25,601	纽约佳士得	2020-06-30
钻石手镯	长15.5cm	29,868	纽约佳士得	2020-06-30
钻石手镯		52,954	纽约苏富比	2020-04-30
钻石手镯	内周长15.5cm	80,001	佳士得	2020-04-28
钻石手镯 20世纪20年代	长170mm	141,598	伦敦苏富比	2020-04-07
钻石手镯 20世纪30年代	长180mm	279,885	日内瓦苏富比	2020-06-24
钻石手镯 20世纪30年代		70,799	伦敦苏富比	2020-04-07
钻石手镯 VanCleef&Arpels设计		373,720	日内瓦佳士得	2020-07-22
钻石手镯 奥斯卡·海曼兄弟		934,300	日内瓦佳士得	2020-07-22
钻石手镯 宝诗龙		2,335,750	日内瓦佳士得	2020-07-22
钻石手镯 宝诗龙 20世纪40年代	长度约180mm	78,431	巴黎苏富比	2020-05-27
钻石手镯 梵克雅宝 20世纪60年代	长185mm	174,274	伦敦苏富比	2020-04-07
钻石手镯 卡地亚		30,891	巴黎苏富比	2020-06-11
钻石手镯宝石套装	长度约170mm	186,090	日内瓦苏富比	2020-07-15
钻石双编织手镯 约1950年	长17.78cm	106,133	纽约苏富比	2020-06-16
钻石头饰/手链 约1900年	手链长度约180mm	141,598	伦敦苏富比	2020-04-07
钻石祖母绿手镯和耳环	手镯长18.5cm	34,135	纽约佳士得	2020-02-05
项链				
“爱丽丝”42.35克拉哥伦比亚极品木佐色（Muzo）祖母绿套组		10,120,000	西泠印社	2020-08-07

拍品名称	物品尺寸	成交价RMB	拍卖公司	拍卖日期
“雏菊”金镶三圈白珠项链		51,750	西泠印社	2020-08-07
“大巨蛋”金镶蛋面翡翠项链		5,175,000	西泠印社	2020-08-07
“花云”金镶蓝宝石钻石项链		207,000	西泠印社	2020-08-07
“鲁昂黎明”金镶黄钻项链		218,500	西泠印社	2020-08-07
“梦露的吻”金镶翡翠葫芦项链		195,500	西泠印社	2020-08-07
“永恒流光”18K白金流光珍珠项链		32,200	西泠印社	2020-08-07
“朱颜”15.8mm海水珍珠配钻石项链		32,200	西泠印社	2020-08-07
“珠润佳人”43颗翡翠珠链	珠链长56.7cm	6,095,000	西泠印社	2020-08-07
1.00克拉圆形H/VS1（极优切割、打磨及比例）钻石项链		395,500	佳士得	2020-07-09
1.03克拉彩紫红色及10.02克拉D色Type IIa钻石项链	项链长42.2 cm	20,240,000	北京保利	2020-10-19
1.34克拉钻石项链、钻石手镯	项链长约380mm，手镯长180mm	66,574	伦敦苏富比	2020-06-04
1.44克拉天然鸽血红红宝石配钻石吊坠项链 未经加热		11,500	保利厦门	2020-09-26
10.01克拉心形艳彩黄色VVS2钻石吊坠项链 附GIA 配钻石 镶金	吊坠长2.2cm 项链长45.0cm	2,236,500	佳士得	2020-11-29
10.13克拉天然祖母绿配钻石项链	项链长约300mm	172,500	华艺国际	2020-10-15
102.58克拉祖母绿钻石项链(BAGUES限量收藏)	链长47cm	2,185,000	永乐拍卖	2020-08-18
108颗翡翠珠链		4,025,000	西泠印社	2020-08-07
12.29克拉梨形E/VVS1钻石吊坠项链		4,994,600	佳士得	2020-07-09
12.81、6.50及2.74克拉椭圆形及枕形克什米尔天然蓝宝石项链	项链长46.5cm	10,418,600	佳士得	2020-07-09
13.45克拉长方形哥伦比亚祖母绿配钻石 镶铂金及金项链	项链长40.5cm；吊坠长4.6cm	1,597,500	佳士得	2020-11-29
143颗天然珍珠项链	珠直径约1.6mm到5.7mm；链长度约550mm	19,608	巴黎苏富比	2020-05-27
18K白金及钻石“CHAÎNED” ANCRE项链与18K白金及钻石“CHAÎNED” ANCRE戒指（一组两件）	1.长18cm；Set with 54 diamonds；total 0.37克拉；2.Ring size 54. Set with 61 diamonds；total 0.25克拉	31,640	佳士得	2020-07-10
18K金巴黎圣母院吊坠连项链	长24cm；坠长2.2cm	4,600	中国嘉德	2020-07-15
18K金南洋金珠钱袋子吊坠连项链		3,450	中国嘉德	2020-11-11
18K金香囊吊坠连项链		4,600	中国嘉德	2020-11-11
18K金镶大溪地灰珠吊坠连项链		4,600	中国嘉德	2020-11-11
18K金镶红宝石猫头鹰吊坠连项链		3,450	中国嘉德	2020-11-11
18K金镶黄钻吊坠连项链	长26cm；主石长0.4cm	6,900	中国嘉德	2020-07-15
18K金镶黄钻松鼠吊坠连项链	长23cm；坠长2cm	6,900	中国嘉德	2020-07-15
18K金镶钻红宝石吊坠连项链		5,750	中国嘉德	2020-11-11
18K金镶钻蓝宝石包包吊坠连项链		9,200	中国嘉德	2020-11-11
18K金镶钻迷宫吊坠连项链	长30cm；坠长2.7cm	4,600	中国嘉德	2020-07-15
18K金镶钻南洋金珠吊坠连项链	长24cm；珍珠直径1.2cm	10,350	中国嘉德	2020-07-15
18K金镶钻日本akoya珍珠吊坠连项链		3,450	中国嘉德	2020-11-11
18K金镶钻天使之翼吊坠连项链		6,900	中国嘉德	2020-11-11
18K金项链	长约420mm	47,059	巴黎苏富比	2020-05-27
18K金项链	链长42.0cm	25,601	纽约佳士得	2020-02-05
18K金项链和手链及水晶戒指	项链长约430mm	70,608	巴黎苏富比	2020-06-11

拍品名称	物品尺寸	成交价RMB	拍卖公司	拍卖日期
18K莫桑比克无烧鸽血红红宝石花式项链		31,360	上海联合	2020-11-29
18K帕拉伊巴碧玺花式项链		5,600	上海联合	2020-11-29
18K坦桑石花式项链		134,400	上海联合	2020-11-29
18颗椭圆形蓝宝石配钻石项链	内周长37.5cm	3,922,864	纽约苏富比	2020-12-09
19.53克拉椭圆形天然缅甸星光红宝石项链	项链长38.2cm	18,554,600	佳士得	2020-07-09
1950年法国私人订制斜纹编织颈链	重量92g	126,500	永乐拍卖	2020-12-04
1960年法国猎豹套装		161,000	永乐拍卖	2020-12-04
19K金项链	长38.5cm	34,135	纽约佳士得	2020-02-05
19世纪末 马赛克吊坠项链		22,187	纽约佳士得	2020-02-05
19世纪晚期 马赛克项链和耳环		42,668	纽约佳士得	2020-02-05
19世纪晚期钻石项链		392,406	日内瓦佳士得	2020-07-22
2.02克拉钻石吊坠项链	长度约380mm	81,691	伦敦苏富比	2020-04-07
2.39克拉梨形M至N色VS1净度钻石吊坠项链 Tasaki		38,851	天成国际	2020-11-28
2.83、1.55和1.03克拉钻石吊坠项链	长42.55cm	308,897	纽约苏富比	2020-04-30
22.04克拉天然帕帕拉恰项链	主石22.04克拉；钻石21.16克拉；长度约42cm；重量约57.45g	632,500	永乐拍卖	2020-12-04
23颗2.01至0.71克拉椭圆形及枕形缅甸天然红宝石配钻石镶金项链	长40.7cm	1,917,000	佳士得	2020-11-29
28颗10.41至1.48克拉枕形或长方形哥伦比亚天然祖母绿配22颗4.22至0.70克拉椭圆形或长方形D—F/VVS1—SI1钻石项链	项链内周长40.0cm	46,221,000	佳士得	2020-11-29
3.01及1.13克拉梨形及圆形浓彩黄色/VVS1—SI1和2.23及1.19克拉梨形及圆形E—F/VVS2—VS2钻石耳环 1.60克拉圆形钻石吊坠项链 附GIA 配钻石 镶金	耳环2.8cm；项链40.5cm	479,250	佳士得	2020-11-29
3.12克拉椭圆形D/VVS1（极优打磨）钻石吊坠项链 附GIA 配钻石镶铂金	项链40.3cm；吊坠1.7cm	852,000	佳士得	2020-11-29
3.23克拉圆形G/VVS1钻石吊坠项链/胸针 附GIA 配钻石 镶金	吊坠/胸针4.3cm；项链40.1cm	404,700	佳士得	2020-11-29
3.71克拉长方形G/VS2钻石项链		565,000	佳士得	2020-07-09
30.17克拉坦桑石配珍珠及钻石吊坠项链	吊坠约33.5mm×25.7mm×12.7mm；珍珠7.5mm—8mm；珍珠项链长约400mm	195,500	华艺国际	2020-10-15
38.16克拉摩根石配钻石吊坠项链	吊坠约46.5mm×35.8mm×14mm；项链长约380mm	207,000	华艺国际	2020-10-15
4.11克拉蓝宝石和钻石吊坠项链和戒指	项链长约430mm	23,079	伦敦苏富比	2020-06-04
4.16克拉变色蓝宝石配钻石项链	9.38mm×11.87mm×5.98mm；4.16克拉	126,500	永乐拍卖	2020-08-18
4.33克拉椭圆形天然未经加热处理红色尖晶石配钻石吊坠项链		36,806	天成国际	2020-11-28
52.08克拉星光蓝宝石钻石吊坠项链	长约475mm	87,137	伦敦苏富比	2020-04-07
6.89克拉斯里兰卡矢车菊未经加热蓝宝石项链		172,500	西泠印社	2020-08-07
67.24克拉哥伦比亚祖母绿配钻石吊坠项链	吊坠长约47.8mm；项链长约450mm	2,990,000	华艺国际	2020-12-05

拍品名称	物品尺寸	成交价RMB	拍卖公司	拍卖日期
7.74克拉I色 VS1净度钻石吊坠项链	项链长45.72cm	795,994	纽约苏富比	2020-06-16
70.46克拉古垫形紫锂辉石配钻石吊坠项链		71,136	天成国际	2020-07-07
7颗哥伦比亚祖母绿项链 附SSEF配钻石 镶金	项链内周长41.0cm	532,500	佳士得	2020-11-29
8.23克拉天然矢车菊蓝蓝宝石配钻石吊坠项链		149,500	中国嘉德	2020-12-05
8.33克拉E颜色 VS1净度钻石项链	长430mm	2,425,670	日内瓦苏富比	2020-06-24
8.67克拉金绿柱石和钻石吊坠项链	长约445mm	54,461	伦敦苏富比	2020-04-07
80年代 德国0.8克拉钻石项链		21,850	永乐拍卖	2020-12-04
84.00克拉黄色蓝宝石、祖母绿和钻石吊坠项链	长度约415mm	490,146	伦敦苏富比	2020-04-07
9.95克拉缅甸红宝石配天然海螺珠、钻石及水晶挂坠项链		103,500	北京保利	2020-10-19
ADLER 宝石及钻石项链	内围33.2 cm	25,143	佳士得	2020-04-28
ADLER 粉红色蓝宝石及钻石首饰套装	项链长39.7cm	125,716	佳士得	2020-04-28
ADLER 有色钻石及钻石项链及耳环套装	项链长36.2cm	74,287	佳士得	2020-04-28
ADLER 钻石吊坠项链	项链长39.5cm	43,429	佳士得	2020-04-28
ADLER 钻石项链及耳环套装	项链长31.8cm	85,716	佳士得	2020-04-28
ADLER设计红宝石 钻石配彩色宝石"鹦鹉"流苏项链		150,662	保利香港	2020-07-08
Akoya真多麻珍珠项链		17,920	上海联合	2020-11-29
ARTDECO时期 复古风格祖母绿项链	祖母绿5.37克拉；总重60.720g	149,500	永乐拍卖	2020-08-18
ARTDECO时期 缅甸红宝石项链		109,250	永乐拍卖	2020-12-04
Art Nouveau蓝宝石及钻石项链约19世纪		414,000	北京保利	2020-10-19
BULGARI 养殖珍珠及钻石项链及耳环套装		85,716	佳士得	2020-04-28
CARTIER 黄金项链、手镯首饰套装	项链长42.1cm	51,429	佳士得	2020-04-28
CARTIER 玫瑰金项链	长64.0cm	22,858	佳士得	2020-04-28
CARTIER 钻石项链	长38.8cm	320,005	佳士得	2020-04-28
DIOR钻石项链及MARCO BICEGO 钻石项链		51,429	佳士得	2020-04-28
GRAFF 红宝石及钻石项链 附GIA证书		274,290	佳士得	2020-04-28
GRAFF 祖母绿及钻石项链 附GIA证书	颈链42.5cm	228,575	佳士得	2020-04-28
GRAFF 钻石吊坠项链		194,289	佳士得	2020-04-28
GRAFF 钻石项链 附GIA证书	颈链41.4cm，吊坠3.8cm	171,431	佳士得	2020-04-28
K金配钻石"繁花"吊坠项链 戒指及耳环套装		59,299	天成国际	2020-11-28
LALAOUNIS金项链	长48.0cm	25,601	纽约佳士得	2020-02-05
LALAOUNIS金项链和手镯	项链长40.5cm；手镯长19.0cm	20,481	纽约佳士得	2020-02-05
LOUIS VUITTON 钻石及黄金项链及宝石吊坠	项链长44.8cm；吊坠6.2cm×1.5cm	12,572	佳士得	2020-04-28
LOUIS VUITTON 钻石手链/项链	长45.5cm	16,000	佳士得	2020-04-28
MARCOBICEGO钻石和金项链		51,202	纽约佳士得	2020-02-05
铂金祖母绿花式项链		19,040	上海联合	2020-11-29
Tiffany & Co. "Tiffany Keys" 黄钻及钻石吊坠项链	吊坠7.0cm	148,574	佳士得	2020-04-28
Tiffany藤蔓圈形项链		42,560	上海联合	2020-11-29
Tiffany笑脸项链		6,720	上海联合	2020-11-29
VERDURA "花边"金项链	长36.0cm	102,404	纽约佳士得	2020-02-05
阿德勒彩色钻石和钻石项链和耳环		51,429	佳士得	2020-04-28
阿斯普里金钻石耳夹一对和项链	项链内周长38.74cm	70,755	纽约苏富比	2020-06-16
爱马仕18K白金kelly项链		241,500	永乐拍卖	2020-08-18
爱马仕2019BOUTONSD "OREILLE" 系列18K金项链及耳环	项链长45.6cm；耳环长6cm	34,437	保利香港	2020-07-08
爱马仕金项链	长41.5cm	14,507	纽约佳士得	2020-02-05
爱马仕设计钻石 "Constance" 包挂坠项链		25,300	北京保利	2020-10-19
澳白珍珠项链、耳钉套装	项链珠径10mm—14mm；耳钉珠径15mm	20,700	永乐拍卖	2020-12-04
巴洛克项链、耳夹 约1980年	项链内周长约450mm	65,353	伦敦苏富比	2020-04-07
白色南洋珍珠项链		34,500	北京保利	2020-10-19
白玉配粉色蓝宝石、红宝石及钻石"宝瓶"吊坠项链	吊坠约30.6mm×22mm×6mm；项链长约440mm	40,250	华艺国际	2020-10-15
宝格丽 钻石及黑玛瑙项链、戒指首饰套装		32,001	佳士得	2020-04-28
宝格丽 "Serpenti" 钻石配红宝石项链		1,469,000	香港苏富比	2020-07-10
宝格丽 "Serpenti" 钻石项链		768,400	香港苏富比	2020-07-10
宝格丽 "CHANDRA" 金和瓷项链		44,130	巴黎苏富比	2020-06-11
宝格丽 "Naturalia" 橄榄石配钻石及红宝石项链	长约500mm	29,289	香港苏富比	2020-07-31
宝格丽碧玺 翡翠 玛瑙和钻石项链		74,436	日内瓦苏富比	2020-07-15
宝格丽黄金和钻石 "Pigne" 项链和一对耳饰	内周长41.91cm	370,676	纽约苏富比	2020-04-30
宝格丽蓝晶石和钻石项链		46,523	日内瓦苏富比	2020-07-15
宝格丽设计 钻石 "SERPENTI" 项链		538,080	保利香港	2020-07-08
宝格丽养殖珍珠和金项链		136,538	纽约佳士得	2020-02-05
宝格丽紫水晶和钻石项链	长约550mm	223,308	日内瓦苏富比	2020-07-15
宝格丽祖母绿 红宝石和钻石项链	长380mm	559,770	日内瓦苏富比	2020-06-24
宝格丽珊瑚配橄榄石及钻石项链及吊耳环套装		297,635	香港苏富比	2020-05-20
宝格丽钻石项链 20世纪30年代	长40.64cm	5,265,961	纽约苏富比	2020-12-09
宝诗龙 "Florets" 宝石配钻石项链		508,500	香港苏富比	2020-07-10
宝石配钻石祖母绿及黑玛瑙镶金项链	项链长64.5cm；吊坠长7.8cm	639,000	佳士得	2020-11-29
宝石 红宝石和钻石项链	长度390mm	3,652,301	日内瓦苏富比	2020-05-07
宝石戒指、项链、手链及耳环套装 配红宝石、蓝宝石、祖母绿及钻石 镶金	项链39.1cm；手链6.5cm；耳环2.0cm；戒指5号	234,300	佳士得	2020-11-29
宝石配钻石项链	长970mm	27,408	香港苏富比	2020-06-12
宝石配钻石项链 宝格丽	长390mm	592,194	日内瓦苏富比	2020-11-11
宝石套长链 19世纪初及以后		54,461	伦敦苏富比	2020-04-07
宝石套装和钻石胸针、项链		35,304	巴黎苏富比	2020-06-11
宝石镶嵌项链	长度约450mm	13,725	巴黎苏富比	2020-05-27

拍品名称	物品尺寸	成交价RMB	拍卖公司	拍卖日期
宝石项链		542,400	佳士得	2020-07-09
宝石项链	长46.5cm	80,001	佳士得	2020-04-28
贝母“Magic Alhambra”戒指、贝母及黑玛瑙“Alhambra”项链		180,800	佳士得	2020-07-09
碧玉、白玉项链、耳钉、戒指、手链各一套	尺寸不一	5,750	中国嘉德	2020-07-15
编织的金项链、戒指和手镯一套	项链长38.2cm	64,002	纽约佳士得	2020-02-05
冰种帝王绿翡翠套装	项链长54cm	2,070,000	永乐拍卖	2020-08-18
伯爵18K金钻石项链	长约430mm	36,632	香港苏富比	2020-05-20
伯爵K黄金配绿松石及青金石项链、耳坠一对		85,539	香港苏富比	2020-11-27
铂金950配钻石心形钥匙项链 蒂芙尼	吊坠约61mm×23mm；项链长约600mm（18K白金）	66,700	华艺国际	2020-10-15
不锈钢和金链扣 宝格丽	内周长约150mm	16,667	巴黎苏富比	2020-05-27
彩红色1.71克拉天然颜色SI2净度钻石配钻石吊坠项链	项链长50.8cm	20,672,080	纽约苏富比	2020-12-09
彩蓝宝石及钻石吊坠项链 Graff设计		242,918	日内瓦佳士得	2020-07-22
彩色刚玉配钻石项链	长约420mm	61,958	香港苏富比	2020-07-31
彩色钻石配钻石手链及项链	手链长160mm	33,795	香港苏富比	2020-07-31
曾子谋设计“眼系列”孔雀石配钻石及红宝石套装		5,750	北京保利	2020-10-19
超凡极品“帝王玉”天然翡翠珠配红宝石及钻石项链		72,913,928	香港苏富比	2020-07-10
大卫·韦伯金钻石吊坠项链	长68.58cm	221,109	纽约苏富比	2020-06-16
淡水养殖珍珠配钻石项链		42,769	香港苏富比	2020-11-27
蛋白石和钻石项链 20世纪初	长410mm	108,921	伦敦苏富比	2020-04-07
蒂芙尼·帕洛玛·毕加索电气石珠项链	长46.5cm	29,868	纽约佳士得	2020-02-05
蒂芙尼黄金钻石项链	长40cm	42,453	纽约苏富比	2020-06-16
蒂芙尼黄水晶配翠榴石项链		113,000	香港苏富比	2020-07-10
蒂芙尼金项链	长约410mm	60,479	日内瓦苏富比	2020-07-15
蒂芙尼钻石吊坠项链	项链长40.5cm；吊坠长4.2cm	32,428	纽约佳士得	2020-02-05
蒂芙尼钻石和铂金项链	长40.5cm	76,803	纽约佳士得	2020-02-05
蒂芙尼钻石心锁吊坠项链	吊坠长2.9cm；宽2.2cm	8,192	纽约佳士得	2020-02-05
典雅精致的10.09克拉天然哥伦比亚艳彩绿祖母绿配钻石项链		1,495,000	中国嘉德	2020-12-05
电气石 橄榄石和钻石吊坠项链	项链长45.0cm	18,774	纽约佳士得	2020-02-05
电气石吊坠项链及紫水晶耳环 镶铂金及金 配钻石	项链32.8cm；吊坠4.8cm；耳环4.0cm	85,200	佳士得	2020-11-29
吊坠项链 卡地亚 1993年	长度约440mm	76,245	伦敦苏富比	2020-04-07
镀金铜“双鱼”吊坠项链 LINEVAUTRIN 1945年左右	链长约414mm	12,745	巴黎苏富比	2020-05-27
多色石榴石和蓝宝石项链 1900年	长17.5cm	23,894	纽约佳士得	2020-02-05
珐琅 祖母绿和菱形钻石项链、手链 “帕蒂斯” 卡地亚	项链长410mm	239,627	伦敦苏富比	2020-04-07
珐琅和蛋白石项链 亚历克西斯·法利兹 19世纪90年代		185,166	伦敦苏富比	2020-04-07
梵克雅宝“Alhambra”缟玛瑙项链		90,400	香港苏富比	2020-07-10
梵克雅宝“Alhambra”珍珠母项链		101,700	香港苏富比	2020-07-10
梵克雅宝“Magic Alhambra”红玉髓配虎眼石项链		124,300	香港苏富比	2020-07-10

拍品名称	物品尺寸	成交价RMB	拍卖公司	拍卖日期
梵克雅宝“Vintage Alhambra”18K黄金项链		101,700	香港苏富比	2020-07-10
梵克雅宝“Vintage Alhambra”K黄金项链		85,539	香港苏富比	2020-11-27
梵克雅宝“Zip”钻石项链		2,542,500	香港苏富比	2020-07-10
梵克雅宝18K金及红宝石项链、手链	项链长385mm；手链长180mm	247,128	巴黎苏富比	2020-06-11
梵克雅宝“Trefle”红宝石配钻石项链		42,769	香港苏富比	2020-11-27
梵克雅宝的MAGICALHAMBRA珍珠母缟玛瑙项链	长124.0cm	110,937	纽约佳士得	2020-02-05
梵克雅宝金和孔雀石长链	长约860mm	148,872	日内瓦苏富比	2020-07-15
梵克雅宝金和钻石项链 20世纪60年代		279,885	日内瓦苏富比	2020-06-24
梵克雅宝钻石、金蕾丝蝴蝶结项链及耳环1950年	项链长390mm	42,365	巴黎苏富比	2020-06-11
梵克雅宝钻石珠宝首饰		135,600	香港苏富比	2020-07-10
非常珍美罕有天然翡翠雕“平安扣”配钻石项链一对		3,861,837	香港苏富比	2020-10-07
翡翠 珐琅和钻石项链	长度约540mm	53,922	巴黎苏富比	2020-05-27
翡翠冰种满绿佛珠108颗	直径1.2cm×108	25,300	北京钜鑫缘	2020-10-13
翡翠耳钉心形项链（一组）	重10g	10,833	国枰拍卖	2020-05-17
翡翠葫芦及钻石吊坠项链，附证书	吊坠3.3cm；颈链51.1cm	51,429	佳士得	2020-04-28
翡翠及钻石吊坠项链，附证书	吊坠2.6cm；项链44.0cm	51,429	佳士得	2020-04-28
翡翠及钻石戒指及项链，附证书	项链长41.0 cm	25,143	佳士得	2020-04-28
翡翠套装	项链43cm；戒指手寸15号；戒面长度约19.90mm—13.39mm；宽度约12.05mm—7.45mm；50.64g	193,200	永乐拍卖	2020-08-18
翡翠珠链		159,040	上海联合	2020-11-29
翡翠珠项链	项链长66.0cm	102,404	纽约佳士得	2020-02-05
翡翠珠项链	长约650mm	31,068	伦敦苏富比	2020-06-04
弗雷德4.43、4.69和14.32克拉祖母绿和钻石项链	长390mm	1,772,605	日内瓦苏富比	2020-06-24
弗雷德莱顿月光石钻石项链		247,643	纽约苏富比	2020-06-16
复古时期 黄水晶、钻石项链及钻石套装 Cartier设计		140,145	日内瓦佳士得	2020-07-22
哥伦比亚祖母绿配钻石及养殖珍珠 镶金及银项链	长33.5cm	585,750	佳士得	2020-11-29
格拉夫钻石项链		3,188,739	日内瓦苏富比	2020-11-11
格拉夫“Bombé Pavilion”红宝石配钻石项链	长420mm	183,160	香港苏富比	2020-05-20
格拉夫“Bombé Pavilion”钻石配祖母绿项链		125,620	香港苏富比	2020-06-12
格拉夫“Cluster Halo”祖母绿配钻石项链		57,238	香港苏富比	2020-05-20
格拉夫“Cluster Halo”红宝石配钻石项链	长425mm	68,520	香港苏富比	2020-06-12
格拉夫“Cluster Halo”蓝宝石配钻石项链	长425mm	57,100	香港苏富比	2020-06-12
格拉夫“Infinity”红宝石配钻石项链	长430mm	457,900	香港苏富比	2020-05-20
格拉夫“Lotus”钻石项链	长度约420mm	160,265	香港苏富比	2020-05-20
格拉夫“Mini Gypsy”红宝石配钻石项链	长度约425mm	160,265	香港苏富比	2020-05-20

2020翡翠珠宝拍卖成交汇总（续表）

拍品名称	物品尺寸	成交价RMB	拍卖公司	拍卖日期
格拉夫“Rhythm”祖母绿配钻石项链及手链套装	项链长690mm；手镯长180mm	1,142,000	香港苏富比	2020-06-12
格拉夫“Snowflake”红宝石配钻石项链	长420mm	80,133	香港苏富比	2020-05-20
格拉夫“Wave”钻石项链	长400mm；长770mm	858,563	香港苏富比	2020-05-20
格拉夫“Diamond on Diamond”钻石项链		213,847	香港苏富比	2020-11-27
格拉夫多彩养殖珍珠和钻石项链	长40.6cm	136,538	纽约佳士得	2020-06-30
格拉夫红宝石配钻石项链	红宝石及钻石分别共重约60.30及50.57克拉	1,817,701	香港苏富比	2020-11-27
格拉夫红宝石钻石吊坠项链	长40.64cm	75,177	纽约苏富比	2020-06-16
格拉夫蓝宝石配钻石项链	长410mm	51,514	香港苏富比	2020-05-20
格拉夫蓝宝石钻石项链	长度约430mm	1,212,835	日内瓦苏富比	2020-06-24
格拉夫蓝宝石钻石项链	长40.64cm	309,553	纽约苏富比	2020-06-16
格拉夫绿宝石钻石吊坠项链	长390mm	298,544	日内瓦苏富比	2020-06-24
格拉夫钻石吊坠项链		619,106	纽约苏富比	2020-06-16
格拉夫钻石配红宝石项链	长约400mm	67,590	香港苏富比	2020-07-31
格拉夫钻石配蓝宝石项链	长410mm	68,520	香港苏富比	2020-06-12
格拉夫钻石配蓝宝石项链	长405mm	85,856	香港苏富比	2020-05-20
格拉夫钻石配祖母绿项链	长度约400mm	67,590	香港苏富比	2020-07-31
格拉夫钻石项链	长400mm	913,600	香港苏富比	2020-06-12
格拉夫钻石项链		1,121,160	日内瓦佳士得	2020-07-22
格拉夫钻石项链		2,616,040	日内瓦佳士得	2020-07-22
共重57.96克拉89颗垫形切割彩黄色钻石项链		4,475,904	纽约苏富比	2020-12-09
古柏林命名“上古之水”12.85克拉梨形D色内部无瑕（IF)Type IIa钻石吊坠项链	长约45cm—40cm	9,159,822	香港苏富比	2020-10-07
古驰摩尔根石和钻石项链和耳环	项链长41.5cm	128,004	纽约佳士得	2020-02-05
古驰祖母绿和钻石项链 手镯和戒指	项链长41.0cm	23,894	纽约佳士得	2020-02-05
哈里·温斯顿红宝石钻石项链	长390mm	3,545,210	日内瓦苏富比	2020-06-24
海蓝宝 蓝宝石配钻石及珍珠项链		135,600	香港苏富比	2020-07-10
海蓝宝石和钻石吊坠项链	项链长49.5cm	38,401	纽约佳士得	2020-02-05
海蓝宝石和钻石项链	长37.0cm	59,735	纽约佳士得	2020-02-05
海蓝宝石和钻石项链 梅勒里奥 19世纪末	长约390mm	114,738	巴黎苏富比	2020-06-11
海蓝宝石和钻石项链 米歇尔·德拉瓦莱	长410mm	213,036	伦敦苏富比	2020-06-04
海瑞温斯顿设计 124.10克拉缅甸“皇家蓝”蓝宝石配钻石项链	项链长49 cm	20,700,000	北京保利	2020-10-19
海瑞温斯顿钻石项链		508,500	香港苏富比	2020-07-10
海瑞温斯顿（Holly Wreath）钻石项链	钻石共重约125.00克拉；项链长38cm	8,630,024	香港苏富比	2020-10-07
罕有天然珍珠配钻石项链		10,796,363	纽约苏富比	2020-12-09
合成绿松石首饰和钻石项链、手镯耳环、戒指	项链长度约460mm	21,569	巴黎苏富比	2020-05-27
赫尔姆斯金项链	长123.19cm	353,775	纽约苏富比	2020-06-16
黑玛瑙 玛瑙和金项链	长77.5cm	64,002	纽约佳士得	2020-02-05
黑玛瑙及钻石“Cosmos”吊坠项链/胸针(一对)	项链41.2cm	79,100	佳士得	2020-07-09
黑色钻石吊坠项链	吊坠65mm×35mm；项链长550mm	5,882	巴黎苏富比	2020-05-27
红宝石和钻石项链	长390mm	79,434	巴黎苏富比	2020-06-11
红宝石和钻石项链 大约1910年		513,123	日内瓦苏富比	2020-06-24
红宝石及钻石吊坠项链 Graff设计		560,580	日内瓦佳士得	2020-07-22
红宝石及钻石项链	长35.2cm	114,288	佳士得	2020-04-28
红宝石及钻石项链	项链长39.0cm	54,858	佳士得	2020-04-28
红宝石及钻石项链、耳环、手链套装	(项链)内围40.8cm；最宽处1.2cm	80,001	佳士得	2020-04-28
红宝石、钻石项链及手链	项链长40.5cm；手链长17.5cm	1,073,500	佳士得	2020-07-09
红宝石配钻石项链		106,924	香港苏富比	2020-11-27
红宝石配钻石项链 约1880年		5,044,136	日内瓦苏富比	2020-11-11
红宝石项链	长约440mm	33,539	巴黎苏富比	2020-06-11
红宝石项链及耳环		316,400	佳士得	2020-07-09
红宝石钻石“吉普赛”吊坠项链 格拉夫	长40.64cm	282,420	纽约苏富比	2020-04-30
红宝石项链 配钻石 镶金 附SSEF及G ü belin	项链38.0cm	585,750	佳士得	2020-11-29
虎眼石项链	长44.2cm	14,857	佳士得	2020-04-28
黄金 宝石镶嵌和养殖珍珠“Celtaura”项链 宝格丽耳饰一对	项链内周长46.36cm	397,153	纽约苏富比	2020-04-30
黄金 古董硬币和蓝宝石“莫奈”项链 宝格丽		167,687	纽约苏富比	2020-04-30
黄金、翡翠和钻石项链、耳环		79,088	日内瓦苏富比	2020-07-15
黄金、红宝石和钻石项链、手镯、耳环、戒指	项链长约420mm	60,479	日内瓦苏富比	2020-07-15
黄金和古币项链和袖口手链 宝格丽	项链长39.37cm；手镯内周长13.97cm	308,897	纽约苏富比	2020-04-30
黄金和红宝石项链、耳环		39,079	日内瓦苏富比	2020-07-15
黄金和孔雀石长链“ALHAMBRA”梵克雅宝	长850mm	127,831	日内瓦苏富比	2020-05-07
黄金和珊瑚“老式阿尔罕布拉”项链 梵克雅宝	长81.28cm	308,897	纽约苏富比	2020-04-30
黄金和天青石项链		27,914	日内瓦苏富比	2020-07-15
黄金和钻石项链、戒指、耳环套装 GILBERTALBERT		88,256	纽约苏富比	2020-04-30
黄金可转换项链（手链）宝诗龙1950年	项链内周长350mm；手链长180mm×2	49,020	巴黎苏富比	2020-05-27
黄金项链	长41.5cm	20,481	纽约佳士得	2020-02-05
黄金项链及耳环套装	项链长45.0cm；项链长38.0cm；耳环长10.9cm×2	58,575	佳士得	2020-11-29
黄色蓝宝石紫水晶和钻石项链、耳坠	项链长470mm	82,177	日内瓦苏富比	2020-05-07
黄色钻石及钻石项链、耳环、戒指 大卫·韦伯	项链长约390mm；耳环41mm×17mm	308,910	巴黎苏富比	2020-06-11
黄色钻石项链	长300mm	821,768	日内瓦苏富比	2020-05-07
黄水晶 黄玉 紫水晶 电气石和橄榄石项链、耳环	项链长约400mm；耳环25mm×23mm×2	16,667	巴黎苏富比	2020-05-27

拍品名称	物品尺寸	成交价RMB	拍卖公司	拍卖日期
黄水晶和钻石项链、手镯、耳环首饰 19世纪以后	项链长480mm	932,950	日内瓦苏富比	2020-06-24
黄金镀银镶天然珍珠配钻石项链及耳环一对 1896年作	长40.64cm	2,303,572	纽约苏富比	2020-12-09
黄金及钻石项链 Buccellati设计		373,720	日内瓦佳士得	2020-07-22
黄金镶红玉髓凹雕长项链		409,981	日内瓦苏富比	2020-11-11
金 石英 玉 黄蓝宝石和钻石吊坠项链 亨利・杜奈	长19.05cm	48,541	纽约苏富比	2020-04-30
金和钠石耳环、项链	项链长63.5cm	52,954	纽约苏富比	2020-04-30
金和水晶项链 大卫・韦伯	长44.45cm	132,384	纽约苏富比	2020-04-30
金和钻石项链	全长38.8cm	76,803	纽约佳士得	2020-02-05
金和钻石项链	长420mm	12,783	日内瓦苏富比	2020-05-07
金和钻石项链 大卫・韦伯	内周长43.18cm	211,815	纽约苏富比	2020-04-30
金和钻石心形吊坠项链	长42.5cm	46,935	纽约佳士得	2020-02-05
金链环项链	长68.58cm	141,210	纽约苏富比	2020-04-30
金色珍珠项链共33颗	珍珠直径约12mm—15.5mm；项链长约440mm	103,500	华艺国际	2020-10-15
金头老鹰及金饼项链	金头老鹰84mm × 38.6mm；项链长约540mm	529,000	华艺国际	2020-10-15
金头鹰、金头银身珠配红琉璃珠项链	3个金头鹰63mm × 30mm；项链长约500mm	483,000	华艺国际	2020-10-15
金镶39颗翡翠珠链		4,025,000	西泠印社	2020-08-07
金镶翡翠配AKOYA珍珠项链		51,750	西泠印社	2020-08-07
金镶嵌翡翠蛋面项链、戒指、耳钉套组		1,955,000	西泠印社	2020-08-07
金项链	长31.75cm	97,082	纽约苏富比	2020-04-30
金项链	长度约460mm	41,176	巴黎苏富比	2020-05-27
金项链	长420mm	30,891	巴黎苏富比	2020-06-11
金项链 CHAUMET 20世纪70年代	内圆周约370mm	220,650	巴黎苏富比	2020-06-11
金项链 阿曼 约1985年	内圆周约350mm	176,520	巴黎苏富比	2020-06-11
金项链和耳环		59,735	纽约佳士得	2020-02-05
金羽毛、点金羽毛配点金箭头套链	金羽毛68mm × 15mm；点金羽毛68mm × 15mm；项链长约700mm	379,500	华艺国际	2020-10-15
金长链 蒂芙尼	长49.06cm	61,779	纽约苏富比	2020-04-30
金爪下金羽毛、金贝羽毛及银羽毛吊坠项链	金鹰爪下金银羽毛66.5mm × 16.3mm；金贝银羽毛52mm × 10mm；银羽毛36.6mm × 8mm	230,000	华艺国际	2020-10-15
金质"MESH围巾"项链 蒂芙尼	长95.25cm	97,082	纽约苏富比	2020-04-30
金钻石项链	长38.3cm	40,961	纽约佳士得	2020-02-05
金钻石项链	长37.5cm	59,735	纽约佳士得	2020-02-05
金钻石项链	长度约400mm	26,053	日内瓦苏富比	2020-07-15
金钻项链 卡地亚	内周长31.12cm	264,769	纽约苏富比	2020-04-30
精美的总重33.26克拉天然缅甸未经加热矢车菊蓝宝石配钻石吊坠项链和戒指		517,500	中国嘉德	2020-12-05
精美的总重约60.58克拉天然赞比亚未经注油至极微油祖母绿配11.27克拉钻石项链		552,000	中国嘉德	2020-12-05
精美罕有天然玻璃种"帝王绿"翡翠配红宝石及钻石珠链	项链长度约500mm	52,900,000	华艺国际	2020-12-05
精稀的天然满绿翡翠配钻石"福瓜"吊坠项链		230,000	中国嘉德	2020-12-05
精致的重约79.65克拉坦桑石配钻石吊坠项链		402,500	中国嘉德	2020-12-05
卡地亚"PANTHÈRE"吊坠项链和宝石手链		39,550	香港苏富比	2020-07-10
卡地亚"Panthère"祖母绿 缟玛瑙配珐琅彩及钻石项链及吊耳环套装		248,600	香港苏富比	2020-07-10
卡地亚"Meli Melo"宝石配钻石项链	长420mm	34,343	香港苏富比	2020-05-20
卡地亚18K金豹子项链（1992年）	链长44cm	103,500	永乐拍卖	2020-08-18
卡地亚"AGRAFE"钻石项链	长42cm	85,336	纽约佳士得	2020-02-05
卡地亚宝石和钻石项链、手链、耳环胸针首饰 大约1960年	项链长380mm	513,123	日内瓦苏富比	2020-06-24
卡地亚金 钢和黄水晶项链和手镯	15.24cm	79,599	纽约苏富比	2020-06-16
卡地亚金色吊坠项链	长约610mm	111,654	日内瓦苏富比	2020-07-15
卡地亚金色钻石"PANTHÈRE"项链	内部周长37.47cm	309,553	纽约苏富比	2020-06-16
卡地亚金钻"圣甲虫"项链和袖口手链		574,884	纽约苏富比	2020-06-16
卡地亚设计 钻石配黑玛瑙及祖母绿"美洲豹"项链		387,418	保利香港	2020-07-08
卡地亚设计K黄金镶钻石项链、手链及戒指套装		138,000	北京保利	2020-10-19
卡地亚钻石吊饰项链		158,200	香港苏富比	2020-07-10
凯西珍珠 黄玉和钻石项链和耳环	长38.3cm	9,387	纽约佳士得	2020-06-30
孔雀石和黄金"复古阿尔罕布拉"项链 梵克雅宝		76,803	纽约佳士得	2020-06-30
孔雀石钻石吊坠项链	长445mm	119,813	伦敦苏富比	2020-04-07
蓝宝石及钻石"Wave"吊坠项链		565,000	佳士得	2020-07-09
蓝宝石色配钻石套装	项链长约420mm	61,958	香港苏富比	2020-07-31
蓝宝石、天然珍珠和钻石项链、耳环	项链长360mm	186,590	日内瓦苏富比	2020-06-24
蓝宝石、养殖珍珠、钻石项链	长45.0cm	221,874	纽约佳士得	2020-06-30
蓝宝石、钻石及珐琅"Pattesde Panthére"项链 René Boivin设计		355,034	日内瓦佳士得	2020-07-22
蓝宝石和钻石吊坠耳环、项链套装	项链长度约415mm	13,725	巴黎苏富比	2020-05-27
蓝宝石和钻石项链	长度约415mm	14,706	巴黎苏富比	2020-05-27
蓝宝石和钻石项链 MELLERIO 1998年		28,243	巴黎苏富比	2020-06-11
蓝宝石和钻石项链宝格丽	长39.3cm	64,002	纽约佳士得	2020-06-30
蓝宝石和钻石项链和耳环	项链长38.5cm	85,336	纽约佳士得	2020-02-05
蓝宝石和钻石胸针、吊坠项链 詹姆斯・甘	长500mm	42,607	伦敦苏富比	2020-06-04
蓝宝石及钻石项链		542,400	佳士得	2020-07-09
蓝宝石及钻石项链 Cusi设计		1,027,730	日内瓦佳士得	2020-07-22
蓝宝石及钻石项链 Graff设计		467,150	日内瓦佳士得	2020-07-22
蓝宝石礼服套装（卡地亚 大约1962年）和一对珐琅和钻石项圈（20世纪20年代）		26,141	伦敦苏富比	2020-04-07
蓝宝石配钻石项链及耳环一对	项链内周长41.92cm	822,704	纽约苏富比	2020-12-09
蓝宝石与钻石项链、手链 MELLERIO 2000年		51,191	巴黎苏富比	2020-06-11

2020翡翠珠宝拍卖成交汇总（续表）

拍品名称	物品尺寸	成交价RMB	拍卖公司	拍卖日期
蓝宝石与钻石项链、手链套装 MELLERIO 1977年和1979年	项链内周长370mm；手链长180mm	264,780	巴黎苏富比	2020-06-11
蓝宝石钻石“雪花”吊坠项链 格拉夫	长40.64cm	441,281	纽约苏富比	2020-04-30
蓝宝石钻石项链	长约390mm	1,119,540	日内瓦苏富比	2020-06-24
蓝珀项链两串		5,750	中国嘉德	2020-11-11
蓝色托帕石和蓝宝石项链、手链、耳环、戒指	项链长425mm；手链内周长170mm	98,029	伦敦苏富比	2020-04-07
梨形钻石项圈	钻石共18.75克拉；总重32.01g	322,000	永乐拍卖	2020-08-18
两根蛋白石和钻石项链		39,717	巴黎苏富比	2020-06-11
两枚蒂芙尼项链	项链长43cm	11,947	纽约佳士得	2020-02-05
铃兰花钻石项链	钻石31.41克拉	247,250	永乐拍卖	2020-12-04
鎏金铜项链“蝴蝶”克劳德 LALANNE	内周长约350mm	29,412	巴黎苏富比	2020-05-27
罗素养殖珍珠和钻石项链	长46.0cm	18,774	纽约佳士得	2020-02-05
绿宝石和钻石项链 大约1860年		3,451,915	日内瓦苏富比	2020-06-24
绿松石浮雕和钻石项链、耳环 19世纪中期	项链长390mm	457,469	伦敦苏富比	2020-04-07
玫瑰石英珠项链	长47.4cm	18,774	纽约佳士得	2020-06-30
梅花仅此一尊18K黄金配青金石及红宝石项链		293,800	香港苏富比	2020-07-10
美好年代 祖母绿及钻石“Lavaliere”项链		1,401,450	日内瓦佳士得	2020-07-22
米歇尔·德拉瓦莱多种宝石和钻石项链		419,828	日内瓦苏富比	2020-06-24
米歇尔·德拉瓦莱海蓝宝石项链	长度约475mm	74,436	日内瓦苏富比	2020-07-15
米歇尔·德拉瓦莱坦桑石 红宝石和钻石项链		130,263	日内瓦苏富比	2020-07-15
缅甸天然翡翠蛋面配钻石项链		5,750,000	北京保利	2020-10-19
缅甸天然翡翠葫芦配钻石及刚玉挂坠项链		48,427	保利香港	2020-07-08
缅甸天然翡翠珠配钻石及红宝石项链		34,500,000	北京保利	2020-10-19
缅甸天然满绿翡翠蛋面配钻石项链		977,500	北京保利	2020-10-19
缅甸天然紫罗兰翡翠蛋面配红宝石及白色刚玉、天然翡翠蛋面配钻石挂坠项链		39,818	保利香港	2020-07-08
缅甸天然紫罗兰翡翠蛋面配钻石挂坠项链		46,000	北京保利	2020-10-19
南洋金珠项链	珠径15.8mm—12.1mm	78,200	永乐拍卖	2020-12-04
青金石“Alhambra”项链 镶金	项链83cm	213,000	佳士得	2020-11-29
青金石和钻石项链、手镯、耳夹 MELLERIO 20世纪70年代	项链长约480mm；手链长约180mm	397,170	巴黎苏富比	2020-06-11
清代108颗翡翠佛珠	直径0.8mm	2,028,600	东京国立拍卖	2020-01-10
全金羽毛鹰爪套链	项链长约700mm	1,782,500	华艺国际	2020-10-15
日本Akoya珍珠项链		6,900	中国嘉德	2020-11-11
日本海珠项链	长21cm	4,600	中国嘉德	2020-07-15
日本真多麻巴洛克珍珠项链	长21cm；珍珠直径0.7cm—0.8cm	3,450	中国嘉德	2020-07-15
日本真多麻珍珠项链		3,450	中国嘉德	2020-11-11
三条宝石项链	长约330mm	27,451	巴黎苏富比	2020-05-27
沙弗莱石配钻石项链及耳环套装	项链长430mm	39,428	香港苏富比	2020-07-31
珊瑚 玛瑙 青金石和熔岩浮雕组成项链 约1830年		23,529	巴黎苏富比	2020-05-27
珊瑚 玛瑙 钻石项链、耳环、戒指首饰	项链长44.5cm	81,069	纽约佳士得	2020-02-05
珊瑚和钻石项链	长400mm	61,782	巴黎苏富比	2020-06-11
珊瑚和钻石项链和耳环	项链长40.5cm	11,947	纽约佳士得	2020-06-30
珊瑚和钻石胸针/项链 1970年	长约710mm	79,434	巴黎苏富比	2020-06-11
珊瑚金项链	长79cm	72,536	纽约佳士得	2020-02-05
珊瑚项链两条		90,885	香港苏富比	2020-11-27
上金羽毛及金贝羽毛吊坠项链	上金羽毛67.5mm×15mm；金贝羽毛41.1mm×6.8mm	55,200	华艺国际	2020-10-15
尚美3.00—4.00克拉的紫水晶配钻石项链	长约510mm	17,171	香港苏富比	2020-05-20
尚美红宝石配钻石项链 约1905年	长420mm	2,186,564	日内瓦苏富比	2020-11-11
尚美设计红宝石及钻石项链 约20世纪60年代		414,000	北京保利	2020-10-19
19世纪 天然珍珠、仿珍珠、星光红宝石及钻石项链		1,261,305	日内瓦佳士得	2020-07-22
19世纪 钻石项链		420,435	日内瓦佳士得	2020-07-22
双色金珍珠项链	内周长34.29cm	176,888	纽约苏富比	2020-06-16
水晶 蓝宝石和钻石项链、耳夹 BOUCHERON 1983年	项链内圈约360mm	730,460	日内瓦苏富比	2020-05-07
水晶和硬石长链 19世纪初及以后		81,691	伦敦苏富比	2020-04-07
睡美人绿松石蓝宝石钻石项链	链长42cm	207,000	永乐拍卖	2020-08-18
坦桑石和钻石项链	长约410mm	204,699	日内瓦苏富比	2020-07-15
坦桑石和钻石雪花项链 蒂芙尼	长17.15cm	211,815	纽约苏富比	2020-04-30
坦桑石配钻石镶铂金及金吊坠项链	项链长58.5cm；吊坠长6.7cm	426,000	佳士得	2020-11-29
坦桑石配钻石项链、手链及耳环套装	项链长42.5cm；手链长20.0cm；耳环长5.2cm	511,200	佳士得	2020-11-29
特别手工制作唐草吊坠项链、戒指及手镯套装	唐草平打手镯内径60mm×43mm；唐草纹吊坠40mm×31mm；项链长约480mm	632,500	华艺国际	2020-10-15
天然“帝王绿”翡翠配钻石项链		3,164,000	香港苏富比	2020-07-10
天然“帝王绿”翡翠配钻石项链、手链、耳坠套装	手链长17cm；项链长42cm；最大粒16.33mm×15.00mm×6.45mm	12,338,613	香港苏富比	2020-10-07
天然哥伦比亚祖母绿配钻石项链	祖母绿共重约32.37克拉	5,582,200	香港苏富比	2020-07-10
天然缅甸红宝石配钻石项链 未经加热 宝格丽（Bulgari）	项链长约390mm	9,315,000	华艺国际	2020-10-15
天然冰种翡翠蛋面配钻石套链		9,200	保利厦门	2020-09-26
天然冰种翡翠配翡翠及钻石首饰套组		2,517,120	天成国际	2020-07-07
天然冰种翡翠配钻石“宝宝佛”吊坠项链		48,300	中国嘉德	2020-12-05
天然冰种飘花翡翠珠链		138,000	中国嘉德	2020-12-05
天然玻璃种翡翠配粉色蓝宝石“大业有成”吊坠项链		36,800	中国嘉德	2020-12-05
天然翡翠“葫芦”配珐琅彩 水晶及钻石吊坠项链 DIAI		49,248	天成国际	2020-07-07
天然翡翠蛋面项链 配钻石 镶金	最大蛋面14.8mm×12.2mm×5.5mm；长39.0cm	639,000	佳士得	2020-11-29
天然翡翠雕观音配宝石及钻石项链		293,800	香港苏富比	2020-07-10

拍品名称	物品尺寸	成交价RMB	拍卖公司	拍卖日期
天然翡翠雕观音配钻石项链		339,000	香港苏富比	2020-07-10
天然翡翠雕“怀古”配钻石及蓝宝石项链		3,390,000	香港苏富比	2020-07-10
天然翡翠雕“年年有余”配粉红色刚玉及钻石项链/别针		316,400	香港苏富比	2020-07-10
天然翡翠及宝石首饰套装 配珊瑚、玉髓及蓝宝石 镶金	156颗翡翠玉珠8.5mm至7.0mm；项链104.7cm；手链14.8cm—17.8cm及26.4cm	11,868,360	佳士得	2020-11-29
天然翡翠满绿珠链	长度54.5cm；54.212g	13,800	永乐拍卖	2020-12-04
天然翡翠配彩宝及钻石项链	翡翠最大约14.5cm×13.6cm×5.5mm；最小约10.7cm×9.8cm×4mm；项链长约320mm	805,000	华艺国际	2020-12-05
天然翡翠配彩色宝石及钻石“怀表”项链 张钧婷		71,136	天成国际	2020-07-07
天然翡翠配天然珍珠及钻石项链		10,401,334	纽约苏富比	2020-12-09
天然翡翠配钻石“龙凤呈祥”项链		102,240	天成国际	2020-11-28
天然翡翠配钻石“无事牌”项链及吊坠耳环套装		253,000	中国嘉德	2020-12-05
天然翡翠配钻石吊坠项链	翡翠约18.8mm×24.2mm×10.5mm；吊坠约38mm×28.5mm×21.5mm	4,600,000	华艺国际	2020-12-05
天然翡翠配钻石吊坠项链及吊耳环套装		634,752	天成国际	2020-07-07
天然翡翠配钻石及红宝石“福禄双全”项链/耳环		161,000	中国嘉德	2020-12-05
天然翡翠配钻石套装		4,063,480	香港苏富比	2020-07-10
天然翡翠配钻石项链	长约50cm	3,861,837	香港苏富比	2020-10-07
天然翡翠配钻石项链、戒指、耳环套装		1,655,073	香港苏富比	2020-10-07
天然翡翠项链		1,469,000	佳士得	2020-07-09
天然翡翠玉圈配红宝石及钻石镶金吊坠项链	最大圈直径27.9mm，厚度7.1mm；吊坠44mm	298,200	佳士得	2020-11-29
天然翡翠玉珠配天然紫罗兰翡翠玉珠项链	项链长60.0cm	6,347,400	佳士得	2020-11-29
天然翡翠珠配钻石项链 清代晚期配蒂芙尼链扣		2,427,440	香港苏富比	2020-10-07
天然海螺珠配钻石项链		5,165,568	保利香港	2020-07-08
天然绿松石配黄金项链 宝格丽		59,800	中国嘉德	2020-12-05
天然满绿翡翠蛋面配冰种翡翠及钻石小熊项链		23,000	保利厦门	2020-09-26
天然满绿翡翠配钻石“玉兰花”吊坠项链		29,900	中国嘉德	2020-12-05
天然满绿翡翠配钻石项链、戒指及耳环（一套）	项链翡翠约10.3mm×9mm×4mm至6.3mm×5mm×2.4mm；项链长约400mm；戒指翡翠约10.2mm×8.3mm×4.2mm；指圈14#；耳环翡翠约8.7mm×6.8mm×2.8mm；耳环约29.4mm×13.4mm×8mm	1,725,000	华艺国际	2020-10-15
天然满绿翡翠元宝及蛋面配钻石吊坠项链		5,750	保利厦门	2020-09-26
天然珍珠 人工珍珠 电气石和钻石项链 19世纪晚期及以后		49,015	伦敦苏富比	2020-04-07

拍品名称	物品尺寸	成交价RMB	拍卖公司	拍卖日期
天然珍珠、人工珍珠、钻石项链		1,306,130	日内瓦苏富比	2020-06-24
天然珍珠和2.55克拉钻石吊坠项链 约1910年及以后		152,490	伦敦苏富比	2020-04-07
天然珍珠和钻石项链	长度约430mm	3,392,714	巴黎苏富比	2020-06-11
天然珍珠和钻石项链 19世纪晚期	长度约410mm	43,569	伦敦苏富比	2020-04-07
天然珍珠和钻石项链 20世纪30年代	长375mm	397,170	巴黎苏富比	2020-06-11
天然珍珠和钻石项链 大约1880年	长360mm	326,533	日内瓦苏富比	2020-06-24
天然珍珠及钻石项链		5,045,220	日内瓦佳士得	2020-07-22
天然珍珠项链	长500mm	111,954	日内瓦苏富比	2020-06-24
天然珍珠项链 19世纪晚期	珍珠直径约5.6mm—8.4mm；项链长度约490mm	185,166	伦敦苏富比	2020-04-07
天然珍珠钻石头饰/项链 约1900年		174,274	伦敦苏富比	2020-04-07
天然珍珠钻石项链	长410mm	699,713	日内瓦苏富比	2020-06-24
椭圆形缅甸天然鸽血红红宝石配钻石项链	项链长44.3cm	8,801,160	佳士得	2020-11-29
王焜设计天然翡翠“葫芦”配钻石吊坠项链	吊坠长度53.7mm	287,500	华艺国际	2020-10-15
稀世翠宝天然“帝王绿”43颗翡翠珠配钻石项链	长53.5cm	55,136,699	香港苏富比	2020-10-07
下金羽毛及银羽毛吊坠项链	下金银羽毛66mm×16mm；银羽毛42.6mm×8.6mm	40,250	华艺国际	2020-10-15
限量版18K玫瑰金及钻石PRÉCIEUXKELLY项链	长60cm；钻石重1.64克拉	146,900	佳士得	2020-07-10
香奈儿“茶花”钻石项链		136,538	纽约佳士得	2020-02-05
镶有黑珍珠母和明亮切割钻石四叶形图案项链	长约860mm	308,910	巴黎苏富比	2020-06-11
项链 20世纪70年代	长约850mm	38,122	伦敦苏富比	2020-04-07
项链 Leone	长度约850mm	87,137	伦敦苏富比	2020-04-07
项链 马可·比塞戈	长度约790mm	32,676	伦敦苏富比	2020-04-07
项链 萨尔瓦多达利	长度约为765mm	38,122	伦敦苏富比	2020-04-07
项链 伊利亚斯·拉劳纳斯 两个戒指		16,338	伦敦苏富比	2020-04-07
项链 佐洛塔斯	内周长约380mm	62,136	伦敦苏富比	2020-06-04
项链和一对钻石耳环 娜妮斯	项链长950mm	34,855	伦敦苏富比	2020-04-07
萧邦“Happy Diamonds”钻石项链及吊耳环套装	项链长420mm	97,304	香港苏富比	2020-05-20
烟熏石英 珍珠 红宝石和钻石项链 19世纪90年代	长约445mm	43,569	伦敦苏富比	2020-04-07
养殖珍珠、蓝宝石、祖母绿和钻石项链 BENOITDEGORSKI	长度约390mm	86,742	日内瓦苏富比	2020-05-07
养殖珍珠宝石项链	长93.35cm	57,367	纽约苏富比	2020-04-30
养殖珍珠和钻石可转换颈链		39,717	巴黎苏富比	2020-06-11
养殖珍珠和钻石项链	长约410mm	93,045	日内瓦苏富比	2020-07-15
养殖珍珠和钻石项链	长41.5cm	55,469	纽约佳士得	2020-02-05
养殖珍珠和钻石项链	长40.5cm	27,308	纽约佳士得	2020-02-05
养殖珍珠和钻石项链	长47.5cm	12,800	纽约佳士得	2020-02-05
养殖珍珠和钻石项链	长48.0cm	23,894	纽约佳士得	2020-02-05
养殖珍珠和钻石项链	长40.0cm	16,214	纽约佳士得	2020-02-05
养殖珍珠和钻石项链	长44.5cm	27,308	纽约佳士得	2020-02-05
养殖珍珠和钻石项链、耳环、手链套装	项链长度约410mm	17,647	巴黎苏富比	2020-05-27
养殖珍珠和钻石项链和耳环	项链长54.5cm	20,481	纽约佳士得	2020-06-30
养殖珍珠配钻石项链		273,600	天成国际	2020-07-07
养殖珍珠配钻石项链 VanCleef&Arpels		204,480	天成国际	2020-11-28

2020翡翠珠宝拍卖成交汇总（续表）

拍品名称	物品尺寸	成交价RMB	拍卖公司	拍卖日期
养殖珍珠配钻石项链（两条）		96,307	天成国际	2020-07-07
养殖珍珠项链		28,627	天成国际	2020-11-28
养殖珍珠项链 戒指及耳环套装		19,426	天成国际	2020-11-28
养殖珍珠钻石项链	长109.22cm	123,821	纽约苏富比	2020-06-16
养殖珍珠钻石项链	养殖珍珠：13.0至17.2mm，项链长500mm	43,569	伦敦苏富比	2020-04-07
养殖珍珠钻石项链 Chimento	长526mm	79,889	伦敦苏富比	2020-06-04
养殖珍珠钻石项链、耳夹、手镯		447,816	日内瓦苏富比	2020-06-24
养殖珍珠及钻石项链	长度40.3cm	29,715	佳士得	2020-04-28
养殖珍珠及钻石项链	项链长度45.2cm	68,573	佳士得	2020-04-28
养殖珍珠及钻石项链 VanCleef&Arpels设计		654,010	日内瓦佳士得	2020-07-22
养殖珍珠及钻石珠宝首饰	项链长42.7cm	22,858	佳士得	2020-04-28
养殖珍珠配缟玛瑙及钻石项链及耳坠一对		149,693	香港苏富比	2020-11-27
养殖珍珠配钻石项圈	长335mm	45,680	香港苏富比	2020-06-12
艺术时期 钻石项链 SuzanneBelperron设计		392,406	日内瓦佳士得	2020-07-22
银和银鎏金项链 JEAN德普雷 20世纪70年代	内周长约350mm	97,086	巴黎苏富比	2020-06-11
银与金项链	长度约385mm	14,122	巴黎苏富比	2020-06-11
硬币 红宝石和钻石项链及耳夹 宝格丽 约1989年及更早	项链长约390mm	196,058	伦敦苏富比	2020-04-07
有色钻石 “Rivi è re”项链		1,681,740	日内瓦佳士得	2020-07-22
有色钻石及钻石吊坠项链		355,034	日内瓦佳士得	2020-07-22
有色钻石及钻石项链 Graff设计		5,134,913	日内瓦佳士得	2020-07-22
御木本缟玛瑙配钻石项链		169,500	香港苏富比	2020-07-10
御木本蓝宝石配钻石项链		226,000	香港苏富比	2020-07-10
御木本珊瑚配珐琅彩项链		192,100	香港苏富比	2020-07-10
御木本养殖珍珠配钻石项链		474,600	香港苏富比	2020-07-10
约1930年制21K金双环流苏项链		10,350	西泠印社	2020-08-07
月光石、蓝宝石和钻石项链	项链长35.56cm	24,712	纽约苏富比	2020-04-30
月光石和金项链		15,361	纽约佳士得	2020-06-30
张艺兴为LayCiga设计 钛金属“贝壳”项链		118,378	保利香港	2020-07-08
长链玫瑰金项链	长172cm	32,428	纽约佳士得	2020-02-05
赵佳设计“克罗丽丝”总重约2.48克拉天然未经加热粉色蓝宝石配钻石及珍珠项链/胸针/吊坠		43,700	中国嘉德	2020-12-05
珍罕绝伦108颗天然满绿翡翠珠链		13,800,000	保利厦门	2020-09-26
珍罕绝伦缅甸天然“帝王绿”翡翠蛋面配钻石项链及耳环套装		46,575,000	北京保利	2020-12-05
珍罕的天然翡翠配红宝石及钻石珠链		10,350,000	中国嘉德	2020-12-05
珍罕卓绝缅甸天然翡翠珠配红宝石及钻石项链		21,523,200	保利香港	2020-07-08
珍珠狗项链	长约450mm	35,304	巴黎苏富比	2020-06-11
珍珠和钻石制的项链 蒂芙尼 1981年	长360mm	37,069	巴黎苏富比	2020-06-11
珍珠母、红宝石和钻石项圈、耳夹 江诗丹顿	项圈内周长325mm	124,271	伦敦苏富比	2020-06-04
珍珠项链和耳环	项链长32.5cm	128,004	纽约佳士得	2020-02-05
种子珍珠和钻石项链1900年	链长92.0cm	40,961	纽约佳士得	2020-02-05
紫晶及橄榄石项链	长37.8cm	91,430	佳士得	2020-04-28
紫罗兰翡翠套装		11,040,000	永乐拍卖	2020-08-18
紫水晶 碧玺钻石项链 MELLERIO 1994年	长度约400mm	33,539	巴黎苏富比	2020-06-11

拍品名称	物品尺寸	成交价RMB	拍卖公司	拍卖日期
紫水晶和粉红蓝宝石项链	长700mm	38,122	伦敦苏富比	2020-04-07
紫水晶及电气石 “Caressed Orchid é es”套装	项链长37.5cm	339,000	佳士得	2020-07-09
紫水晶项链		180,800	香港苏富比	2020-07-10
紫水晶项链 19世纪末	长度约410mm	48,821	伦敦苏富比	2020-06-04
总重45.66克拉天然赞比亚祖母绿配13.11克拉钻石项链 戒指和耳环套装		402,500	中国嘉德	2020-12-05
总重6克拉天然钻石项链		20,700	保利厦门	2020-09-26
总重量25.23克拉椭圆形天然无经加热处理“鸽血红”红宝石配钻石项链		240,768	天成国际	2020-07-07
总重约150.00克拉天然红宝石配钻石项链		644,000	中国嘉德	2020-12-05
足金烧蓝连年有余吊坠连18K金项链	长25cm；坠长1.7cm	3,450	中国嘉德	2020-07-15
祖母绿 碧玺钻石项链 MELLERIO 1986年	内圆周约390mm	105,912	巴黎苏富比	2020-06-11
祖母绿和金项链	长44cm	20,481	纽约佳士得	2020-02-05
祖母绿和钻石吊坠项链 格拉夫	长410mm	118,700	日内瓦苏富比	2020-05-07
祖母绿和钻石吊坠项链 格拉夫	链长约400mm	53,259	伦敦苏富比	2020-06-04
祖母绿和钻石项链	内圆周约385mm	81,691	伦敦苏富比	2020-04-07
祖母绿和钻石项链	长410mm	57,369	巴黎苏富比	2020-06-11
祖母绿和钻石项链 MELLERIO 1977年	长480mm	176,520	巴黎苏富比	2020-06-11
祖母绿和钻石项链 梵克雅宝	长420mm	5,002,577	巴黎苏富比	2020-06-11
祖母绿和钻石项链 格拉夫	长度约420mm	686,275	巴黎苏富比	2020-05-27
祖母绿和钻石项链 格拉夫	长约460mm	686,275	巴黎苏富比	2020-05-27
祖母绿和钻石项链 格拉夫	长430mm	168,654	伦敦苏富比	2020-06-04
祖母绿和钻石项链 手镯和耳环套装 梵克雅宝		4,686,449	日内瓦佳士得	2020-07-22
祖母绿和钻石项链、手链 20世纪60年代	项链长约385mm；手链长约177mm	185,166	伦敦苏富比	2020-04-07
祖母绿和钻石项链、手镯、耳环 20世纪20年代	项链长390mm，手镯长160mm	174,274	伦敦苏富比	2020-04-07
祖母绿和钻石项链手链耳环		65,132	日内瓦苏富比	2020-07-15
祖母绿及红宝石项链 配钻石 镶金 45.0cm		702,900	佳士得	2020-11-29
祖母绿配钻石吊坠项链 格拉夫(Graff)	长405mm	170,656	香港苏富比	2020-04-15
祖母绿配钻石项链 20世纪初期		248,600	香港苏富比	2020-07-10
祖母绿项链		926,600	佳士得	2020-07-09
祖母绿项链 配钻石 镶金 项链45.4cm 吊坠2.6cm		298,200	佳士得	2020-11-29
祖母绿钻石项链	长410mm	261,226	日内瓦苏富比	2020-06-24
祖母绿钻石项链、耳夹 梅莱里奥 1979年		282,432	巴黎苏富比	2020-06-11
祖母绿及钻石项链		1,214,590	日内瓦佳士得	2020-07-22
祖母绿及钻石项链	长40.8cm	114,288	佳士得	2020-04-28
祖母绿及钻石项链 Pederzani设计		2,616,040	日内瓦佳士得	2020-07-22
祖母绿及钻石项链 VanCleef&Arpels设计		420,435	日内瓦佳士得	2020-07-22
祖母绿及钻石项链、手链、腕表、戒指及耳环套装		934,300	日内瓦佳士得	2020-07-22
祖母绿配红宝石、蓝宝石及钻石项链 大卫·韦伯 20世纪70年代	长38.1cm	2,139,031	纽约苏富比	2020-12-09
祖母绿配钻石首饰套装 约1770年		7,143,932	日内瓦苏富比	2020-11-11
祖母绿配钻石项链		1,093,282	日内瓦苏富比	2020-11-11

拍品名称	物品尺寸	成交价RMB	拍卖公司	拍卖日期
祖母绿配钻石项链		74,847	香港苏富比	2020-11-27
钻石 海蓝宝石和电气石项链	长42.5cm	25,601	纽约佳士得	2020-02-05
钻石 人造蓝宝石和人造红宝石项链及耳环套件		177,517	日内瓦佳士得	2020-07-22
钻石 珍珠和珐琅项链	长39.5cm	40,961	纽约佳士得	2020-06-30
钻石 祖母绿和玛瑙吊坠项链 "PANTHÈRE" 卡地亚	最长700mm	502,191	日内瓦苏富比	2020-05-07
钻石、项链、戒指 卡地亚	项链长610mm	70,799	伦敦苏富比	2020-04-07
钻石 "Maillon Panthère" 手链及项链		62,150	佳士得	2020-07-09
钻石 "Maillon Panthère" 项链及手链		542,400	佳士得	2020-07-09
钻石 "Trinity" 项链 镶金		298,200	佳士得	2020-11-29
钻石 "玫瑰" 吊坠项链 格拉夫	长40.64cm	308,897	纽约苏富比	2020-04-30
钻石白金项链	长度40.6cm	102,404	纽约佳士得	2020-02-05
钻石吊坠戒指、项链	项链长度约为420mm	31,373	巴黎苏富比	2020-05-27
钻石吊坠项链	项链长38.5cm	68,269	纽约佳士得	2020-06-30
钻石吊坠项链		196,992	天成国际	2020-07-07
钻石吊坠项链 Graff设计		654,010	日内瓦佳士得	2020-07-22
钻石吊坠项链 格拉夫	长约420mm	174,274	伦敦苏富比	2020-04-07
钻石吊坠项链及戒指		67,800	佳士得	2020-07-09
钻石项链	长39.0cm	136,538	纽约佳士得	2020-02-05
钻石和多宝石吊坠项链	吊坠长4.2cm	20,481	纽约佳士得	2020-02-05
钻石和多宝石吊坠项链	长57.0cm	18,774	纽约佳士得	2020-02-05
钻石和珐琅吊坠胸针、项链		34,135	纽约佳士得	2020-02-05
钻石和缟玛瑙吊坠项链	项链长18.5cm	34,135	纽约佳士得	2020-02-05
钻石和金大象项链	长41.1cm	32,428	纽约佳士得	2020-02-05
钻石和金项链	长41.6cm	29,868	纽约佳士得	2020-02-05
钻石和蓝宝石项链 格拉夫	长38.1cm	597,354	纽约佳士得	2020-06-30
钻石和珍珠项链	长30.0cm	38,401	纽约佳士得	2020-02-05
钻石及黄金吊坠项链	长度44.0cm	16,000	佳士得	2020-04-28
钻石金项链	链长43.5cm	55,469	纽约佳士得	2020-02-05
钻石颈圈 O.J.Perrin	长360mm	52,956	巴黎苏富比	2020-06-11
钻石配祖母绿项链、耳环、戒指套装		101,577	香港苏富比	2020-11-27
钻石手链及 H. Stern 钻石吊坠项链	手链长15.7cm；吊坠6.8cm	27,429	佳士得	2020-04-28
钻石手镯/项链一对 19世纪晚期及以后	长340mm	559,770	日内瓦苏富比	2020-06-24
钻石首饰套装	项链长42.0cm；耳环长3.4cm	1,491,000	佳士得	2020-11-29
钻石首饰套装		395,500	佳士得	2020-07-09
钻石首饰套装 项链内周长34.0cm 耳环4.2cm		308,850	佳士得	2020-11-29
钻石首饰套组		30,672	天成国际	2020-11-28
钻石套装 镶金	项链34.8cm；手链15.0cm；戒指5号	213,000	佳士得	2020-11-29
钻石项链		429,400	佳士得	2020-07-09
钻石项链		79,100	佳士得	2020-07-09
钻石项链		994,400	佳士得	2020-07-09
钻石项链		1,243,000	佳士得	2020-07-09
钻石项链		248,600	香港苏富比	2020-07-10
钻石项链	长40.0cm	59,735	纽约佳士得	2020-06-30
钻石项链	长43.5cm	72,536	纽约佳士得	2020-06-30
钻石项链	长39.5cm	72,536	纽约佳士得	2020-06-30
钻石项链	长40.0cm	93,870	纽约佳士得	2020-06-30
钻石项链	长410mm	185,166	伦敦苏富比	2020-04-07

拍品名称	物品尺寸	成交价RMB	拍卖公司	拍卖日期
钻石项链	内围约380mm	81,691	伦敦苏富比	2020-04-07
钻石项链	长395mm	62,574	香港苏富比	2020-04-15
钻石项链	长420mm	160,265	香港苏富比	2020-05-20
钻石项链	长度约405mm	68,685	香港苏富比	2020-05-20
钻石项链	内圆周约320mm	42,365	巴黎苏富比	2020-06-11
钻石项链	长约440mm	28,243	巴黎苏富比	2020-06-11
钻石项链	长度约400mm	35,304	巴黎苏富比	2020-06-11
钻石项链	长42.23cm	150,354	纽约苏富比	2020-06-16
钻石项链	长度约450mm	29,289	香港苏富比	2020-07-31
钻石项链		34,286	佳士得	2020-04-28
钻石项链 19世纪晚期	长400mm	217,843	伦敦苏富比	2020-04-07
钻石项链 19世纪下半叶	长度约380mm	44,383	伦敦苏富比	2020-06-04
钻石项链 20世纪50年代	长约395mm	513,123	日内瓦苏富比	2020-06-24
钻石项链 5颗2.13至1.22克拉G—I/VS2—SI2 附GIA 镶铂金	长43.7cm	479,250	佳士得	2020-11-29
钻石项链 GUCCI	最大内周长约400mm	68,481	日内瓦苏富比	2020-05-07
钻石项链 阿斯普里	长400mm	59,907	伦敦苏富比	2020-04-07
钻石项链 梵克雅宝 大约1983年		163,382	伦敦苏富比	2020-04-07
钻石项链（梵克雅宝）及24.27克拉哥伦比亚祖母绿配钻石吊坠/别针		5,039,800	香港苏富比	2020-07-10
钻石项链 弗雷德	长约400mm	29,412	巴黎苏富比	2020-05-27
钻石项链 格拉夫	长度39.0cm	1,877,398	纽约佳士得	2020-06-30
钻石项链 格拉夫	长度约390mm	980,392	巴黎苏富比	2020-05-27
钻石项链 格拉夫		976,415	伦敦苏富比	2020-06-04
钻石项链 格拉夫	长约425mm	215,686	巴黎苏富比	2020-05-27
钻石项链 卡地亚 1996年	内周长约370mm	71,012	伦敦苏富比	2020-06-04
钻石项链 卡地亚 约1970年	长420mm	239,627	伦敦苏富比	2020-04-07
钻石项链 19世纪末	内圆周约360mm	37,069	巴黎苏富比	2020-06-11
钻石项链 19世纪	长410mm	2,733,205	日内瓦苏富比	2020-11-11
钻石项链 镶铂金	长29.0cm	798,750	佳士得	2020-11-29
钻石项链 镶铂金	长37.5cm	979,800	佳士得	2020-11-29
钻石项链 约1860年	长410mm	513,123	日内瓦苏富比	2020-06-24
钻石项链 约1910年 复合材料	长度约430mm	65,353	伦敦苏富比	2020-04-07
钻石项链（钻石共重约20.0克拉）	项链长约410mm	103,500	华艺国际	2020-12-05
钻石项链、手链、耳夹		141,598	伦敦苏富比	2020-04-07
钻石项链、手链、耳夹 卡地亚 20世纪80年代	项链长390mm；手链长约180mm	217,843	伦敦苏富比	2020-04-07
钻石项链、手链、别针、冠冕		135,600	香港苏富比	2020-07-10
钻石项链、头饰组合 19世纪晚期	直径19mm	88,260	巴黎苏富比	2020-06-11
钻石项链、耳环	项链长约420mm；耳环约31mm×11mm	15,686	巴黎苏富比	2020-05-27
钻石项链、耳环	项链长约485mm	88,260	巴黎苏富比	2020-06-11
钻石项链、耳环		111,954	日内瓦苏富比	2020-06-24
钻石项链和一对耳环 卡地亚 19世纪末及以后		239,627	伦敦苏富比	2020-04-07
钻石项链及吊耳环套装（钻石共约39.73克拉）	项链长410mm	548,160	香港苏富比	2020-06-12
钻石项链及耳环套装 镶铂金	项链长33.5cm；耳环长5.2cm	2,023,500	佳士得	2020-11-29
钻石项链及耳环套装 镶铂金及金	项链长36.5cm；耳环长4.4cm	585,750	佳士得	2020-11-29
钻石项链及手链套装 'PERLESDEDIAMANTS' 卡地亚 (Cartier)	项链长550mm	125,148	香港苏富比	2020-04-15

拍品名称	物品尺寸	成交价RMB	拍卖公司	拍卖日期
钻石项链及钻石耳环	项链长42.0 cm;耳环长1.2cm×2	36,572	佳士得	2020-04-28
钻石项圈、戒指 梵克雅宝	项圈内周长约390mm	66,574	伦敦苏富比	2020-06-04
钻石长链	长126.37cm	150,036	纽约苏富比	2020-04-30
钻石长链项链 1910年	长70.0cm	59,735	纽约佳士得	2020-02-05
钻石珠宝首饰 Dilys		13,652	香港苏富比	2020-04-15
扣饰				
Angel Mattia天使系列白金袖扣		11,500	西泠印社	2020-08-07
BULGARI "MONETE" 金袖扣		25,143	佳士得	2020-04-28
CARRERA Y CARRERA 托帕石袖扣		10,857	佳士得	2020-04-28
布切拉蒂18K金袖扣一对及卡地亚袖扣一对		21,750	香港苏富比	2020-05-20
梵克雅宝红宝石金色的袖扣		29,774	日内瓦苏富比	2020-07-15
翡翠袖扣		97,144	佳士得	2020-04-28
红宝石和钻石一对袖扣和四个礼服饰钉		32,676	伦敦苏富比	2020-04-07
金色和红宝石袖扣		6,827	纽约佳士得	2020-06-30
卡地亚艺术装饰缟玛瑙钻石袖扣		27,308	纽约佳士得	2020-06-30
蓝宝石和钻石连衣裙一对袖扣和三个按扣套装		37,069	巴黎苏富比	2020-06-11
蓝宝石和钻石一对袖扣和四个纽扣套装		30,891	巴黎苏富比	2020-06-11
蓝宝石袖扣一对 CHAUMET 大约1986年		21,784	伦敦苏富比	2020-04-07
蓝宝石袖扣一对 卡地亚 20世纪50年代		59,907	伦敦苏富比	2020-04-07
两对宝石和钻石套装袖扣		7,061	巴黎苏富比	2020-06-11
马首形钻石配钻石袖扣一对		25,030	香港苏富比	2020-04-15
斯伦贝谢孔雀石袖扣 蒂芙尼		10,240	纽约佳士得	2020-06-30
亚历山大变色石配钻石袖扣两对		90,400	香港苏富比	2020-07-10
养殖珍珠及18K金袖扣一对		12,562	香港苏富比	2020-06-12
祖母绿和钻石袖扣一对 20世纪20年代		14,160	伦敦苏富比	2020-04-07
钻石袖扣两对		29,715	佳士得	2020-04-28
裸石				
10.01克拉全美D色Type IIa钻石 净度无瑕		6,995,040	保利香港	2020-07-08
102.39克拉椭圆形D色内外无瑕 Type IIa全美钻石		106,451,843	香港苏富比	2020-10-05
14.83克拉自然颜色 内部无瑕疵 IIa型紫粉色钻石		176,378,465	日内瓦苏富比	2020-11-11
2.01克拉圆形足色VVS1净度钻石		160,265	香港苏富比	2020-05-20
2.05克拉圆形足色VS1净度钻石		194,140	香港苏富比	2020-06-12
2.08克拉圆形E色VVS1净度钻石		193,410	香港苏富比	2020-04-15
2.11克拉圆形E色VS2净度钻石		159,279	香港苏富比	2020-04-15
2.23克拉方形足色VVS2净度钻石		159,880	香港苏富比	2020-06-12
2.31克拉椭圆形足色VVS1净度钻石		171,713	香港苏富比	2020-05-20
2.50克拉方形足色内部无瑕(IF)钻石		400,663	香港苏富比	2020-05-20
20.98克拉天然缅甸皇家蓝蓝宝石 未经加热		1,380,000	华艺国际	2020-10-15
261.14克拉蓝色托帕石		47,059	巴黎苏富比	2020-05-27
3.04及3.02克拉圆形H色VS1净度钻石一对		513,900	香港苏富比	2020-06-12
33.25克拉D色Type IIa全美钻石 净度无瑕		35,420,000	北京保利	2020-10-19
4.01克拉圆形G色VVS1净度钻石		546,100	香港苏富比	2020-04-15
5.01克拉梨形E色VS1净度钻石		801,325	香港苏富比	2020-05-20

拍品名称	物品尺寸	成交价RMB	拍卖公司	拍卖日期
5.01克拉椭圆形H色内部无瑕(IF)钻石		685,200	香港苏富比	2020-06-12
5.32克拉椭圆形D颜色 无瑕 极佳抛光和对称性IIa型钻石		2,175,025	香港苏富比	2020-05-20
8.11克拉斯里兰卡皇家蓝蓝宝石裸石		291,200	上海联合	2020-11-29
彩色钻石三枚		25,030	香港苏富比	2020-04-15
明料高冰玻璃种晴底飘花	重3167g	537,441	库恩国际	2020-01-08
未镶嵌红宝石		1,308,020	日内瓦佳士得	2020-07-22
未镶嵌有色钻石		18,050,676	日内瓦佳士得	2020-07-22
未镶嵌祖母绿		2,242,320	日内瓦佳士得	2020-07-22
未镶嵌钻石		41,927,647	日内瓦佳士得	2020-07-22
未镶嵌钻石		1,588,310	日内瓦佳士得	2020-07-22
其他佩饰件				
翠玉扳指（两件）	直径3.4cm	13,709	佳士得	2020-10-08
翡翠扳指（两只）	内径2cm×2	4,600	中国嘉德	2020-11-11
红宝石和钻石裙夹一对 20世纪30年代		43,569	伦敦苏富比	2020-04-07
18K翡翠白冰龙云发簪		4,480	上海联合	2020-11-29
大卫·韦伯的珐琅和金色青蛙衬衫饰钉		10,240	纽约佳士得	2020-02-05
梵克雅宝黄金配件	尺寸不一	38,401	纽约佳士得	2020-02-05
翡翠饰品（一套五件）	尺寸不一	3,450	北京钜鑫缘	2020-10-13
黄金和钻石首饰 梵克雅宝 约1950年		45,654	日内瓦苏富比	2020-05-07
金链扣 阿尔曼 大约1985年	最小内周长约170mm；长度约95mm	150,042	巴黎苏富比	2020-06-11
金爪点金羽毛及全金羽毛套链	金爪点金羽毛67.2mm×16.8mm；全金羽毛43mm×8.6mm；金贝羽毛46mm×7mm	218,500	华艺国际	2020-10-15
卡地亚钻石冠冕	头饰内圈约38cm	2,427,440	香港苏富比	2020-10-07
绿宝石和钻石头饰 约1910年	内周长约300mm	279,885	日内瓦苏富比	2020-06-24
绿松石和钻石头饰 约1830年		261,226	日内瓦苏富比	2020-06-24
玛瑙和钻石镶嵌 1930年		11,474	巴黎苏富比	2020-06-11
明清 老玉翠翎管（二十件）	尺寸不一	5,750	上海嘉禾	2020-01-05
清 18 / 19世纪 白玉及翡翠扳指（一组五件）	最大直径2.8cm	247,968	伦敦佳士得	2020-02-13
清 翡翠翎管（一组五件）	长7.2cm—7.7cm	32,200	西泠印社	2020-08-09
清 翡翠龙首带钩		63,250	中贸圣佳	2020-12-08
清 翡翠镂雕"苍龙教子"纹带钩	长9.4cm	14,690	北京中汉	2020-09-03
清 红翡高浮雕苍龙教子带钩	长7.5cm	17,250	西泠印社	2020-08-09
清乾隆 翡翠雕鱼形磬	长22.5cm	161,000	中国嘉德	2020-12-03
清 19世纪 翠玉扳指	宽3.1cm	26,231	伦敦苏富比	2020-06-16
日本珊瑚环		17,652	巴黎苏富比	2020-06-11
三件套龟甲 珍珠和钻石发梳 LACLOCHEFRÈRES 约1910年	151mm×64mm，97mm×47mm和84mm×45mm	43,569	伦敦苏富比	2020-04-07
19世纪 天然珍珠及钻石皇冠		934,300	日内瓦佳士得	2020-07-22
首饰套组		36,115	天成国际	2020-07-07
坦桑石和金刚石饰件		51,202	纽约佳士得	2020-06-30
天然翡翠雕"龙"带扣 清朝		169,500	香港苏富比	2020-07-10
天然翡翠发簪一对 配钻石及红宝石 镶金	最大蛋面18.8mm×14.5mm×2.5mm；发簪10.7cm	191,700	佳士得	2020-11-29
头饰 约于1917年	内周长约255mm	24,854	伦敦苏富比	2020-06-04
王焜设计天然翡翠配钻石发簪	翡翠约31.4mm×12.7mm×3.8mm；发簪长约15.5cm	172,500	华艺国际	2020-10-15

拍品名称	物品尺寸	成交价RMB	拍卖公司	拍卖日期
钻石礼服饰钉套装		65,353	伦敦苏富比	2020-04-07
钻石头冠 Mouawad	内周长450mm	911,068	日内瓦苏富比	2020-11-11
钻石头饰		248,600	香港苏富比	2020-07-10
钻石头饰 约1790年	内周长约450mm	304,980	伦敦苏富比	2020-04-07
钻石头饰 约1890年		559,770	日内瓦苏富比	2020-06-24
钻石胸饰/头饰 19世纪晚期		108,921	伦敦苏富比	2020-04-07
陈设件				
宝石配钻石摆件	270mm×195mm×95mm	62,961	香港苏富比	2020-05-20
碧玺松鹤延年山子连木座	长10cm	4,678	香港普艺	2020-07-11
冰绿灵猴献寿		537,441	库恩国际	2020-01-08
翠玉灵芝如意	长36cm	2,214,279	哈布斯堡	2020-08-22
翡翠摆件	长7cm; 宽2cm; 高6cm	6,900	广东小雅斋	2020-06-17
翡翠摆件“老子出关”	103.70mm×100.20mm×49.45mm；863g	170,200	永乐拍卖	2020-08-18
翡翠雕虎踞猿林山子摆件	带座高28.5cm；高23.5cm	6,325,000	西泠印社	2020-08-09
翡翠高士小山子		4,600	中国嘉德	2020-11-11
翡翠观音像	高15cm	5,750	中国嘉德	2020-07-15
翡翠观音像		4,600	中国嘉德	2020-11-11
翡翠仕女	高16.5cm	1,449,000	东京国立拍卖	2020-01-10
民国 翡翠雕三羊开泰	长11.5cm	16,100	北京保利	2020-10-20
民国 翡翠和合二仙摆件	长5.8cm	34,500	北京保利	2020-10-20
清 翡翠持如意观音坐像	带座高17cm；高13cm	32,200	西泠印社	2020-08-09
清 翡翠雕麻姑献寿摆件（一对）	1.带座高33cm；高30.7cm；2.带座高32.5cm；高30.5cm	28,750	西泠印社	2020-08-08
清 翡翠浮雕葡萄海水云纹如意摆件	长38cm	172,500	西泠印社	2020-08-09
清代 翠玉山水人物插屏	直径25.5cm	51,192	台北艺珍	2020-08-16
清代 老翡翠福禄寿三星立件（组）	高9cm×8.5cm×9.2cm	507,150	东京国立拍卖	2020-01-10
清 翡翠、三教娘子	长9cm	5,750	北京禾谷	2020-09-24
清 翡翠雕“持莲观音”立像	高48cm	460,000	保利厦门	2020-09-26
清 翡翠雕福寿纹如意	高38cm	230,000	永乐拍卖	2020-12-02
清 翡翠雕螳螂摆件	111mm×15mm×20mm	34,500	西泠印社	2020-08-09
清 翡翠浮雕凤纹丛竹山石花插	高24.5cm；口径约7.4cm	80,500	西泠印社	2020-08-09
清 翡翠浮雕山水瑞兽刻诗文插屏（一对）	屏心直径14.7cm×2	230,000	西泠印社	2020-08-09
清 翡翠浮雕童子瓜瓞绵绵摆件	带座高10.5cm；高8cm	36,800	西泠印社	2020-08-09
清 翡翠釉福寿纹如意	长49cm	34,500	西泠印社	2020-08-09
清 翡翠玉兽	长7cm	11,500	北京禾谷	2020-09-24
清 粉碧玺三多摆件	长8.8cm	69,000	北京翰海	2020-12-12
清 粉碧玺竹林七贤山子	高6.5cm	69,000	北京翰海	2020-12-12
清乾隆/嘉庆 翡翠雕四臂观音随身佛	高3cm	356,500	保利厦门	2020-09-26
清中期 翡翠鹿摆件	高10cm	218,500	保利厦门	2020-09-26
清 紫罗兰翡翠白菜	172mm×101mm×66mm	322,000	西泠印社	2020-08-09
天然翡翠“童子拜观音”摆件		56,909	天成国际	2020-07-07
天然翡翠雕“碧瑶佛手”		429,400	香港苏富比	2020-07-10
天然翡翠雕“观音”		1,808,000	香港苏富比	2020-07-10
天然翡翠雕“弥勒佛”		4,497,400	香港苏富比	2020-07-10
天然巨型猫眼石（镶金嵌宝）	直径12cm；重量2600g	8,915,387	哈布斯堡	2020-08-22
50年代翡翠滚马摆件		25,300	中贸圣佳	2020-12-08

拍品名称	物品尺寸	成交价RMB	拍卖公司	拍卖日期
生活器皿				
19 / 20世纪 翠玉镂雕螭龙纹双兽耳盖炉	宽21.6cm	163,050	伦敦佳士得	2020-11-03
翠玉仿古鸟形尊	总高28cm	426,000	佳士得	2020-11-30
清 翡翠浮雕荷塘清趣赏盘	高2.5cm；长19cm；宽11.5cm	20,700	西泠印社	2020-08-09
清 翡翠镂雕花卉瓶	高25cm	13,800	西泠印社	2020-08-08
清 翠玉仿古双耳瑞兽钮盖炉	高12cm	34,272	香港苏富比	2020-06-05
清 翡翠雕六耳活环带链盖瓶	242mm×96mm×36mm	218,500	西泠印社	2020-08-09
清 翡翠盖碗	110mm×110mm×77mm	74,750	西泠印社	2020-08-09
清 翡翠花卉耳鸣虫纹盖炉	口径12.2cm	97,750	西泠印社	2020-08-09
清 翡翠环耳小瓶	高10.3cm	43,700	中贸圣佳	2020-10-16
清 翡翠梅兰竹菊纹盖瓶（带座）（一对）	高34cm×2	138,000	广东崇正	2020-09-13
清 翡翠如意耳壁瓶	高18.7cm	632,500	中贸圣佳	2020-10-16
清 翡翠寿字纹四方盖瓶	高29cm	62,100	广东崇正	2020-09-13
清 翡翠岁岁平安盖瓶	长8.4cm	109,250	中国嘉德	2020-08-18
清 翡翠衔环兽耳盖瓶	高32cm	34,500	保利厦门	2020-09-26
清末—民国 翡翠巧雕寿桃盖瓶	高13.5cm	9,200	中贸圣佳	2020-12-08
清乾隆 翡翠兽面龙凤纹觥	高19.5cm	138,000	中国嘉德	2020-12-03
清 双色碧玺螭龙纹三足盖炉	高9.8cm	69,000	北京翰海	2020-12-12
清中期 翡翠浮雕九龙戏珠纹圆形盖罐	高9.5cm；直径10.5cm	92,000	西泠印社	2020-08-09
清中期翡翠雕“安居乐业图”盖瓶	高17cm	241,500	保利厦门	2020-09-26
现代 翡翠龙钮赏瓶	高30cm	92,000	北京禾谷	2020-09-24
玉雕香炉摆件（连原木座）	直径3cm；高6.8cm	28,750	广东精诚所至	2020-09-15
其他物品				
宝诗龙银、金、宝石首饰及口红盒		22,187	纽约佳士得	2020-06-30
宝诗龙钻石和祖母绿盒1925年	9.3cm×5.5cm	34,135	纽约佳士得	2020-02-05
宝石“Around the World”座钟及音乐盒 Graff设计		373,720	日内瓦佳士得	2020-07-22
镀金 硬石和珐琅化妆盒 卡地亚约1928年	80mm×55mm×18mm	43,569	伦敦苏富比	2020-04-07
珐琅彩配钻石粉盒		33,795	香港苏富比	2020-07-31
琥珀盒 配钻石 镶金	盒9.8cm×5.4cm×0.8cm	42,600	佳士得	2020-11-29
黄金和红宝石“核桃”药盒 蒂芙尼		42,668	纽约佳士得	2020-06-30
黄金及宝石盒子 Verdura设计		112,116	日内瓦佳士得	2020-07-22
金盒	9.5cm×5.3cm×1.8cm	51,202	纽约佳士得	2020-06-30
金盒	9.3cm×6.5cm×1.0cm	27,308	纽约佳士得	2020-06-30
卡地亚珐琅彩 红宝石配蓝宝石及钻石粉盒		39,428	香港苏富比	2020-07-31
两个珐琅和蓝宝石香烟盒 20世纪40年代	85mm×68mm×8mm；85mm×54mm×8mm	65,353	伦敦苏富比	2020-04-07
两个费伯奇金银盒子		110,937	纽约佳士得	2020-06-30
女士金腕表 BAUME&MERCIER、金和孔雀石鼻烟盒和打火机		29,218	日内瓦苏富比	2020-05-07
清 澄怀堂藏款翡翠浮雕荷塘清趣盖盒	带座高3.5cm；高3.1cm；长12.5cm；宽7cm	36,800	西泠印社	2020-08-09
清 翡翠雕葫芦形带活环盖盒	高4cm；长16cm；宽7.5cm	17,250	西泠印社	2020-08-09
清 翡翠雕岁岁平安盖盒	高6cm；长8.5cm	40,250	西泠印社	2020-08-09
清 翡翠雕五福祥云纹盖盒	高2.5cm；直径5.5cm	11,500	西泠印社	2020-08-09

2020翡翠珠宝拍卖成交汇总（续表）

拍品名称	物品尺寸	成交价RMB	拍卖公司	拍卖日期
清代翠玉凤纹盖盒	直径5cm；高2cm	34,128	台北艺珍	2020-08-16
清代翡翠龙纹盖盒	直径5.6cm；通高2.9cm	4,950	上海呗美	2020-07-20
清翡翠雕河塘鸳鸯盖盒	直径5.5cm	11,500	十竹斋拍卖（北京）	2020-10-18
天然翡翠及珐琅彩化妆盒		33,795	香港苏富比	2020-07-31
艺术时期 蓝宝石及黄金烟盒 VanCleef&Arpels设计		93,430	日内瓦佳士得	2020-07-22
银盒 马里奥·布切拉蒂	42mm×85mm×20mm	26,630	伦敦苏富比	2020-06-04
玉石配珊瑚及钻石粉盒		61,958	香港苏富比	2020-07-31
钻石和玛瑙盒子	9.0cm×6.2cm×1.5cm	23,894	纽约佳士得	2020-02-05
钻石及珐琅化妆盒 镶金 化妆盒6.1cm		106,500	佳士得	2020-11-29
缅甸天然翡翠“瑞兽”印章（一对）		20,700	北京保利	2020-10-19
清代翡翠双龙耳三足洗	直径14.8cm；宽22.5cm；高8.2cm	57,200	上海呗美	2020-07-20
清翡翠雕瑞兽钮章料	高4cm；长1.6cm；宽1.4cm	25,300	西泠印社	2020-08-09
20世纪70年代的女士手表	长度约195mm	54,461	伦敦苏富比	2020-04-07
CARTIER “BAIGNOIRE” 钻石手表		274,290	佳士得	2020-04-28
CARTIER “BAIGNOIRE” 钻石及粉红金腕表	外壳宽18.2毫米	62,858	佳士得	2020-04-28
CARTIER 手表		18,286	佳士得	2020-04-28
CHANEL “CAMELLIA” 钻石手表及钻石戒指		43,429	佳士得	2020-04-28
CHOPARD “LA STRADA” 钻石手表		34,286	佳士得	2020-04-28
TUDOR 珐琅吊坠表	直径20.5毫米	5,486	佳士得	2020-04-28
VanCleef & Arpels “Liane Serpent” 黄金女装腕表	手镯内周长大约17.0cm	29,715	佳士得	2020-04-28
爱彼的皇家橡木白金钻石手表	长16.5cm	93,870	纽约佳士得	2020-06-30
爱彼125周年特制宝石配钻石腕表套装		686,850	香港苏富比	2020-05-20
白玉首饰六件	尺寸不一	6,900	中国嘉德	2020-07-15
宝格丽“Tubogas”双色18K金女士腕表	总长度约360mm	47,313	香港苏富比	2020-07-31
宝格丽女士金表 “SERPENTI”		97,086	巴黎苏富比	2020-06-11
伯切龙夫人的红宝石和钻石腕表 20世纪40年代	长度约190mm	78,431	巴黎苏富比	2020-05-27
布切-吉罗德蛋白石和钻石手表	外壳31.0mm；长度15.0cm	34,135	纽约佳士得	2020-02-05
梵克雅宝 白金女装腕表	内径约16.3cm	36,572	佳士得	2020-04-28
梵克雅宝“Alhambra”珍珠母配缟玛瑙女士腕表		271,200	香港苏富比	2020-07-10
梵克雅宝“Cadenas”18K黄金配钻石腕表		101,700	香港苏富比	2020-07-10
梵克雅宝“Alhambra”珍珠母腕表		64,154	香港苏富比	2020-11-27
格拉夫“LADY GRAFF”钻石手表	长16.9cm	1,194,708	纽约佳士得	2020-06-30
格拉夫“经典蝴蝶”钻石和蓝宝石手表		221,874	纽约佳士得	2020-06-30
格拉夫牡丹女式钻石手表	内周长约158mm	793,008	日内瓦苏富比	2020-06-24
格拉夫“蝴蝶”粉蓝宝石和钻石手表		1,024,035	纽约佳士得	2020-06-30
格里夫“UNO”钢和钻石手表	外壳33.0mm；长度18.3cm	27,308	纽约佳士得	2020-02-05
罕有并可能独一无二手动上链钻石腕表 萧邦(Chopard)		682,625	香港苏富比	2020-04-15
金表		10,240	纽约佳士得	2020-06-30
卡地亚“坦克”金表		25,601	纽约佳士得	2020-06-30
卡地亚金和钻石表链	长17.2cm	68,269	纽约佳士得	2020-02-05
卡地亚玛瑙、钻石和珐琅挂表		84,022	纽约苏富比	2020-06-16
卡地亚女士腕表 20世纪30年代		28,320	伦敦苏富比	2020-04-07
卡地亚女士钻石腕表20世纪30年代		79,434	巴黎苏富比	2020-06-11
卡地亚钻石、珍珠和黄金“TORTUE”腕表		128,004	纽约佳士得	2020-06-30
劳力士红宝石 钻石 珐琅和黄金手表		128,004	纽约佳士得	2020-06-30
梦宝星钻石腕表 1929年制	长度约185mm	206,055	香港苏富比	2020-05-20
莫布森女士金 蓝宝石和钻石腕表 20世纪40年代		27,392	日内瓦苏富比	2020-05-07
木手表 梵克雅宝 20世纪40年代	内圆周约155mm	22,948	巴黎苏富比	2020-06-11
女的钻石手表“CADENAS”梵克雅宝	长约165mm	114,738	巴黎苏富比	2020-06-11
女士玛瑙和珊瑚腕表 皮亚杰（PIAGET）1970年		79,434	巴黎苏富比	2020-06-11
女士钻石鸡尾酒手表20世纪30年代	长约177mm	54,461	伦敦苏富比	2020-04-07
女士钻石腕表 1950年	长185mm	88,260	巴黎苏富比	2020-06-11
女士钻石腕表 卡地亚	内圆周约180mm	177,530	伦敦苏富比	2020-06-04
皮亚杰的“风头女神”钻石表	外壳27.0mm	93,870	纽约佳士得	2020-02-05
皮亚杰钻石和蓝宝石隐藏手表		59,735	纽约佳士得	2020-06-30
蛇形手表 保加利亚		64,002	纽约佳士得	2020-06-30
水晶和钻石翻领手表 卡地亚 1930年		109,569	日内瓦苏富比	2020-05-07
萧邦“你的钟点”钻石表	外壳24.50mm	46,935	纽约佳士得	2020-02-05
雅格·勒库尔特女士钻石腕表 1960年	长160mm	48,543	巴黎苏富比	2020-06-11
艺术时期 钻石链带腕表		149,488	日内瓦佳士得	2020-07-22
钻石挂表 1920年	长65.0cm	38,401	纽约佳士得	2020-02-05
钻石和白金手表	外壳9.50mm；长15.3cm	40,961	纽约佳士得	2020-02-05
钻石和珍珠挂表		23,894	纽约佳士得	2020-02-05
钻石女装腕表	内周13.7cm	17,143	佳士得	2020-04-28
钻石女子手表	长度170mm	68,627	巴黎苏富比	2020-05-27
宝格丽的“MELONE”金饰晚装包 1970年	190mm×95mm×50mm	167,694	巴黎苏富比	2020-06-11
宝格丽两色金和钻石“MELONE”手袋		141,210	纽约苏富比	2020-04-30
宝石套装晚装包 梵克雅宝腰带		61,779	纽约苏富比	2020-04-30
珐琅 珊瑚 翡翠和钻石手包 卡地亚 20世纪30年代	220mm×150mm×20mm	97,086	巴黎苏富比	2020-06-11
金色晚装包 ANNDRANEEN	19.05cm×11.43cm	176,513	纽约苏富比	2020-04-30
女士手提包 20世纪60年代	180mm×80mm×35mm	119,813	伦敦苏富比	2020-04-07
水晶 绿松石和麂皮包 卡地亚	210mm×170mm×20mm	28,320	伦敦苏富比	2020-04-07
钻石及黄金“Melone”晚装包 Bulgari设计		74,744	日内瓦佳士得	2020-07-22
钛金属配天然翡翠及钻石开信刀及台座		27,036	香港苏富比	2020-07-31
钻石和玛瑙长柄眼镜		59,735	纽约佳士得	2020-02-05